D1731558

SCHÄFFER

POESCHEL

Diana-Maria White/Rita Wittmann

Investitionsleitfaden Österreich

Markteintritt, Unternehmensführung, Steuern

2., überarbeitete Auflage

2014
Schäffer-Poeschel Verlag Stuttgart

Gedruckt auf chlorfrei gebleichtem, säurefreiem und alterungsbeständigem Papier

Bibliografische Information Der Deutschen Nationalbibliothek
Die Deutsche Nationalbibliothek verzeichnet diese Publikation in der
Deutschen Nationalbibliografie; detaillierte bibliografische Daten sind im Internet
über http://dnb.d-nb.de abrufbar.

ISBN 978-3-7910-3342-6

© 2014 Schäffer-Poeschel Verlag für Wirtschaft · Steuern · Recht GmbH
www.schaeffer-poeschel.de
info@schaeffer-poeschel.de
Einbandgestaltung: Willy Löffelhardt/Melanie Frasch
Satz: Johanna Boy, Brennberg
Druck und Bindung: Kösel, Krugzell · www.koeselbuch.de

Printed in Germany
Oktober 2014

Schäffer-Poeschel Verlag Stuttgart
Ein Tochterunternehmen der Haufe Gruppe

Vorwort

Der vorliegende Leitfaden in der nun 2. Auflage soll in- und ausländischen Unternehmern und Investoren, insbesondere aus Deutschland, als Einstiegshilfe beim Eintritt in den österreichischen Markt dienen. Ziel ist, mit besonderem Augenmerk auf praktische Ausführungshilfen und Anmerkungen, ein umfassendes Bild des Werdegangs eines österreichischen Unternehmens zu vermitteln, von der Gründung über dessen Führung und steuerliche Behandlung bis hin zur Beendigung und Abwicklung. Dabei wurde gezielt von einer umfassenden Detaildarstellung der österreichischen Rechtslage abgesehen, da eine solche den Rahmen dieses Leitfadens sprengen würde. Vielmehr soll das vorliegende Werk die ersten grundlegenden Informationen geben, die zur Vorbereitung eines Markteintritts und einer effizienten Koordination mit dem Rechtsanwalt und Steuerberater vor Ort erforderlich sind.

Deutschland nimmt in der Gruppe ausländischer Investoren als wichtigster Wirtschaftspartner Österreichs eine Sonderstellung ein. Insofern richtet sich dieser Leitfaden auch nicht nur an deutsche Unternehmer, die eine Präsenz in Österreich planen, d.h. neu in den Markt eintreten wollen, sondern auch an solche Unternehmen, die bereits in Österreich vertreten sind und ihren Unternehmensablauf optimieren bzw. weiter expandieren wollen. Zur leichteren Verständlichkeit der rechtlichen Ausführungen zum österreichischen Recht wird dem deutschen Unternehmer – an gegebener Stelle – ein Vergleich zu der ihm bekannten deutschen Rechtslage dargeboten *(kurzer Rechtsvergleich Österreich – Deutschland)*. Des Weiteren finden sich praxisrelevante Empfehlungen und Tipps an den relevanten Stellen im Text *(Praxis-Tipp-Boxen)*.

Alle Gesetzesangaben und Abkürzungen in diesem Leitfaden beziehen sich auf Österreich, soweit nicht anders angegeben.

Wien, im Juli 2014   Diana-Maria White/Rita Wittmann

Danksagung

Wir, die Autoren, danken allen Kolleginnen und Kollegen, die uns bei der Überarbeitung der 2. Auflage des Investitionsleitfadens Österreich mit Rat und Tat unterstützt haben.

Ganz besonderer Dank gilt Herrn Dr. Thomas Wenger, Partner der Corporate/M&A Gruppe bei Schönherr für seine sehr wertvollen Anmerkungen.

Ganz besonders danken wir Herrn Dr. Andreas Natterer, Partner der Dispute Resolution Gruppe bei Schönherr und Herrn Dr. Maximilian Raschhofer, Rechtsanwalt bei Schönherr für die Unterstützung bei der Überarbeitung des prozessrechtlichen Teils und des Beitrages zum Handelsvertreterrecht.

Weiterhin danken wir Herrn Dr. Robert Bachner, Partner der Corporate/M&A Gruppe und Herrn Dr. Alexander Popp, Partner und Practice Group Head der Corporate/M&A Gruppe von Schönherr für ihre Unterstützung bei diesem Projekt.

Unser Dank gilt auch Herrn Dr. Manuel Ritt-Huemer (Corporate Team Schönherr) für die Unterstützung bei der Aktualisierung des gesellschaftsrechtlichen Kapitels und Herrn Mag. Mario Johannes Perl (Tax Gruppe Schönherr) für die Einarbeitung der Aktualisierungen im Sozialversicherungsrecht.

Des Weiteren danken wir Herrn Mag. Matthias Cernusca aus der Gruppe Insolvenzrecht und Frau Mag. Arabella Eichinger aus der Praxis Gruppe Real Estate für ihre Anmerkungen zum Kapitel Immobilienrecht.

Auch möchten wir besonders Herrn Dr. Günther Leissler für seine Überarbeitung des Teils zum Datenschutzrecht danken.

Nicht zuletzt gilt ein besonders herzlicher Dank unserer geschätzten Assistentin Frau Judith Berghofer MA, die mit unermüdlichem Einsatz bei der Strukturierung, Formatierung und Zusammenstellung der einzelnen Korrekturen unterstützt hat und uns auch sonst immer zur Seite stand.

Für die Unterstützung der Aktualisierung des deutschen Teils sowie für besonders wertvolle Anmerkungen danken wir Herrn Prof. Dr. Jörg Rodewald (Luther Rechtsanwaltsgesellschaft, Berlin).

Last but not least möchten wir einen persönlichen Dank dem Mitautor der ersten Auflage und damaligen Kollegen, Herrn Fabian Krings, BA, dafür aussprechen, dass er uns bei der Entstehung dieses Investitionsleitfadens so hervorragend unterstützt hat bzw. seine Autorenschaft für die zweite Auflage an Frau Dr. Rita Wittmann übergeben hat.

Die Autoren

Diana-Maria White (Rechtsanwältin AT und DE, Mag., LL.M., MBA) war bis Ende 2009 Rechtsanwältin in der Corporate/M&A-Gruppe des Wiener Büros einer internationalen Wirtschaftskanzlei und leitete dort den German Desk. Anschließend war sie Partnerin bei einer reputablen Wirtschaftskanzlei in Wien mit Schwerpunkt deutsch-österreichische Handelsbeziehungen und Kooperationen sowie Transaktionen. Seit 2012 ist Diana-Maria White bei der in Wien führenden Wirtschaftskanzlei Schönherr Rechtsanwälte im Team Corporate/M&A-Gruppe sowie Commercial und Dispute Resolution. Die doppelt qualifizierte Juristin, Rechtswissenschaften und Wirtschaftswissenschaften, hat an deutschen, niederländischen und US-amerikanischen Universitäten studiert (Göttingen, Konstanz, Amsterdam, San Francisco und Arizona USA), hält einen LL.M im Europäischen Wirtschaftsrecht des Pallas Consortium (NL, UK) sowie einen Master of International Business Administration (MBA) der University of Phoenix Arizona. Der Schwerpunkt ihrer Tätigkeit liegt in der (v.a. auch grenzüberschreitenden) Beratung sowohl nationaler als auch internationaler Unternehmen in den Bereichen internationales Vertragsrecht, Handelsrecht, Kooperationen sowie Corporate/M&A. Diana-Maria White ist seit 2002 zugelassene Anwältin. Sie unterrichtet an deutschen und österreichischen Universitäten und Business Schools.

Rita Wittmann (Rechtsanwältin, Dr., Mag.) ist seit 2012 Rechtsanwältin bei Schönherr Rechtsanwälte in Wien im Team Corporate/M&A. Der Schwerpunkt ihrer Tätigkeit liegt in der Beratung nationaler sowie internationaler Klienten bei grenzüberschreitenden Transaktionen, insbesondere auch Projektfinanzierungen, Corporate/M&A sowie allgemeines Vertragsrecht. Rita Wittmann ist seit 2010 zugelassene Anwältin in Wien. Sie hat sowohl Rechtswissenschaften (Universität Wien, Mag. iur. 2003, Dr. iur. 2011) als auch Wirtschaftswissenschaften

(Wirtschaftsuniversität Wien, Mag. rer.soc.oec. 2006) studiert sowie 2004 an der McGill University in Montréal (Kanada, Faculty of Management). Neben ihrer anwaltlichen Tätigkeit ist sie seit 2006 Lehrbeauftragte in den Bereichen International M&A, International Tax sowie Bilanzrecht an verschiedenen Fachhochschulen sowie an der Universität Wien.

Diana-Maria White
Rechtsanwältin, Mag., LL.M., MBA
Counsel
Schönherr Rechtsanwälte GmbH
Schottenring 19
1010 Wien

d.white@schoenherr.eu
t: +43 1 53437-50798
m: +43 664 800 60 4098
f: +43 1 53437-66098
www.schoenherr.eu

Rita Wittmann
Rechtsanwältin, Dr., Mag.

Schönherr Rechtsanwälte GmbH
Schottenring 19
1010 Wien

r.wittmann@schoenherr.eu
t: +43 1 53437-50744
m: +43 664 800 60 4044
f: +43 1 53437-66130
www.schoenherr.eu

Inhaltsverzeichnis

Abkürzungsverzeichnis

Falls nicht anders angegeben, beziehen sich alle Abkürzungen auf den jeweiligen Begriff in Österreich.

ABGB	Allgemeines Bürgerliches Gesetzbuch	B-Blatt	Eigentumsblatt des Grundbuchs
AG	Aktiengesellschaft	BUrlG	Bundesurlaubsgesetz
AG	Arbeitgeber	C-Blatt	Lastenblatt des Grundbuchs
AGB	Allgemeine Geschäftsbedingungen	CEE	Zentral- und Osteuropa
AGG	Allgemeines Gleichbehandlungsgesetz	DBA	Doppelbesteuerungsabkommen
AktG	Aktiengesetz		
AMS	Arbeitsmarktservice	DVR	Datenverarbeitungsregister
AN	Arbeitnehmer		
AO	Abgabenordnung	D&O	Directors & Officers
AR	Aufsichtsrat		
ArbZG	Arbeitszeitgesetz	ErbStG	Erbschaftssteuergesetz
ARÄG	Aktienrechts-Änderungsgesetz	ERP	European Recovery Program
ARGE	Arbeitsgemeinschaft	EU	Europäische Union
AStG	Deutsches Außensteuergesetz	EuGVVO	Europäische Gerichtsstands- und Vollstreckungsverordnung
ASVG	Allgemeines Sozialversicherungsgesetz	EV	einstweilige Verfügung
AÜG	Arbeitskräfteüberlassungsgesetz	EWIV	Europäische wirtschaftliche Interessensvereinigung
AVRAG	Arbeitsvertragsrechts-Anpassungsgesetz	EWR	Europäischer Wirtschaftsraum
AWS	austria wirtschaftsservice	EZ	Einlagezahl
A-Blatt	Gutsbestandsblatt des Grundbuchs	E.U.	Einzelunternehmer
BAFin	Deutsche Bundesanstalt für Finanzdienstleistungsaufsicht	FB	Firmenbuch
		FFG	Forschungsförderungsgesellschaft
BDSG	Deutsches Bundesdatenschutzgesetz	FMA	Finanzmarktaufsichtsbehörde
BetrVG	Betriebsverfassungsgesetz	F&E	Forschung & Entwicklung
BGB	Bürgerliches Gesetzbuch	GBO	Grundbuchordnung
BGBl	Bundesgesetzblatt	GbR	Gesellschaft bürgerlichen Rechts (Deutschland)
BIP	Bruttoinlandsprodukt		

GesbR	Gesellschaft bürgerlichen Rechts (Österreich)	MRG	Mietrechtsgesetz
GewO	Gewerbeordnung	MSV	Maschinensicherheitsverordnung
GF	Geschäftsführer	MuSchV	Mutter-Arbeitsschutzverordnung
GmbH	Gesellschaft mit beschränkter Haftung		
GmbHG	GmbH-Gesetz	Nr	Nummer
GSVG	Gewerbliches Sozialversicherungsgesetz		
		OG	Offene Gesellschaft
GVZ	Gerichtsvollzieher	OGH	Oberster Gerichtshof
		OHG	Offene Handelsgesellschaft
HGB	Handelsgesetzbuch	OLG	Oberlandesgericht
HV	Hauptversammlung einer Aktiengesellschaft		
		RL	Richtlinie
IG-L	Immissionsschutzgesetz – Luft	SE	Europäische Aktiengesellschaft
InsO	Deutsche Insolvenzordnung	SEG	Statut der Europäischen Gesellschaft
IRÄG	Insolvenzrechtsänderungsgesetz	SGP	Sozialgesetzbuch
		SPV	Special Purpose Vehicle
KG	Kommanditgesellschaft	TVG	Tarifvertragsgesetz
KindArbSchV	Kinderarbeitsschutzverordnung		
		UGB	Unternehmensgesetzbuch
KMU	Kleine und mittlere Unternehmen	USt	Umsatzsteuer
		UStG	Umsatzsteuergesetz
KO	Konkursordnung		
KöSt	Körperschaftsteuer	VAG	Versicherungsaufsichtsgesetz
KSchG	Konsumentenschutzgesetz (Österreich); Kündigungsschutzgesetz (Deutschland)		
		WEG	Wohnungseigentumsgesetz
		WKO	Wirtschaftskammer Österreich
LoI	Letter of Intent		
		WWFF	Wiener Wirtschaftsförderungs Fonds
MoMiG	Deutsches Gesetz zur Modernisierung des GmbH-Rechts und zur Bekämpfung von Missbräuchen		
		ZIM	Zentrales Innovationsprogramm Mittelstand
		ZPO	Zivilprozessordnung

Einleitung

Investitionsstandort Österreich

Österreich bietet hervorragend ausgebildetes Fachpersonal und eine leistungsfähige Infrastruktur. Zudem hat Österreich in den letzten Jahren ein sehr unternehmerfreundliches Umfeld etabliert, bspw. attraktive Körperschaftssteuersätze und eine vorteilhafte Gruppenbesteuerung. Es bestehen mithin sehr günstige Rahmenbedingungen für Unternehmen und Investoren. Durch die steuerlichen Vorteile und unter Ausnutzung des internationalen Schachtelprivileg, aber nicht zuletzt auch aufgrund der geographischen Lage – dabei insbesondere für Gruppengesellschaften in Zentral- und Osteuropa (CEE) – ist Österreich zudem ein sehr attraktiver Standort für Konzernholdinggesellschaften.

Der Anteil arbeitsloser erwerbsfähiger Bürger ist in Österreich im Vergleich zu den meisten anderen EU-Staaten gering und liegt bei durchschnittlich unter 6,3%. Die österreichischen Staatsschulden belaufen sich auf ca. 62,5% des BIP 2008 (laut Statistik Austria, 2008). Das BIP pro Einwohner betrug im Jahr 2008 rund EUR 32.000 (Deutschland: EUR 28.500). Österreich zählt zu den zehn reichsten Wirtschaftsstandorten weltweit und ist der viertreichste Wirtschaftsstandort der EU.

Die unternehmerische Landschaft in Österreich ist von kleinen und mittelständischen Unternehmen (sog. KMUs) geprägt. Die Gesellschaft mit beschränkter Haftung (GmbH) ist nach dem Einzelunternehmen die häufigste Rechtsform und stellt über 60% aller im österreichischen Firmenbuch (entspricht dem deutschen Handelsregister) eingetragenen Rechtsträger. Von den über 300.000 Unternehmen in Österreich haben nur etwa 1.400 Unternehmen mehr als 250 Beschäftigte, mehr als 261.000 Unternehmen haben dagegen weniger als zehn Mitarbeiter.

Ausländische Unternehmen bzw. Unternehmer halten Beteiligungen an österreichischen Unternehmen im Wert von etwa EUR 41,5 Milliarden. Noch 1990 lag dieser Wert bei lediglich EUR 8,5 Milliarden.

Trotz der im Vergleich zu anderen (insbesondere im Vergleich zu den neuen) EU-Staaten etwas höheren Kostenstruktur für Unternehmen gilt Österreich nach wie vor als hervorragender Wirtschaftsstandort. Insbesondere die Qualität der Ausbildung des Fachpersonals in Österreich sowie das unternehmerfreundliche politische Klima veranlassen ausländische Unternehmer verstärkt zur Errichtung von Niederlassungen in Österreich oder zum Erwerb von Beteiligungen an österreichischen Unternehmen.

Niederlassungs- und Dienstleistungsfreiheit

Wie in den anderen Mitgliedstaaten der EU gelten für EU-Bürger in Österreich die Niederlassungs- und Dienstleistungsfreiheit zu wirtschaftlichen Zwecken als garantierte wirtschaftliche Grundfreiheiten. Die Niederlassungsfreiheit umfasst sowohl die Gründung eines Hauptstandortes (einer Hauptniederlassung) durch EU-Unternehmen als auch von Zweigniederlassungen innerhalb des Gebietes der EU. Dienstleistungen können aus anderen EU-Mitgliedstaaten auch ohne Niederlassung in Österreich erbracht werden. Beschränkungen dieser Grundfreiheiten bestehen nur vereinzelt im Hinblick auf bestimmte Ausbildungserfordernisse oder hinsichtlich regulatorischer Vorschriften für bestimmte regulierte Wirtschaftsbereiche (z.B. für Banken und Versicherungen).

Mit der Niederlassungs- und Dienstleistungsfreiheit steht die Arbeitnehmerfreizügigkeit in unmittelbarem Zusammenhang. Sie ist ebenfalls eine der in Österreich unbeschränkt geltenden Grundfreiheiten der EU und garantiert allen EU-Bürgern die Freiheit, bei jedem Arbeitgeber in einem anderen EU-Mitgliedsstaat zu den gleichen Bedingungen wie Inländer zu arbeiten.

Förderungen

In Österreich bestehen weit verzweigte Netze an Fördermöglichkeiten von unterschiedlichen Förderungsgebern, z.B. Bund, Länder, Gemeinden und private Initiativen. In Kombination mit EU-Förderungen ergibt sich eine vielfältige Förderlandschaft. Gefördert werden insbesondere die Bereiche Existenzgründung, Investitionen, Umweltprogramme, erneuerbare Energien, Forschung und Innovation sowie Messen und Export. Die jeweilige Art der Förderung hängt von vielen Einzelfaktoren ab, weshalb sich die Hinzuziehung eines Förderspezialisten durchaus lohnen kann.

Rechtssystem

Das österreichische Zivilrechtrechtssystem hat seinen Ursprung zum Teil im römischen Recht und zum Teil im deutschen Recht. Das österreichische Allgemeine Bürgerliche Gesetzbuch (ABGB) hat seine Wurzeln im »Codex Theresianus« von 1766 und entwickelte sich über mehrere Entwürfe bis zur ersten im Jahre 1812 in Kraft getretenen Fassung des heutigen ABGB. Viele wichtige Änderungen der neueren Zeit, die zuletzt sehr häufig aufgrund von Richtlinien der EU erforderlich waren und zu einer Angleichung mit dem Recht anderer EU-Staaten führen, wurden nicht mehr im ABGB selbst, sondern in Nebengesetzen zum ABGB umgesetzt.

Rechtliche Neuerungen Österreich

Das frühere österreichische Unternehmensrecht beruht auf dem deutschen Handelsgesetzbuch (HGB), welches vom österreichischen Gesetzgeber in weiten Teilen übernommen wurde. Mit dem Beitritt zur EU erfuhren sowohl das österreichische Zivilrecht als auch das Unternehmensrecht weitere wesentliche Änderungen im Zusammenhang mit der Umsetzung von für alle Mitgliedstaaten verbindlichen Rechtsvorschriften. Mit 1. Januar 2007 wurde das österreichische Handelsgesetzbuch (HGB) in großem Umfang novelliert und dabei in Unternehmensgesetzbuch (UGB) umbenannt (Unternehmensrechts-Änderungsgesetz – HaRÄG, BGBl I Nr. 2005/120).

Rechtliche Neuerungen Deutschland

Mit November 2008 ist in Deutschland das »Gesetz zur Modernisierung des GmbH-Rechts und zur Bekämpfung von Missbräuchen (MoMiG)« in Kraft getreten. Dabei wurde auch das Recht der Gesellschaft mit beschränkter Haftung (GmbH) eingehend reformiert. Ein Kernpunkt dieser GmbH-Reform ist die Erleichterung und Beschleunigung von Unternehmensgründungen. Hier wurde häufig ein Wettbewerbsnachteil der GmbH gegenüber ausländischen Rechtsformen wie der englischen Limited gesehen, da in Deutschland die Anforderungen an die Gründungsformalien und die Aufbringung des Mindeststammkapitals höher sind als in anderen Mitgliedstaaten der Europäischen Union. Die »klassische« GmbH mit EUR 25.000 Stammkapital bleibt jedoch erhalten.

Für die Reform des deutschen GmbH-Rechts sind insbesondere kennzeichnend:

- Einführung der »Unternehmergesellschaft (haftungsbeschränkt)«: Diese Gesellschaftsform (auch »Mini-GmbH« genannt) eignet sich zum Einstieg in die unternehmerische Tätigkeit.
- Übergang von der Sitz- zur Gründungstheorie: Künftig können deutsche Unternehmer ihre ausländischen Tochtergesellschaften als GmbH führen.

- Verkürzung der Eintragungszeiten ins Handelsregister: Die Pflicht zur Vorlage staatlicher Genehmigungsurkunden bei der Anmeldung zum Handelsregister fällt weg.
- Gutgläubiger Erwerb von Gesellschaftsanteilen: Die Gesellschafterliste, die bei der Anmeldung zum Handelsregister vorzulegen ist, ermöglicht als Rechtsscheintatbestand in Zukunft den gutgläubigen Erwerb von Geschäftsanteilen.

1. Teil
Markteintritt

1 Neugründung (Betriebsstätte, Zweigniederlassung)

Erster Schritt für jeden Unternehmer auf dem Weg nach Österreich ist die Planung des Markteintritts. Grundsätzlich bieten sich einem Unternehmer für den Markteintritt in Österreich zwei mögliche Wege an:

- die *Gründung* eines neuen, eigenen Unternehmens oder
- der *Erwerb* eines bestehenden Unternehmens.

Bei der Gründung eines neuen Unternehmens bieten sich wiederum folgende Möglichkeiten, die Unabhängigkeit des Unternehmens zu bestimmen:

- eigenständige Tochtergesellschaft (in der Praxis meist in Form einer GmbH),
- selbstständige Zweigniederlassung oder
- (unselbstständige) Betriebsstätte.

1.1 Eigenständige Tochtergesellschaft

Mit der Gründung einer *Tochtergesellschaft* entsteht eine vom Mutterunternehmen rechtlich selbstständige, der österreichischen Rechtsordnung unterliegende Gesellschaft. Die Tochtergesellschaft hat – wie die Muttergesellschaft – einen *eigenen Sitz*, eine eigenständige, von der Muttergesellschaft getrennte *Geschäftsführung* und Vertretung sowie eine *eigene Struktur*. Die Tochtergesellschaft wird mit der Muttergesellschaft in der wirtschaftlichen Praxis oft zu einem Konzern (in diesem Falle der sog. Ober-Unterordnungskonzern) zusammengefasst.

1.2 Selbstständige Zweigniederlassung

Eine *Zweigniederlassung* (inländische oder ausländische Zweigniederlassung) liegt vor, wenn die Gesellschaft eine vom Sitz der Gesellschaft räumlich getrennte Unternehmung betreibt, die eine eigene Organisation aufweist und nach außen hin eine selbstständige Leitung hat. Die Zweigniederlassung hat *keine eigene Rechtspersönlichkeit*, weil sie rechtlich dem Mutterunternehmen zugeordnet ist. Wirtschaftlich und organisatorisch betrachtet ist die Zweigniederlassung jedoch eine vom Mutterunternehmen losgelöste Einheit.

1.3 Betriebsstätte

Ein Unternehmen kann mehrere *Betriebsstätten* haben, die vom Hauptunternehmen abhängig und wirtschaftlich unselbstständig sind. Eine Betriebsstätte tritt sowohl nach innen als auch nach außen als *abhängiges Gebilde* auf, da sie in die Struktur des Mutterunternehmens – sowohl in die rechtliche als auch in die wirtschaftliche und organisatorische – eingebunden ist. Eine Betriebsstätte darf keine eigene Firma und keine eigene Bilanz führen, sondern sie ist in der Bilanz des Hauptunternehmens enthalten. Dienstgeber der in der Betriebsstätte beschäftigten Dienstnehmer ist das Hauptunternehmen. Rechnungen werden im Namen des Hauptunternehmens ausgestellt. Eine Betriebsstätte wird im Wirtschaftsleben oft auch

Filiale oder Repräsentanz genannt. Häufig werden damit einfach gesonderte Büros bezeichnet, die für Marktanalysen und Kundenkontakte verwendet werden.

1.4 Rechtsformen von Unternehmen

Im Folgenden soll ein kurzer Überblick über die rechtlichen Grundlagen sowie die Vor- und Nachteile der verschiedenen Rechtsformen, die für ein Tochterunternehmen in Österreich zur Verfügung stehen, gegeben werden.

Die richtige Rechtsform sollte mit einer langfristigen Perspektive durchdacht und mit Rechts- und Steuerberatern individuell gewählt werden. Bei der Wahl der richtigen Rechtsform für das zukünftige Unternehmen sind dabei unter anderem folgende Punkte von wesentlicher Bedeutung:

- die (beabsichtigte) Größe des Unternehmens,
- der Unternehmensgegenstand,
- der Zweck des Unternehmens sowie
- die Einbindung in eine internationale Struktur.

Entscheidend ist zudem, ob das Unternehmen *auf Dauer* oder nur *kurzfristig* angelegt sein soll. Auch die Antwort auf die Frage, ob ein einzelnes Unternehmen in Österreich gegründet und geführt werden soll oder ob ein gesellschaftlicher Zusammenschluss – vielleicht auch zu einem späteren Zeitpunkt – mit anderen (österreichischen) Partnerunternehmen anvisiert werden soll, hat bereits zum Gründungszeitpunkt einen Einfluss auf die Wahl der passenden Rechtsform. Zwar ist eine spätere Änderung der Rechtsform möglich; dies ist jedoch in den meisten Fällen mit hohem Kosten- und Zeitaufwand, aufwändigen Maßnahmen sowie steuerlichen Nachteilen verbunden.

Ein Unternehmen kann auch in Österreich grundsätzlich als

- Einzelunternehmen,
- Personengesellschaft oder
- Kapitalgesellschaft

organisiert werden. Zu den Personengesellschaften zählen die Kommanditgesellschaft (KG), die offene Gesellschaft (OG) und die GmbH & Co KG. Kapitalgesellschaften sind die Gesellschaft mit beschränkter Haftung (GmbH) und die Aktiengesellschaft (AG) sowie die Europäische Aktiengesellschaft (SE).

Im Folgenden werden die Rechtsformen zur besseren Übersicht graphisch dargestellt.

Bei der Entscheidung für die jeweils ideale Rechtsform sollte man sowohl persönliche, steuerliche, betriebswirtschaftliche als auch gesellschaftsrechtliche Kriterien genau abwägen. Dabei sind Experten, die mit den Vor- und Nachteilen der jeweiligen Rechtsform im Detail vertraut sind, unerlässliche Berater. Denn eine falsche Entscheidung bei der Wahl der Rechtsform kann nicht nur Kosten verursachen, wenn die Unternehmung im Nachhinein in die geeignete Rechtsform überführt oder umgewandelt werden soll. Durch die Wahl der langfristig passenden Rechtsform können auch für die Zukunft steuerliche Vorteile erzielt und ungewünschte Haftungen vermieden werden.

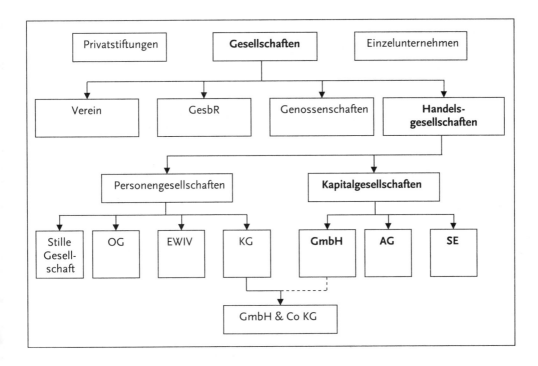

1.4.1 Gesellschaft mit beschränkter Haftung

Allgemeines
In Österreich ist die Gesellschaft mit beschränkter Haftung (GmbH) die nach den Einzelunternehmen beliebteste und daher häufigste Rechtsform. Die GmbH hat als juristische Person eine eigene Rechtspersönlichkeit, das heißt sie kann Träger von Rechten und Pflichten sein. Der wesentliche Vorteil der GmbH gegenüber Personengesellschaften und Einzelunternehmern für den Unternehmer ist die *Haftungsbeschränkung* auf die Gesellschaft. Dies bedeutet, dass das Vermögen der Gesellschaft vom Vermögen der einzelnen Gesellschafter getrennt ist (sog. Trennungsprinzip). Dies hat zur Folge, dass die Gläubiger der Gesellschaft (bis auf wenige Ausnahmen) ausschließlich auf das Vermögen der Gesellschaft zugreifen können. Das Vermögen der Gesellschafter kann hingegen nicht als Haftungsfond für die Verbindlichkeiten der Gesellschaft herangezogen werden. Umgekehrt haftet die GmbH im Grundsatz nicht für ihre Gesellschafter. Im Zivilprozess ist die GmbH parteifähig. Ein Exekutionstitel (d.h. ein Vollstreckungstitel) gegen die Gesellschaft berechtigt nicht zur Vollstreckung gegen einen Gesellschafter.

Da das wirtschaftliche Risiko der Gesellschafter auf deren übernommene Kapitaleinlagen beschränkt ist und die Gesellschafter nicht mit ihrem persönlichen Vermögen einzustehen haben, ist die GmbH in der Praxis besonders beliebt. Dies gilt sowohl für GmbHs mit mehreren Gesellschaftern als auch für Einpersonen-GmbHs, also GmbHs mit nur einem Gesellschafter.

DEUTSCHE RECHTSLAGE IM VERGLEICH

Auch in Deutschland herrscht bei der GmbH das Trennungsprinzip. Dies und ihre anderen Vorteile haben sie auch in Deutschland zur häufigsten Rechtsform gemacht.

EXKURS

GmbH-Reform in Österreich 2013 und 2014

Angesichts stagnierender GmbH-Gründungen und wachsenden Interesses österreichischer Unternehmer an ausländischen Rechtsformen fand in Österreich über einige Jahre hinweg eine Diskussion über eine Reform des GmbH-Rechts statt, der letztlich mit dem am 1. Juli 2013 in Kraft getretenen Gesellschaftsrechts-Änderungsgesetz 2013 (GesRÄG 2013) trotz zum Teil heftiger Kritik in der Literatur Rechnung getragen wurde. Das GesRÄG 2013 setzte das Mindeststammkapital von EUR 35.000 auf EUR 10.000 und damit einhergehend auch die Mindesteinzahlung auf EUR 5.000 (vormals EUR 17.500) herab.

Mit Inkrafttreten des Abgabeänderungsgesetzes 2014 (AbgÄG 2014) am 1. März 2014 wurde das Mindeststammkapital der GmbH aber wieder auf EUR 35.000 und die Mindesteinzahlung auf EUR 17.500 angehoben. Der durch das AbgÄG 2014 eingeführte § 10b GmbH sieht jedoch eine (maximal zehnjährige) Gründungserleichterung vor. Danach kann im Gesellschaftsvertrag, nicht aber durch eine Änderung des Gesellschaftsvertrages, vorgesehen werden, dass die Gesellschaft die Gründungsprivilegien in Anspruch nimmt. Für jeden Gesellschafter ist zudem die Höhe seiner gründungsprivilegierten Stammeinlage festzulegen, die nicht höher als die übernommene Stammeinlage sein darf. Die Summe der gründungsprivilegierten Stammeinlagen muss zumindest EUR 10.000 betragen. Mindestens EUR 5.000 dieser gründungsprivilegierten Stammeinlagen müssen bei der Gründung bar einbezahlt werden; Sacheinlagen sind ausgeschlossen.

Die Gründungsprivilegierung kann durch eine Änderung des Gesellschaftsvertrages beendet werden, wobei vor Anmeldung der Änderung zum Firmenbuch die Mindesteinzahlungserfordernisse nach § 10 Abs 1 GmbHG zu erfüllen sind. Die Einzahlung auf die Stammeinlagen sind demzufolge auf ein Viertel der bar zu leistenden Stammeinlagen aufzustocken, mindestens EUR 17.500 müssen einbezahlt sein. Jedoch endet die Gründungsprivilegierung 10 Jahre nach der Eintragung der Gesellschaft im Firmenbuch. Die Eintragungen betreffend die Gründungsprivilegierung im Firmenbuch können jedoch erst entfallen, wenn zuvor die Mindesteinzahlungserfordernisse nach § 10 Abs 1 GmbHG erfüllt wurden.

Bestehende Gesellschaften mit einem Stammkapital unter EUR 35.000 haben bis längstens 1. März 2014 eine Kapitalerhöhung auf EUR 35.000 oder einen höheren Betrag durchzuführen. Die Eintragung dieser Kapitalerhöhung ist von der Eintragungsgebühr gemäß TP 10 Z 1 lit b Z 4 GGG befreit.

Stammkapital

Das Mindestkapital (Stammkapital mit Stammeinlagen) der österreichischen GmbH beträgt EUR 35.000. Davon müssen mindestens EUR 17.500 als Bareinzahlung geleistet werden. Die Mindeststammeinlage eines jeden Gesellschafters beträgt EUR 70. Zum Nachweis der Stammkapitalaufbringung ist der Anmeldung der Gesellschaft eine Bankbestätigung beizufügen.

Praxis-Tipp

▶▶▶ Die finanzielle Ausstattung der Gesellschaft durch die Gesellschafter ist auch nach Errichtung durch Gesellschaftsdarlehen und -zuschüsse möglich, sodass in der Praxis – natürlich abhängig von der Kapitalintensität des Unternehmensbereiches – zumeist eine Gründung mit Mindestkapital ausreichend sein dürfte. ◀◀◀

Die deutsche GmbH hat ein Mindeststammkapital von EUR 25.000. Bareinlagen sind mindestens zu einem Viertel und Sacheinlagen vollständig zu leisten und müssen insgesamt mindestens EUR 12.500 erreichen. Abweichend davon kann eine sogenannte Unternehmergesellschaft (haftungsbeschränkt) bereits mit einem Stammkapital von einem EUR gegründet werden. Bei der Unternehmergesellschaft (haftungsbeschränkt) muss aber das Stammkapital sofort vollständig eingezahlt werden.

Sachgründung

Unter einer Sachgründung ist jeder Beitrag eines Gesellschafters an die Gesellschaft zu verstehen, der nicht in Geld besteht, aber *in Geld bewertbar* ist (d.h. eine Sacheinlage im Rahmen der Gründung) und zur Aufbringung des Stammkapitals dient. Will ein Gesellschafter eine Sacheinlage als Gegenleistung für seine Gesellschaftsanteile erbringen, muss ein *Sacheinlagevertrag* geschlossen werden. Als Sacheinlagen können z.B. Liegenschaften, Unternehmen, abtretbare Forderungen, Immaterialgüter (z.B. Lizenzen und Patente) oder bewegliche Sachen eingebracht werden. Für die Ermittlung des Wertes der Sacheinlage ist der Zeitwert zum Zeitpunkt der Anmeldung zum Firmenbuch maßgebend, wobei Anlagevermögen mit dem Wiederbeschaffungswert und Umlaufvermögen mit dem Einzelveräußerungswert bemessen wird.

Auch nach deutschem Recht sind Sacheinlagen bei der Gründung zulässig. Diese müssen im Gesellschaftsvertrag nach Gegenstand und Betrag der dadurch zu bewirkenden Stammeinlage festgesetzt werden. Zudem müssen die Gesellschafter in einem Sachgründungsbericht die Angemessenheit der zugrunde liegenden Bewertung darlegen. Bei einer eventuellen Differenz zwischen dem Wert der Sacheinlage (im Zeitpunkt der Anmeldung zum Handelsregister) gegenüber der übernommenen Stammeinlage kommt eine Differenzhaftung zur Anwendung, d.h. der Gesellschafter hat den Minderwert der Sacheinlage durch eine Geldeinlage auszugleichen.

Praxis-Tipp

▸▸▸ Achtung! Wenn die Mittel aus einer Bareinlage (Bargründung) in zeitlicher und sachlicher Nähe im Zuge eines Erwerbsgeschäfts an den Gesellschafter zurückfließen (z.B.: Kauf einer Liegenschaft oder einer Beteiligung vom Gesellschafter), dann liegt eine sogenannte unzulässige verdeckte Sacheinlage vor. Der Gesellschafter wird nicht von der Bareinlagepflicht befreit. Anders als seit 2009 in Deutschland ist die verdeckte Sacheinlage in Österreich nicht ausdrücklich gesetzlich geregelt, weshalb zahlreiche Fragen offen sind. (z.B.: relevanter Zeitraum zwischen Bareinlage und Geschäft mit den Gesellschaftern, Notwendigkeit einer dahingehenden Verwendungsabrede oder nicht, etc.). Dem Themenkreis sollte jedenfalls vorsichtig begegnet werden. ◂◂◂

Gründungserfordernisse

Gemäß GmbHG kann eine GmbH für jeden gesetzlich zulässigen Zweck errichtet werden. Es besteht also grundsätzlich keine Konzessionspflicht (behördliche Bewilligung zur Errichtung einer GmbH). Ausnahmen bestehen nach sondergesetzlicher Anordnung für bestimmte Geschäftsbereiche wie Bank- und Versicherungswesen und den Betrieb einer Eisenbahn oder eines Luftfahrtunternehmens.

▶▶▶ Aus gesellschaftsrechtlicher Sicht kommt es auf das Vorliegen einer gewerberechtlichen notwendigen Konzession zwar nicht an. Sobald die Gesellschaft jedoch die Geschäftstätigkeit aufnimmt, ist die Bestellung eines *gewerberechtlichen Geschäftsführers* erforderlich, der für die Einhaltung der gewerberechtlichen Vorschriften verantwortlich ist. ◀◀◀

Eine GmbH kann von einer unbegrenzten Anzahl an Gesellschaftern gegründet werden. Die GmbH entsteht mit Eintragung ins Firmenbuch beim zuständigen Gericht (z.B. Handelsgericht Wien als Firmenbuchgericht). Die Eintragung wirkt konstitutiv, d.h. die Gesellschaft entsteht als solche erst mit Eintragung.

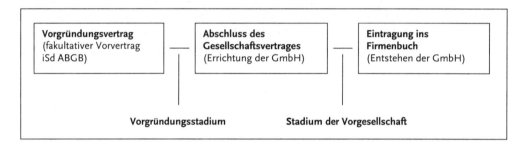

Die Gesellschafter haben vor Gründung die Möglichkeit, einen sog. *Vorgründungsvertrag* abzuschließen (Achtung: Notariatsaktspflicht!). Dieser ist ein fakultativer Vorvertrag i.S.d. ABGB. Er verpflichtet zum Abschluss des Gesellschaftsvertrages. Für die Vorgründungsgesellschaft gilt nicht GmbH-Recht, sie wird von der österreichischen Rechtsprechung als GesbR (Gesellschaft bürgerlichen Rechts) qualifiziert. Im Vorgründungsstadium besteht noch keine Möglichkeit, für die spätere GmbH zu handeln und sie wirksam zu verpflichten.

▶▶▶ Oft ist es zur rascheren Aufnahme der Geschäftstätigkeit erforderlich, dass schon vor Eintragung der GmbH ins Firmenbuch (d.h. schon im Stadium der Vorgesellschaft) Rechtshandlungen vorgenommen und bspw. Mietverträge abgeschlossen und Strom, Telefon etc. angemeldet werden. Die Vorgesellschaft wird durch die Geschäftsführer vertreten, jedoch haften im Unterschied zur Zeit nach der Eintragung ins Firmenbuch die Gesellschafter unbeschränkt und persönlich für die im Namen der Vorgesellschaft getätigten Maßnahmen. ◀◀◀

DEUTSCHE RECHTSLAGE IM VERGLEICH

Die österreichische Darstellung der Vorgründungsgesellschaft als Gesellschaft bürgerlichen Rechts (in Deutschland: GbR) und der sich daran anschließenden Vorgesellschaft stimmt im Wesentlichen mit der deutschen Regelung überein. Durch das MoMiG ergibt sich die Besonderheit, dass die Verpflichtung zur Gründung einer GmbH nach gesetzlichem Muster (mittels Musterprotokolls), die keiner notariellen Beurkundung bedarf, ihrerseits ohne notarielle Form begründet werden kann.

Zur Eintragung der GmbH sind dem Firmenbuch folgende Urkunden vorzulegen:
- sog. *Firmenbuchgesuch oder Firmenbucheingabe in beglaubigter Form:* Antrag an das Gericht, die Gesellschaft einzutragen,
- *Gesellschaftsvertrag* in Form eines Notariatsaktes (der Notariatsakt entspricht der notariellen Beurkundung in Deutschland)

- sog. *§ 10-Erklärung*: notariell beglaubigt unterzeichnete Erklärung der Geschäftsführer, dass die Bareinlagen (Stammeinlagen) mit dem aus einer Liste ersichtlichen Betrag bar einbezahlt wurden und dass sich die Bar- und Sacheinlagen in der freien Verfügung der Geschäftsführer befinden.

  Praxis-Tipp

  ▶▶▶ Die Geschäftsführer haften der Gesellschaft (nicht den Gläubigern) persönlich als Gesamtschuldner für Schäden, die durch falsche Angaben verursacht worden sind. Das bezieht sich auf die Unrichtigkeit der § 10-Erklärung, aber auch auf andere Tatbestände (bspw. Überbewertung von Sacheinlagen). ◀◀◀

- *Bankbestätigung* über die Einzahlung der Bareinlagen

  Praxis-Tipp

  ▶▶▶ Bei Sacheinlagen ist idR kein Nachweis über die Leistung der Sacheinlage, oft aber zum Wert der Sacheinlage (Bewertungsgutachten) vorzulegen! ◀◀◀

- Beglaubigte *Musterzeichnungserklärung* der Geschäftsführer
- Notariell beglaubigter *Gesellschafterbeschluss* über die *Bestellung der Geschäftsführer* (und ggf. Aufsichtsratsmitglieder)

  Praxis-Tipp

  ▶▶▶ Ein Gesellschafterbeschluss ist nicht notwendig, soweit die Bestellung bereits im Gesellschaftsvertrag erfolgt ist. Dies ist aber nur möglich, wenn der Geschäftsführer auch Gesellschafter ist. ◀◀◀

- Bei *Sachgründung* sind zudem der *Gründungsbericht* und die *Prüfungsberichte* der Gründungsprüfer beizufügen.
- *Selbstberechnungserklärung* oder eine *steuerliche Unbedenklichkeitsbescheinigung* des Finanzamtes für die Entrichtung der 1%igen Gesellschaftsteuer.

  Praxis-Tipp

  ▶▶▶ Die Unbedenklichkeitsbescheinigung hinsichtlich der Grunderwerbsteuer für den Fall, dass inländische Grundstücke eingebracht werden, ist für die Eintragung der GmbH im Firmenbuch nicht nötig (wohl aber für die Eintragung ins Grundbuch!). Seit der Gesetzesänderung im Jahr 2007 muss man weder die Liste der Gesellschafter noch die Liste der Geschäftsführer bzw. Aufsichtsratsmitglieder dem Firmenbuch vorlegen.
  Nach einer Gesetzesänderung Anfang 2014 (Art. 7 AbgÄG 2014) entfällt die Gesellschaftsteuer ab 2015. Gesellschaftsteuer fällt letztmalig für jene Rechtvorgänge an, bei denen die Steuerschuld vor dem 01.01.2016 entsteht. ◀◀◀

Die dem Firmenbuch vorzulegenden Urkunden, ausgenommen die Bankbestätigung, müssen von allen Geschäftsführern (beim Gesellschafterbeschluss von den Gesellschaftern) unterzeichnet werden.

EXKURS

Firmenbuch (entspricht dem deutschen Handelsregister)
Das Firmenbuch wird für die Bundeshauptstadt vom Handelsgericht Wien und in den Bundesländern von den 15 Landesgerichten geführt. Das Firmenbuch einschließlich aller eingereichten Unterlagen ist ohne Angabe von Gründen für jedermann öffentlich zugänglich.

Im Firmenbuch sind alle Kapitalgesellschaften, Personengesellschaften sowie Einzelunternehmer und verschiedene andere Rechtsträger (z.B.: Genossenschaften, Privatstiftungen, Sparkassen) eingetragen. Der Firmenbuchauszug gibt insbesondere Auskunft über die Firmenbuchnummer, die Firma, den Sitz des Unternehmens, die Geschäftsanschrift, die Rechtsform sowie den Unternehmensgegenstand. Er ist – kostenpflichtig – online erhältlich.

Aus dem Firmenbuchauszug selbst sind das Stammkapital, der Stichtag des Jahresabschlusses, die Gesellschafter (z.B. bei der GmbH) und Geschäftsführer sowie das Datum des Gesellschaftsvertrages bzw. auch das Datum von Generalversammlungsbeschlüssen über dessen Änderung ersichtlich.

Sämtliche Daten im Firmenbuch sind auch historisch abrufbar, d.h. alle in der Vergangenheit liegenden Eintragungsgegenstände wie etwa frühere Firmen oder Geschäftsführer können mit dem Zeitraum der Gültigkeit der Eintragung eingesehen werden.

Unter Umständen sind gewisse Dokumente (Gesellschaftsvertrag, Gesellschafterbeschlüsse, Umwandlungs- und Verschmelzungsverträge) auch online in der Urkundensammlung zum Firmenbuch abrufbar.

Der Gründungsakt einer GmbH in Österreich wird als *Gesellschaftsvertrag* (bei mehreren Gesellschaften) oder als *Erklärung über die Errichtung der Gesellschaft* (bei nur einem Gesellschafter) bezeichnet. Der jeweilige Gründungsakt (auch Satzung oder Statut genannt) muss durch die Gesellschafter in Form eines Notariatsaktes errichtet werden. Das bedeutet, dass bei der Ausfertigung alle Gesellschafter vor dem beurkundenden Notar anwesend oder durch einen mit beglaubigter Spezialvollmacht (das ist eine Vollmacht, die zur Vornahme eines bestimmten Geschäftes ermächtigt) ausgestatteten Bevollmächtigten vertreten sein müssen.

Der *Gesellschaftsvertrag* bzw. die Erklärung über die Errichtung der Gesellschaft hat folgenden *notwendigen Inhalt (zwingend)*:

- Firma und Sitz der Gesellschaft
- Gegenstand des Unternehmens
- Höhe des Stammkapitals
- Betrag der Stammeinlagen der Gesellschafter.

Dazu kommen etwaige Vereinbarungen über besondere Begünstigungen eines Gesellschafters, über Gründungskosten oder Sacheinlagen.

Daneben gibt es weitere Punkte, die sinnvollerweise zusätzlich in den Gesellschaftsvertrag aufgenommen werden sollten *(fakultativer Inhalt)*:

- Generalversammlung
- Geschäftsführer und deren Vertretung
- Nebenleistungspflichten von Gesellschaftern
- besondere Gewinnverteilungsregelungen
- Jahresabschlüsse
- Vinkulierung von Geschäftsanteilen
- Dauer der Gesellschaft
- Kündigungsmöglichkeiten
- Haftungsregelungen
- Einrichtung eines nicht obligatorischen Aufsichtsrates oder Beirates.

Praxis-Tipp

▶▶▶ Grundsätzlich möglich ist eine sog. »Strohmanngründung«, bei der ein Treuhänder (oft Anwälte) für den wirtschaftlich Berechtigten auftreten und nach außen hin als Gesellschafter im Firmenbuch aufscheinen. In diesem Fall »steuert« der Treuhänder die Gesellschaft über einen Treuhandvertrag. ◀◀◀

Der Gesellschaftsvertrag bzw. die Erklärung über die Errichtung der Gesellschaft stellt die Grundlage jeder GmbH dar und sollte daher mit Sorgfalt und Genauigkeit erstellt werden. Die Hinzuziehung eines Rechtsanwaltes ist mithin bereits vor Gründung unbedingt anzuraten. Auch gilt es, den geplanten Firmenwortlaut frühzeitig zu prüfen und bestätigen zu lassen. Der Firmenwortlaut wird vom Firmenbuchgericht meist sehr streng kontrolliert und trotz Erleichterung der Anforderungen, die mit dem UGB eingeführt werden, nicht selten abgelehnt.

Wie bereits erwähnt, kann eine österreichische GmbH zu fast jedem gewünschten gewerblichen oder nicht gewerblichen Zweck gegründet werden. Insbesondere die folgenden Tätigkeiten dürfen jedoch nicht in der Rechtsform einer GmbH geführt werden:
- Versicherungen
- Apotheken
- Notare
- Börsengeschäfte
- Fahrschulen
- Tabaktrafiken.

DEUTSCHE RECHTSLAGE IM VERGLEICH

Die Gründung der deutschen GmbH erfolgt sehr ähnlich wie bei der österreichischen GmbH. Gesetzlicher Mindestinhalt des deutschen Gesellschaftsvertrages sind – wie im österreichischen Recht – Angaben über Firma, Sitz und Gegenstand der GmbH sowie die Höhe des Stammkapitals und Zahl und Nennbetrag der Geschäftsanteile. Weitere (fakultative) Satzungsbestimmungen sind auch nach deutschem Recht zulässig. Der Gesellschaftsvertrag ist notariell zu beurkunden.

Die deutsche GmbH ist zum Handelsregister – das in Deutschland beim sachlich zuständigen Amtsgericht (Registergericht) geführt wird – anzumelden. Die Anmeldung der Gesellschaft darf erst erfolgen, wenn auf jeden Geschäftsanteil ein Viertel des Nennbetrags eingezahlt ist.

Elektronisches Handelsregister

Das elektronische Handelsregister ist eine in Deutschland seit dem 1. Januar 2007 bestehende Internetplattform zur Recherche von firmenrelevanten Daten, die im elektronischen Bundesanzeiger veröffentlicht wurden. Die Bekanntmachungen der Registergerichte können auf der Internetseite www.handelsregisterbekanntmachungen.de veröffentlicht und kostenfrei eingesehen werden; damit entfällt die Bekanntmachung im gedruckten Bundesanzeiger.

Bis Ende 2008 war es zudem erforderlich, die Eintragung in einer Tageszeitung bekannt zu machen. Auch diese Bekanntmachungspflicht ist nun weggefallen und führt zu einer beträchtlichen Kostenersparnis für Unternehmer. Die *elektronische Bekanntmachung* kostet pauschal lediglich noch *EUR 1*.

Der *Handelsregisterauszug* kann online beim gemeinsamen Registerportal der Länder zu einem Preis von derzeit *EUR 1,50* abgerufen werden. Darüber hinaus sind im Handelsregister weitere Informationen verfügbar.

Beachte: Einige Dokumente wie z.B. alte Satzungen oder Gesellschafterlisten sind noch nicht digitalisiert und müssen bei einigen Registergerichten noch persönlich abgeholt werden. Auch sind historische Handelsregisterauszüge (soweit überhaupt erhältlich) in den meisten Fällen von nicht guter grafischer Qualität (da lediglich eingescannt); bei älteren Gesellschaften sind sie oft gar nicht hinterlegt und mithin nicht über das HR erhältlich.

Vgl. zu Österreich: In Österreich ist die Einsichtnahme ins Firmenbuch über ein sehr modernes und einfach handhabbares System in der Praxis einfacher und schneller. Ebenso sind die im Firmenbuch befindlichen Informationen wesentlich umfangreicher und besser historisch nachvollziehbar als im deutschen Handelsregister, da auch die historischen Auszüge vollständig hinterlegt sind. Gleiches gilt für weitere Gesellschaftsinformation wie z.B. Bilanzen und Jahresabschlüsse.

Die Haftungsbeschränkung auf das Vermögen der Gesellschaft bzw. auf die Höhe der Stammeinlage tritt erst bei Eintragung ins Handelsregister ein.
    Bei der Anmeldung zum Handelsregister müssen folgende Unterlagen vorgelegt werden:
- notariell beglaubigte Anmeldung
- Gesellschaftsvertrag
- Gesellschafterliste
- ggf. Nachweis über die Bestellung der Geschäftsführer (sofern nicht im Gesellschaftsvertrag bereits benannt)
- Art und Umfang der Vertretungsbefugnis der Geschäftsführer
- ggf. Sachgründungsunterlagen
- Versicherung, dass die erforderlichen Mindestleistungen auf die Stammeinlagen erbracht sind und sich endgültig in der freien Verfügung der Geschäftsführer befinden
- inländische Geschäftsanschrift
- keine staatliche Genehmigung; dieses Erfordernis ist durch das MoMiG weggefallen.

Praxis-Tipp

▶▶▶ Um eine unerwünschte persönliche Haftung der Gesellschafter bzw. Geschäftsführer zu vermeiden, sollte – ähnlich wie in Österreich – mit unternehmerischen Aktivitäten (z.B. Anmietung von Geschäftsräumen, Kauf von Geschäftsausstattung) bis nach der Handelsregistereintragung gewartet werden. ◀◀◀

Im Gegensatz zur österreichischen Rechtslage verlangt das deutsche GmbH-Recht nicht zwingend die Vorlage einer Bankbestätigung zum Nachweis der endgültigen freien Verfügbarkeit der (Bar-) Einlagen, was zur Umgehung gesellschaftsrechtlicher Mindestanforderungen führen kann. Deshalb kann das Registergericht bei erheblichen Zweifeln an der Richtigkeit der Anmeldeversicherung zur Absicherung der realen Kapitalaufbringung Nachweise wie z.B. Einzahlungsbelege verlangen.

Firma
Die Firma ist der Name einer Gesellschaft. Jede österreichische GmbH muss eine Firma im eigentlichen Sinne, also einen Firmenwortlaut haben. Im Zuge der Reformen des UGB ist auch bei den Firmenwortlauten ein *größerer Spielraum* entstanden. So besteht keine Verpflichtung mehr, den Namen des Gesellschafters in der Firma anzuführen. Die GmbH kann nun eine

- Personenfirma (White GmbH)
- Sachfirma (May Teppichhandel GmbH)
- Fantasiefirma (ABC GmbH, One Two Three GmbH – aber Vorsicht, es gilt das Irreführungsverbot) oder auch eine
- Mischfirma

sein. Auch die Verwendung von Geschäftsbezeichnungen ist in der österreichischen Praxis erlaubt und üblich. Der Zusatz »GmbH«, »Ges.m.b.H« oder »Gesellschaft mit beschränkter Haftung« muss jedoch als Rechtsformzusatz auf jeden Fall enthalten sein. Die Firma muss grundsätzlich zur Kennzeichnung des Unternehmens geeignet sein und Unterscheidungskraft gegenüber anderen Firmen am selben Ort besitzen.

Praxis-Tipp

▸▸▸ Die Kennzeichnung reiner Gattungsbegriffe, z.B. »Auto GmbH«, ist aufgrund des Irreführungsverbots grundsätzlich nicht zulässig, da eine branchenweite Dominanz suggeriert wird. Firmen mit geografischen Bezeichnungen sind hingegen grundsätzlich zulässig, jedoch verlangt das Firmenbuch vor Eintragung einen Nachweis zur Präsenz in der jeweiligen Region. Für eine »Franke Österreich GmbH« wären daher beispielsweise einerseits ein Nachweis österreichweiter (beabsichtigter) Geschäftstätigkeit sowie die Eingliederung in eine internationale Struktur nachzuweisen. In der Praxis erfolgt dies zumeist durch Einholung eines Kurzgutachtens der örtlich zuständigen Wirtschaftskammer. ◂◂◂

DEUTSCHE RECHTSLAGE IM VERGLEICH

In Deutschland gilt der Grundsatz der freien Firmenbildung. Neben dem Täuschungsverbot ist zu beachten, dass die Firma kennzeichnend und unterscheidungskräftig sein muss.

Weitere Erfordernisse einer GmbH-Gründung

Die österreichische GmbH ist als Gesellschaft an sich nicht handlungsfähig. Sie benötigt daher einen oder mehrere *Geschäftsführer*, die durch die Gesellschafter entweder im Gesellschaftsvertrag oder durch einen (für Zwecke des Firmenbuchs notariell beglaubigt unterfertigten) Gesellschafterbeschluss bestellt werden.

Geschäftsführer einer GmbH können durch *Gesellschafterbeschluss Einzelvertretungsbefugnis* erhalten oder zur *Vertretung der Gesellschaft gemeinsam* mit einem weiteren Geschäftsführer oder gemeinsam mit einem Prokuristen berechtigt sein (*Kollektivvertretungsbefugnis*). Bei mehreren Geschäftsführern sind beliebige Kombinationen möglich, z.B. ein bestimmter Geschäftsführer vertritt einzeln und alle weiteren nur kollektiv.

DEUTSCHE RECHTSLAGE IM VERGLEICH

Im Hinblick auf die Bestellung und Vertretungsbefugnisse der Geschäftsführer sind deutsches und österreichisches Recht praktisch identisch. Eine Besonderheit besteht bei der mitbestimmten GmbH, da in diesem Fall die Kompetenz zur Bestellung der Geschäftsführer beim Aufsichtsrat liegt.

Durch das MoMiG wurde eine zwingende Empfangszuständigkeit u.a. der GmbH-Gesellschafter eingeführt. Hat eine GmbH keinen Geschäftsführer (Führungslosigkeit), so wird sie durch die Gesellschafter vertreten, soweit ihr gegenüber Willenserklärungen abgegeben oder Schriftstücke zugestellt werden.

Im Zuge der Errichtung einer GmbH wird ein *Gesellschaftskonto* bei einem österreichischen Kreditinstitut eingerichtet. Bei einer Bargründung müssen die Geschäftsführer dafür sorgen, dass das Stammkapital auf dieses Konto überwiesen wird. Das Konto wird zunächst mit dem Zusatz »in Gründung« geführt.

Bei einer *Gründung mit Sacheinlagen* müssen die Gesellschafter zusätzlich, wenn nicht zugleich mindestens die Hälfte des Stammkapitals bar aufgebracht wird oder die Annahme der Einbringung eines schon mindestens fünf Jahre bestehenden Unternehmens durch deren Inhaber greift, einen *Gründungsbericht* und die Geschäftsführer einen *Prüfungsbericht* erstellen. Außerdem ist ein so genannter spezieller Prüfungsbericht, der von einem Wirtschaftsprüfer erstellt wird, erforderlich.

DEUTSCHE RECHTSLAGE IM VERGLEICH

Im Gegensatz zum österreichischen Recht findet in Deutschland keine entsprechende Gründungsprüfung durch externe Wirtschaftsprüfer statt.

Eine deutsche Besonderheit ist außerdem, dass bei einer vereinfachten Gründung unter Verwendung eines notariellen Musterprotokolls nur Bareinlagen zulässig sind, die entweder voll oder zur Hälfte eingezahlt werden müssen. Bei der neu geschaffenen Unternehmergesellschaft ist die Volleinzahlung des satzungsmäßigen Stammkapitals erforderlich; auch in diesem Fall sind Sacheinlagen ausgeschlossen.

EXKURS

Aufsichtsrat der GmbH

Ein Aufsichtsrat (AR) kann bei einer GmbH freiwillig eingerichtet werden. Er muss bei einer GmbH darüber hinaus zwingend eingerichtet werden, wenn

- das Stammkapital EUR 70.000 übersteigt und gleichzeitig die Anzahl der Gesellschafter 50 übersteigt oder
- die Anzahl der Arbeitnehmer im Jahresdurchschnitt 300 übersteigt
- die GmbH andere Gesellschaften einheitlich leitet (Konzern), diese Untergesellschaften aufsichtsratspflichtig oder als Konzernuntergesellschaften von der Aufsichtsratspflicht befreit sind und die Anzahl aller Arbeitnehmer im Jahresdurchschnitt 300 übersteigt oder
- spezielle Geschäftstätigkeiten durchgeführt werden (z.B.: § 12 WGG, § 2 Abs 5 InvFG).

Der Aufsichtsrat muss aus mindestens drei Mitgliedern bestehen, die durch Gesellschafterbeschluss zu wählen sind.

DEUTSCHE RECHTSLAGE IM VERGLEICH

Nach deutschem Recht besteht die Möglichkeit, im Gesellschaftsvertrag einen Aufsichtsrat vorzusehen (fakultativer Aufsichtsrat). Daneben können auch andere fakultative Organe eingerichtet werden, wie z.B. ein Beirat, ein Gesellschafterausschuss oder ein Familienrat. Die Bildung eines Aufsichtsrats ist dagegen in Deutschland zwingend vorgeschrieben, wenn die GmbH der Mitbestimmung der Arbeitnehmer unterliegt. Eine solche Mitbestimmungspflicht besteht, wenn die GmbH mehr als 500 Arbeitnehmer beschäftigt.

Kosten und Dauer einer GmbH-Gründung

Die jedenfalls anfallenden Kosten einer GmbH-Gründung mit Mindeststammkapital – wohlgemerkt neben der Stammkapitaleinlage – belaufen sich auf ca. EUR 1.500.

Darin sind enthalten:

- die Kosten für die Kapitalverkehrsteuern (1% der Stammeinlage)
- Gerichtsgebühren für die Firmenbucheingaben (ca. EUR 350)
- notarielle Beglaubigungen (ca. EUR 500)
- Verträge, Nebenvereinbarungen und sonstige Spesen (zwischen EUR 500 – 1000).

Darüber hinaus fallen in den meisten Fällen Beraterhonorare an, etwa Anwaltskosten für die Errichtung des Gesellschaftsvertrages und das Firmenbuchgesuch samt allen Nebenurkunden, deren Höhe vom individuellen Beratungs- und Regelungsaufwand abhängt.

Gerade im Falle einer Gründung mit Sacheinlage ist es jedenfalls empfehlenswert, die Beratung eines Rechtsanwalts in Anspruch zu nehmen. Auch bei umfangreichen GmbH-Gründungen und solchen mit mehreren Gesellschaftern empfiehlt es sich, einen Rechtsanwalt mit der Erstellung der Urkunden zu beauftragen.

Die *Kapitalverkehrsteuer* (Gesellschaftsteuer) beträgt 1% des Stammkapitals. Der Notar oder Anwalt kann die Selbstberechnung der Gesellschaftsteuer durchführen und eine Bescheinigung darüber ausstellen, die beim Firmenbuch vorgelegt werden muss. Alternativ dazu kann nach Bezahlung der Gesellschaftsteuer vom Finanzamt eine Unbedenklichkeitsbescheinigung angefordert werden. Siehe oben zum Entfall der Gesellschaftsteuer ab Anfang 2016.

Die Gründung der GmbH dauert, sofern alle Voraussetzungen erfüllt sind, zwischen zwei und vier Wochen.

DEUTSCHE RECHTSLAGE IM VERGLEICH

Bei der GmbH-Gründung entstehen grundsätzlich Notargebühren, Gerichtskosten und Veröffentlichungskosten. Im Falle der Vereinbarung einer Sacheinlage fallen dabei ggf. zusätzlich Gebühren für eine Werthaltigkeitsprüfung und -bescheinigung durch Steuerberater oder Wirtschaftsprüfer an. Eine Gesellschaftsteuer wie in Österreich fällt nach deutschem Recht jedoch nicht an.

Bei einer GmbH-Gründung mit Mindeststammkapital fallen ca. EUR 450 Notargebühren an; wird ein Mustergründungsprotokoll im vereinfachten Verfahren (§ 2 Abs (1a) GmbHG) verwendet, reduzieren sich die Kosten um ca. EUR 180. Das Musterprotokoll kann aber nur bei einer Gesellschaft mit bis zu drei Gesellschaftern und einem Geschäftsführer verwendet werden. Daneben sind pauschale EUR 110 für die Eintragung ins Handelsregister und zwischen EUR 250 und EUR 350 für die Veröffentlichung zu veranschlagen. Die GmbH-Gründung dauert bis zu acht Wochen. Die Rechtsanwaltskosten liegen – je nach Beratungsaufwand – im Durchschnitt zwischen EUR 2000 – 5000.

Sonstige Bestimmungen und steuerrechtliche Aspekte

Wenn die GmbH in Österreich gewerblich tätig werden soll, benötigt sie eine *Gewerbeberechtigung*. Die Gesellschaft entsteht mit Eintragung ins Firmenbuch; eine Gewerbeanmeldung kann also erst nach FB-Eintragung und unter Vorlage des Firmenbuchauszuges bei der Gewerbebehörde durchgeführt werden. Zudem muss ein *gewerberechtlicher Geschäftsführer* bestellt werden, der zugleich handelsrechtlicher Geschäftsführer oder zumindest Teilzeitangestellter sein muss.

Die Gesellschaft unterliegt mit ihrem Gewinn der *25%igen* österreichischen *Körperschaftsteuer*. Sollte in einem Jahr kein Gewinn vorliegen, muss dennoch eine *Mindestkörperschaftsteuer* in Höhe von jährlich *5% des gesetzlichen Mindeststammkapitals*, also EUR 500,00 (ab 2014) abgeführt werden.

Zudem unterliegt die Gewinnausschüttung der *25%igen Kapitalertragsteuer*.

Übt die GmbH ein Gewerbe aus, so ist auch in Deutschland eine Anmeldung beim zuständigen Gewerbeamt einzureichen. Diese kann ebenfalls erst nach Eintragung der Gesellschaft ins Handelsregister vorgenommen werden. Die Bestellung eines sog. gewerberechtlichen Geschäftsführers ist nach deutschem Recht nicht erforderlich. Die deutsche GmbH muss lediglich mindestens einen Geschäftsführer haben; in einer von Arbeitnehmern mitbestimmten GmbH sind mindestens zwei Geschäftsführer zu bestellen, weil die Mitbestimmungsgesetze verlangen, dass der Arbeitsdirektor ein gleichberechtigtes Mitglied des Vertretungsorgans – und damit ein Geschäftsführer – ist.

Gewinnausschüttungen der GmbH an die Gesellschafter unterliegen der Einkommensteuer und (im Privatbereich) der Abgeltungsteuer in Höhe von 25%. Die Gesellschaft an sich muss 15% Körperschaftsteuer bezahlen. Der Gewinn der Gesellschaft ist aber darüber hinaus gewerbesteuerpflichtig. Die Gewerbesteuer ist von der jeweiligen Gemeinde abhängig, in der die GmbH ihren Sitz hat: die Steuermesszahl beträgt einheitlich 3,5%; unterschiedlich ist der jeweilige Hebesatz einer Gemeinde. Dieser liegt bei mindestens 200%. Regelungen über Höchstsätze sind den einzelnen Bundesländern vorbehalten.

Haftungsregelungen – Haftung der Gesellschafter

Die österreichische GmbH selbst haftet mit ihrem gesamten Gesellschaftsvermögen unbeschränkt gegenüber den einzelnen Gläubigern. Die Gesellschafter haften grundsätzlich lediglich mit ihren Stammeinlagen (sog. *Haftungsbegrenzung*). Eine über das Stammkapital hinausgehende persönliche Haftung der Gesellschafter für Verbindlichkeiten der Gesellschaft ist somit grundsätzlich ausgeschlossen. Die Ausnahme hierzu bildet die sog. *Durchgriffshaftung* (Haftungsdurchgriff). Bei der Durchgriffshaftung besteht für den Gläubiger die Möglichkeit, sich am Privatvermögen des Gesellschafters schadlos zu halten. Von der österreichischen Lehre und bislang nur vereinzelt von der Rechtsprechung sind folgende Fälle des Haftungsdurchgriffs anerkannt:

- *Qualifizierte Unterkapitalisierung*: Diese liegt vor, wenn der/die Gesellschafter der Gesellschaft nicht das für die beabsichtigte Geschäftstätigkeit bzw. deren sukzessive Erweiterung erforderliche Kapital zur Verfügung stellt/en.
- *Vermögens- und Sphärenvermischung*: Die Abgrenzung zwischen Gesellschaftsvermögen und Privatvermögen des Gesellschafters wird durch unterschiedliche Maßnahmen verschleiert. Die Kapitalerhaltung kann mit einem angemessenen Aufwand nicht mehr kontrolliert werden (Vermögensmischung). Unterscheidet sich die Tätigkeit des Gesellschafters nicht ausreichend von jener der Gesellschaft, liegt eine Sphärenvermischung vor.
- *Missbrauch der Organisationsfreiheit*: Das Trennungsprinzip zwischen Gesellschaft und Gesellschafter wird bewusst zum Nachteil der Gläubiger ausgeübt.
- *Faktische Geschäftsführung*: Ein (Mehrheits-)Gesellschafter kann aufgrund seiner beherrschenden Stellung von geschädigten Gläubigern herangezogen werden, wenn er die Geschäfte der Gesellschaft faktisch führt, auch ohne je zum Vertretungsorgan bestellt worden zu sein.

In Deutschland bestehen die gleichen Fallgruppen in Bezug auf die Durchgriffshaftung wie in Österreich, auch wenn teilweise terminologische Unterschiede gemacht werden. So wird die österreichische Fallgruppe des Missbrauchs der Organisationsfreiheit von der deutschen Fallgruppe der Vermögens- und Sphärenvermischung mit umfasst.

Die Lebensphasen einer GmbH-Haftung:

Vorgründungs-gesellschaft		Vorgesellschaft		Aufrechte Gesellschaft		Gesellschaft in Liquidation		Ende
bis zur Errichtung des Gesellschafts-vertrages →	Unterzeichnung des Notariatsaktes	bis zur Eintragung im Firmenbuch →	Eintragung im Firmenbuch	tätige, aufrechte GmbH ↔	Auflösungsbeschluss/Konkurs	bis Abwicklung beendet →	Löschung im Firmenbuch	
Verbindlichkeiten gehen automatisch auf die entstandene GmbH über								
		oder HAFTUNG:						
jeder Gesellschafter haftet persönlich und solidarisch für die zu diesem Zeitpunkt entstandenen Verbindlich-keiten		Haftung der »Handelnden« für die in diesem Zeitraum entstandenen Verbindlichkeiten haften die Handelnden zu geteilter Hand				GmbH in Liquidation oder: Übertragung durch Gesamtrechts-nachfolge Verschmelzung Umwandlung Spaltung		

Vorteile einer GmbH

■ Jeder erlaubte Unternehmenszweck möglich
■ Relativ variable und einfache Gründungserfordernisse
■ Geringere Gründungs- und Verwaltungskosten gegenüber einer Aktiengesellschaft
■ Höhe des Stammkapitals ist prinzipiell die Obergrenze für die Haftung (Ausnahme: Durchgriffshaftung der Gesellschafter)
■ Errichtung einer Einpersonen-GmbH möglich
■ Leicht administrierbar und daher auch für Klein- und Mittelbetriebe geeignet.

Nachteile einer GmbH

■ Höhere Gründungs- und Verwaltungskosten als bei Einzelunternehmen und Personen-gesellschaften
■ Bilanzierungspflicht

- Steuerlich erst ab einer gewissen Gewinnhöhe sinnvoll
- Strenge Vorschriften betreffend das Verbot der Einlagenrückgewähr und der verdeckten Gewinnausschüttung.

DEUTSCHE RECHTSLAGE IM VERGLEICH

Die Vor- und Nachteile der österreichischen GmbH gelten entsprechend für die deutsche GmbH.

EXKURS

Geistiges Eigentum

Marke
Neben der Firma kann für das Unternehmen in Österreich fakultativ die Eintragung einer Marke beantragt werden. Die Marke eines Unternehmens kann jedes graphisch darstellbare Zeichen sein, z.B. (Personen-) Namen, Zahlen, Buchstaben oder Abbildungen. Es wird folglich unterschieden zwischen Wortmarken, Bildmarken oder Wort-Bildmarken. Bei der Eintragung einer nationalen Marke in Österreich sind folgende Punkte zu beachten:
Die Marke muss ein gesetzlich zulässiges, eintragbares Zeichen sein und muss dazu geeignet sein, Waren und/oder Dienstleistungen des Unternehmens von jenen anderer Unternehmen zu unterscheiden.
Nicht als Marke registrierbar sind z.B. Staatswappen, amtliche Zeichen, im üblichen Sprachgebrauch gebräuchliche Bezeichnungen für eine Ware oder Dienstleistung (Gattungsbegriffe), täuschende Angaben.
Die Registrierung der Marke muss vom Geschäftsführer der GmbH schriftlich beim Österreichischen Patentamt angemeldet werden, wobei die Anmeldung die Angabe zu enthalten hat, für welche Waren oder Dienstleistungen die Marke verwendet werden soll. Die Registrierung erfolgt nach der negativen amtswegigen Prüfung auf Ähnlichkeit mit einer bestehenden Marke und der Einzahlung der Registrierungsgebühr.
Das Markenrecht besteht bei bezahlter Registrierungsgebühr für zehn Jahre. Die Schutzdauer kann um jeweils zehn Jahre durch Zahlung der Erneuerungsgebühr vor Fristablauf verlängert werden.

Patent
Für gewerblich tätige Unternehmen kann die Erlangung eines Patentes von großer Bedeutung sein. Patente werden vom österreichischen Patentamt für gewisse Erfindungen erteilt und berechtigen den Patentinhaber, Dritte von der Herstellung, vom In-Verkehr-bringen, vom Gebrauch oder vom Besitz des Gegenstandes der Erfindung auszuschließen.
Der Geschäftsführer oder von ihm Beauftragte führt die Anmeldung der Erfindung beim Patentamt durch.

DEUTSCHE BESONDERHEIT

Seit 2008 ist die deutsche Gesellschaftslandschaft um eine Gesellschaftsform reicher: die haftungsbeschränkte Unternehmergesellschaft.

Unternehmergesellschaft (haftungsbeschränkt)
Im neuen GmbH-Recht tritt neben die bewährte GmbH die haftungsbeschränkte Unternehmergesellschaft mit einem Mindeststammkapital von EUR 25.000, bei der es sich nicht um

eine neue Rechtsform, sondern um eine GmbH handelt, die ohne bestimmtes Mindestkapital gegründet werden kann. Die haftungsbeschränkte Unternehmergesellschaft (UG) darf ihre Gewinne nicht voll ausschütten (höchstens 75%) und soll auf diese Weise das Mindeststammkapital der »normalen« GmbH sukzessiv ansparen.

Die UG (haftungsbeschränkt) bietet eine Einstiegsvariante der GmbH und ist für Unternehmensgründer interessant, die zu Beginn ihrer Tätigkeit wenig Startkapital haben und benötigen (z.B. im Dienstleistungsbereich).

Vereinfachungen im Bereich der Errichtung der Gesellschaft
- Hinsichtlich der Unternehmensgesellschaft ist eine unkomplizierte Standardgründung mittels eines beurkundungspflichtigen Musterprotokolls möglich, das zugleich als Gesellschaftsvertrag, Geschäftsführerbestellung und Gesellschafterliste fungiert. Bei der haftungsbeschränkten Unternehmergesellschaft führt die Gründung unter Verwendung eines Musterprotokolls darüber hinaus zu einer Kosteneinsparung aufgrund einer kostenrechtlichen Privilegierung.
- Deutsche Unternehmen verfügen jetzt auch über die Möglichkeit, einen Verwaltungssitz zu wählen, der nicht mit dem Satzungssitz übereinstimmt. Der Tätigkeitsschwerpunkt ist irrelevant. Im Falle einer Insolvenz bestimmt sich das anwendbare Recht dennoch nach dem tatsächlichen Interessenschwerpunkt.
- Der Katalog der Ausschlussgründe für Geschäftsführer ist erweitert worden. Die Gesellschafter haften für einen Verstoß gegen das Bestellungsverbot.
- In Zukunft muss jeder Geschäftsanteil nur noch auf einen Betrag von mindestens EUR 1 lauten.
- Durch den Wegfall der Pflicht zur Vorlage staatlicher Genehmigungsurkunden wurde die Eintragung erleichtert und die Eintragungszeiten beim Handelsregister verkürzt.
- Weiterhin ist bei der Eintragung ins Handelsregister eine inländische Geschäftsanschrift anzugeben, um die Rechtsverfolgung gegenüber Gesellschaften zu erleichtern. Außerdem ist zukünftig die öffentliche Zustellung im Inland gegenüber juristischen Personen (wie z.B. der GmbH) möglich.

Rechtsverhältnisse der Gesellschaft und der Gesellschafter
- Das bei der Konzernfinanzierung international gebräuchliche *Cash-Pooling* ist jetzt wie im Aktienrecht auch bei der GmbH möglich. Beim Cash-Pooling leiten Konzerngesellschaften Finanzmittel an ein und dieselbe Konzerngesellschaft zum gemeinsamen Cash-Management und erhalten im Gegenzug Rückzahlungsansprüche gegen die Muttergesellschaft. Das Cash-Pooling dient dem Liquiditätsausgleich zwischen den Unternehmen eines Konzerns und der Reduktion der externen Finanzierungskosten des Gesamtkonzerns.
- Die Gesellschafterliste, die bei der Anmeldung zum Handelsregister vorzulegen ist, wird aufgewertet: Ab sofort fungiert die Liste als Rechtsscheintatbestand (ähnlich wie das Grundbuch). Dadurch können Gesellschaftsanteile erstmals (unter strengen Voraussetzungen) gutgläubig erworben werden. Die Liste wird von dem Geschäftsführer geführt. Dieser haftet für Schäden, die durch eine fehlerhaft geführte Gesellschafterliste entstehen. Die Möglichkeit des gutgläubigen Erwerbs schafft Rechtssicherheit und senkt die Transaktionskosten.
- Eine »*verdeckte Sacheinlage*« ist nunmehr aufgrund einer bilanziellen Betrachtungsweise möglich. »Verdeckte Sacheinlagen« liegen vor, wenn ein Gesellschafter eine Bareinlage an die Gesellschaft leistet und die Gesellschaft dem Gesellschafter in der Folge einen Gegenstand »abkauft«, was faktisch zu einer Rückzahlung der Einlage führt. Dadurch konnten die aufwändigen Sachgründungsvorschriften umgangen werden. Nach

Inkrafttreten des MoMiG bleibt es zwar dabei, dass eine verdeckte Sacheinlage den Gesellschafter nicht von seiner Einlagepflicht befreit. Der der GmbH mit der Sacheinlage zugeflossene Wert wird aber auf die Bareinlageverpflichtung des Gesellschafters angerechnet.

■ Rechte aus einer Änderung der Mitgliedschaft (z.B. Gesellschafterwechsel) sind bis zur Eintragung in die Gesellschafterliste suspendiert.

■ Das Eigenkapitalersatzrecht wird dereguliert. Kernpunkt des Eigenkapitalersatzrechts ist, ob Kredite, die Gesellschafter der GmbH geben, als Darlehen oder Eigenkapital zu behandeln sind. Forderungen aus Eigenkapital sind in der Insolvenz untergeordnet. Ein kapitalersetzendes Gesellschafterdarlehen gibt es jetzt nicht mehr. Gesellschafterdarlehen sind nun allgemein in der Insolvenz nachrangig.

Vertretung und Geschäftsführung

■ Ist eine Gesellschaft ohne gesetzlichen Vertreter (d.h. sie hat keinen Geschäftsführer mehr), wird sie passiv durch die Gesellschafter vertreten.

Auflösung und Nichtigkeit

■ Allgemein wurde die Pflicht zur Stellung eines Insolvenzantrags aus § 64 dGmbHG in § 15a dInsO (rechtsformneutral) verschoben.

■ Bei Führungslosigkeit der Gesellschaft sind die Gesellschafter an Stelle des Geschäftsführers verpflichtet, einen Insolvenzantrag zu stellen.

■ Zudem haften die Geschäftsführer, wenn Zahlungen nach Zahlungsunfähigkeit oder Überschuldung geleistet werden.

■ Die Geschäftsführer haften bei Zahlungen an Gesellschafter auch dann, wenn diese zur Zahlungsunfähigkeit führen mussten.

Neben diesem allgemeinen Überblick über die Neuerungen durch das Gesetz zur Modernisierung des GmbH-Rechts und zur Bekämpfung von Missbräuchen wird an entsprechender Stelle im Text nochmals auf Änderungen zum vorher geltenden Recht hingewiesen.

1.4.2 GmbH & Co KG

Allgemeines
Diese österreichische Rechtsform der GmbH & Co KG ist eine Mischform zwischen einer Personen- und einer Kapitalgesellschaft. Der einzige persönlich und damit unbeschränkt haftende Gesellschafter, der sog. *Komplementär*, ist keine natürliche Person, sondern eine GmbH, während die übrigen Gesellschafter, natürliche Personen, Gesellschafter oder andere juristische Personen nur als sog. *Kommanditisten* beteiligt sind und daher nur beschränkt haften.

DEUTSCHE RECHTSLAGE IM VERGLEICH

Bis auf die unterschiedliche steuerliche Behandlung entsprechen die österreichischen Vorschriften zur GmbH & Co KG grundsätzlich der deutschen Rechtslage.

Errichtung und Gründung einer GmbH & Co KG

Bei der Gründung einer GmbH & Co KG in Österreich sind grundsätzlich zwei Gesellschaften zu errichten. Auf der einen Seite wird die GmbH als Komplementär gegründet (s.o.), auf der anderen Seite die Kommanditgesellschaft. In der Praxis sind die Kommanditisten der KG oft gleichzeitig die Gesellschafter der GmbH.

Bei der Gründung kann entweder eine neue GmbH und die KG gegründet werden oder man greift auf eine bereits bestehende GmbH zurück und gründet nur eine neue KG.

Firmenbildung und Firmenbuch

Wie auch nach deutschem GmbHG gelten für die Firma der Komplementär-GmbH die Bestimmungen des österreichischen GmbHG. In der Firmenbezeichnung der KG kann die vollständige Firma der GmbH oder eine andere Bezeichnung einschließlich des Rechtsformzusatzes enthalten sein. Die Bezeichnung muss die Haftungsbeschränkung kennzeichnen. Aus dem Firmenwortlaut muss jedenfalls klar erkennbar sein, dass die Firma der KG sich von der Firma der GmbH unterscheidet. Beide Gesellschaften müssen im Firmenbuch eingetragen werden.

Haftungsregelungen

Die volle Haftung für Gesellschaftsverbindlichkeiten trägt der Komplementär, also die GmbH. Diese haftet mit ihrem gesamten Gesellschaftsvermögen. Die Kommanditisten selbst haften nur begrenzt auf ihre Einlagen.

Steuerrechtliche Aspekte

Die GmbH & Co KG selbst ist nicht Steuersubjekt der Ertragsteuer (Einkommensteuer bzw. KÖSt.) Die Gewinne werden auf Ebene der Gesellschafter besteuert (Mitunternehmerschaft). Gewinne der GmbH unterliegen dem üblichen Steuerregime der Kapitalgesellschaft mit idR einer Endbesteuerung für ausgeschüttete Gewinne mit der Kapitalertragsteuer in Höhe von 25%. Dagegen ist die GmbH & Co KG Subjekt der Umsatzsteuer und z.B., soweit Arbeitgeber, der sozialversicherungsrechtlichen Abgaben.

> **DEUTSCHE RECHTSLAGE IM VERGLEICH**
>
> Die GmbH & Co KG wird nach den beiden Gesellschaften getrennt besteuert. Die Komplementär-GmbH wird wie eine GmbH besteuert, d.h. sie unterliegt der Körperschaftsteuer in Höhe von 15%. Die KG selbst schuldet für ihren Gewinn Gewerbesteuer.

Vorteile einer GmbH & Co KG

- taugliches Instrument im Zusammenhang mit einem unternehmerischen Generationswechsel in der Familie
- keine natürliche Person haftet persönlich
- sehr flexible Gestaltung des Gesellschaftsvertrages der KG, da bei Personengesellschaften immer ein größerer Spielraum als bei Kapitalgesellschaften gegeben ist
- Da die Vertretung durch die Komplementär-GmbH erfolgt, diese aber nur durch ihr Organ, welches auch ein Dritter sein kann, handeln kann, ist bei der GmbH & Co KG – im Gegensatz zur KG – eine Drittorganschaft möglich

- In manchen Bereichen flexibler als eine reine GmbH (z.B. keine Notariatsaktpflicht für bestimmte Vorgänge).

Nachteile einer GmbH & Co KG

- Man muss für zwei Gesellschaften Regelungen und Verträge erstellen – Zeitaufwand höher.
- Kostenintensiver in den Gründungskosten, da – sofern nicht eine Gesellschaft bereits existiert – für zwei Gesellschaften auch die Kosten getragen werden müssen.

Nach der Rechtsprechung des OGH sind die Kapitalerhaltungsvorschriften (insbesondere zur Vermeidung der Einlagenrückgewähr) auch auf die GmbH & Co KG als verdeckte Kapitalgesellschaft anwendbar. Diese Rechtsfortbildung durch das Höchstgericht führt zu zahlreichen Zweifelsfragen für die Praxis (weil z.B. die Abschichtung von ausscheidenden Gesellschaftern nur noch eingeschränkt aus dem Gesellschaftsvermögen, soweit für Gewinnausschüttungen zur Verfügung stehend, bewerkstelligt werden kann).

Praxis-Tipp

▶▶ Bei der Gestaltung der Gesellschaftsverträge von KG und Komplementär GmbH ist vor allem dann, wenn die Kommanditisten zugleich auch Gesellschafter der GmbH sind, auf eine ausreichende »Verzahnung« der Verträge zu achten, z.B. durch (soweit nach zwingenden Regeln des GmbHG möglich) Gleichschaltung von Mehrheitserfordernissen oder Verknüpfung des Ausscheidens aus den Gesellschaften. ◀◀

1.4.3   Unternehmen mit nur einem Inhaber (Einzelunternehmer; E.U.)

Das Einzelunternehmen eignet sich in Österreich insbesondere zum unternehmerischen Einstieg und ist am besten für Kleingewerbetreibende, Handwerker, Dienstleister und freie Berufe geeignet, weil kein Mindestkapital benötigt wird. Bei einem Einzelunternehmen haftet eine *natürliche Person* – der Einzelunternehmer – unbeschränkt mit dem gesamten privaten und betrieblichen Vermögen für die Schulden des Unternehmens. Dafür steht dem Einzelunternehmer auch der gesamte Gewinn zur alleinigen Verfügung.

Wird ein Einzelunternehmer gewerblich tätig, was meistens der Fall sein wird, benötigt er eine Gewerbeberechtigung (= Gewerbeschein). Dazu muss der Einzelunternehmer die allgemeinen und besonderen Voraussetzungen für das Erlangen der Gewerbeberechtigung erfüllen. Siehe hierzu genauer im Abschnitt »Gewerbeordnung«.

Den Einzelunternehmer trifft generell keine Bilanzierungspflicht, bei Eintragung ins Firmenbuch gelten für ihn allerdings die vollen Rechte und Pflichten des UGB. Sowohl Einkommen als auch Umsatzsteuer müssen vom Einzelunternehmer veranlagt und abgeführt werden.

Grundsätzlich ist die Firmenbucheintragung für den Einzelunternehmer fakultativ. Zwingend ist sie, wenn er die Grenze für die Rechnungslegungspflicht nach UGB erreicht hat. Diese liegt bei einem Jahresumsatz von EUR 700.000. Vor der Firmenbucheintragung ist jedenfalls ein Gutachten der örtlich zuständigen Wirtschaftskammer einzuholen.

Der Einzelunternehmer muss in der Firma den Familiennamen mit einem ausgeschriebenen Vornamen anführen. Ist er jedoch im Firmenbuch eingetragen, kann er Personen-, Sach-, Fantasie- oder Mischnamen als Firma verwenden, solange er den Rechtsformzusatz »eingetragener Unternehmer« oder »e.U.« und seinen eigenen Namen zusätzlich anführt, wenn dieser nicht in der Firma aufscheint.

Falls das Einzelunternehmen eine kaufmännische Betriebsgröße erreicht, muss neben der Gewerbeanmeldung eine Anmeldung zur Eintragung ins Handelsregister erfolgen. Ob ein kaufmännischer Betrieb vorliegt, ist davon abhängig, ob das Unternehmen nach Art oder Umfang einen in kaufmännischer Weise eingerichteten Geschäftsbetrieb erfordert. Regelmäßig ist ab einem Umsatz von mehr als EUR 250.000 der kleingewerbliche Rahmen überschritten und es liegt ein kaufmännischer Betrieb vor. Nicht kaufmännische Unternehmen können sich – wie im österreichischen Recht – fakultativ ins Handelsregister eintragen lassen und werden dann wie Kaufleute (Unternehmer) behandelt. Der kaufmännische Einzelunternehmer führt den Zusatz »e.K.«.

Die weiteren Regelungen des deutschen und österreichischen Rechts zum Einzelunternehmen stimmen überein.

1.4.4 Aktiengesellschaft

Allgemeines

Die österreichische Aktiengesellschaft (AG) ist eine Kapitalgesellschaft mit eigener Rechtspersönlichkeit (juristische Person), deren Gesellschafter mit Einlagen an dem in Aktien zerlegten Grundkapital beteiligt sind, ohne persönlich für die Verbindlichkeiten der AG zu haften. Bei der AG gilt ebenfalls wie bei der GmbH das *Trennungsprinzip*; das Gesellschaftsvermögen ist strikt vom Vermögen der einzelnen Gesellschafter getrennt und es gibt ebenfalls das Verbot der Einlagenrückgewähr. Wie die GmbH kann auch eine AG für jeden erlaubten Gesellschaftszweck gegründet werden. Für bestimmte Unternehmensgegenstände wie etwa Apotheken und Rechtsanwaltskanzleien kann allerdings nicht die Rechtsform der AG gewählt werden.

Grundkapital

Das Mindestgrundkapital der österreichischen AG beträgt *EUR 70.000*. Das Grundkapital ist bei der Gründung zumindest zu einem Viertel in bar einzubezahlen. Die restlichen Einlagen können als Bar- oder Sacheinlagen zu späteren Zeitpunkten erfolgen. Letztere müssen aber einen feststellbaren, wirtschaftlichen Wert haben.

Im Unterschied zum österreichischen Recht beträgt das Grundkapital der deutschen Aktiengesellschaft zumindest EUR 50.000.

Gründungserfordernisse

Die AG entsteht entsprechend der GmbH erst mit (konstitutiver) Eintragung ins österreichische Firmenbuch. Die Anmeldung zum Firmenbuch erfolgt bei dem Gericht, in dessen Sprengel die AG ihren Sitz hat, und wird von sämtlichen Gründern sowie den Mitgliedern des Vorstandes und des Aufsichtsrates (AR) durchgeführt.

Folgende Beilagen sind der Firmenbuchanmeldung anzuschließen:

- notarielles Protokoll der Gründungsversammlung samt Satzung (in Notariatsaktsform) in beglaubigter Abschrift,
- Erklärung, dass auf jede Aktie der geforderte Betrag einbezahlt wurde,

- Vorlage einer Bankbestätigung über die Einzahlung,
- Aufsichtsratsbeschluss über Konstituierung des AR und Bestellung des Vorstands,
- Gründungsberichte der Gründer und ggf. des externen Gründungsprüfers
- gemeinsamer Prüfbericht des AR und Vorstands,
- beglaubigte Musterzeichnungen von Vorstandsmitgliedern
- Aufstellung der Gründungskosten sowie
- Selbstberechnungserklärung oder Unbedenklichkeitsbescheinigung des Finanzamtes für Gebühren und Verkehrsteuern.

Die eigentliche Gründung der AG ist ein im Vergleich zu anderen Gesellschaftsformen langwieriger Prozess. Die Satzung der AG ist durch mindestens eine Person in Form eines Notariatsaktes zu errichten und muss folgenden Mindestinhalt haben:

- Firma,
- Sitz der Gesellschaft,
- Unternehmensgegenstand,
- Höhe des Grundkapitals,
- Angabe ob Inhaber- oder Namensaktien ausgegeben werden (wobei Inhaberaktien nur bei der börsennotierten AG erlaubt sind),
- Angabe ob Stück– oder Nennbetragsaktien ausgegeben werden (beide Varianten dürfen nicht nebeneinander existieren),
- Anzahl der Stückaktien bzw. Nennbetrag der Aktien,
- Zahl der Vorstandsmitglieder und
- Veröffentlichung der Gesellschaft (Wiener Zeitung oder elektronisches Informationsmedium).

Die ersten Organe der österreichischen AG werden von den Gründern mit notariell beurkundetem Beschluss in der ersten Hauptversammlung bestellt. Zuerst werden der *Aufsichtsrat* sowie der *Abschlussprüfer* bestellt. Der erste *Vorstand* wird anschließend vom AR bestellt. Sämtliche Bestellungen bedürfen der notariellen Form.

Entsprechend der GmbH-Gründung muss auch bei der AG ein Gesellschaftskonto errichtet werden, auf das die Gründer die Einlagen einzahlen.

Einen wesentlichen Unterschied zur GmbH bildet die Pflicht der Gründer, stets einen schriftlichen Bericht über den Hergang der Gründung (*Gründungsbericht*) zu erstatten (bei einer GmbH ist dieser Bericht nur bei Gründung mit Sacheinlage erforderlich). Danach erfolgt auf Grundlage dieses Gründungsberichts eine interne Prüfung durch Vorstand und AR. Bei Sacheinlagen oder wenn ein Mitglied des Vorstands oder des Aufsichtsrats sich einen besonderen Vorteil für die Gründung oder ihre Vorbereitung, eine Entschädigung oder Belohnung ausbedungen hat, muss mittels eines Antrags bei Gericht ein gesonderter Gründungsprüfer bestellt werden.

Auch bei der AG ist eine Selbstberechnungserklärung betreffend die Gesellschaftsteuer oder eine Unbedenklichkeitsbescheinigung des Finanzamts beizulegen, in der erklärt wird, dass es keine Bedenken hinsichtlich der Abgabenentrichtung gibt. Das wird mit Entfall der Gesellschaftsteuer ab Anfang 2016 obsolet werden.

DEUTSCHE RECHTSLAGE IM VERGLEICH

Im Unterschied zum österreichischen Recht muss ein Gründungsprüfer auch dann bestellt werden, wenn ein Mitglied des Vorstands oder des Aufsichtsrats zu den Gründern gehört oder bei der Gründung für Rechnung eines Mitglieds des Vorstands oder des Aufsichtsrats Aktien übernommen worden sind. Im Übrigen verläuft die Gründung einer AG nach deutschem Recht identisch.

In der Anmeldung zum Handelsregister muss erklärt werden, dass die Einlagen in der notwendigen Höhe ordnungsgemäß zur endgültigen Verfügung des Vorstands geleistet worden sind, nebst Ausgabe- und Einzahlungsbetrag der Aktien. Zusätzlich ist in Deutschland eine Erklärung, dass keine Bestellungsverbote für die Vorstandsmitglieder bestehen und diese über ihre umfassende Auskunftspflicht gegenüber dem Gericht belehrt wurden, notwendig. Durch das MoMiG wurde neu eingefügt, dass zukünftig auch eine inländische Geschäftsanschrift sowie Art und Umfang der Vertretungsbefugnis der Vorstandsmitglieder anzugeben sind.

Der Anmeldung sind daneben folgende Dokumente beizufügen:

- Nachweis über eingezahlte Einlagen, z.B. durch Einzahlungsbeleg
- Satzung nebst Anlagen
- ggf. Verträge über die Leistung von Sacheinlagen sowie eine Berechnung des der Gesellschaft zur Last fallenden Gründungsaufwands
- Urkunden über die Bestellung des Aufsichtsrats und des Vorstands
- Liste der Mitglieder des Aufsichtsrats, aus welcher Name, Vorname, ausgeübter Beruf und Wohnort der Mitglieder ersichtlich sind
- Gründungsbericht und Prüfungsberichte der Mitglieder des Vorstands und des Aufsichtsrats sowie der Gründungsprüfer nebst ihren urkundlichen Unterlagen.

Aktienarten

Aktien müssen grundsätzlich auf Namen lauten. Inhaberaktien können in Österreich nur von börsennotierten Aktiengesellschaften ausgegeben werden, siehe dazu näher den Exkurs zum GesRÄG 2011 unten. In der Satzung muss außerdem unterschieden werden, ob es sich um *Nennbetragsaktien* (Anteil am Grundkapital bestimmt sich nach dem Verhältnis des Nennbetrags zum Grundkapital) oder *Stückaktien* (kein Nennbetrag, jede Stückaktie ist am Grundkapital in gleichem Umfang beteiligt, der Anteil bestimmt sich nach der Zahl der Aktien) handelt.

DEUTSCHE RECHTSLAGE IM VERGLEICH

Nach deutschem Recht wird ebenfalls zwischen Inhaber- und Namensaktien sowie Nennbetrags- und Stückaktien unterschieden. Auch in Deutschland dominierte lange Zeit die flexiblere Inhaberaktie. Die internationale Verbreitung, die bessere Möglichkeit der Kontaktaufnahme der Gesellschaft mit ihren Aktionären und die neuen technischen Möglichkeiten haben jedoch in den vergangenen Jahren zu steigender Beliebtheit der Namensaktie geführt.

Kosten und Dauer der Gründung

Die Gründungskosten betragen insgesamt ca. EUR 1.600 bis 1.800. Die Aufteilung dieser Kosten ist ähnlich wie bei der GmbH.

Die Zuziehung eines Rechtsanwalts ist bei der Gründung einer AG besonders ratsam, da die AG-Gründung deutlich komplizierter und umfangreicher ist als die GmbH-Gründung. Die Kosten der anwaltlichen Vertretung in einem derartigen Falle richten sich nach den individuellen Leistungen und den Gegebenheiten des Einzelfalls.

Der Zeitraum, in dem die Eintragung der österreichischen AG erfolgt, liegt zwischen zwei und vier Wochen, sofern alle Voraussetzungen erfüllt sind und das Gericht diese geprüft hat.

> **DEUTSCHE RECHTSLAGE IM VERGLEICH**
>
> Nach Überprüfung der Anmeldungsunterlagen durch das Gericht erfolgt die Eintragung ins Handelsregister und damit die Entstehung der AG innerhalb von sechs bis acht Wochen.

Steuerrechtliche Aspekte

Die AG unterliegt der österreichischen Körperschaftsteuer in Höhe von 25%. Für ausgeschüttete Gewinnanteile fällt eine Kapitalertragsteuer in Höhe von maximal 25% an (soweit bei Kapitalgesellschaften nicht das Schachtelprivileg greift).

> **DEUTSCHE RECHTSLAGE IM VERGLEICH**
>
> Die AG ist gewerbe- und umsatzsteuerpflichtig. Der Gewinn der AG unterliegt der Körperschaftsteuer in Höhe von 15%. Die Dividenden der Gesellschafter unterliegen (im Privatbereich) der Abgeltungsteuer (25%).

Haftungsregelungen

Die Aktionäre haften nicht persönlich, sondern nur mit ihren Einlagen auf das in Aktien zerlegte Grundkapital.

Die Vorstandsmitglieder haften grundsätzlich gegenüber der Gesellschaft solidarisch, nicht aber gegenüber den Aktionären. Von dieser Innenhaftung zu unterscheiden ist die Außenhaftung, bei der ausnahmsweise die Vorstandsmitglieder auch den Gesellschaftsgläubigern gegenüber haften, wenn sie grob fahrlässig oder vorsätzlich gehandelt haben.

Vorteile einer AG

- leichte Übertragbarkeit der Anteile
- Kapitalaufbringung wird durch Aktienausgaben aufgeteilt
- für Großunternehmer meist die beste Form der Gesellschaftsgründung
- für jeden erlaubten Unternehmenszweck möglich.

Nachteile einer AG

- hohe Gründungskosten
- komplizierter Gründungsvorgang
- hohe laufende Kosten
- wenig Spielraum, weil viele Vorschriften im Aktienrecht zwingendes Recht sind.

Ansonsten stimmen die Vor- und Nachteile mit denen der GmbH im Weitesten überein.

> **DEUTSCHE RECHTSLAGE IM VERGLEICH**
>
> Das deutsche Recht der Aktiengesellschaft stellt sich in Bezug auf die Haftungsregelungen und hinsichtlich der Vor- und Nachteile einer AG mit dem österreichischen praktisch identisch dar.

Praxis-Tipp

▸▸▸ Für Österreich war über lange Zeit anerkannt, dass die sogenannte »Satzungsstrenge« Vereinbarungen in der Satzung, welche das AktG nicht erlaubt, verbietet, obwohl die Satzungsstrenge anders als in Deutschland nicht ausdrücklich im AktG verankert war. In einer Entscheidung aus dem Jahr 2013 hat der OGH aber entschieden, dass zumindest bei nicht börsennotierten Aktiengesellschaften die Satzungsstrenge nicht umfassend greift und etwa Vorkaufs- oder Aufgriffsrechte in der Satzung geregelt werden können. ◂◂◂

EXKURS

GesRÄG 2011

Neben Änderungen im Umgründungsrecht hatte das Gesellschaftsrechts-Änderungsgesetz 2011 (GesRÄG 2011), das am 01.08.2011 in Kraft trat, vor allem eine verbesserte Transparenz der Beteiligungsverhältnisse bei Aktiengesellschaften im Sinn. Das GesRÄG führte die Namensaktie als Standardinstrument der Aktiengesellschaft ein. Gesellschaften müssen diese Umstellung bis 01.01.2014 vollziehen. Nur börsennotierte Gesellschaften oder Gesellschaften, die die Zulassung ihrer Aktien an einer Börse anstreben, dürfen auch weiterhin Inhaberaktien emittieren. Inhaberaktien müssen in einer oder mehreren Sammelurkunden verbrieft und über ein Wertpapierkonto gehalten werden.

Weitere Änderungen im Überblick:

- Falls eine Gesellschaft an der Börse notiert, muss dies im Firmenbuch eingetragen sein.
- Eine Gesellschaft, die an der Börse notiert, muss ihre Internetadresse im Firmenbuch veröffentlichen.
- Informationen, die gemäß AktG auf der Website der Gesellschaft zu veröffentlichen sind, müssen leicht auffindbar, speicher- und druckbar sein.

Unterschiede zwischen AG und GmbH im Überblick

	GmbH	AG
Stammkapital	EUR 10.000	EUR 70.000
Organisation	eher auf die Gesellschafter ausgerichtet	hoher Organisationsgrad, wenig direkte Mitwirkungsrechte der Aktionäre
Anteile	Gesellschafter halten einen Geschäftsanteil mit einer Mindesteinlage von EUR 70	Aktien haben einen Nennwert von mind. EUR 1 oder ein Vielfaches. Aktionäre können mehrere Aktien besitzen
Anteilsübertragung	Notariatsakt erforderlich	bei Inhaberaktien durch formfreie Übergabe möglich; bei Namensaktien Übertragung durch Indossament

	GmbH	AG
Stimmrechte	jeder Gesellschafter hat mind. eine Stimme; Stimmrechte und Gewinnverteilung können im Gesellschaftsvertrag frei geregelt werden	Stimmrechte entsprechen grds. bei Nennbetragsaktien der Beteiligungsquote und bei Stückaktien der Anzahl der gehaltenen Aktien; bis zu 1/3 des Grundkapitals können stimmrechtslose Vorzugsaktien vergeben werden mit höherer Dividendenberechtigung
Aufsichtsrat	nur in bestimmten, vom Gesetz geregelten Fällen erforderlich	immer verpflichtend
Geschäftsführung	GF werden von Gesellschaften auf unbestimmte Zeit bestellt; können jederzeit abberufen werden; weisungsgebunden gegenüber Generalversammlung	Vorstandsmitglieder werden vom AR für max. fünf Jahre bestellt; Abberufung nur aus wichtigem Grund möglich; nicht weisungsgebunden
Weisungen	Gesellschafter können dem GF bindende Weisungen erteilen	kein Weisungsrecht des AR oder der Aktionäre an den Vorstand
Gesellschafterbeschlüsse	in der Generalversammlung oder im Wege des schriftlichen Umlaufbeschlusses	in der Hauptversammlung, keine Umlaufbeschlüsse

1.4.5 Societas Europaea

Durch die Verordnung des Rates 2157/2001/EG wurde europaweit die Rechtsform der Europäischen Gesellschaft (Societas Europaea, SE) eingeführt. Die SE ermöglicht Unternehmen, innerhalb des gesamten EU-Raumes eine einheitliche Gesellschaftsform zu gründen und eine Sitzverlegung dieser Gesellschaft von einem Mitgliedstaat in einen anderen ohne Liquidation durchzuführen. In Österreich regelt das Gesetz über das Statut der Europäischen Gesellschaft (SEG) die von der SE-Verordnung den Mitgliedstaaten überlassenen Angelegenheiten, welches jedoch einige Verweise auf das AktG enthält.

DEUTSCHE RECHTSLAGE IM VERGLEICH

In Deutschland regelt das Gesetz zur Einführung der Europäischen Gesellschaft (SEEG), bestehend aus dem Gesetz zur Ausführung der SE-Verordnung (SEAG) und dem Gesetz über die Beteiligung der Arbeitnehmer in einer europäischen Gesellschaft (SEBG), die den Mitgliedstaaten zur Regelung verbliebenen Rechtsmaterien. Ergänzend finden das deutsche AktG und das deutsche HGB Anwendung.

Im Übrigen ergeben sich bedingt durch die Rechtsnatur der SE als europäische Gesellschaftsform in nachfolgenden Punkten keine Unterschiede zwischen deutscher und österreichischer Rechtslage.

Eine SE kann auf folgende Arten gegründet werden:
- Verschmelzung zweier Aktiengesellschaften, die ihren Sitz in verschiedenen Mitgliedstaaten der EU haben

- Zwei Gesellschaften, die jeweils in der Rechtsform der AG oder der GmbH bestehen und dem Recht verschiedener Mitgliedstaaten unterliegen, bilden eine Holding-SE
- Umwandlung einer AG in eine SE bei zumindest zweijährigem Bestehen einer Tochtergesellschaft, die dem Recht eines anderen Mitgliedstaats unterliegt
- Gesellschaften oder andere juristische Personen, die dem Recht verschiedener Mitgliedstaaten unterliegen, gründen eine Tochter-SE.

Der Gründer einer SE kann wählen, ob er die SE nach dem *dualistischen System* (Leitungs- und Kontrollfunktion sind zwischen Leitungsorgan und Aufsichtsorgan getrennt) oder nach dem *monistischen System* (Leitungs- und Kontrollfunktion obliegen einem einzigen Verwaltungsorgan) organisieren möchte. Die Gründung einer SE ist EU-weit aufgrund der Fusions-RL steuerneutral möglich.

Nach einem schwachen Start der SE, der sich hauptsächlich auf mangelnde Praxiserfahrung zurückführen lässt, ist die Anzahl an SE-Gründungen in den letzten Jahren beinahe exponentiell angestiegen. Im Sommer 2009 gab es europaweit einige hundert SEs, von denen mehr als dreißig an einer Börse notiert waren.

Dabei haben sich einige Trends herausgestellt, die die Motivation bei der SE-Gründung deutlich machen.

Monistisches vs. dualistisches System

Eine erhebliche Anzahl von SEs in Jurisdiktionen, die bei Aktiengesellschaften ein dualistisches System vorschreiben (z.B. Österreich und Deutschland), haben sich gegen das dualistische und für ein monistisches System entschieden. Dies dürfte insbesondere daran liegen, dass ein Aufsichtsrat, in dem auch mal zwanzig Mitglieder sitzen können, erhebliche Kosten verursacht.

Arbeitnehmermitbestimmung

Die SE bietet bei der Arbeitnehmermitbestimmung einen erheblich größeren Spielraum als die jeweiligen nationalen Gesellschaftsformen. Dies spielt insbesondere in Jurisdiktionen, die eine sehr starke Arbeitnehmermitbestimmung vorschreiben, also Deutschland, aber auch Österreich, eine wichtige Rolle. So kann z.B. eine Gesellschaft, die kurz davor steht, eine Mitarbeiteranzahl zu erreichen, bei der die Arbeitnehmermitbestimmung im Aufsichtsgremium gesetzlich vorgeschrieben ist, durch Umwandlung in eine SE eine Mitbestimmung nach nationalen Regeln vermeiden. Andererseits bietet die SE aber auch die Möglichkeit, ausländische Mitarbeiter organschaftlich einzubinden und beispielsweise in einem sehr kleinen Aufsichtsrat weit reichende Mitbestimmung zu ermöglichen.

Freizügigkeit

Für viele SEs dürfte der entscheidende Vorteil darin liegen, dass der Gesellschaftssitz problemlos von einem EU-Mitgliedstaat in einen anderen verlegt werden kann. Eine Sitzverlegung wird in der Praxis meistens aus steuerlichen Gründen in Betracht kommen. Dabei ist aber zu beachten, dass die Möglichkeit der Sitzverlegung wohl vielfach eher als Option für die Zukunft eine Rolle spielt, da bis dato erst relativ wenig SEs ihren Sitz tatsächlich verlegt haben.

Image

Nicht zuletzt ist das positive Image der SE zu erwähnen. Die SE steht für ein international tätiges Unternehmen, das zumindest in Europa, wenn nicht global aktiv ist. Der psychologische Effekt auf Investoren sollte daher nicht unterschätzt werden.

Zusammenfassend lässt sich sagen, dass die Vorteile, die die SE bietet, immer stärker wahrgenommen werden und sich diese Gesellschaftsform in der Zukunft wohl noch größerer Beliebtheit erfreuen dürfte.

1.4.6 Gesellschaft bürgerlichen Rechts

Allgemeines

Eine österreichische GesbR ist eine durch Vertrag gegründete Gesellschaft, bei der sich zwei oder mehrere Personen zur Erreichung eines gemeinsamen wirtschaftlichen Erfolges zusammentun.

Die häufigste Form der GesbR im österreichischen Wirtschaftsleben ist die ARGE (Arbeitsgemeinschaft). Die ARGE wird häufig für einen Zusammenschluss von Bauunternehmern gewählt.

Praxis-Tipp

▶▶▶ In der österreichischen Praxis wird die GesbR auch häufig für KMU verwendet. Auch Freiberufler und im Bereich der Land- und Forstwirtschaft Tätige bedienen sich häufig der Form der GesbR. Sollte man eine ARGE errichten wollen, die nur auf Durchführung eines Projekts gerichtet ist, wird ebenfalls in der Praxis zumeist die Form der GesbR gewählt. Häufig trifft man die GesbR noch bei Syndikatsverträgen an, bei denen die durch den Syndikatsvertrag aneinander gebundenen Gesellschafter eine GesbR bilden. ◀◀◀

Firma und Firmenbuch

Für die GesbR gibt es keine Firma, daher wird sie auch nicht im österreichischen Firmenbuch eingetragen. Sehr wohl jedoch kann man bei einer GesbR eine Geschäftsbezeichnung wählen. Auch Phantasiewörter sind möglich. Es müssen aber die Vor- und Zunamen oder Firmen aller Gesellschafter angeführt werden. Der Zusatz GesbR ist zulässig aber nicht zwingend.

DEUTSCHE RECHTSLAGE IM VERGLEICH

In Deutschland ist es zulässig und auch üblich, einen Namen (Geschäftsbezeichnung) zu verwenden, der mit dem Zusatz »Gesellschaft bürgerlichen Rechts« oder »GbR« versehen wird. Eine Firma führt die deutsche GbR aber gleichwohl nicht. Auf Geschäftsbriefen, die an einen bestimmten Empfänger gerichtet sind, muss der Familienname mit mindestens einem ausgeschriebenen Vornamen oder die Firmen der jeweiligen Gesellschafter angegeben werden.

Rechtspersönlichkeit der GesbR

Die GesbR ist keine juristische Person, d.h. sie hat keine eigene Rechtspersönlichkeit. Sie kann daher weder Rechtsgeschäfte abschließen noch eigenes Vermögen besitzen. Nur die Gesellschafter sind Träger von Rechten und Pflichten, nicht die GesbR selbst.

Die GesbR hat keine Organe, die für sie handeln. Geschäftsführung und Vertretung obliegt den einzelnen Gesellschaftern der GesbR. Jeder Gesellschafter muss die österreichische Gewerbeberechtigung für den Teil, für den er zuständig ist, besitzen.

Im Unterschied zum österreichischen Recht ist die deutsche GbR nach neuerer Rechtsprechung teilrechtsfähig. Aus ihrer Rechtsfähigkeit ergibt sich ihre Parteifähigkeit im Zivilprozess, was für die Praxis sehr bedeutsam ist. Die GbR kann als Partei selbst klagen und Leistung an sich selbst verlangen. Ebenso kann die GbR als solche verklagt werden, es ist nicht mehr erforderlich, jeden einzelnen Gesellschafter zu verklagen. Dies ist aber weiterhin möglich und aus prozesstaktischen Gründen oft ratsam. Ferner ergibt sich aus der allgemeinen Rechtsfähigkeit der GbR, dass eine solche Gesellschaft unter der Bezeichnung in das Grundbuch eingetragen werden kann, die ihre Gesellschafter im Gesellschaftsvertrag für sie vorgesehen haben. Sieht der Gesellschaftsvertrag keine Bezeichnung der GbR vor, wird die GbR als »Gesellschaft bürgerlichen Rechts bestehend aus ...« und den Namen ihrer Gesellschafter eingetragen.

Ist Zweck der Gesellschaft der Betrieb eines Kleingewerbes, ist das Gewerbe von jedem Gesellschafter bei der zuständigen Behörde am Sitz des Gewerbebetriebs anzuzeigen.

Gründung der GesbR

Die Gründung einer GesbR ist in Österreich sehr einfach, da nur ein Gesellschaftsvertrag errichtet werden muss. Dieser unterliegt keinem Formzwang und kann daher auch mündlich abgeschlossen werden. Er erlaubt darüber hinaus einen weiten Gestaltungsspielraum. Mit dem Abschluss des Gesellschaftsvertrages entsteht die GesbR. Sehr wohl empfiehlt sich jedoch in der Praxis, den Gesellschaftsvertrag schriftlich abzuschließen.

Haftung bei der GesbR

Die Gesellschafter der GesbR haften mit ihrem betrieblichen und privaten Vermögen unbeschränkt. Aufgrund der Tatsache, dass die GesbR keine juristische Person ist, kann die GesbR nicht zur Haftung herangezogen werden. Als Gesellschaft kann sie nicht klagen oder geklagt werden.

Die wirksam vertretene GbR haftet auf Grund der Teilrechtsfähigkeit für die Erfüllung vertraglich begründeter Verbindlichkeiten mit ihrem gesamten Gesellschaftsvermögen. Nach dem Doppelverpflichtungsgrundsatz haften daneben auch die Gesellschafter der GbR persönlich und unbeschränkt mit ihrem Privatvermögen für alle Gesellschaftsverbindlichkeiten.

Steuern bei der GesbR

Die GesbR selbst ist nicht einkommensteuerpflichtig. Die einzelnen Gesellschafter unterliegen aber mit ihrem Gewinn der österreichischen Einkommensteuer. Die Umsatzsteuer wird von der Gesellschaft selbst entrichtet.

Ebenso wie in Österreich unterliegen lediglich die einzelnen Gesellschafter der GbR mit ihrem Gewinn der Einkommen- oder Körperschaftsteuer (sofern eine juristische Person Gesellschafter ist). Die Umsatzsteuer sowie eine eventuell anfallende Gewerbesteuer werden von der GbR selbst abgeführt.

Vorteile der GesbR

- einfache, kostengünstige und schnelle Gründung,
- keine Formvorschriften für den Gesellschaftsvertrag,
- kein vorgeschriebenes Mindestkapital,
- Gründung für jeden gesetzlich zulässigen Zweck möglich,
- keine Eintragung im Firmenbuch,
- GesbR selbst ist nicht einkommensteuerpflichtig und
- rechtlicher Status der einzelnen Gesellschafter bleibt immer aufrecht.

Nachteile der GesbR

- besitzt keine eigene Rechts- und Parteifähigkeit.
- keine Grundbuchsfähigkeit,
- keine Gewerberechtsfähigkeit (jeder Gesellschafter braucht eine eigene Gewerbeberechtigung, wenn er tätig werden will),
- keine eigene Firma,
- unbeschränkte und persönliche Haftung aller Gesellschafter,
- größeres Konfliktpotenzial, da eine GesbR sehr personalistisch aufgebaut ist und
- solidarische Haftung der Gesellschafter.

> **DEUTSCHE RECHTSLAGE IM VERGLEICH**
>
> Ein großer Vorteil der deutschen GbR ist, dass sie Teilrechtsfähigkeit besitzt. Sie ist ebenso parteifähig, kann also Kläger oder Beklagter in einem Prozess sein. Zudem ist die deutsche GbR Rechtsträgerin als Gewerbetreibende. Außerdem ist die deutsche GbR (begrenzt) grundbuchfähig.

1.4.7 Offene Gesellschaft (OG)

Allgemeines

Seit der Neufassung des UGB steht die Rechtsform der österreichischen OG als Personengesellschaft für jeden beliebigen Zweck zur Verfügung. Die OG kann also jede erlaubte Tätigkeit unter gemeinschaftlicher Firma ausüben.

Die OG hat mindestens zwei Gesellschafter. Die Gesellschafter der OG haften ihren Gläubigern gegenüber unbeschränkt. Im Gegensatz zur GesbR ist die OG ein auf Dauer angelegtes Unternehmen.

Die OG ist als Trägerin von Rechten und Pflichten rechtsfähig.

Firma und Firmenbuch

Die OG muss ins Firmenbuch eingetragen werden und entsteht erst durch Eintragung ebendort. Analog zu den Kapitalgesellschaften muss daher auch bei der OG nach Erstellen des Gesellschaftsvertrages der Antrag auf Eintragung ins Firmenbuch erfolgen.

Bei der OG kann der Firmenwortlaut als Personen-, Sach- oder Fantasiefirma ausgestaltet sein, wobei auch hier wieder der Rechtsformzusatz »OG« oder »Offene Handelsgesellschaft« beim Firmenwortlaut anzuführen ist.

Auch die deutsche Offene Handelsgesellschaft (OHG) muss nach Abschluss des Gesellschaftsvertrages ins Handelsregister eingetragen werden. Der Unterschied zwischen GbR und OHG besteht in Deutschland darin, dass die OHG ein Handelsgewerbe betreibt. Ebenso wie in Österreich ist die OHG rechtsfähig, jedoch keine juristische Person.

Gründung der OG

Für die Errichtung einer OG in Österreich ist zunächst ein von allen Gesellschaftern abgeschlossener Gesellschaftsvertrag erforderlich. Es müssen zumindest zwei Gesellschafter an der Gründung einer OG beteiligt sein, wobei sowohl natürliche als auch juristische Personen Gesellschafter der OG sein können.

Der Gesellschaftsvertrag ist grundsätzlich formfrei, es empfiehlt sich jedoch, diesen schriftlich abzuschließen. Die inhaltliche Ausgestaltung des Gesellschaftsvertrages ist relativ frei, weil das UGB wenige zwingende Bestimmungen enthält. Eine davon ist das Kündigungsrecht des Gesellschafters, das im Gesellschaftsvertrag nicht ausgeschlossen oder anders als durch angemessene Verlängerung der Kündigungsfrist erschwert werden darf.

Nach dem Abschluss des Gesellschaftsvertrages muss die OG beim Firmenbuch angemeldet werden. Die Anmeldung erfolgt durch sämtliche Gesellschafter. Der Anmeldung beizulegen sind:

- Gesellschaftsvertrag,
- beglaubigte Unterschriften aller Gesellschafter.

Die OG entsteht erst mit der Eintragung ins Firmenbuch und nicht schon mit der Aufsetzung des Gesellschaftsvertrages.

Die Anmeldung der deutschen OHG zum Handelsregister muss enthalten:

- Name, Geburtsdatum und Wohnort jedes Gesellschafters,
- Firma und Sitz der Gesellschaft,
- Vertretungsmacht der Gesellschafter und
- inländische Geschäftsanschrift (Neuerung durch das MoMiG).

Die OHG entsteht spätestens mit Eintragung ins Handelsregister, davor bereits mit Aufnahme der Geschäfte, wenn der Gesellschaftszweck auf den Betrieb eines Handelsgewerbes gerichtet und absehbar ist, dass das Unternehmen dementsprechend den Betrieb aufnehmen wird. Im Übrigen stimmen österreichische und deutsche Rechtslage überein.

Haftung

Alle Gesellschafter haften gegenüber den Gesellschaftsgläubigern unbeschränkt mit ihrem betrieblichen und privaten Vermögen. In der österreichischen Praxis wird jedoch häufig zwischen Gesellschafter und dem jeweiligen Gläubiger eine Haftungsbeschränkung vereinbart. Dem Gläubiger haftet dann nur die OG mit dem Gesellschaftsvermögen. Im Innenverhältnis – bei der Haftung der einzelnen Gesellschafter untereinander – kann die Haftung vertraglich beschränkt oder ausgeschlossen werden.

Vertretung

Jeder unbeschränkt haftende Gesellschafter ist berechtigt und verpflichtet, die Gesellschaft nach außen hin zu vertreten. Soll bei einem oder mehreren unbeschränkt haftenden Gesellschaftern einer oder mehrere von der Geschäftsführung im Innenverhältnis ausgeschlossen werden, muss dies im Gesellschaftsvertrag vereinbart und im Firmenbuch eingetragen werden. Eine derartige Vertretungsbeschränkung bewirkt aber nicht gleichzeitig eine Haftungsbeschränkung. Ein Nichtgesellschafter kann die Gesellschaft zwar als Prokurist oder Handlungsbevollmächtigter vertreten, dabei handelt es sich dann aber nur um eine besonders erteilte rechtsgeschäftliche Vollmacht.

Steuern

Die OG per se ist nicht einkommensteuerpflichtig. Sehr wohl sind aber die einzelnen Gesellschafter mit ihrem Gewinnanteil in Österreich steuerpflichtig. Die Umsatzsteuer ist von der Gesellschaft selbst zu entrichten. Eine Bilanzierungspflicht gibt es erst bei Überschreiten des Umsatzschwellenwertes von EUR 1.000.000 oder EUR 700.000 in zwei aufeinanderfolgenden Jahren, sowie wenn die OG unternehmerisch tätig ist und kein persönlich haftender Gesellschafter eine natürliche Person ist.

Vorteile der OG

- kein vorgeschriebenes Mindestkapital,
- einfache und rasche Gründung,
- niedrige Gründungskosten,
- hohe Bonität, da alle Gesellschafter unbeschränkt haften und
- Einnahmen und Ausgabenrechnung bis zur Grenze des Schwellenwertes.

Nachteile der OG

- persönliche, unbeschränkte und solidarische Haftung aller Gesellschafter,
- mindestens zwei Gesellschafter notwendig und
- eventuell Probleme bei Gesellschafterstreitigkeiten.

1.4.8 Kommanditgesellschaft (KG)

Allgemeines

Die KG ist eine unter eigener Firma geführte Gesellschaft, kann unter dem Gesellschafts-namen auftreten und ist Trägerin von Rechten und Pflichten.

Sie hat mindestens zwei Gesellschafter, einen beschränkt haftenden Kommanditisten und einen unbeschränkt haftenden Komplementär. Komplementär kann eine natürliche Person, eine Personengesellschaft oder eine Kapitalgesellschaft sein.

DEUTSCHE RECHTSLAGE IM VERGLEICH

Die österreichische Darstellung zur KG entspricht bis auf nachfolgende Anmerkungen der deutschen Rechtslage.

Firma und Firmenbuch

Das Entstehen einer KG ist zur Eintragung beim Firmenbuch anzumelden. Alle Gesell-schafter sind anmeldepflichtig, und zwar unabhängig davon, ob sie beschränkt oder unbe-schränkt haften.

In der Anmeldung ist unter anderem anzugeben, wer als Komplementär und wer als Kommanditist den Gläubigern haftet. In diesem Zusammenhang ist auch die Höhe der ge-leisteten Einlagen zu bezeichnen, da diese die Haftsumme der unbeschränkt haftenden Ge-sellschafter widerspiegelt.

Der Firmenwortlaut einer KG kann eine Personen-, Sach- oder Fantasiefirma sein, wobei jedoch zwingend der Rechtsformzusatz »Kommanditgesellschaft« oder »KG« anzuführen ist. Der Name eines Kommanditisten darf in der Firma jedoch nicht erscheinen.

Gründung der KG

Die KG wird durch Abschluss eines Gesellschaftsvertrages errichtet, der keiner besonderen Form bedarf, wobei es jedoch empfehlenswert ist, diesen schriftlich abzuschließen.

Der Gesellschaftsvertrag ist im Prinzip gleich gestaltet wie jener der OG, jedoch muss an-gegeben sein, in welcher Höher der Kommanditist den Gläubigern haftet. Zusätzlich sollte er die Interessen der persönlich haftenden Gesellschafter und Kommanditisten regeln, wo-bei dem persönlich haftenden Gesellschafter in der Regel eine höhere Beteiligung zusteht als dem Kommanditisten:

Um nach Abschluss des Gesellschaftsvertrages auch im Außenverhältnis zu entstehen, muss die Gesellschaft im Firmenbuch eingetragen werden. Der Anmeldung beizulegen sind:

- Gesellschaftsvertrag sowie
- Musterzeichnungen aller Gesellschafter.

DEUTSCHE RECHTSLAGE IM VERGLEICH

Wie die OHG entsteht die deutsche KG im Außenverhältnis entweder mit Geschäftsbeginn oder mit Eintragung ins Handelsregister.

Haftung

Die Haftung des Kommanditisten ist auf die Höhe seiner Einlage beschränkt. Eine unmit-telbare Haftung gegenüber den Gläubigern der Gesellschaft ist ausgeschlossen, sobald er die Einlage vollständig geleistet hat. Der Komplementär haftet den Gläubigern persönlich und unbeschränkt.

DEUTSCHE RECHTSLAGE IM VERGLEICH

Wer sich in Deutschland an einer bereits existierenden KG beteiligt, haftet für die zu diesem Zeitpunkt bestehenden Schulden. Gesellschafter, die aus der Gesellschaft ausgeschieden sind, haften noch fünf Jahre nach dem Austritt für die zu diesem Zeitpunkt bestehenden Verbindlichkeiten.

Vertretung

Zur Geschäftsführung ist grundsätzlich nur der Komplementär befugt. Eine davon abweichende Regelung im Gesellschaftsvertrag muss im Firmenbuch eingetragen werden. Zur organschaftlichen Vertretung der Gesellschaft ist jedoch ausschließlich der Komplementär berechtigt.

Steuern

Die KG selbst ist kein Steuersubjekt. Für die Ermittlung der Einkommensteuer wird der Gesellschafter als Steuersubjekt herangezogen. Die Verpflichtung zur doppelten Buchführung und Bilanzerstellung besteht für die KG unter den selben Veränderungen wie bei der OG. Die Umsatzsteuer ist von der KG selbst zu entrichten.

DEUTSCHE RECHTSLAGE IM VERGLEICH

Im Unterschied zum österreichischen Recht besteht für die deutsche KG ohnehin doppelte Buchführungspflicht, was sich aus ihrer Eigenschaft als Kaufmann und der damit einhergehenden Verpflichtung zur handelsrechtlichen Buchführung ergibt.

Vorteile der KG
- kein vorgeschriebenes Mindestkapital
- einfache und rasche Gründung bei niedrigen Kosten
- Einnahmen- und Ausgabenrechnung bis zur Rechnungslegungsgrenze sowie
- hohe Kreditwürdigkeit.

Nachteile der KG
- unbeschränkte persönliche Haftung des Komplementärs und
- mindestens zwei Gesellschafter notwendig.

1.4.9 Zweigniederlassung in Österreich

Eine Gesellschaft kann eine oder mehrere Zweigniederlassungen haben. Unter einer Zweigniederlassung versteht man, wie bereits oben erwähnt, einen vom Sitz der Gesellschaft räumlich getrennten und organisatorisch weitgehend selbstständigen Teil, der unter einheitlicher Leitung betrieben wird und auf Dauer angelegt ist. Eine Zweigniederlassung besitzt keine eigene Rechtspersönlichkeit.

Eine österreichische Gesellschaft kann inländische und ausländische Zweigniederlassungen gründen. Umgekehrt kann eine ausländische Gesellschaft in Österreich eine Zweigniederlassung gründen. Zweigniederlassungen sowohl inländischer als auch ausländischer Gesellschaften in Österreich müssen beim Firmenbuch angemeldet werden.

Merkmale der Zweigniederlassung:

- selbstständige Teilnahme am Geschäftsverkehr unabhängig von der Hauptniederlassung
- Erledigung unternehmenstypischer Geschäfte
- Vertretung grundsätzlich durch Geschäftsführung der Hauptniederlassung, jedoch Bestellung von Geschäftsführern gesondert für Zweigniederlassung möglich und
- eigener buchhalterischer Rechnungskreis, bilanziell jedoch Teil der Hauptniederlassung.

Praxis-Tipp

▸▸▸ Eine direkte Umwandlung einer Zweigniederlassung in eine selbstständige Gesellschaft ist rechtlich nicht möglich. Die Überführung des Unternehmens und der Vermögenswerte einer Zweigniederlassung in einen selbstständigen Unternehmensträger in Österreich (z.B. eine GmbH nach österreichischem Recht) ist daher relativ aufwändig und mit mehreren Zwischenschritten verbunden, die insbesondere steuerlich nachteilig sein können (etwa durch erforderliche Realisierung stiller Reserven). Die Wahl zugunsten einer selbstständigen Zweigniederlassung sollte daher gut überlegt und anhand einer langfristigen Perspektive mit den anderen Optionen verglichen werden. ◂◂◂

Zweigniederlassung einer Gesellschaft mit Sitz in Österreich

Zweigniederlassungen werden von der Geschäftsführung der Gesellschaft, z.B. bei der GmbH durch die Geschäftsführer, errichtet und von den Geschäftsführern in vertretungsbefugter Anzahl mittels einer beglaubigten Firmenbucheingabe angemeldet. Die Firma der Zweigniederlassung muss (seit kurzem) nicht mehr identisch mit der Firma der Hauptniederlassung sein.

DEUTSCHE RECHTSLAGE IM VERGLEICH

In Deutschland erfolgt die Anmeldung zum Handelsregister ebenso wie in Österreich beim Gericht der Hauptniederlassung. Anzugeben ist nur mehr der Ort der Zweigniederlassung sowie ein eventueller Firmenzusatz. Die Firma der Zweigniederlassung kann mit der Firma der Hauptniederlassung übereinstimmen, kann jedoch auch von ihr abweichen, wobei dann ein Hinweis auf die Zweigniederlassung erforderlich ist. Die Gesetzesänderung durch das MoMiG führt dazu, dass auch bei Errichtung einer Zweigniederlassung eine inländische Geschäftsanschrift angegeben und eingetragen werden muss. Die Bekanntmachung der Errichtung erfolgt lediglich elektronisch.

Zweigniederlassung einer Gesellschaft mit Sitz im Ausland

Liegt bei einer geplanten Zweigniederlassung der Sitz der Gesellschaft im Ausland, so ist die Gesellschaft in Österreich beim Firmenbuchgericht anzumelden, wenn sie eine in Österreich gelegene Zweigniederlassung gründet. In diesem Fall ist jenes österreichische Firmenbuchgericht zuständig, in dessen Zuständigkeitsgebiet die Zweigniederlassung ihren Sitz hat. Die Rechtsform der ausländischen Gesellschaft muss im Wesentlichen der Rechtsform einer österreichischen Gesellschaft entsprechen. Eintragungsgegenstand ist die ausländische Gesellschaft selbst, die Zweigniederlassung der ausländischen Gesellschaft wird dabei aber analog zu einer österreichischen Zweigniederlassung behandelt.

Bei der Anmeldung sind folgende Angaben notwendig:

- Firma der Auslandsgesellschaft
- Registrierungsbehörde und Registrierungsnummer
- Rechtsform der Auslandsgesellschaft
- Personalstatut (z.B. nach deutschem Recht)
- Sitz der Auslandsgesellschaft
- Geschäftsanschrift der Auslandsgesellschaft
- Geschäftszweig der Auslandsgesellschaft
- Tag des Abschlusses des Gesellschaftsvertrages der Auslandsgesellschaft
- Kapital der Auslandsgesellschaft
- Stichtag für den Jahresabschluss
- Beschränkung der Zeitdauer der Auslandsgesellschaft
- Geschäftsführer der Auslandsgesellschaft mit allen wesentlichen Angaben
- Firma und Sitz der Zweigniederlassung
- Geschäftsanschrift und Geschäftszweig der Zweigniederlassung und
- österreichischer Vertreter der Zweigniederlassung mit allen wesentlichen Daten
- Prokuristen der Zweigniederlassung mit Name, Geburtsdatum sowie Beginn der Vertretungsbefugnis.

Gesellschaften mit Sitz in einem EU- oder EWR-Land können, alle anderen Gesellschaften müssen einen österreichischen Vertreter bestellen. Dieser muss seinen ständigen Wohnsitz in Österreich haben.

Bei der Anmeldung zum Firmenbuch sind neben dem aktuellen Gesellschaftsvertrag in beglaubigter Abschrift auch der Handelsregisterauszug der Gesellschaft, der Beschluss über die Bestellung des Vertreters mit Sitz in Österreich und beglaubigte Musterzeichnungen aller inländischer Vertreter und ausländischen Geschäftsführer vorzulegen.

Außerdem ist dem Firmenbuchgericht ein Nachweis über die tatsächliche Errichtung der Inlandsniederlassung vorzulegen, z.B.: ein Gutachten der Wirtschaftskammer, in welchem die tatsächliche Errichtung und die entsprechende organisatorische Ausstattung der österreichischen Zweigniederlassung der ausländischen Gesellschaft bescheinigt wird.

Praxis-Tipp

▸▸▸ Zum Zeitpunkt der Antragstellung beim Firmenbuch sollten bereits entsprechende Räumlichkeiten zur Verfügung stehen (Mietvertrag), eine Steuernummer eingeholt (zuständiges Finanzamt) und Mitarbeiter in der Zweigniederlassung vorhanden (Arbeitsverträge, sog. Dienstzettel) sein.

Hierfür sollte entsprechend hinreichend Zeit eingeplant werden! ◂◂◂

DEUTSCHE RECHTSLAGE IM VERGLEICH

In Deutschland ist, ebenso wie in Österreich, die inländische Zweigniederlassung einer ausländischen Gesellschaft beim Handelsregister anzumelden. Zur Registeranmeldung sind folgende Informationen in öffentlich beglaubigter Form erforderlich:

- Firma: nach Herkunftsrecht zulässiger Name, unterliegt aber deutschem Wettbewerbsrecht
- inländische Geschäftsadresse (Neuerung durch das MoMiG)
- Gegenstand: entsprechend europarechtlicher Vorgaben sollte sowohl Gegenstand der Hauptniederlassung als auch der Zweigniederlassung (elektronisch) bekannt gemacht werden
- ständige Vertreter der Zweigniederlassung sowie Umfang ihrer Vertretungsmacht.

Der Anmeldung sind beizufügen:

- Auszug aus dem ausländischen Register (zum Nachweis des Bestehens der Gesellschaft)
- Nachweis einer evtl. erforderlichen Genehmigung im Inland
- Gesellschaftsvertrag der ausländischen Gesellschaft sowie
- Legitimation der Geschäftsführer der Gesellschaft.

1.4.10 Gesellschaftsformen (inklusive Rechnungslegung und Gründungskosten) – Übersicht Deutschland – Österreich

	GmbH		AG		GesBR/GbR		OG/OHG		Einzelunternehmer	
	Ö	D	Ö	D	Ö	D	Ö	D	Ö	D
Rechtsfähigkeit	Ja	Ja	Ja	Ja	Nein	Teilweise nur die Außen-GbR ist rechtsfähig	Ja	Ja	Ja	Ja
Eintragung ins Firmenbuch/ Handelsregister	Ja	Ja	Ja	Ja	Nein Ausnahme: Bei Umsatzüberschreitung (Grenze EUR 1.000.000 oder EUR 700.000 in zwei aufeinanderfolgenden Jahren) Eintragung als OG oder KG	Nein Ausnahme: Bei Betrieb eines Handelsgewerbes erstarkt GbR zu OHG / KG Eintragung anderenfalls optional	Ja	Ja	Nein Ausnahme: Bei Umsatzüberschreitung (Grenze EUR 1.000.000 oder EUR 700.000 in zwei aufeinanderfolgenden Jahren)	Nein Ausnahme: Unternehmen erreicht kaufmännische Betriebsgröße; anderenfalls optional
Persönliche Haftung der Gesellschafter	Nein	Nein	Nein	Nein	Ja	Ja	Ja	Ja	Ja	Ja
Rechnungslegung	Ja	Ja	Ja	Ja	Nein	Nein Ausnahme: Bei Umsatz > EUR 500.000 oder Gewinn > EUR 50.000	Nein Ausnahme: Persönlich haftender Gesellschafter ist keine natürliche Person oder bei Umsatzüberschreitung (Grenze EUR 1.000.000 oder EUR 700.000 in zwei aufeinanderfolgenden Jahren)	Ja	Nein Ausnahme: Bei Umsatzüberschreitung (Grenze EUR 1.000.000 oder EUR 700.000 in zwei aufeinanderfolgenden Jahren)	Nein Ausnahme: Bei Umsatz > EUR 500.000 und Gewinn > EUR 50.000
Fremdorganschaft	Ja	Ja	Ja	Ja	Nein	Nein	Nein	Nein	Nein	Nein
Gründungskosten (EUR)	1.500	900	1.800	1.800	Gering	Gering	Gering	Gering	Keine	Keine
Gründungs-Dauer (Wochen)	2-4	2-8	2-4	6-8	Entstehung sofort mit Vertragsschluss	Entstehung sofort mit Vertragsschluss	1	1	Keine	Keine

1.5 Besonderheiten bei der Gründung eines Versicherungsunternehmens oder der Tätigkeit eines Versicherers im Wege des freien Dienstleistungsverkehrs

Die im Herkunftsland des Versicherers erteilte Zulassung gilt für die gesamte Gemeinschaft, so dass es bei der Tätigkeit in Österreich nur noch eines vereinfachten Meldeverfahrens bedarf.

Ein deutscher Versicherer kann entweder eine Zweigniederlassung in Österreich gründen oder im Wege des freien Dienstleistungsverkehrs Versicherungen verkaufen.

1.5.1 Freier Dienstleistungsverkehr

Der freie Dienstleistungsverkehr ist nach § 14 VAG nach folgenden Maßgaben zulässig:

- Im freien Dienstleistungsverkehr kann das Versicherungsunternehmen mit Sitz in einem Vertragsstaat ohne Gründung einer Zweigniederlassung Versicherungsverträge in anderen Vertragsstaaten abschließen.
- Die zuständige Behörde des Herkunftsmitgliedstaates (BAFin) ist davon zu unterrichten, dass das Versicherungsunternehmen Tätigkeiten im Rahmen der Dienstleistungsfreiheit ausüben will und die Art der Risiken, die abgedeckt werden sollen, ist anzugeben.
- Die im Herkunftsstaat zuständige Behörde (BAFin) muss der Behörde des Mitgliedstaates, in welchem Tätigkeiten im Rahmen des freien Dienstleistungsverkehrs ausgeübt werden sollen (hier die österreichische Finanzmarktaufsicht FMA), eine Bescheinigung übermitteln, dass das Versicherungsunternehmen über die erforderlichen Eigenmittel verfügt und eine Mitteilung darüber, welche Versicherungszweige betrieben werden sollen und welche Art der Risiken abgedeckt werden sollen.
- Nach erfolgter Mitteilung dürfen Versicherungsverträge im Rahmen des freien Dienstleistungsverkehrs abgeschlossen werden.

1.5.2 Gründung von Zweigniederlassungen

Die Gründung von Zweigniederlassungen ist nach § 7 VAG nach folgenden Maßgaben zulässig:

Der zuständigen Aufsichtsbehörde des Herkunftslandes (BAFin) muss die Absicht der Errichtung einer Zweigniederlassung in einem anderen Mitgliedstaat mitgeteilt werden.

In dieser Mitteilung sind anzugeben:

- Der Mitgliedstaat, in welchem die Zweigniederlassung errichtet werden soll
- ein Tätigkeitsplan, in dem die Art der vorgesehenen Geschäfte und die Organisationsstruktur der Zweigniederlassung angegeben werden
- die Anschrift, unter welcher die Unterlagen im Mitgliedstaat der Zweigniederlassung angefordert werden können und
- den Namen des Hauptbevollmächtigten der Zweigniederlassung.

Die Behörde des Herkunftsstaates (BAFin) übermittelt diese Unterlagen sowie eine Bescheinigung darüber, dass das Versicherungsunternehmen über die erforderlichen Eigenmittel verfügt, an die zuständige Behörde des Mitgliedstaates der Zweigniederlassung (FMA). Zwei Monate nach Eingang der vorgenannten Mitteilung bei der FMA darf der Betrieb der Vertragsversicherung aufgenommen werden.

Die Aufsicht durch die deutsche BaFin erstreckt sich über das Inland hinaus auf die durch Zweigniederlassungen oder im Dienstleistungsverkehr ausgeübte Geschäftstätigkeit des Versicherungsunternehmens. Dabei wird die Finanzaufsicht in alleiniger Zuständigkeit, die Aufsicht im Übrigen im Zusammenwirken mit der FMA wahrgenommen.

Praxis-Tipp

▸▸▸ Als Zweigniederlassung gilt auch der Betrieb der Vertragsversicherung mittels einer zwar selbstständigen, aber ständig damit betrauten Person, die von einer im Inland gelegenen Betriebsstätte aus tätig wird. Hierbei muss *die ausgeübte Tätigkeit den Kern des Versicherungsgeschäftes einschließen.* Als Kern des Versicherungsgeschäftes ist naturgemäß der Abschluss von Versicherungsverträgen zu betrachten. Es genügt daher, dass das in einer Betriebsstätte des Versicherers tätige Personal mit dem Abschluss von Versicherungsverträgen betraut ist, um eine Zweigniederlassung zu begründen. Wenn der Versicherer sich zum Abschluss von Versicherungsverträgen eines Vermittlers bedient, das Auftragsverhältnis zwischen Vermittler und Versicherer auf beiden Seiten ein ausschließliches ist (bzw. vom Vermittler nur Verträge an den betreffenden Versicherer oder konzernverbundene Unternehmen vermittelt werden dürfen) und der Vermittler bei Vertragsabschluss verbindlich für den Versicherer handeln kann, liegt bereits aufgrund des Handelns des Vermittlers eine Zweigniederlassung vor. ◂◂◂

1.6 Der Konzern

1.6.1 Begriff

Der Konzern ist *keine eigene Gesellschaftsform,* sondern eine wirtschaftliche Verbindung mehrerer Unternehmen oder Gesellschaften verschiedener oder gleicher Art. Die einzelnen Konzernunternehmen bzw. Konzerngesellschaften sind rechtlich selbstständig. In § 15 Abs. 1 AktG (§ 115 Abs. 1 GmbHG) ist der Konzern wie folgt definiert: »Sind rechtlich selbstständige Unternehmen zu wirtschaftlichen Zwecken unter einheitlicher Leitung zusammengefasst, so bilden sie einen Konzern...«. Gemäß Gesetz ist ein Konzern auch dann gegeben, wenn ein rechtlich selbstständiges Unternehmen aufgrund von Beteiligungen oder sonst unmittelbar oder mittelbar unter dem beherrschenden Einfluss eines anderen Unternehmens steht.

Beachte hier auch § 9 Abs. 1 EKEG, der alternativ zur einheitlichen Leitung auch die kontrollierende Beteiligung als Kriterium anführt.

Nach diesen Definitionen liegt ein Konzern also vor, wenn *rechtlich selbstständige Unternehmen aus wirtschaftlichen Gründen unter einheitlicher Leitung* stehen. Dies kann auch bei beherrschendem Einfluss gegeben sein (aufgrund von Beteiligungen in einem bestimmten Ausmaß), also bei Abhängigkeit.

DEUTSCHE RECHTSLAGE IM VERGLEICH

Das deutsche Aktienrecht enthält bei gegebener Abhängigkeit eine so genannte *Konzernvermutung.* Dies wird von der Lehre auch für die österreichische Rechtslage vertreten.

1.6.2 Rechtsgrundlage

Die wirtschaftliche Verflechtung von Unternehmen und Kapitalgesellschaften nimmt weiterhin zu, was dazu führt, dass auch die Anzahl der Konzernverhältnisse stetig zunimmt. Regelungen zum materiellen Konzernrecht finden sich dabei in verschiedenen Gesetzen und stellen weiterhin Einzelregelungen dar. Ein übersichtliches umfassendes Regelwerk für das Konzernrecht besteht nicht. Einzelregeln finden sich insbesondere im AktG, GmbHG, EKEG, UGB u.a.

Praxis-Tipp

▶▶ Die Zusammenlegung bestimmter selbstständiger Unternehmen aus wirtschaftlichen Gründen unter einheitlicher Leitung kann insbesondere aus steuerlichen Gründen sehr sinnvoll sein. Insbesondere im Verhältnis Österreich/Deutschland sind hier zudem grenzüberschreitende Regelwerke einzubeziehen. ◀◀

Kommt für ein Unternehmen also ein Konzern in Betracht, sollte man eine genaue Analyse der Steuer- und Rechtsstruktur vornehmen.

1.6.3 Erscheinungsformen

Insgesamt kann man vier Erscheinungsformen des Konzerns unterscheiden:
- Gleichordnungskonzern oder Unterordnungskonzern,
- Vertragskonzern oder faktischer Konzern,
- horizontaler und vertikaler Konzern sowie
- Holding.

Ein *Gleichordnungskonzern* ist dann gegeben, wenn mehrere Unternehmen einheitlich geleitet werden, aber keines der Konzernunternehmen von einem anderen abhängig ist. Ein *Unterordnungskonzern* hingegen ist dann gegeben, wenn ein Abhängigkeitsverhältnis zwischen Unternehmen oder Gesellschaften besteht, das durch Beteiligung – aber auch anders, z.B. durch Vertragsbindung – gegeben sein kann. Bei Mehrheitsbeteiligungen wird im Zweifel ein Abhängigkeitsverhältnis vermutet und somit auch ein Konzern.

Beruht das Konzernverhältnis auf einer vertraglichen Vereinbarung zwischen Unternehmen oder Gesellschaften, ist von einem sog. *Vertragskonzern* die Rede. Das Gegenstück bildet der sog. *faktische Konzern*. Dieser ist gegeben, wenn zwar keine vertragliche Beziehung aber eine klare Abhängigkeit aus anderen Tatbeständen (wie etwa Beteiligungen) gegeben ist, aufgrund derer eine einheitliche Leitung vorgenommen wird.

Die Unterscheidung zwischen *horizontalem und vertikalem Konzern* wird danach vorgenommen, ob die verbundenen Unternehmen auf gleichen oder verschiedenen Wirtschaftsstufen tätig sind.

Hält eine Gesellschaft im Wesentlichen Beteiligungen an anderen Unternehmen, spricht man von einer *Holding*. Ein Konzern ist in diesen Fällen dann möglich, wenn die Beteiligungen ein Ausmaß haben, durch das Einfluss ausgeübt werden kann oder Einfluss durch andere Umstände möglich ist und auch ausgeübt wird. Dies muss aber nicht sein.

1.7 Markteintritt durch Einsatz eines Handelsvertreters

1.7.1 Allgemeines

Eine weitere Möglichkeit für den Absatz von Waren oder Dienstleistungen auf den österreichischen Markt ist der Einsatz von Handelsvertretern. Das Handelsvertreterrecht spielt beim Aufbau von Vertriebsnetzen in der Praxis eine wichtige Rolle, weshalb an dieser Stelle ein grober Überblick über dieses Rechtsgebiet gegeben werden soll.

Das Handelsvertretergesetz definiert den Handelsvertreter als eine (natürliche oder juristische) Person, die von einem anderen Unternehmer – dem Geschäftsherrn – mit der Vermittlung oder dem Abschluss von Geschäften, ausgenommen über unbewegliche Sachen (Liegenschaften), in dessen Namen und für dessen Rechnung ständig betraut ist und diese Tätigkeit selbstständig und gewerbsmäßig ausübt.

Das Gesetz stellt somit ausdrücklich auf die Selbstständigkeit, d.h. die persönlich unabhängige und weisungsfreie Tätigkeit des Handelsvertreters ab. Handelsvertreter tragen daher das unternehmerische Risiko im Hinblick auf den Erfolg oder die Erfolglosigkeit ihrer Vermittlungsversuche. Können sie keine Geschäfte vermitteln oder für den Unternehmer abschließen, wirkt sich dies unmittelbar mindernd auf ihre Provisionsansprüche aus. Selbstständig tätige Handelsvertreter sind von weisungsunterworfenen, in die Unternehmensorganisation eines Unternehmers eingebundenen Außendienstmitarbeitern zu unterscheiden, die als Arbeitnehmer zu betrachten sind. Auf derartige Außendienstmitarbeiter sind die Regeln des Angestelltengesetzes anwendbar (siehe dazu Punkt 7.3.). Gewerbsmäßigkeit im Sinne der oben stehenden Definition ist die selbstständige und regelmäßige Ausübung einer Tätigkeit mit der Absicht, einen Ertrag oder einen sonstigen wirtschaftlichen Vorteil zu erzielen (siehe dazu Punkt 6.1.).

Der Handelsvertreter muss mit der Vermittlung oder dem Abschluss von Geschäften für den Unternehmer ständig betraut sein. Es liegt daher eine so genannte Dauerrechtsbeziehung vor. Weder bei den vom Handelsvertreter abgeschlossenen noch bei den von ihm vermittelten Rechtsgeschäften wird er selbst Vertragspartner des abgeschlossenen oder vermittelten Rechtsgeschäftes. Soweit der Handelsvertreter zum »Abschluss von Geschäften« ermächtigt ist, gibt er selbst die Erklärung im Namen des Unternehmers ab, die zum Vertragsabschluss zwischen dem Unternehmer und dem Dritten führt. Er unterschreibt also beispielsweise eine Vertragsurkunde im Namen des Unternehmers. »Vermittlung von Geschäften« bedeutet hingegen, dass der Handelsvertreter den Unternehmer und einen Dritten zusammenbringt und die letzteren beiden selbst die zum Vertragsabschluss führenden Erklärungen abgeben. Vertragsparteien der vermittelten oder im Namen des Unternehmers abgeschlossenen Rechtsgeschäfte werden stets nur der Unternehmer und der Dritte, nicht aber der Handelsvertreter selbst. Das unterscheidet den Handelsvertreter etwa von Vertragshändlern oder Franchisenehmern, die Waren im eigenen Namen und auf eigene Rechnung von Unternehmern kaufen und an Dritte weiterveräußern. Vertragshändler treten also selbst als Käufer und Verkäufer der vertriebenen Waren auf. Sie beziehen auch keine Provision wie Handelsvertreter sondern beziehen ihr Entgelt aus der so genannten Handelsspanne.

Praxis-Tipp

▸▸▸ Im Vertrag sollten die Geschäfte, die der Handelsvertreter vermittelt oder im Namen des Geschäftsherrn abschließen darf, genau umschrieben werden. Empfehlenswert ist die Einschränkung auf den Vertrieb exakt definierter Produkte, die man beispielsweise in einem Anhang zum Vertrag auflisten kann. Sofern der Handelsvertreter keine Geschäfte im Namen des Geschäftsherren abschließen, sondern lediglich Abschlussmöglichkeiten vermitteln soll, ist eine vertragliche Klarstellung zu empfehlen. ◀◀◀

Trotz der vom Handelsvertretergesetz vorausgesetzten Selbstständigkeit des Handelsvertreters geht der Gesetzgeber davon aus, dass sich der Handelsvertreter in manchen Punkten typischer Weise in einer wirtschaftlich schwächeren Position befindet als der Unternehmer, für den er tätig wird. Das Handelsvertretergesetz verfolgt unter anderem den Zweck, dieses Ungleichgewicht auszugleichen. Manche der Bestimmungen des Handelsvertretergesetzes sind daher zu Gunsten des Handelsvertreters zwingend, d.h. sie können im Vertrag zwischen Handelsvertreter und Unternehmer nicht zum Nachteil des Handelsvertreters abbedungen oder geändert werden. Das gilt etwa für Regelungen rund um die Entstehung und die Fälligkeit des Provisionsanspruchs, die Bucheinsichtsrechte des Handelsvertreters, die Kündigung bei unbefristeten Handelsvertreterverträgen oder den Ausgleichsanspruch des Handelsvertreters (siehe dazu noch unten). Daneben bestehen nur wenige auch zu Gunsten des Unternehmers zwingende Bestimmungen.

Praxis-Tipp

▶▶▶ Die zwingenden Regeln des Handelsvertreterrechts (insbesondere zum Ausgleichsanspruch, siehe unten) gelten z.B. für den Makler i.d.R nicht. Dieser unterscheidet sich – im hier interessierenden Zusammenhang – vom Handelsvertreter dadurch, dass er nicht ständig mit Vermittlung oder Abschluss von Geschäften betraut ist, es dem Makler daher freistehen muss, ob er überhaupt für den Geschäftsherrn tätig wird oder nicht. Zu beachten ist aber, dass für die Anwendung des Handelsvertreterrechts nicht alleine entscheidend ist, was vertraglich vereinbart ist, sondern auch, ob die tatsächlichen wirtschaftlichen Verhältnisse und die tatsächliche Abwicklung des Vertrages dem entsprechen. ◀◀◀

DEUTSCHE RECHTSLAGE IM VERGLEICH

Das Handelsvertreterrecht wurde auf europäischer Ebene durch die Richtlinie 86/653/EWG zur Koordinierung der Rechtsvorschriften der Mitgliedstaaten betreffend die selbstständigen Handelsvertreter harmonisiert. Daher bestehen in Österreich im Vergleich zu Deutschland über weite Strecken sehr ähnliche Regelungen, und die österreichischen Gerichte orientieren sich teilweise auch an der deutschen Rechtsprechung.

1.7.2 Pflichten des Handelsvertreters

Der Handelsvertreter ist zur Wahrung der Interessen des Unternehmers verpflichtet, für den er tätig wird. Diese Pflicht kann auch nach Ende des Handelsvertreterverhältnisses noch fortwirken. Eine solche Nachwirkung äußert sich zum Beispiel darin, dass es dem Handelsvertreter grundsätzlich untersagt ist, auf die Kunden einzuwirken, die von ihm vermittelten Verträge mit dem Unternehmer wieder aufzulösen. Ein Teilaspekt der allgemeinen Interessenwahrungspflicht ist auch, dass der Handelsvertreter alles für den Unternehmer Erlangte an den Unternehmer herausgeben muss. Er ist auch im Bezug auf die Betriebs- und Geschäftsgeheimnisse des Unternehmers Dritten gegenüber zur Verschwiegenheit verpflichtet.

Der Handelsvertreter hat sich um den Abschluss oder die Vermittlung von Geschäften zu bemühen. Die Intensität dieser Bemühungspflicht hängt nach der Rechtsprechung von den jeweils getroffenen vertraglichen Vereinbarungen und im Übrigen von den Umständen des Einzelfalls ab.

Den Handelsvertreter trifft des Weiteren die Pflicht, dem Unternehmer sämtliche für ihn abgeschlossenen Geschäfte unverzüglich mitzuteilen und dem Unternehmer alle für ein vermitteltes Geschäft erforderlichen Informationen zu geben.

Das Handelsvertretergesetz kennt kein ausdrückliches dem Handelsvertreter auferlegtes Wettbewerbsverbot. Die Rechtsprechung nimmt aber an, dass der Handelsvertreter aufgrund seiner allgemeinen Interessenwahrungspflicht (siehe dazu oben) keine dem Unternehmer schadende Konkurrenztätigkeit ausüben darf. Trotz dieser unternehmerfreundlichen Judikatur erscheint die Aufnahme eines ausdrücklichen Konkurrenzverbots in den Vertragstext ratsam. Dieses darf sich jedoch nur auf die Dauer des Vertragsverhältnisses erstrecken. Ein vertragliches Wettbewerbsverbot für die Zeit nach der Vertragsbeendigung ist nach dem Handelsvertretergesetz unzulässig.

Praxis-Tipp

▶▶▶ Zur Vermeidung von Streitigkeiten sollte ein auf die Dauer des Handelsvertretervertrages beschränktes klares Wettbewerbsverbot vereinbart werden. ◀◀◀

Belohnungen darf der Handelsvertreter vom am Vertragsabschluss interessierten Dritten nur annehmen, soweit im betreffenden Geschäftszweig ein derartiger Unternehmensbrauch besteht oder der Unternehmer dem ausdrücklich zustimmt. Ansonsten ist dem Handelsvertreter jede Belohnungsannahme verboten.

1.7.3 Rechte des Handelsvertreters

Der Handelsvertreter hat einen Anspruch auf eine Provision, die ohne ausdrückliche Vereinbarung im Zweifel für jedes Geschäft gebührt, das durch seine Tätigkeit zwischen dem Unternehmer und dem Dritten zustande gekommen ist. Die Höhe der Provision richtet sich, soweit kein konkreter Betrag vereinbart wurde, nach den für den Geschäftszweig üblichen Sätzen. Zur Vermeidung von Streitigkeiten empfiehlt sich natürlich eine genaue Regelung der Entstehung und der Höhe des Provisionsanspruches. Dabei sind einige Bestimmungen des Handelsvertretergesetzes zwingend, d.h. es können keine für den Handelsvertreter nachteiligeren vertraglichen Vereinbarungen getroffen werden. So entsteht der Anspruch auf Provision spätestens zu dem Zeitpunkt, zu dem der Dritte das vermittelte oder für den Unternehmer abgeschlossene Geschäft ausführt (also z.B. zahlt) oder ausgeführt haben müsste, wenn der Unternehmer seine Pflichten erfüllt hätte. Fällig wird die Provision mit der Abrechnung. Der Zeitpunkt der Abrechnung kann vereinbart werden, wobei das Gesetz vorschreibt, dass die Abrechnung spätestens am letzten Tag jenes Monats vorzunehmen ist, der auf das Quartal folgt, in dem der Provisionsanspruch entstanden ist.

Eng verknüpft mit dem Anspruch auf Provision sind auch die (vertraglich größtenteils nicht ausschließbaren) Rechnungslegungs- und Bucheinsichtsrechte des Handelsvertreters gegenüber dem Unternehmer. Durch diese Rechte soll sich der Handelsvertreter über die Berechnungsgrundlagen seiner Provisionsansprüche Kenntnis verschaffen können. Er kann diese Einsichts- und Rechnungslegungsansprüche im Streitfall klagsweise durchsetzen.

Der Handelsvertreter hat auch Anspruch auf Ersatz der von ihm getätigten Auslagen. Da er jedoch selbst Unternehmer ist, hat er allgemeine mit seiner Tätigkeit verbundene Kosten (z.B. Büromiete, Kosten für ein Kfz, Büromaterial usw.) selbst zu tragen. Nur für besondere Auslagen, die der Handelsvertreter aufgrund des Auftrages des Unternehmers zu tragen hatte, kann er vom Unternehmer Ersatz begehren.

Große Praxisrelevanz hat auch der so genannte Ausgleichsanspruch des Handelsvertreters, der vertraglich nicht ausgeschlossen werden kann. Dieser Anspruch wird nach Auflösung des Handelsvertreterverhältnisses schlagend und soll die Vorteile ausgleichen, die der Unternehmer auch nach Ende des Handelsvertretervertrages noch aus der Tätigkeit des Handelsvertreters zieht. Der Ausgleichsanspruch gebührt, wenn der Handelsvertreter dem Unternehmer neue Kunden zugeführt oder bestehende Geschäftsverbindungen intensiviert hat. Es muss zudem zu erwarten sein, dass der Unternehmer auch nach Ende des Handelsvertretervertrages noch erhebliche Vorteile aus der Handelsvertretertätigkeit ziehen kann und die Zahlung unter Berücksichtigung aller Umstände der Billigkeit entspricht. Die exakte Höhe dieses Ausgleichsanspruches ist gesetzlich nicht festgelegt sondern je nach den Umständen des Einzelfalls – im Streitfall von einem Gericht – zu ermitteln. Wurde keine für den Handelsvertreter günstigere vertragliche Vereinbarung getroffen, beträgt der Ausgleichsanspruch höchstens eine Jahresvergütung (Durchschnitt der letzten fünf Jahre). Er ist vom Handelsvertreter spätestens ein Jahr nach Ende des Handelsvertretervertrages geltend zu machen, weil er sonst verfällt. Der Ausgleichsanspruch besteht nicht, wenn der Handelsvertreter den Handelsvertretervertrag selbst kündigt oder einen wichtigen Grund setzt, der den Unternehmer zur fristlosen Kündigung aus wichtigem Grund berechtigt (siehe dazu noch unten Punkt 1.7.4).

Praxis-Tipp

▶▶ Da der vertraglich nicht ausschließbare Ausgleichsanspruch nur zusteht, soweit der Handelsvertreter dem Unternehmer neue Kunden zugeführt oder bestehende Geschäftsverbindungen wesentlich erweitert hat, sollte man vertraglich festhalten bzw. sonst geeignet dokumentieren, welche Kundenbeziehungen bei Vertragsabschluss bereits bestanden.

Der Ausgleichsanspruch steht nach der Rechtsprechung unter bestimmten Voraussetzungen nicht nur Handelsvertretern im Sinne des Handelsvertretergesetzes sondern auch anderen Absatzmittlern (z.B. Vertragshändlern oder Franchisenehmern, siehe dazu oben Punkt 1.7.1) zu. Diese Rechtsprechung sollte bereits bei der Vertragsgestaltung berücksichtigt werden.

Die konkrete Berechnung des Ausgleichsanspruchs ist komplizierter als der Blick in das Gesetz vermuten lässt. Sehr vereinfacht ist der Ausgleichsanspruch so zu ermitteln, dass einerseits der sogenannte Rohausgleich zur Berechnung der relevanten Vorteile für den Geschäftsherrn und der Provisionsverluste für den Handelsvertreter und andererseits die gesetzliche Höchstgrenze (= höchstens eine durchschnittliche Jahresvergütung der letzten fünf Jahre) berechnet werden. Der geringere dieser Beträge ist, falls ein Anspruch dem Grunde nach besteht, zu bezahlen. Für die Berechnung des Rohausgleichs ist ein Prognosezeitraum zu bestimmen und sind bestimmte Abschläge üblich. Es empfiehlt sich daher, zur Berechnung des Ausgleichsanspruchs anwaltlichen Rat einzuholen, wenn die (in der Regel einfach zu ermittelnde) Höchstgrenze nicht eindeutig zum Tragen kommt. ◀◀

1.7.4 Ende des Handelsvertretervertrages

Der Handelsvertretervertrag kann von vornherein auf einen bestimmten Zeitraum befristet werden und endet in diesem Fall zum vereinbarten Fristende. Unbefristet abgeschlossene Handelsvertreterverträge können unter Einhaltung bestimmter Kündigungstermine und -fristen von beiden Seiten ordentlich gekündigt werden. Die gesetzlichen zu Gunsten des

Handelsvertreters zwingenden Kündigungsfristen hängen von der Dauer des Vertragsverhältnisses ab.

Überdies kann jeder der beiden Vertragspartner den Handelsvertretervertrag jederzeit mit sofortiger Wirkung ohne Einhaltung von Kündigungsfristen und -terminen kündigen, wenn der andere Vertragspartner einen wichtigen Grund dafür gesetzt hat. Ein wichtiger Grund liegt nur dann vor, wenn die Fortsetzung des Vertragsverhältnisses unzumutbar ist. So kann der Unternehmer den Vertrag etwa wegen grober Pflichtverletzungen des Handelsvertreters (z.B. verbotene Geschenkannahme) mit sofortiger Wirkung kündigen. Aus Sicht des Handelsvertreters wäre ein wichtiger Grund etwa die ungebührliche Schmälerung seiner Provisionsansprüche durch den Unternehmer.

Praxis-Tipp

▶▶▶ Der wichtige Grund, auf den die fristlose Kündigung gestützt werden soll, muss die Fortsetzung des Vertrages unzumutbar machen. Die Rechtsprechung leitet daraus ab, dass die Kündigung unverzüglich nach Verwirklichung des wichtigen Grundes ausgesprochen werden muss, weil ein unnötiges Zuwarten für eine Zumutbarkeit der Fortsetzung spricht. Bei Verdacht des Vorliegens eines wichtigen Auflösungsgrundes muss daher stets unverzüglich gehandelt werden.

Gegebenenfalls kann auch eine Vertragsänderung durch »Verkleinerung« des Vertretungsgebiets oder Reduktion der vertretenen Produkte im Hinblick auf den Ausgleichsanspruch einer (teilweisen) Vertragsbeendigung gleichzuhalten sein. Um dahingehend nachträglich keine Überraschungen zu erleben, sollte die Vorgangsweise vorab hinreichend geprüft werden. ◀◀◀

2 Übernahme eines bestehenden Unternehmens durch Kauf

Die Kooperation mit einem bestehenden Unternehmen bzw. die teilweise oder vollständige Übernahme eines bestehenden Unternehmens kann auf vielfältige Weise gestaltet werden. Dieses Tätigkeitsfeld wird im Allgemeinen unter der englischen Bezeichnung »mergers and acquisitions«, oder kurz »M&A«, zusammengefasst. Die folgende Abbildung gibt einen kurzen Überblick über die Möglichkeiten:

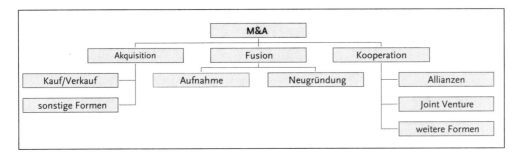

2.1 Unternehmenskauf

Im Folgenden wird der klassische Unternehmenskauf, also der Erwerb entweder aller Vermögensgegenstände eines Unternehmens oder aller Anteile an einer Gesellschaft, dargestellt.

Beim Unternehmenserwerb und Verkauf spielt auf der Verkäuferseite eine breite Palette von Motiven eine Rolle, die sich grob in persönliche, eigentümerspezifische und sachliche, unternehmensspezifische Motive aufteilen lassen.

Beispiele für persönliche Motive
- Profitrealisierung,
- Nachfolgeregelung,
- Konflikte zwischen Gesellschaftern,
- finanzielle Notlage sowie
- beruflicher Aufstieg.

Beispiele für sachliche Motive
- Konzentration auf Kernkompetenz,
- Senkung der Kapitalkosten,
- strategische Neuausrichtung,
- steuerliche Vorteile,
- Schuldenabbau oder Liquiditätsengpässe,
- kein Kapital für notwendige Investitionen bzw. Wachstum und
- Ausstieg wichtiger Mitarbeiter.

Der Unternehmenskauf im eigentlichen Sinne ist in zwei Gestaltungsvarianten möglich, zum einen als Asset Deal, zum anderen als Share Deal. Beim Asset Deal erwirbt der Käufer im Wege der Einzelrechtsnachfolge einzelne Vermögensgegenstände des Geschäftsbetriebes des Zielunternehmens. Beim Share Deal wiederum erwirbt der Käufer Anteile an dem zu veräußernden Unternehmen im Rahmen der Gesamtrechtsnachfolge. Die Entscheidung für eine der beiden Transaktionsformen wird regelmäßig aus rechtlichen und steuerlichen Beweggründen getroffen. Beim Asset Deal ist wiederum zu unterscheiden zwischen dem Kauf einzelner Vermögensgegenstände in Form eines Sachkaufs einerseits und dem Kauf aller wesentlicher »Assets« eines Unternehmens in Form eines Unternehmenskaufs. Gleiches gilt für den Share Deal, bei dem einerseits eine Minderheitsbeteiligung an einem Unternehmen in Form eines Rechtskaufs erworben werden kann, andererseits auch eine bestimmende Mehrheit bzw. sämtliche Anteile in Form eines Unternehmenskaufs.

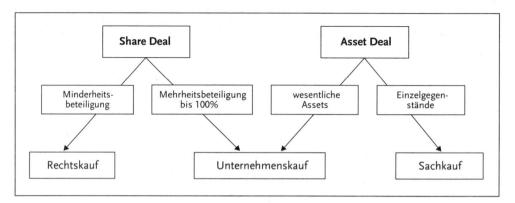

2.1.1 Asset Deal (eigentlicher Unternehmenskauf)

Allgemeines

Ein Unternehmen oder Teile davon werden beim Asset Deal im Wege der *Einzelrechtsnachfolge* übertragen. Es wird dabei das Unternehmen als Ganzes, also sämtliche betrieblichen Wirtschaftsgüter erworben. Allerdings geht das Unternehmen nicht uno actu auf den Rechtsnachfolger über, vielmehr sind mehrere Übertragungsakte erforderlich:
- dingliche Rechte sind nach sachenrechtlichen Vorschriften zu übertragen,
- Liegenschaften müssen im Grundbuch eingetragen werden,
- Forderungen sind zu zedieren sowie
- Verbindlichkeiten werden durch Schuldübernahme übertragen.

Eine gesonderte Auflistung des zu übertragenden Vermögens (Aktiva/Passiva) ist vor allem dann notwendig, wenn für das Verfügungsgeschäft besondere Formvorschriften vorgesehen sind (z.B. bei einer Liegenschaftstransaktion eine Aufzählung der einzelnen Liegenschaften mit den Aufsandungserklärungen).

Mangels abweichender Vereinbarung tritt der Erwerber grundsätzlich in die unternehmensbezogenen, nicht höchstpersönlichen Rechtsverhältnisse des Veräußerers ein. Er haftet sowohl für die im Rahmen dieser Rechtsverhältnisse vor dem Unternehmensübergang (endgültig) begründeten Verbindlichkeiten (Altschulden) als auch für jene, die - etwa in einem Dauerschuldverhältnis – erst nachher entstanden sind. Werden einzelne Rechtsverhältnisse des Veräußerers nicht übernommen (weil beispielsweise die Übernahme vertraglich zwischen Veräußerer und Erwerber ausgeschlossen wurde oder ein Dritter Widerspruch gegen den Übergang seines Vertragsverhältnisses erhoben hat,) haftet der Erwerber in der Regel dennoch für bereits entstandene oder neu entstehende Verbindlichkeiten daraus. Eine abweichende Vereinbarung zwischen dem Erwerber und dem Veräußerer ist einem Dritten gegenüber nur wirksam, wenn sie bekannt gemacht (z.B. in das Firmenbuch eingetragen) oder dem Dritten mitgeteilt wurde.

Sondervorschriften
- Arbeitsverträge, die nach dem AVRAG übergehen
- Mietverträge mit Vermietern – siehe dazu unter Haftung.
- Werknutzungsverträge.

Vor- und Nachteile des Asset Deals
- steuerrechtlich bieten sich für den Erwerber interessante Gestaltungsmöglichkeiten (z.B. Abschreibungen)
- komplizierte Ausgestaltung bei Eigentumsübergang an einzelnen Gütern
- die vorgelagerte Prüfung des Zielunternehmens (Due Diligence, siehe unten) bezieht sich auf eine Vielzahl von einzeln zu übertragenden Wirtschaftsgütern und Rechten
- Überleitung der Verträge und Ausgestaltung der Verträge kompliziert – oft Zustimmungen notwendig.

2.1.2   Share Deal (Anteilskauf)

Allgemeines
Bei einem Share Deal werden die *Beteiligungsrechte* am Zielunternehmen erworben, also entweder Aktien, ein Geschäftsanteil oder sonstige Anteile. Vertragspartner ist der Gesellschafter des Zielunternehmens und nicht, wie bei einem Asset Deal, das Unternehmen selbst. Durch den Anteilskauf ändern sich die rechtlichen Verhältnisse des Zielunternehmens nicht. Es kommt lediglich zu einem Austausch der Gesellschafter. Alle bisherigen Rechtsbeziehungen bleiben auch weiterhin aufrecht. Ziel eines Share Deals ist die möglichst lastenfreie Übernahme der Anteile am Zielunternehmen.

Die Überleitung der Verträge ist beim Share Deal wesentlich einfacher ausgestaltet als bei einem Asset Deal. Da das Unternehmen uno actu auf den Erwerber übergeht, muss man eine geringere Zahl an Einzelverträgen abschließen und konzipieren.

Praxis-Tipp

▸▸▸ Bei einem Share Deal sind so genannte »Change of Control«-Klauseln sehr praxisrelevant; diese sehen in Verträgen des Zielunternehmens in den meisten Fällen ein Kündigungsrecht für etwaige Gesellschafterwechsel vor. ◂◂◂

Vor- und Nachteile des Share Deals
- einfacher Eigentumsübergang
- einfachere Überleitung von Verträgen
- weniger Genehmigungen notwendig als bei einem Asset Deal sowie
- notarielle Beurkundungspflicht der Übertragung bei GmbH-Anteilen.

2.1.3 Unterschiedliche Rechtsfolgen des Asset Deals und des Share Deals

Übertragung von Vertragsverhältnissen
- Share Deal
  Die Übertragung von Vertragsverhältnissen ist bei Vorgängen des Unternehmenserwerbs im Wege der *Gesamtrechtsnachfolge* (Share Deal, Verschmelzungen, Umwandlungen) kein Problem, da der Unternehmenserwerber jeweils ex lege in die Rechtsposition des Zielunternehmens eintritt.

- Asset Deal
  Bei einem Asset Deal, bei dem das Unternehmen nicht uno actu auf den Erwerber übergeht, gestaltet sich die Übertragung von Vertragsverhältnissen wesentlich komplizierter. Einige Verträge gehen allerdings ex lege auf den Erwerber über. Wie bereits erwähnt, gehen jedoch gemäß § 38 UGB bei Übertragung des Unternehmens als Ganzes sämtliche unternehmensbezogene Rechtsverhältnisse vorbehaltlich des Widerspruchs des Vertragspartners automatisch über.

Praxis-Tipp

▸▸▸ Wenn ein Unternehmen oder Betriebsteil auf einen anderen Inhaber übergeht (Betriebsübergang) tritt der neue Unternehmer gemäß AVRAG in alle bisher bestehenden Arbeitsverhältnisse ein, die deshalb weiterlaufen und auf den neuen Unternehmer übergehen. Die Bestimmung des § 3 AVRAG ist in der Praxis extrem wichtig, weil dadurch gesichert ist, dass bei einem Betriebsübergang eine Arbeitgeberkündigung ausgeschlossen ist (anders siehe § 613a BGB!).
Übertragung von Mietverträgen (§ 12a MRG): Einem Hauptmieter einer Geschäftsräumlichkeit wird dadurch das Recht eingeräumt, bei einer Veräußerung des von ihm im Mietgegenstand betriebenen Unternehmens den Mietvertrag auf den Erwerber des Unternehmens zu übertragen. Der neue Unternehmer tritt dann an die Stelle des bisherigen Hauptmieters als neuer Hauptmieter ein. Beide müssen die Unternehmensveräußerung dem Vermieter unverzüglich anzeigen und melden. In so einem Falle darf der Vermieter, wenn der bisherige Hauptmietzins niedriger als der angemessene Hauptmietzins war, die Anhebung des Mietzinses innerhalb von sechs Monaten vom neuen Hauptmieter, der das Zielunternehmen erworben hat, verlangen. Vgl. hierzu ausführlich in dem Abschnitt »Immobilienrecht«.
Daneben gehen noch Versicherungsverträge nach dem ASVG teilweise auf den Erwerber über, jedoch besteht in diesem Fall zumindest eine eingeschränkte Kündigungsmöglichkeit. Auch Markenlizenzverträge können übertragen werden. ◂◂◂

Gebühren
- Share Deal
  Generell fallen in Österreich beim Share Deal keine *Rechtsgeschäftsgebühren* an. Eventuell kann es jedoch auch zu einer Einhebung der Grunderwerbsteuer kommen, wenn das vertragsgegenständliche Unternehmen Eigentümer einer Liegenschaft ist.

- Asset Deal
  Einige Übertragungsakte lösen in Österreich Rechtsgeschäftsgebühren aus. Dies ist jedoch stets im Einzelfall zu prüfen und hängt von den Übertragungsakten ab. Bei der Übertragung einer Liegenschaft fällt die österreichische Grunderwerbsteuer und bei der

Eintragung des Eigentümerwechsels ins österreichische Grundbuch eine zusätzliche Gebühr an.

Praxisrelevante Haftungsregelungen

In Österreich tritt der Erwerber eines Unternehmens den unternehmensbezogenen Schulden des Verkäufers bei, die er bei Übergabe des Unternehmens kannte oder kennen musste. Einzige Voraussetzung ist, dass es sich um einen rechtsgeschäftlichen Erwerb handelt, was sowohl bei einem Asset Deal als auch bei einem Share Deal der Fall sein kann. Bei dieser Bestimmung ist die Haftung jedoch beschränkt, weil der Erwerber nur bis zur Höhe des Wertes der übernommenen Aktiven (Betragsbeschränkung der Haftung = *pro viribus Haftung*) geradestehen muss (§ 1409 ABGB).

Die weitaus wichtigeren Bestimmungen sind die Neuregelungen des §§ 38 ff UGB, die an dieser Stelle ebenfalls kurz angeschnitten werden, da sie in der Praxis eine wesentliche Rolle spielen.

Übernimmt der Erwerber ein Unternehmen, so haftet er für die im Zeitpunkt des Übergangs vorliegenden Verbindlichkeiten, sofern diese unternehmensbezogen sind und zwar auch dann, wenn der Erwerber das zugrunde liegende unternehmensbezogene Rechtsverhältnis nicht übernommen hat. Der Erwerber übernimmt die gesamten Rechte und Pflichten des vorherigen Unternehmers. Diesbezüglich handelt es sich um einen Schuldbeitritt. Voraussetzungen sind, dass

- das Unternehmen vom Erwerber fortgeführt wird,
- es sich um unternehmensbezogene Verbindlichkeiten handelt und
- der Unternehmenskern in seinem wesentlichen Teil übernommen wird.

Diese Bestimmung geht von einer Kontinuität des Unternehmens aus.

Schließen der Übernehmer und der Verkäufer einen Übergang der unternehmensbezogenen Forderungen aus, so ändert sich für den Schuldner der Forderungen im Ergebnis nichts. Der Schuldner kann, wenn der Haftungsausschluss nicht ins Firmenbuch eingetragen und ihm nicht mitgeteilt wurde, dass die Forderungen beim Verkäufer bleiben, sowohl an den Übernehmer des Unternehmens als auch an den Verkäufer schuldbefreiend leisten.

Beim Verkauf von GmbH-Anteilen haftet der Erwerber gemeinsam mit dem Verkäufer für die zur Zeit der Anmeldung des Übergangs des Geschäftsanteils auf diesen ausstehenden Stammeinlagen. Die Haftung erstreckt sich somit auch auf Leistungen, die zwischen der Veräußerung und der Anmeldung fällig geworden sind.

Praxis-Tipp

▶▶▶ Beim Unternehmenskauf durch Erwerb von GmbH-Geschäftsanteilen ist somit darauf zu achten, dass alle Stammeinlagen auf die veräußerten Geschäftsanteile voll eingezahlt sind und dass auch sonst alle rückständigen Nebenleistungen erbracht sind. Desgleichen sollten sämtliche Rückzahlungsverpflichtungen, die an der Beteiligung haften könnten, erfüllt sein. Der Käufer sollte darauf bestehen, vom Verkäufer eine entsprechende Zusicherung im Übertragungsvertrag zu erhalten. ◀◀◀

DEUTSCHE RECHTSLAGE IM VERGLEICH

Bei einem Asset Deal ergeben sich für den Käufer einige spezielle Haftungen, die bei der Transaktion zu berücksichtigen sind. Bei der Übertragung von Verträgen muss die vorherige Zustimmung des dritten Vertragspartners nach § 415 BGB eingeholt werden. Gemäß § 613a BGB müssen Arbeitnehmer einer Übernahme ihrer Arbeitsverhältnisse durch den neuen Inhaber des Unternehmens zwar nicht zustimmen, da aber grundsätzlich Vertragsfreiheit herrscht und aus Gründen des Arbeitnehmerschutzes, haben die vom Übergang betroffenen Mitarbeiter gemäß § 613a Abs. 6 Satz 1 BGB ein Widerspruchsrecht gegen diese Übertragung. Das Widerspruchsrecht kann innerhalb eines Monates nach der Bekanntgabe der Übertragung schriftlich ausgeübt werden. Dies hat zur Folge, dass der widersprechende Arbeitnehmer beim alten Arbeitgeber bleibt. Bei Weiterführung des Unternehmens unter der gleichen Firma nach der Übertragung haftet der Käufer neben dem Verkäufer für alle im Betrieb des Geschäfts begründeten Verbindlichkeiten. Soll der Käufer nicht für alle Verbindlichkeiten des Unternehmens haften, ist dies im Kaufvertrag zwischen Käufer und Verkäufer zu regeln und gemäß § 25 Abs. 2 HGB dem Dritten mitzuteilen. Zudem haftet der Käufer bei einer Betriebsübertragung gemäß § 75 AO für betrieblich veranlasste Steuern und Steuerabzugsbeträge. Diese Haftung ist jedoch auf das übernommene Vermögen beschränkt. Diese aufgrund § 75 dAO erhobenen Steuern werden häufig durch den Verkäufer übernommen. Dem Finanzamt gegenüber, also im Außenverhältnis, haftet der Käufer jedoch trotzdem.

Bei einem GmbH-Share Deal haftet der Käufer eines Geschäftsanteils gem. § 16 Abs. 2 GmbHG neben dem Verkäufer gesamtschuldnerisch für sämtliche rückständigen Leistungen auf die Stammeinlage, für Kapitaleinzahlungen ebenso wie für sonstige Ansprüche, die aus der Mitgliedschaft fließen (z.B. Differenzhaftung für Überbewertung von Sacheinlagen). Anknüpfungszeitpunkt für den Eintritt dieser Haftung ist die Eintragung in die Gesellschafterliste. Unter die Haftung des Käufers fallen somit auch Leistungen, die zwischen der Veräußerung und der Anmeldung bzw. dem Eintrag in die Gesellschafterliste fällig geworden sind.

2.1.4 Exkurs: Unternehmenserwerb in Zeiten der Krise

Allgemeines

In Zeiten der Wirtschaftskrise bietet die große Zahl an Konkursen eine Chance, Unternehmen oder Vermögensteile von Unternehmen günstiger zu erwerben. Häufige Motive der Veräußerer sind die Liquiditätsbeschaffung, die Bilanzbereinigung oder eine Umstrukturierung des Konzerns. Der Erwerb kann entweder aus dem Konkurs oder in der Krise des Unternehmens getätigt werden. Grundsätzlich ähnelt der Unternehmenskauf in der Krise einem normalen Unternehmenskauf, in einigen Aspekten gibt es allerdings nicht zu vernachlässigende Unterschiede.

Im Rahmen dieses Erwerbes sollten insbesondere folgende Aspekte beachtet werden:

- Haftungsfragen,
- Anfechtungsrisiken,
- Arbeitnehmerschutz und
- steuerrechtliche Auswirkungen.

Der Erwerb eines Unternehmens in der Krise oder aus dem Konkurs spielt sich juristisch auf vielen verschiedenen Ebenen ab. So bilden

- die Insolvenzordnung (IO) und die Europäische Insolvenzverordnung (EUInsVO) die Rechtsgrundlagen für das Konkursverfahren,
- das Insolvenzentgeltsicherungsgesetz (IESG) und das Arbeitsvertragsrechtsanpassungsgesetz (AVRAG) die arbeitsrechtliche Grundlage und
- das Eigenkapitalersatzgesetz (EKEG) die Grundregeln für Forderungen der Gesellschafter.

Darüber hinaus befasst sich das Unternehmensreorganisationsgesetz (URG) mit der Umstrukturierung von Unternehmen, die sich noch nicht im Insolvenzverfahren befinden. Hinsichtlich der Haftung spielen vor allem zivilrechtliche und unternehmensrechtliche Regelungen eine große Rolle (§ 1409 ABGB und § 38 UGB).

DEUTSCHE RECHTSLAGE IM VERGLEICH

Im deutschen Recht bildet die InsO die Gundlage für das Insolvenzverfahren.

Erwerb von Unternehmen aus der Insolvenz

Die Insolvenzantragspflicht besteht alternativ bei Vorliegen einer nicht nur vorübergehenden Zahlungsunfähigkeit oder bei Überschuldung mit negativer Fortbestehensprognose.

Vor allem bei Konzernen stellt sich die Frage, wie das Insolvenzverfahren abläuft. Da die unter einem Konzern zusammengeschlossenen Unternehmen rechtlich selbstständig sind, gibt es keine »Konzern-Insolvenz«. Das bedeutet, dass die Insolvenzverfahren getrennt voneinander geführt werden, allerdings gibt es Verfahrensvereinfachungen (z.B. werden mehrere Verfahren in der Regel vom selben Richter geführt).

Asset Deals aus der Insolvenz werden, außer im Sanierungsverfahren mit Eigenverwaltung, vom Insolvenzverwalter abgewickelt. Es kann eine außergerichtliche (in der Mehrzahl der Fälle) oder eine gerichtliche Abwicklung erfolgen. Werden Liegenschaften, ein ganzes Unternehmen oder substanzielle Anteile eines Unternehmens verkauft, bedarf der entsprechende Verkauf der vorherigen Zustimmung des Gerichts und der Gläubiger des in Insolvenz befindlichen Unternehmens. Der Erwerber kommt unter bestimmen Voraussetzungen in den Genuss von Privilegien im Bereich der Abgaben und der Haftung.

Beim Erwerb aus der Insolvenz müssen Arbeitnehmer grundsätzlich nicht übernommen werden (eine Ausnahme besteht allerdings für Betriebsratsmitglieder). Der Kollektivvertrag des Unternehmens bleibt weiterhin anwendbar, es sei denn, ein neuer Kollektivvertrag kommt durch den Erwerb zur Anwendung. Auch sind eine bestehende Lohnuntergrenze und der Kündigungsschutz der Arbeitnehmer wie beim typischen Unternehmenskauf zu beachten.

Beim Share Deal werden Verbindlichkeiten und Arbeitsverhältnisse in der Zielgesellschaft nicht berührt. Verlustvorträge bleiben prinzipiell erhalten. Im Fall eines Mantelkaufs (Änderung der organisatorischen und wirtschaftlichen Struktur des Targets) gehen allerdings sämtliche Verlustvorträge verloren, es sei denn, dass eine Sanierung mit dem Ziel der Erhaltung eines wesentlichen Teils der Arbeitsplätze vorgenommen wird. Die Frage, inwiefern bestehende Verträge der Zielgesellschaft ohne Zustimmung des Vertragspartners »übernommen« werden können, bedarf einer Einzelfallprüfung. In der Regel findet eine derartige Prüfung im Rahmen einer Due Diligence statt.

Erwerb von Unternehmen in der Krise

Ein Unternehmen befindet sich nach dem EKEG in der Krise bei

- Zahlungsunfähigkeit oder
- Überschuldung oder
- kumulativem Vorliegen von
  - einer Eigenkapitalquote unter 8%
  - einer fiktiven Schuldentilgungsdauer von mehr als 15 Jahren und
  - Reorganisationsbedarf.

Rechtsgeschäfte, die vom Rechtsträger des Unternehmens in der Krise innerhalb eines bestimmten Zeitraumes vor Insolvenzeröffnung abgeschlossen wurden (Verdachtszeitraum), können durch den Insolvenzverwalter angefochten werden, wenn sie den Tatbestand der Benachteiligungsabsicht, der Vermögensverschleuderung oder der Begünstigung erfüllen. Gleiches gilt auch bei Kenntnis der Zahlungsunfähigkeit. Bei erfolgreicher Anfechtung ist das Rechtsgeschäft gegenüber den betroffenen Gläubigern unwirksam. Der Verdachtszeitraum kann bis zu zehn Jahre (ab Kenntnis der Benachteiligungsabsicht) betragen.

Der Erwerber haftet unabdingbar für Verbindlichkeiten, die er kannte oder kennen musste. Diese Haftung ist allerdings mit dem Wert des übernommenen Vermögens/Unternehmens begrenzt. Bei einem Erwerb in der Krise kann unter bestimmten Voraussetzungen auch hinsichtlich einzelner Vermögenswerte eine Haftung nach § 1409 ABGB entstehen.

Arbeitsrechtlich gelten dieselben Regelungen wie beim »normalen« Unternehmenserwerb, lediglich im Falle einer geplanten Umstrukturierung ist ein Sozialplan erforderlich in einem Betrieb mit mindestens 20 Arbeitnehmern und einem vorhandenen Betriebsrat, wenn die Umstrukturierung wesentliche Nachteile für die Arbeitnehmer mit sich bringt.

Zu beachten ist, dass nach dem EKEG ein von bestimmten Personen gewährtes Darlehen an die Gesellschaft in der Krise als Eigenkapital gewertet wird. Dies gilt für Gesellschafter mit kontrollierender Beteiligung oder einer Beteiligung von mindestens 25%, aber auch für Personen mit gesellschafterähnlicher Stellung (z.B. Personen, die einen beherrschenden Einfluss auf das Unternehmen haben). Im Falle einer Insolvenz können daher diese Forderungen nicht (primär) geltend gemacht werden.

In diesem Zusammenhang ist das Sanierungsprivileg für den Erwerber zu erwähnen, welches unter der Voraussetzung zur Anwendung kommt, dass der Anteilserwerb an einer Gesellschaft in der Krise zum Zweck der Überwindung der Krise mit Hilfe eines Sanierungskonzepts erfolgt. Neu gewährte Kredite werden in diesem Fall nicht als Eigenkapital ersetzend qualifiziert und können als Forderung in der Insolvenz geltend gemacht werden.

2.2 Due Diligence

2.2.1 Allgemeines – Begriff

Wortwörtlich heißt Due Diligence »gebührende Sorgfalt« und meint eine detaillierte Untersuchung. Der Terminus hat sich in den letzten Jahren im Wirtschaftsleben für die gebotene Sorgfalt bei der Prüfung der Unterlagen eines Unternehmens durchgesetzt. Bereits im Vorfeld vor einem Unternehmenskauf müssen die Unterlagen und der gesamte laufende Geschäftsbetrieb des Zielunternehmens gründlich und sorgfältig von einem Expertenteam geprüft werden.

2.2.2 Bedeutung einer Due Diligence

Im Zuge von Mergers and Acquisitions (Fusionen und Übernahmen von Unternehmen) ist die Due Diligence das zentrale Instrument für die *Risikominimierung* des Käufers. Mit einer Due Diligence will sich der Käufer ein umfassendes Bild vom Zielunternehmen machen. Ein gut informierter Käufer hat deutliche Vorteile, wenn es darum geht, die einzelnen Vertragspunkte, die bei einem Unternehmenskauf entscheidend sind, zu entwerfen und zu verhandeln. Die Durchführung einer Due Diligence ist meist mit erheblichem Aufwand verbunden, weshalb die einzelnen Schritte von Experten genau geplant werden müssen.

2.2.3 Einzelne Schritte einer Due Diligence in der Praxis

- Der Käufer holt sich Vorabinformationen über das Unternehmen ein.
- In weiterer Folge wird der potenzielle Käufer mit dem Verkäufer des Unternehmens erste Verhandlungen und Gespräche aufnehmen, die eine Vorbesprechung einer Transaktion möglich machen.
- Letter of Intent (LoI) = Absichtserklärung in Hinblick auf den Unternehmenserwerb.
- Exklusivitätsvereinbarung, die mit einer Geheimhaltungsvereinbarung gekoppelt werden kann sowie
- Heads of Agreement (Punktation).

Dem Käufer soll erst dann die Möglichkeit gegeben werden, eine Due Diligence durchzuführen, wenn er sowohl die Geheimhaltungsvereinbarung (= Vertraulichkeitserklärung) unterschrieben als auch seine Erwerbsabsicht bestätigt hat.

- In der Folge erstellt der potenzielle Käufer eine Checkliste (Fragenkatalog).
- Danach muss der Verkäufer die angeforderte Dokumentation dem Käufer in einem so genannten speziellen Datenraum (entweder im Zielunternehmen oder an einem gesonderten Ort, der nur für Anwälte und Wirtschaftsprüfer zugänglich ist und genau kontrolliert wird) zu einer eingehenden Prüfung zur Verfügung stellen. Ein solcher Datenraum wird heute zumeist virtuell angelegt und betrieben.

> **Praxis-Tipp**
>
> ▶▶▶ Die Checkliste soll sich auf das im konkreten Unternehmenskauf Relevante beschränken. Die Besonderheiten des Einzelfalls sind entscheidend. Vorformulierte Checklisten können als Anhaltspunkt dienen, jedoch sollte der Käufer bei der Due Diligence vor allem die branchenspezifischen Besonderheiten durchsehen und darauf den Schwerpunkt der Prüfung legen. ◀◀◀

- Nächster Schritt seitens des Käufers ist die richtige Teamzusammensetzung (Rechtsanwälte, Steuerberater, Wirtschaftsprüfer und technische Experten – die bei einer Due Diligence zumeist zusammenarbeiten müssen, wenn es um die Erstellung des Reports geht).

> **Praxis-Tipp**
>
> ▶▶▶ Die einzelnen Schritte einer Due Diligence müssen möglichst genau geplant werden und die Zeitschiene ist exakt zu definieren. Je genauer die Planung vorab ist, desto eher wird es dem Käufer möglich sein, die für ihn wichtigen Ergebnisse und Erkenntnisse in der dafür vorgesehenen Zeit bestmöglich zu erlangen. ◀◀◀

- Neben den Ermittlungen und dem Durchsehen der gesamten Unterlagen im Datenraum sind gesonderte Vor-Ort-Untersuchungen sowie Gespräche mit den Vertretern des Managements beim Zielunternehmen von großer Bedeutung. Der Käufer erhält dadurch einen noch besseren Einblick in das Zielunternehmen.
- Oft ist der Schlusspunkt der Due Diligence eine »Management-Präsentation« durch die Geschäftsleitung des Zielunternehmens vor dem Management und dem Expertenteam des potenziellen Käufers.
- Nach Fertigstellung der gesamten Ergebnisse der Due Diligence werden diese in einem Bericht (oft »Report« genannt) schriftlich zusammengefasst. Der Inhalt dieses oft sehr umfangreichen Berichts, den die Rechtsanwälte und Steuerberater an den Käufer schicken, sollte in der Praxis immer einen sinnvollen Kompromiss zwischen Standardisierung und Individualität darstellen.

2.2.4 Dauer und Kosten einer Due Diligence

Über die durchschnittliche Dauer einer Due Diligence lässt sich nur schwer eine allgemeine Angabe machen. Die Due Diligence hängt immer von den individuellen Umständen des Einzelfalls ab:

- Größe des Zielunternehmens.
- Sind mehrere Jurisdiktionen involviert?
- Wie viele Dokumente sind zu prüfen?
- Ist das Zielunternehmen in einem technischen Bereich tätig? – Dann vermehrt Einsatz von Technikern.

Der Zeitraum, der den Experten im Data-Room zur Verfügung gestellt wird, beträgt in der Praxis zumeist nur drei bis fünf Tage, kann aber für große Unternehmen auf bis zu drei Wochen ausgeweitet werden. Dadurch unterliegt der Käufer einem großen Zeitdruck, weil die Experten in kurzer Dauer möglichst viel nützliche Information erlangen müssen.

Die Kosten einer Due Diligence werden maßgeblich durch den Umfang und die Komplexität der Analysearbeiten des Expertenteams bestimmt. Eine allgemeine Kosteneinschätzung ist seriöserweise nicht möglich, da die Kosten sehr stark von dem Umfang der geplanten Due Diligence abhängen und es diesbezüglich keine allgemeinen Regeln gibt.

Praxis-Tipp

▸▸▸ Es ist gerade im Hinblick auf die Kosten einer Due Diligence zu empfehlen, auf transaktionserfahrene externe Berater (Anwälte, Steuerberater, Wirtschaftsprüfer) zuzugreifen, da diese schneller und effektiver in der Prüfung der Dokumente vorgehen. Im Endergebnis hilft dies, die Kosten und Risiken effizient zu minimieren. ◂◂◂

2.2.5 Legal Due Diligence

Bei der Legal Due Diligence werden die rechtlichen Rahmenbedingungen des Zielunternehmens und alle Aspekte, die für eine optimale Vertragsgestaltung wichtig sind, untersucht. Die rechtliche Due Diligence wird zumeist von Anwälten durchgeführt, deren Aufgabe es ist, auf die einzelnen Verträge und rechtlichen Rahmenbedingungen im Detail einzugehen und mögliche Konfliktpunkte vorab zu erkennen.

Im Rahmen einer rechtlichen Due Diligence sind folgende Punkte jedenfalls zu beachten:

- Die gesamten gesellschaftsrechtlichen Unterlagen und die gesamte Struktur des Zielunternehmens sind genau zu beleuchten.
- Sollte es sich um eine Liegenschaftstransaktion handeln, sollte das Hauptaugenmerk auf die gesamten liegenschaftsrechtlichen Dokumente und Unterlagen gelegt werden.
- Zu prüfen sind in jedem Fall die Arbeitsverträge des Zielunternehmens, ebenso
- gewerberechtliche, versicherungsrechtliche sowie immaterialgüterrechtliche Dokumente,
- diverse andere Verträge,
- Steuern und Sozialversicherungen,
- anhängige Gerichtsverfahren,
- Jahresabschlüsse,
- Bankverbindlichkeiten,
- Garantien und Darlehensverträge sowie
- steuerrechtliche Aspekte.

2.2.6 Steuerliche und wirtschaftliche Due Diligence

Die steuerliche Due Diligence umfasst alle zu bedenkenden steuerlichen Gesichtspunkte (optimale Steuerstrukturierung, Haftungsausschlüsse, was ist bei Ankauf von Wertpapieren und anderen Assets steuerlich zu bedenken etc.).

Die wirtschaftliche Due Diligence untersucht die gesamten wirtschaftlich relevanten Bereiche – dazu zählen die Bilanzanalysen, die Liquidität des Unternehmens, die Kapitalstruktur, Marktposition des Unternehmens etc.

2.2.7 (Mögliche) Konfliktpunkte bei einer Due Diligence

Der Verkäufer verlangt zu seiner Sicherheit meist eine Vertraulichkeitserklärung, um die vertrauliche Behandlung der von ihm offen gelegten Unterlagen abzusichern. Unbeschadet des Vorliegens einer derartigen Erklärung kann es im Due Diligence-Alltag sehr wohl vorkommen, dass der Verkäufer dem Käufer dennoch nicht alle Informationen offenlegt.

Eine Lösung dafür ist die stufenweise Offenlegung der Informationen oder die Offenlegung nur dem Expertenteam des Käufers gegenüber, das dann nur die Schlussfolgerungen diesbezüglich mitteilen kann.

Zwischen Käufer und Verkäufer besteht hinsichtlich des Informationsbedarfs einerseits und den Gewährleistungsansprüchen andererseits ein Interessenkonflikt. Der Käufer drängt auf größtmögliche Information, während sich der Verkäufer zur minimalen Gewährleistung verpflichten will. Die frühzeitige Übermittlung der Dokumente und Vertragsentwürfe trägt dazu bei, dass strittige Themen ehest und vorab geklärt werden können. Je früher diesbezüglich beiderseitige Verhandlungen aufgenommen werden, desto eher kann ein für beide Seiten akzeptables Ergebnis erreicht werden.

DEUTSCHE RECHTSLAGE IM VERGLEICH

In Bezug auf Relevanz, Ablauf, Dauer und Kosten sowie die Schritte der (verschiedenen) Due Diligence(s) sind deutsche und österreichische Rechtslage vergleichbar.

3 Förderungen und Kapitalaufbringung

3.1 Förderungen

Österreich bietet ein weit verzweigtes Netz an Fördermöglichkeiten für Unternehmer: Förderungen für KMU und Großunternehmen, für Forschung und Entwicklung, für Unternehmensgründungen oder Investitions- und Technologieförderungen; Förderungen des Bundes, der Länder, der Gemeinden sowie privater Initiativen. Das Angebot reicht von Barzuschüssen über Zinszuschüsse bis hin zur Übernahme von Garantien. Unternehmen wird ermöglicht, ein nach ihren speziellen Bedürfnissen ausgerichtetes Förderprogramm in Anspruch zu nehmen. In Kombination mit EU-Förderungen ergibt sich allerdings eine herausfordernde Förderlandschaft, deren Chancen und Risiken (z.B. Rückzahlungsansprüche) der Beratung durch einen Förderspezialisten bedürfen.

Vier wichtige EU-Förderschwerpunkte sind für Investitionsprojekte in Österreich angesiedelter Unternehmen anzuführen:

- Regionalförderung,
- Klein- und Mittelbetriebe,
- Technologieförderung und
- Umweltförderung.

Je nach Region und Unternehmensgröße wird die maximale Förderhöhe durch das EU-Beihilferecht bestimmt und die Summe aller geldwerten Förderungen durch Staat, Region und Kommune begrenzt.

Förderschwerpunkt Investitionen	Außerhalb der Regionalfördergebiete	Burgenland	Andere Regionalfördergebiete
Kleinunternehmen	max. 15%	max. 50%	regionale Obergrenze + 20%
Mittelunternehmen	max. 7,5%	max. 40%	regionale Obergrenze + 10%
Großunternehmen		max. 30%	regionale Obergrenze

3.1.1 Regionalförderungen

Für die österreichischen Regionalförderungsgebiete 2007–2013 wurden seitens der EU regionale Höchstgrenzen der Förderung festgelegt. Bis zu dieser, vom Investitionsstandort abhängigen Höchstgrenze können einem Unternehmen anlässlich der Durchführung von Investitionen öffentliche Förderungen gewährt werden. Dieser Grenzwert beträgt für Großunternehmen, je nach Standort, zwischen 15% und 30%. Für mittlere Unternehmen können Zuschläge bis zu 10% und für kleine Unternehmen bis zu 20% gewährt werden.

Klein- und Mittelbetriebe

Kleine und mittlere Unternehmen werden von der EU grundsätzlich als förderungswürdige Zielgruppe angesehen. Für Investitionen von KMU in nicht Regionalfördergebiete gelten in ganz Österreich (d.h. auch in Städten und Regionen, die nicht als Regionalfördergebiete eingestuft werden) folgende Förderungshöchstgrenzen:

- kleine Unternehmen (gemäß EU-Definition): 15%
- mittlere Unternehmen (gemäß EU-Definition): 7,5%.

3.1.2 Technologieförderungen

Aufwendungen für Forschung & Entwicklung sind laut EU-Recht generell als förderungswürdig einzustufen, und zwar unabhängig von Investitionsstandort und Unternehmensgröße. Bei F&E-Projekten ist prinzipiell zwischen der (wissenschaftlich orientierten) Grundlagenforschung und der (auch die wirtschaftliche Verwertbarkeit berücksichtigenden) angewandten Forschung & Entwicklung zu unterscheiden:

- industrielle Forschung und Entwicklung: 50%
- experimentelle Entwicklung (= vorwettbewerblich): 25%.

Für KMU und bestimmte Kooperationsprojekte können Zuschläge gewährt werden.

3.1.3 Umweltförderungen

Investitionen im Bereich Umweltschutz gelten ebenfalls als grundsätzlich förderungswürdig.

- Umweltschutzvorhaben gemäß neuer verbindlicher Umweltnormen (nur für KMU): 15%
- Umweltschutzvorhaben über den gesetzlichen Umweltnormen: 30%
- Investitionen in erneuerbare Energie od. Energiesparmaßnahmen: 40%.

Praxis-Tipp

▸▸▸ Die Vergabe von Förderungen erfolgt in der Regel wie eine Kreditvergabe einer Bank und es besteht kein Rechtsanspruch auf Förderungen. Eine umfassende Beratung, um »Förderfallen« zu vermeiden, ist daher essenziell. ◂◂◂

3.1.4 Förderungsinstrumente für Österreich

Förderungsinstrumente in Österreich sind:

- niedrig verzinste Kredite
- Zuschüsse
- Haftungen
- Garantien
- Zuschüsse der Republik Österreich.

Praxis-Tipp

▸▸▸ Setzen Sie sich bereits früh in der Planungsphase mit den verschiedenen Förderprogrammen auseinander, da oft eine erhebliche Vorlaufs- wie Auswahlzeit besteht. Achtung: Bei der Regionalförderung muss auf die rechtzeitige Einbringung des Förderantrags geachtet und auf das Bestätigungsschreiben gewartet werden. Denn gemäß EU-Wettbewerbsrecht ist als

Projektbeginn bereits das Bestellen von Wirtschaftsgütern oder die Beauftragung eines Baumeisters/Generalunternehmers zu verstehen. ◀◀◀

Die wichtigsten überregionalen Förderstellen für Österreich

Das Förderangebot des Bundes für die Wirtschaft, insbesondere für den Mittelstand, für Technologie und Innovationen, für Klimaschutz und Energieeinsparung sowie für Auslandsaktivitäten ist umfangreich und wird kontinuierlich an die Bedürfnisse der Unternehmer angepasst.

AWS

AWS steht für *austria wirtschaftsservice* – Österreichs Förderbank für die unternehmensbezogene Wirtschaftsförderung. AWS bietet eine Vielzahl an Fördermöglichkeiten für den deutschen Unternehmer, angefangen mit der Förderung von Ansiedlungsprojekten über Kapitalgarantien bis zur Hilfestellung bei komplexen Finanzierungsfragen.

ERP

ERP-Fonds sind aus dem Marshall Plan hervorgegangen (*European Recovery Program*) und bieten für Industrie, produzierendes Gewerbe, produktionsbezogene Dienstleister, Tourismuswirtschaft, Land- und Forstwirtschaft sowie Verkehrswirtschaft zinsgünstige Kredite (sprungfixer Zinssatz von 2,75% p.a.) mit mehrjährigen tilgungsfreien Zeiträumen.

DEUTSCHE RECHTSLAGE IM VERGLEICH

Mit dem »ERP-Kapital für Gründung« bietet das ERP-Sondervermögen Existenzgründern und jungen Unternehmen bis drei Jahre nach deren Geschäftsaufnahme über die KfW-Mittelstandsbank und unter Einschaltung der Hausbanken eigenkapitalähnliche Mittel in Form langfristiger Nachrangdarlehen an, wobei 15% (10% in den Neuen Bundesländern) der gesamten Investitionssumme für das Vorhaben durch den Antragsteller aus eigenen Mitteln erbracht werden sollten. Es werden Gründungs- bzw. Investitionsvorhaben gefördert, die eine tragfähige selbstständige Existenz im gewerblichen oder freiberuflichen Bereich als Haupterwerb erwarten lassen. Durch diese Form der Förderung, deren Höchstbetrag bei EUR 500.000 liegt, wird die Eigenkapitalbasis des jungen Unternehmers gestärkt und eine Fremdkapitalaufnahme erleichtert.

Mit dem »ERP-Kapital für Wachstum« soll die Förderlücke zwischen Gründern und gestandenen Mittelständlern geschlossen werden. Es werden kleinen und mittleren Unternehmen sowie Freiberuflern, deren Geschäftsaufnahme zwischen zwei und fünf Jahre zurückliegt, langfristige (15 Jahre) Nachrangfinanzierungen mit Eigenkapitalfunktion durch die KfW-Mittelstandsbank angeboten. Dadurch sollen betriebsnotwendige Investitionen des Unternehmens mit bis zu EUR 500.000 gefördert werden. Das Unternehmen muss am Markt etabliert und kreditwürdig sein sowie eine ausreichende Bonität und positive Zukunftsaussichten aufweisen.

FFG

Die *Österreichische Forschungsförderungsgesellschaft* ist eine nationale Förderungsinstitution für unternehmensnahe Forschung und Entwicklung in Österreich. Sie bietet ein ausdifferenziertes und zielgerichtetes Programmportfolio und steht zu 100% im Eigentum der Republik Österreich. Der Aufgabenbereich wird im Gesetz wie folgt konkretisiert: Management und

Finanzierung von Forschungsprojekten der Wirtschaft und der Wissenschaft, von Impulsprogrammen für Wirtschaft und Forschungseinrichtungen sowie von Netzwerken zur Kooperation zwischen Wissenschaft und Wirtschaft.

Wirtschaftsagentur Wien

Das Leistungsangebot der *Wirtschaftsagentur Wien* vergibt monetäre Förderungen und stellt geeignete Grundstücke bereit. Eine Kernkompetenz der Wirtschaftsagentur Wien ist die Errichtung und der Betrieb von modernen Technologie- und Gründerzentren sowie die Organisation von Netzwerken und Kooperationen in Österreich und im EU-Raum.

EU-Förderungen

Neben den österreichischen Förderungen, welche im Einklang mit EU-Recht gestaltet werden, gibt es noch eine Fülle an länderübergreifenden EU-Förderungen, welche hauptsächlich die Bereiche Landwirtschaft, Industrie und Dienstleistungen abdecken.

Gebühren

Durch das *Neugründungsförderungsgesetz* werden unter bestimmten Voraussetzungen sowohl Neugründungen als auch entgeltliche oder unentgeltliche Betriebsübertragungen von diversen Abgaben und Gebühren befreit.

Definition

▶▶▶ *Förderung von Existenzgründungen*
Die Kreditanstalt für Wiederaufbau bietet Existenzgründern, Freiberuflern und kleinen Unternehmen bis zu drei Jahren nach Aufnahme der Geschäftstätigkeit das *KfW-StartGeld* an. Finanziert werden in diesem Fall Gründungsvorhaben, deren gesamter Fremdfinanzierungsbedarf EUR 100.000 nicht übersteigt. Investitionen werden bis zu 100% unterstützt; Betriebsmittel können bis maximal EUR 30.000 mitfinanziert werden. Gefördert werden dabei Existenzgründer sowie kleine Unternehmen der gewerblichen Wirtschaft sowie der freien Berufe mit maximal EUR 50.000.

Förderung von Investitionen
Die *Investitionszulage* wird für neue abnutzbare bewegliche Wirtschaftsgüter des betrieblichen Anlagevermögens (z.B. Maschinen) gewährt, die zu einem Erstinvestitionsvorhaben gehören, nicht mehr als 10% privat genutzt werden sowie fünf Jahre im Fördergebiet und einem begünstigten Wirtschaftszweig bleiben. Gefördert werden auch betrieblich verwendete Neubauten.

Durch den ab 1.1.2008 neu eingeführten *Investitionsabzugsbetrag* haben kleinere und mittlere Firmen eine erheblich verbesserte Möglichkeit der frühzeitigen steuerlichen Geltendmachung künftiger Investitionen. Bei Anschaffung und Herstellung beweglicher (neuer und gebrauchter) Anlagegüter können danach bis zu 64% der Anschaffungs- und Herstellungskosten bis zu drei Jahre vor der Investition und bis zu EUR 200.000 steuerlich geltend gemacht werden. Davon profitieren alle Unternehmen mit einem Betriebsvermögen von bis zu EUR 235.000 oder (bei Überschuss-Rechnung) mit Gewinnen von bis zu EUR 100.000. ◀◀◀

Das *ERP-Regionalförderprogramm* dient kleinen und mittleren Unternehmen (gemäß EU-De-finition) zur mittel- und langfristigen Finanzierung von Investitionen in deutschen Regio-nalfördergebieten zu einem günstigen Zinssatz. Dazu zählen alle Standorte in den neuen Ländern und Berlin sowie die Regionalfördergebiete in den alten Ländern. Das Regionalför-derprogramm wird von der KfW-Mittelstandsbank durchgeführt; dabei beträgt der Kredit-höchstbetrag EUR 3 Mio.

Definition

▶▶▶ *Umweltprogramme, Energieeinsparungen, erneuerbare Energien*
Das *ERP-Umwelt- und Energiesparprogramm* bietet langfristige Darlehen i.H.v maximal EUR 500.000 (alte Bundesländer) bzw. EUR 1 Mio. (neue Bundesländer und Berlin) mit günstigen Festzinssätzen für Maßnahmen zur Luftreinhaltung, Abwasserreinigung, Abfallverwertung und Abfallbeseitigung, zur Energieeinsparung und rationellen Energieverwendung sowie zur Nutzung erneuerbarer Energien. Insbesondere werden auch solche Investitionen geför-dert, durch die Umweltbelastungen im Produktionsprozess (integrierter präventiver Um-weltschutz) von vornherein vermieden oder wesentlich vermindert werden. Gefördert wer-den in- und ausländische Unternehmen der gewerblichen Wirtschaft, die sich mehrheitlich in Privatbesitz befinden, freiberuflich Tätige sowie Kooperations- und Betreibermodelle zur Erfüllung hoheitlicher Aufgaben (Public Private Partnership-Modelle).

Das *KfW-Umweltprogramm* bietet langfristige Darlehen mit günstigen Festzinssätzen für die Finanzierung von Umweltschutzmaßnahmen in Deutschland an. Mitfinanziert werden alle Investitionen, die zu einer wesentlichen Verbesserung der Umweltsituation beitragen. Gefördert werden in- und ausländische Unternehmen der gewerblichen Wirtschaft, Betrei-ber- und Kooperationsmodelle (Public Private Partnerships) sowie Unternehmen, an denen Kommunen, Kirchen oder karitative Organisationen beteiligt sind. Durch die Förderung kön-nen bis zu 100% der Investitionskosten (bis zu EUR 10 Mio.) abgedeckt werden.

Mit einem *Marktanreizprogramm* im Bereich der *Erneuerbaren Energien* wird deren Einsatz durch Zuschüsse oder vergünstigte Darlehen gefördert. Die Förderung erfolgt als Zuschuss, oder als Teilschulderlass zur vorzeitigen teilweisen Tilgung von aus Eigenmitteln der KfW bereitgestellten Darlehen im Wege der Projektförderung. ◀◀◀

Forschung und Innovation

Die bisherigen marktorientierten, technologieoffenen Förderprogramme für mittelständische Unternehmen (PRO-INNO II, NEMO, InnoNet, INNO-WATT) sind ab Mitte 2008 zum *Zen-tralen Innovationsprogramm Mittelstand* (ZIM) zusammengefasst und ausgebaut worden. Da-neben bestehen noch weitere Förderungsmöglichkeiten im Bereich von Informations- und Kommunikationstechnologien, bei Forschungstransfers, zur Sicherung und Verwertung von Patenten und Gebrauchsmustern und bei Clusterbildung. Gefördert werden hauptsächlich kleine und mittelständische Unternehmen.

Definition

▶▶▶ *Messen, außenwirtschaftliche Hilfen*
Grenzüberschreitende Förderungen sind insbesondere für solche Unternehmen wichtig, die bereits über Repräsentanzen im Ausland verfügen bzw. eine solche Niederlassung erst er-richten wollen.

Zu diesem Zweck bestehen ein Auslandsmesseprogramm des Bundeswirtschaftsministe-riums und ein Vermarktungshilfeprogramm. Darüber hinaus wird die Teilnahme junger in-novativer Unternehmen an internationalen Leitmessen in Deutschland unterstützt.

Sehr interessant ist in diesem Zusammenhang der *Unternehmerkredit – Ausland*, der der Finanzierung von Investitionen deutscher Unternehmen im Ausland dient, die einer langfristigen Mittelbereitstellung bedürfen; so auch die Errichtung und der Erwerb von Unternehmen und Unternehmensbeteiligungen samt der Kosten für unternehmensbezogene Forschung und Entwicklung im Hinblick auf neue Produkte und/oder Verfahren.

Förderungsempfänger sind kleine und mittlere Unternehmen der gewerblichen Wirtschaft aus Deutschland sowie deren ausländische Tochtergesellschaften. Ebenfalls gefördert werden Joint Ventures mit maßgeblicher deutscher Beteiligung im Ausland. Die Unternehmen müssen sich mehrheitlich in Privatbesitz befinden und der Jahresumsatz (einschließlich verbundener Unternehmen) darf EUR 500 Mio. nicht übersteigen.

Das Darlehen (max. EUR 10 Mio.) kann bis zu 100% der förderfähigen Kosten abdecken. Förderfähig sind prinzipiell die auf den deutschen Investor entfallenden Kosten. Bei Investitionen in EU-Mitgliedsländern ist allerdings auch der Anteil von EU-Joint-Venture-Partnern förderfähig.

Daneben werden bestimmte Public Private Partnerships und die Verbreitung deutscher Erneuerbarer Energie- und Energieeffizienztechnologien unterstützt. ◀◀◀

3.2 Kapitalaufbringung

In jedem Unternehmen herrscht im laufenden Geschäft Bedarf an Geldmitteln. Die Kapitalaufbringung zur Gründung einer Gesellschaft wurde bereits bei den jeweiligen Gesellschaftsformen gestreift, so dass hier auf Details nicht mehr einzugehen ist. Allerdings ist es mit der Aufbringung des Stamm- oder Grundkapitals zur Gründung einer Gesellschaft meist nicht getan. Um die Liquidität des Unternehmens zu gewährleisten und um Investitionen zu tätigen, bedarf es *laufender Finanzierung*.

Gut geplante Unternehmensfinanzierung ist die wohl wichtigste Grundlage für alle unternehmerischen Tätigkeiten, insbesondere bei

- geplanten neuen Produkten,
- der Ausweitung des Produkt- oder Serviceangebots,
- der Umsetzung von Transaktionen und Projekten und
- Unternehmensexpansionen.

Die Frage der Kapitalaufbringung hat starke wirtschaftliche und steuerliche Auswirkungen auf das Unternehmen und meist auch auf den Geldgeber. Grundsätzlich steht es jedem Unternehmer frei, sein unternehmerisches Engagement mit *Eigen- oder Fremdkapital* zu finanzieren. Aufgrund der Vielzahl der zur Verfügung stehenden Finanzierungsinstrumente (vor allem auch solcher im Grenzbereich zwischen Eigen- und Fremdkapital) ergibt sich ein sehr breiter Entscheidungs- und Gestaltungsspielraum, dessen optimale Nutzung die Rentabilität einer Investition erheblich beeinflussen kann.

Da eine umfassende Darstellung dieses Themas den Rahmen dieses Werkes sprengen würde, geben wir im Folgenden einen Überblick über die wichtigsten Grundlagen zur Unternehmensfinanzierung. Aufgrund der wirtschaftlichen, rechtlichen und steuerlichen Komplexität der Vorgänge ist allerdings eine intensive weitergehende Beratung vor Implementierung etwaiger Maßnahmen unerlässlich.

Finanzierungsarten lassen sich u.a. nach ihrer Mittelherkunft einteilen, d.h. sie können nach Finanzierungsquellen systematisiert werden. Meist wird zwischen einer *internen* (Innenfinanzierung) und einer *externen Mittelherkunft* (Außenfinanzierung) unterschieden.

3.2.1 Innenfinanzierung

Zunächst können Investitionen durch Mittel des Unternehmens selbst finanziert werden. Dann finanziert sich das Unternehmen also selbst, und es muss keine, meist mit Kosten verbundene, Finanzierung von außen erfolgen.

Der Bereich der Innenfinanzierung umfasst den Zufluss von Finanzierungsmitteln im Zuge des betrieblichen Leistungs- und Umsatzprozesses, also z.B. laufend erwirtschaftete Gewinne, sowie den Zufluss von Finanzierungsmitteln aus einmaligen Verkäufen von Unternehmenseigentum (z.B. auch Sale-and-Lease-Back). Laufende Umsatzerlöse, einmalige Erlöse wie auch sonstige Mittelzuflüsse (Zinsen, Mieten, etc.) tragen also zur Innenfinanzierung eines Unternehmens bei.

Da diese aber gerade in der Gründungsphase und bei größeren Investitionen in der Regel nicht ausreicht, sind Unternehmen überwiegend auf Außenfinanzierung angewiesen.

3.2.2 Außenfinanzierung

Die Außenfinanzierung kann als primäre Beschaffung von Finanzmitteln vom Geld- und Kapitalmarkt verstanden werden. Dabei wird nach der Stellung des Kapitalgebers als Eigentümer (*Beteiligungsfinanzierung*) oder Gläubiger (*Fremdfinanzierung*) unterschieden. Die in den letzten Jahren aufgekommenen Finanzierungsformen zwischen Eigen- und Fremdkapital – d.h. *Mezzanine-Kapital* – bieten darüber hinaus interessante weitergehende Gestaltungsmöglichkeiten für Geldgeber.

3.2.2.1 Eigenkapital

Der Unternehmer selbst bzw. der Gesellschafter oder Aktionär bei einer Kapitalgesellschaft kann dem Unternehmen Mittel zuführen, welche das Eigenkapital des Unternehmens steigern. Dies geschieht durch eine Erhöhung des Eigenkapitals, und zwar entweder wie bei der Gründung durch Einlage von Barmitteln bzw. durch Sacheinlage oder durch Aufnahme neuer Gesellschafter in das Unternehmen. Die aufgebrachten Mittel gehen in das Eigentum der Gesellschaft über, der Geldgeber hat in der Regel keinen Anspruch auf Rückforderung, sondern nur auf einen bestimmten Gewinnanteil und den Liquidationserlös.

Bei Eigenkapitalmaßnahmen ist allerdings zu beachten, dass in Österreich u.a. auf die folgenden Leistungen eine Gesellschaftsteuer in Höhe von 1% erhoben wird:

- der Erwerb von Gesellschaftsrechten an einer inländischen Kapitalgesellschaft durch den ersten Erwerber.
- Leistungen auf das registrierte Stamm- oder Grundkapital einer inländischen Kapitalgesellschaft (einschließlich Agio) und
- Leistungen der Gesellschafter, die aufgrund einer im Gesellschaftsverhältnis begründeten Verpflichtung bewirkt werden (z.B. Zuzahlungen und Nachschüsse).

DEUTSCHE RECHTSLAGE IM VERGLEICH

Die Gesellschaftsteuer wird gemeinhin als nicht mehr zeitgemäß angesehen, nachdem der europäische Trend eher in Richtung Abschaffung geht. So hat Deutschland die Gesellschaftsteuer bereits im Jahr 1992 abgeschafft.

▸▸▸ In der Praxis gibt es verschiedene Möglichkeiten, Eigenkapitalmaßnahmen so zu gestalten, dass sie keinen steuerbaren Tatbestand erfüllen. So unterliegt beispielsweise ein direkter Gesellschafterzuschuss der Gesellschaftsteuer, der Zuschuss eines indirekten Gesellschafters jedoch grundsätzlich nicht. So lässt sich die Gesellschaftsteuer unter gewissen Umständen dadurch vermeiden, dass Eigenmittel z.B. durch den Gesellschafter des direkten Gesellschafters zugeführt werden. Diese Konstellation wird in der Praxis allgemein »Großmutterzuschuss« genannt. Allerdings handelt es sich hierbei um intensiv diskutierte Fragen, auf die auch die europäische Rechtsprechung starken Einfluss hat. Es ist daher wichtig, hier immer auf dem neuesten Informationsstand zu bleiben, um durch kompetente Vorbereitung die bestmöglichen Maßnahmen zu ergreifen. ◂◂◂

Einen Sonderfall stellt das eigenkapitalersetzende Darlehen dar, das zwar eigentlich von einem Gesellschafter als Fremdkapital gewährt wird, im Fall einer Insolvenz aber wie Eigenkapital behandelt wird.

DEUTSCHE RECHTSLAGE IM VERGLEICH

Im Rahmen des MoMiG wurden die in Deutschland geltenden Vorschriften zum eigenkapitalersetzenden Darlehen, insbesondere die des GmbHG, weitgehend gestrichen und neue Regelungen zu Gesellschafterdarlehen in die Insolvenzordnung aufgenommen. Die praktischen Auswirkungen dieser Maßnahme lassen sich allerdings derzeit noch nicht beurteilen.

3.2.2.2 Venture Capital (Risikokapital-)Finanzierung

Als Venture Capital oder Risikokapital werden Geldmittel bezeichnet, die einem Unternehmen von einem Beteiligungsunternehmen in Form von reinem Eigenkapital oder eigenkapitalähnlichen Finanzierungsinstrumenten, wie z.B. Wandelanleihen oder Mezzanine-Kapital zur Verfügung gestellt werden.

Beteiligungsgesellschaften konzentrieren sich dabei in der Regel auf einen eingeschränkten Kreis von jungen Unternehmen mit innovativen Ideen und überdurchschnittlichen Wachstums- und Ertragschancen. Da deren zukünftige Entwicklung meist nur schwer absehbar ist, ist das Risiko für den Investor bei Venture Capital besonders ausgeprägt. Im Gegenzug sind aber auch die angestrebten Renditen überdurchschnittlich hoch.

Jedenfalls sollte eine Venture Capital-Finanzierung auch aus Sicht des Unternehmens, dem die Mittel zufließen, wie eine Unternehmenstransaktion behandelt, intensiv vorbereitet und mit fachkundiger Unterstützung abgewickelt werden.

3.2.2.3 Fremdkapital

Als Fremdkapital werden solche Mittel bezeichnet, die dem Unternehmen von außen und durch Dritte zugeführt werden.

Investitionskredite von Banken

Grundsätzlich vergeben österreichische Banken Kredite an Unternehmen nach denselben Überlegungen wie deutsche Banken, d.h. es sind bei österreichischen Banken ebenso wie in Deutschland Sicherheiten und Eigenmittel in unterschiedlichem Umfang und in unterschiedlicher Höhe vorzuweisen. In der Praxis zeigt sich aber, dass österreichische Banken sehr wohl bereit sind, sich mit dem einzelnen Kreditnehmer eingehender zu beschäftigen und die individuellen Gegebenheiten stärker zu berücksichtigen, als dies in Deutschland üblich ist.

Sonstige Arten von Fremdkapital

Neben dem Bankkredit steht eine breit gefächerte Auswahl von sonstigen Arten von Fremdkapital zur Verfügung, z.B. Lieferantenkredite, Schuldscheine, Leasing, Factoring und Anleihen. Eine Entscheidung für eine dieser Spielarten wird meist von Überlegungen wie Laufzeit, Zinsen, Besicherung und steuerlicher Beurteilung sowie von der wirtschaftlichen Situation des Unternehmens abhängen.

EXKURS

Darlehens- und Kreditsteuer
Für nach dem 31.12.2010 verwirklichte Sachverhalte ist die ehemals berüchtigte Gebühr auf Darlehens- und Kreditverträge nicht mehr anwendbar. Für zuvor verwirklichte Sachverhalte gilt diese Gebühr aber nach wie vor. Hierbei ist professionelle Beratung unerlässlich, da es sehr schnell passieren kann, dass z.B. durch unachtsam erstellte Kopien oder Protokolle eine sog. »Ersatzbeurkundung« vorgenommen wird, die dann den Gebührentatbestand erfüllt und die Gebühr auslöst.

3.2.2.4 Projektfinanzierungen

Bei Projektfinanzierungen werden die Geldmittel auf eine eigens für ein bestimmtes Projekt gegründete Projektgesellschaft (»SPV« – Special Purpose Vehicle) übertragen. Merkmal der Projektfinanzierung ist, dass das SPV meist nur auf eine bestimmte Dauer angelegt ist und sich aus dem selbst generierten Cash-Flow finanzieren soll. Als Besicherung für die Geldmittel dienen in der Regel weniger die Vermögenswerte des SPV, also sein Zerschlagungswert, sondern eher die zu erwartenden Erträge, welche laufend zur Schuldentilgung herangezogen werden.

Praxis-Tipp

▶▶▶ Bei Projektfinanzierungen über SPVs ist erhöhte Vorsicht geboten, da durch die Kreditgewährung oder die Besicherung regelmäßig Einlagenrückgewähr – Tatbestände verwirklicht sind. ◀◀◀

3.2.2.5 Kapitalbeschaffung über den Wertpapiermarkt

Der Kapitalmarkt in Form der Börse ist, ebenso wie in Deutschland, nur sog. emissionsfähigen Gesellschaften, also in der Regel der Aktiengesellschaft und der Kommanditgesellschaft auf Aktien, zugänglich. Dabei stehen als Kapitalbeschaffungsmaßnahmen sowohl die Kapitalerhöhung als auch die Begebung von Anleihen und ähnlichen Instrumenten zur Verfügung.

Kapitalerhöhung

Bei der Kapitalerhöhung beschafft sich die Aktiengesellschaft mehr Kapital als Gegenleistung für die Ausgabe neuer Aktien. Die Kapitalerhöhung wird häufig zur Finanzierung eines Unternehmenserwerbs oder einer sonstigen Expansion durchgeführt.

Effektive Kapitalerhöhung

Unter der Bezeichnung effektive Kapitalerhöhung versteht man die Kapitalerhöhung im engeren Sinn, in deren Zuge das Grundkapital der Gesellschaft durch die Einbringung neuer Mittel erhöht wird; es kommt also zu einem Zufluss effektiver Mittel von außen. Sonderformen der effektiven Kapitalerhöhung sind:

- Ordentliche Kapitalerhöhung: Bei dieser Form der Kapitalerhöhung hat die HV einen Beschluss über die Kapitalerhöhung zu fassen. Nach der Beschlussfassung werden die neuen Aktien gezeichnet, die Einlagen geleistet, die Firmenbucheingaben vorgenommen und letztlich die neuen Aktienurkunden ausgegeben.
- Bedingte Kapitalerhöhung: Dabei handelt es sich um eine zweckgebundene Kapitalerhöhung, die das Kapital zwar nicht unmittelbar erhöht, dafür aber unentziehbare Umtausch- oder Bezugsrechte einräumt. Die Bedingung besteht in der Beschränkung der Kapitalerhöhung auf jenes Ausmaß, in dem die eingeräumten Umtausch- oder Bezugsrechte tatsächlich ausgeübt werden und dafür Bezugsaktien ausgegeben werden.
- Genehmigtes Kapital: Dies ist eine zeitlich begrenzte Ermächtigung (max. fünf Jahre) des Vorstandes, das Grundkapital durch die Ausgabe neuer Aktien gegen Einlagen zu erhöhen. Der Nennbetrag des genehmigten Kapitals darf aber nicht höher als 50% des Grundkapitals sein.
- Genehmigte bedingte Kapitalerhöhung: Diese Form bildet eine Kombination aus genehmigtem Kapital und bedingter Kapitalerhöhung und darf nur zum Zwecke der Einräumung von Aktienoptionen an Arbeitnehmer, leitende Angestellte und Mitglieder des Vorstandes verwendet werden.

Nominelle Kapitalerhöhung

Bei der nominellen Kapitalerhöhung handelt es sich um die bilanzielle Umbuchung von Rücklagen und sonstiger freier Eigenmittel in Grundkapital. Es werden der Gesellschaft somit keine neuen Mittel zugeführt, sondern bestehende Eigenmittel nur rechtlich neu geordnet.

Praxis-Tipp

▶▶▶ *Kapitalerhöhungen in der Aktiengesellschaft bei »Unter-Pari« – Kurs und Discounted Offerings*

Durch die Auswirkungen der Finanzkrise auf die internationalen Aktien- und Kapitalmärkte sehen sich manche Aktiengesellschaften mit dem Problem konfrontiert, dass der *Nennbetrag* ihrer Aktien (oder der anteilige Betrag am Grundkapital bei Stückaktien) unter dem derzeitigen *Börsekurs* liegt. Dies macht eine Kapitalerhöhung prima facie unmöglich, da eine Unter-Pari-Emission, eine Ausgabe von Aktien unter dem geringsten Nennbetrag (oder dem niedrigsten anteiligen Betrag am Grundkapital bei Stückaktien), aufgrund der einschlägigen Bestimmungen des Aktiengesetzes unzulässig ist.

Als Möglichkeiten, eine Kapitalerhöhung zur Kapitalbeschaffung in dieser Situation durchzuführen, bieten sich hier einerseits die vereinfachte (oder »nominelle«) sowie die ordentliche Kapitalherabsetzung an.

Bei der vereinfachten Kapitalerhöhung werden keine Eigenmittel an die Aktionäre zurückbezahlt oder diese von Einlageverpflichtungen entbunden. Stark vereinfacht ausgedrückt wird ein Teil jenes Betrages, der ursprünglich ins Grundkapital »gebucht« wurde, »umge-bucht«, und zwar in die Kapitalrücklage. Damit wird der Nennbetrag je Aktie reduziert, was allerdings keine Auswirkung auf den Aktienkurs haben sollte, da es sich um eine »rein« bi-lanzielle Maßnahme handelt, und eine Kapitalerhöhung wird möglich.

Aktiengesellschaften, die keinen Bilanzverlust haben, haben allerdings keine Möglich-keit, eine vereinfachte Kapitalherabsetzung durchzuführen. Soll das Grundkapital dennoch herabgesetzt werden, besteht die Möglichkeit, eine ordentliche Kapitalherabsetzung ohne Ausschüttung an die Aktionäre durchzuführen. Allerdings ist diese Methode in der österrei-chischen Praxis bisher noch nicht angewendet worden, sodass hier erhöhter Planungs- und Beratungsbedarf besteht.

Als »Discounted Offerings« bezeichnet man Kapitalerhöhungen, bei denen der Ausgabe-preis der neuen Aktien unter dem jeweils aktuellen Börsenkurs liegt. Der Vorteil eines Dis-counted Offerings besteht darin, dass Investoren (vor allem institutionelle Investoren) bei den in Krisenzeiten herrschenden Marktbedingungen eher bereit sind, eine Kapitalerhöhung zu einem diskontierten Preis zu zeichnen, als zum aktuellen Börsenkurs. Auf diese Weise könnten auch in Krisenzeiten institutionelle Investoren gefunden werden. ◀◀◀

Begebung von Unternehmensanleihen und sonstigen Finanzierungsmitteln

Die Unternehmensanleihe als Finanzinstrument kommt in Österreich ebenso wie in Deutschland in sehr vielen verschiedenen Formen vor. Zum Beispiel kann, ebenso wie in Deutschland, die Anleihe mit einem Optionsrecht verbunden werden. Bei dieser sog. Wan-delschuldverschreibung ist die Anleihe mit dem Recht verbunden, die Anleihe zu einem be-stimmten Zeitpunkt gegen eine bestimmte Anzahl von Aktien des Emittenten zu tauschen.

Auf die einzelnen Erscheinungsformen der Anleihe soll daher hier nicht eingegangen werden, es besteht jedenfalls ein erheblicher Gestaltungsspielraum, durch dessen Ausnut-zung sich sowohl für den Kapitalgeber als auch den Emittenten Vorteile ergeben können.

In Österreich stehen darüber hinaus auch einige weitere interessante Finanzierungstitel zur Verfügung, z. B. der Partizipationsschein. Ähnlich wie ein Genussschein oder eine Vor-zugsaktie nimmt der Partizipationsschein am Gewinn des Unternehmens teil, verleiht aber kein Stimmrecht.

Praxis-Tipp

▶▶▶ Aufgrund der derzeitigen Wirtschaftslage und der Zurückhaltung der Banken bei der Kre-ditvergabe ist die Zahl der Emissionen von Unternehmensanleihen in Österreich sprunghaft gestiegen. Dabei treffen diese derzeit auch auf reges Interesse der Anleger, da sie im Ge-gensatz zu den niedrig verzinsten Staatsanleihen eine interessante Rendite versprechen. ◀◀◀

Im Ergebnis stellen sich die Möglichkeiten bei der Kapitalaufbringung in Österreich ähn-lich vielfältig, aber auch ähnlich komplex wie in Deutschland dar. Eine sorgfältige und um-fassende Prüfung der Möglichkeiten empfiehlt sich daher vor jeder Durchführung einer Fi-nanzierungsmaßnahme.

4 Immobilienrecht

4.1 Allgemeines zum österreichischen Immobilienrecht

Das österreichische Immobilienrecht ist dem deutschen von den Grundsätzen her sehr ähnlich. Es gibt aber doch einige Unterschiede, sodass unangenehme Überraschungen drohen können, wenn man auf die Gleichartigkeit mit der deutschen Rechtslage vertraut. Dies gilt im Besonderen für das österreichische Mietrecht, in dem sich erhebliche Unterschiede zu Deutschland finden. An dieser Stelle nur so viel: Auch im gewerblichen Bereich genießt der Mieter umfassenden Kündigungsschutz und kann – selbst wenn es so im Vertrag vereinbart ist – nicht ohne Grund gekündigt werden.

In Österreich sind der Immobilienerwerb und die Immobiliennutzung, wie z.B. Vermietung und Verpachtung, im Bereich des Zivilrechts oder verwandten Gebieten fast ausschließlich durch Bundesrecht einheitlich geregelt. Die wichtigsten Rechtsvorschriften sind das Allgemeine Bürgerliche Gesetzbuch (ABGB), das Grundbuchsgesetz (GBG), das Wohnungseigentumsgesetz (WEG) und das Mietrechtsgesetz (MRG).

> **DEUTSCHE RECHTSLAGE IM VERGLEICH**
>
> In Deutschland sind die wichtigsten Rechtsnormen im Bürgerlichen Gesetzbuch (BGB), in der Grundbuchordnung (GBO) und dem Wohnungseigentumsgesetz (WEG) enthalten.

Öffentlich-rechtliche Materien wie Baurecht und Umweltrecht werden zum Teil durch Bundesrecht und zum Teil durch Landesrecht geregelt. So sind etwa Denkmalschutz und Gewerberecht Angelegenheiten, die durch Bundesgesetze geregelt sind. Durch Landesgesetze geregelt sind z.B. Raumordnung, Baurecht, Naturschutz und Grundverkehr, daher kann es in den neun Bundesländern oft beträchtliche Unterschiede geben.

> **Praxis-Tipp**
>
> ▶▶▶ Bei Immobilien in Österreich sollte man immer darauf achten, in welchem Bundesland sich die Liegenschaft befindet, da viele öffentlich-rechtliche Bestimmungen zwar im Allgemeinen ähnlich sind, aber im Detail von Bundesland zu Bundesland beträchtliche Unterschiede aufweisen können. ◀◀◀

> **DEUTSCHE RECHTSLAGE IM VERGLEICH**
>
> Ebenso wie in Österreich werden öffentlich-rechtliche Materien teilweise durch Bundesrecht, teilweise durch Landesrecht geregelt. Baurecht, Raumordnung, Gewerberecht und Naturschutz sind durch Bundesrecht geregelt, das Landesrecht enthält aber Ausführungsgesetze oder formale Anforderungen zu bestimmten Rechtsbereichen (z.B. Bayerische Bauordnung, Bayerisches Naturschutzgesetz) sowie originär durch Landesrecht geregelte Materien (z.B. 16 verschiedene Denkmalschutzgesetze). Die landesrechtlichen Bestimmungen können aber wie in Österreich von Bundesland zu Bundesland divergieren.

Rechtsformen

Der Besitz und die Nutzung von Immobilien kann auf mehrere Arten ausgeübt werden: Eigentum, Baurecht, Superädifikat, Miete oder Pacht.

> **DEUTSCHE RECHTSLAGE IM VERGLEICH**
>
> In Deutschland unterscheidet man zwischen Eigentum, Erbbaurecht, dinglichen Belastungen, Miete und Pacht.

Hinweis

▶▶▶ Im allgemeinen Sprachgebrauch werden Immobilie, Liegenschaft und Grundstück meist synonym verwendet. Der rechtliche Begriff für Immobilie lautet in Österreich »Liegenschaft«. Eine Liegenschaft kann aus mehreren Grundstücken bestehen.

Das Grundstück im grundbuchrechtlichen Sinn besteht in Deutschland aus einem oder mehreren Flurstücken. Der deutsche Grundstücksbegriff entspricht damit dem in Österreich gebräuchlichen Begriff »Liegenschaft«, das deutsche Flurstück ist das Pendant zum österreichischen »Grundstück«. ◀◀◀

Eigentum: Das Eigentum ist das umfassendste Recht an einer Liegenschaft. Nach österreichischem Recht beinhaltet das Eigentumsrecht an Liegenschaften ein überwiegend unbeschränktes, gegen jedermann wirkendes Besitz-, Verfügungs- und Nutzungsrecht an einer Liegenschaft. Eingeschränkt wird es durch Rechte zur Absicherung der Nachbarn und von allgemeinen öffentlichen Interessen. Der Erwerb des Eigentumsrechtes beinhaltet bei Liegenschaften nicht nur Grund und Boden, sondern auch den über dem Grundstück befindlichen Luftraum sowie das darunter befindliche Erdreich und sämtliches auf der Liegenschaft befindliches Zugehör, wie z.B. darauf befindliche Bauwerke.

Grundsätzlich wird in Österreich mit dem Eigentum an einem Grundstück auch das Eigentum an dem darauf befindlichen Gebäude erworben. Ein selbstständiger Eigentumserwerb an Gebäuden auf fremden Grundstücken ist nur in Ausnahmefällen möglich, insbesondere beim Baurecht und beim sog. Superädifikat.

> **DEUTSCHE RECHTSLAGE IM VERGLEICH**
>
> Hinsichtlich der Ausgestaltung des Eigentumsrechts unterscheiden sich deutsches und österreichisches Recht nicht. Ein selbstständiger Eigentumserwerb an Gebäuden auf fremden Grundstücken ist nach deutschem Recht vor allem im Fall der Vereinbarung eines Erbbaurechts möglich.

Ein *Baurecht* ist das dingliche, veräußerliche und vererbliche Recht, auf oder unter der Bodenfläche eines fremden Grundstücks ein Bauwerk zu errichten. Es ist damit ähnlich dem deutschen Erbbaurecht, kann jedoch im Gegensatz zu diesem nur für mindestens zehn, höchstens aber 100 Jahre eingeräumt werden. Der Eigentumserwerb erfolgt durch Eintragung in das *Grundbuch*. Im Falle des Erlöschens des Baurechtes fällt das errichtete Bauwerk an den Grundeigentümer. Wenn nichts anderes vertraglich vereinbart ist, muss in diesem Fall der Grundeigentümer dem Bauberechtigten eine Entschädigung in Höhe von 25% des vorhandenen Bauwertes leisten.

Superädifikate (Überbauten) stellen eine österreichische Besonderheit dar. Superädifikate sind Bauwerke auf oder unter fremdem Grund, die in der Absicht errichtet wurden, dass sie nur vorübergehend dort bestehen sollen. Dabei muss diese Absicht objektiv in Erscheinung treten, und zwar entweder durch die Bauweise des Gebäudes (z.B. Hütten) oder aufgrund eines zeitlich begrenzten Grundbenutzungsrechtes (z.B. befristeter Mietvertrag für die Liegenschaft). Da die Bauweise nicht der einzige Anhaltspunkt ist, kann man nur aus dem Erscheinungsbild des Gebäudes grundsätzlich keine Rückschlüsse ziehen. So gibt es etwa Bürotürme, die rechtlich Superädifikate sind.

Für den erstmaligen Erwerb von Superädifikaten ist das Vorhandensein eines Grundbenützungsverhältnisses erforderlich, das Superädifikat entsteht dann durch Errichtung. Zu jedem weiteren Erwerb des Superädifikates ist zum Eigentumsübergang ein Titel, z.B. ein *Kaufvertrag* ebenso wie die Übernahme des Grundbenützungsverhältnisses (z.B. Übernahme des Mietvertrages mit dem Grundeigentümer) und die Hinterlegung der Urkunde über den Erwerb beim Grundbuchsgericht erforderlich. Eine Einverleibung des Eigentumsrechts erfolgt jedoch nicht, nur die Ersichtlichmachung durch eine Anmerkung im *Grundbuch*.

Praxis-Tipp

▶▶▶ Ob auf einer Liegenschaft ein Superädifikat besteht, ist oft nicht aus dem Grundbuch ersichtlich, da der erste Eigentumserwerb durch Errichtung des Gebäudes erfolgt und nicht im Grundbuch eingetragen werden muss. Ein im Grundbuch eingetragener Mietvertrag oder ein Dienstbarkeitsvertrag können aber ein Hinweis auf Bestehen eines Superädifikats sein. ◀◀◀

Der Eigentümer einer Liegenschaft (wie auch der Bauberechtigte oder der Eigentümer eines Superädifikats) darf das Bauwerk oder einzelne darin befindliche Objekte oder Einheiten an Dritte zur Nutzung in Bestand geben, d.h. vermieten oder verpachten. Miete und Pacht werden gemeinsam als Bestandverträge bezeichnet. Gesetzliche Regelungen zu *Miete* und *Pacht* finden sich im ABGB. Für Mietverträge ist des Weiteren insbesondere das Mietrechtsgesetz (*MRG*) von Bedeutung.

Miete: In Österreich gilt, dass beinahe alle Mietverträge einem besonderen im *MRG* normierten Schutz des Mieters unterliegen. Dabei ist es unerheblich, ob es sich bei dem Mieter um eine Privatperson oder um einen Unternehmer handelt und ob es sich um einen Wohnungsmietvertrag oder um einen gewerblichen Mietvertrag handelt. Der Mieterschutz sieht bspw. vor, dass Mietverträge vom Vermieter nur aus von im Gesetz aufgezählten wichtigen Gründen gekündigt werden können, es sind Mietzinsobergrenzen vorgesehen, und es treffen den Vermieter zwingende Erhaltungspflichten. Da nicht alle Objekte dem umfassenden Mietrechtsschutz unterliegen, sondern das *MRG* ganz, zum Teil oder auch gar nicht anwendbar sein kann, stellt die Frage der grundsätzlichen Anwendbarkeit des *MRG* und in welchem Umfang es anwendbar ist, eine erste zentrale Frage bei der Miete dar.

Pacht: Die Nutzung eines Bestandsgegenstandes durch einen Dritten kann auch auf Grundlage eines Pachtvertrages erfolgen. Verpachtet werden können grundsätzlich Betriebe oder Unternehmen und landwirtschaftliche Flächen. Zu beachten ist, dass der Kündigungsschutz des *MRG* bei Pacht nicht gilt. Die Abgrenzung von Miete und Pacht führt jedoch mangels konkreter gesetzlicher Regelung in der Praxis regelmäßig zu Auslegungsproblemen, die in vielen Fällen erst von den Gerichten abschließend entschieden werden. Aus der jahrelangen einschlägigen Rechtsprechung haben sich Kriterien entwickelt, die im Einzelfall jeweils zu prüfen sind und die schon vorab bei der Vertragsgestaltung zu beachten sind.

DEUTSCHE RECHTSLAGE IM VERGLEICH

Das deutsche Mietrecht unterscheidet sich von der österreichischen Rechtslage in dem Punkt, dass grundlegend zwischen der Vermietung von Gewerbeflächen und Wohnraum differenziert wird. Für die Wohnraummiete gibt es ähnlich wie in Österreich besondere Vorschriften des sozialen Mietrechts, die dem Schutz des Mieters dienen (z.B. eingeschränkte Kündigungsmöglichkeiten, Schriftformerfordernis der Kündigung).

Das deutsche Pachtrecht orientiert sich bis auf einige Sondervorschriften (v.a. zum Landpachtvertrag) an der Regelung zum Mietrecht.

4.2 Erwerb von Immobilien

4.2.1 Arten des Immobilienerwerbs

Nicht anders als in Deutschland sind die üblichen Arten, eine Liegenschaft zu erwerben, der unmittelbare Erwerb der Liegenschaft (Asset Deal) oder der Erwerb von Anteilen an einer Gesellschaft, die eine Liegenschaft hält (Share Deal). Die Entscheidung, welche Art des Liegenschaftserwerbes gewählt wird, hängt von verschiedenen Faktoren ab, in vielen Fällen geben steuerliche Gründe den Ausschlag.

Hinweis

▶▶ Beim Erwerb von Liegenschaften sind EU- und EWR-Bürger österreichischen Bürgern gleichgestellt, nur der Immobilienerwerb durch Bürger aus Drittstaaten ist genehmigungspflichtig. Somit unterliegt der Erwerb von Immobilien in Ausübung der europarechtlichen Grundfreiheiten (Niederlassungsfreiheit, Arbeitnehmerfreizügigkeit, Aufenthaltsrichtlinien, Kapitalverkehrsfreiheit) keinen ausländerspezifischen Beschränkungen. Es ist jedoch eine Erklärung im Kaufvertrag über die Eigenschaft als EU/EWR-Bürger abzugeben und dass der Erwerb in Ausübung einer der Grundfreiheiten erfolgt. In den meisten österreichischen Bundesländern gibt es Beschränkungen des Grunderwerbs zur Schaffung eines Zweitwohnsitzes, diese gelten aber für Österreicher sowie EU- und EWR-Bürger gleichermaßen. Die Regelungen sind in den Bundesländern unterschiedlich streng, betreffen grundsätzlich aber nicht nur den direkten Kauf, sondern auch den Kauf von Gesellschaften, die Immobilien halten, aber auch Miete. ◀◀

4.2.2 Unmittelbarer Erwerb einer Liegenschaft

Der unmittelbare Erwerb ist die klassische Form der Übertragung von Liegenschaften (samt darauf befindlichen Gebäuden) vom Verkäufer auf den Käufer. Dabei wechselt das Eigentum an der Immobilie selbst. Der Käufer wird grundsätzlich auf Basis eines Liegenschaftskaufvertrages zivilrechtlicher Eigentümer der Liegenschaft.

Der *Kaufvertrag* ist formfrei, für die Eintragung im *Grundbuch*, die erst den Eigentumsübergang bewirkt, muss der Vertrag jedoch schriftlich ausgefertigt werden und notariell beglaubigt werden. Da für das Zustandekommen des Vertrages aber keine besondere Form erforderlich ist, kann dieser auch mündlich (oder sogar konkludent) zustande kommen. Man sollte daher darauf achten, keine Erklärungen abzugeben, die den Abschluss eines *Kaufvertrages* bewirken können. Auch sollten noch zu verhandelnde Kaufverträge immer deutlich als »Entwurf« gekennzeichnet sein.

> **DEUTSCHE RECHTSLAGE IM VERGLEICH**
>
> Ein wesentlicher Unterschied zum österreichischen Recht ist, dass in Deutschland der Kaufvertrag über den Grundstückserwerb notariell beurkundet werden muss (§ 311 b BGB). Die Beurkundungspflicht erstreckt sich auf alle Regelungen, die die Parteien im Zusammenhang mit einer Übertragung des Grundstückeigentums treffen. Dies gilt auch für Vorverträge, die die Verpflichtung zum Abschluss eines Kaufvertrags enthalten. Zu beachten ist, dass bei zusammengesetzten Verträgen oder Vertragspaketen alle Teile beurkundet werden müssen, wenn sie eine Einheit bilden, also miteinander »stehen und fallen« sollen. Schließen die Parteien bspw. einen Mietvertrag, wonach der Grundstücksverkäufer das Grundstück vom Käufer anmietet (»sale and lease back«), und würden sie diesen Mietvertrag nicht ohne den Grundstückskaufvertrag schließen, so muss auch der Mietvertrag beurkundet werden. Jedoch kann der Mangel der fehlenden Beurkundung insgesamt durch Auflassung (= Einigung über die Übertragung des Eigentums) und Eintragung ins Grundbuch geheilt werden. Die Auflassung ist gem. § 925 BGB ebenfalls in der Weise formgebunden, dass sie bei gleichzeitiger Anwesenheit beider Teile vor einem Notar erklärt werden muss. Bei Grundstückskaufverträgen wird die Auflassung deshalb schon oft in die Kaufvertragsurkunde aufgenommen.

Grundsätzlich zu beachten ist, dass im Gegensatz zum Share Deal beim unmittelbaren Erwerb eine Änderung des Eigentumsrechtes an der Liegenschaft stattfindet und daher etwaige Beschränkungen eines Eigentümerwechsels zu berücksichtigen sind. Zu unterscheiden sind hier Veräußerungshindernisse, die einen Verkauf nicht zulassen (Veräußerungsverbote) und Beschränkungen, die zwar grundsätzlich einem Verkauf nicht entgegenstehen, jedoch entweder Auswirkungen auf die Bewertung und damit auf den erzielbaren Kaufpreis haben (z.B. Dienstbarkeiten, Reallasten oder verbücherte Bestandverträge) oder den Verkauf an einen bestimmten Interessenten beschränken (z.B. Ausländergrundverkehrsgesetze oder Vorkaufsrechte).

> **DEUTSCHE RECHTSLAGE IM VERGLEICH**
>
> In Deutschland ist der Verkäufer grundsätzlich verpflichtet, das Grundstück frei von Belastungen zu übertragen, die der Käufer nicht akzeptiert. Ist das Grundstück belastet, muss der Käufer also prüfen, welche Belastungen er zu übernehmen bereit ist. Dabei ist zu beachten, dass die Übernahme einiger Belastungen – insbesondere Dienstbarkeiten – faktisch zwingend ist, weil der Begünstigte etwa auf ein nachbarliches Wege- oder Leitungsrecht faktisch nicht verzichten kann. Eine zweite Gruppe von Belastungen – insbesondere Nießbrauch und Reallast

– führen zu kalkulierbaren Kosten; sie sind entweder zu übernehmen oder dem Begünstigten abzukaufen, indem ein Teil des Kaufpreises an ihn fließt.

Übergang von Lasten, Verträgen und Bewilligungen

Mit Erwerb der Liegenschaft gehen grundsätzlich die Liegenschaft betreffende Lasten (z.B. Grundsteuer) und Risiko auf den Erwerber über. Der Eigentumsübergang bewirkt Einzelrechtsnachfolge, das heißt, dass Forderungen und Verbindlichkeiten, Bewilligungen oder Verträge, die mit der Immobilie verknüpft sind, grundsätzlich nicht automatisch auf den Käufer übergehen. Sofern Verträge nicht automatisch übergehen (siehe dazu gleich unten) ist die Zustimmung zum Vertragsübergang durch den Vertragspartner einzuholen.

Mietverträge, die dem *MRG* unterliegen (d.h. der überwiegende Teil aller Mietverträge), gehen auf den Einzelrechtsnachfolger über, keine Bindung besteht an ungewöhnliche Nebenabreden im Mietvertrag, die der Erwerber weder kannte noch kennen musste.

Pachtverträge und nicht dem *MRG* unterliegende Mietverträge (z.B. Flächenmiete, Dienstwohnungen) werden gemäß § 1120 ABGB in Verträge auf unbestimmte Zeit umgewandelt, d.h. sowohl der neue Vermieter/Verpächter als auch der Mieter/Pächter können den Vertrag aufkündigen. Nebenabreden gehen aber unabhängig von Ihrer Üblichkeit auf den Einzelrechtsnachfolger über.

DEUTSCHE RECHTSLAGE IM VERGLEICH

Das Grundstück betreffende Lasten sind nach deutschem Recht insbesondere die laufenden Steuern und öffentlichen Abgaben, bspw. für die Versorgung mit Wasser und Energie sowie die Straßenreinigung. Miet- und Pachtverträge gehen auf den Käufer über; ihm stehen damit auch die Erträge des Grundstücks (Miet- und Pachtzins) zu. Dies ist gemeinhin bekannt unter dem Schlagwort »Kauf bricht nicht Miete«.

Bei *Sachversicherungen* (»Aktivenversicherung«, also zum Beispiel Feuerversicherung des Gebäudes) tritt der Erwerber der versicherten Sache (des Gebäudes) in den Versicherungsvertrag ein. Erwerber wie auch Versicherer können das Versicherungsverhältnis jedoch aufkündigen. Die Veräußerung bzw. der Erwerb sind dem Versicherer unverzüglich anzuzeigen; ansonsten muss der Versicherer nicht leisten, wenn der Versicherungsfall später als einen Monat nach dem Zeitpunkt eintritt, in dem die Anzeige dem Versicherer hätte zugehen müssen.

Auf *Vermögensversicherungen* (»Passivenversicherungen«) finden diese Regelungen grundsätzlich keine Anwendung, durch Verweise bzw. die Anordnung sinngemäßer Geltung im VersVG gelten sie aber auch für Betriebshaftpflichtversicherungen, betriebliche Rechtsschutzversicherungen und Pflichtversicherungen (gesetzlich vorgeschriebene Haftpflichtversicherungen).

DEUTSCHE RECHTSLAGE IM VERGLEICH

Hinsichtlich des Übergangs von Sach- und Vermögensversicherungen sind deutsche und österreichische Rechtslage vergleichbar.

Verbindlichkeiten: diese gehen nicht in dem Sinn über, dass der bisherige Schuldner befreit ist. Eine Schuldübernahme erfordert gemäß den allgemein gesetzlichen Bestimmungen die Zustimmung des Gläubigers. Übernimmt der Einzelrechtsnachfolger daher Schulden ohne die Zustimmung der Gläubiger zum Schuldnerwechsel, dann bewirkt das einen kumulativen Schuldbeitritt. Der Verkäufer haftet den Gläubigern neben dem Erwerber weiter.

Hypothekarisch gesicherte Verbindlichkeiten gehen an den Erwerber der belasteten Liegenschaft über, sofern keine Vereinbarung (Freilassung durch den Pfandberechtigten) getroffen wird. Die Zustimmung des Pfandgläubigers zur Schuldübernahme des Käufers gilt als erteilt, wenn sie nach Aufforderung nicht innerhalb von sechs Monaten versagt wird.

Öffentlich-rechtliche Bewilligungen: nur Bescheide mit dinglicher Wirkung (z.B. Baubewilligung, Betriebsanlagengenehmigung) gehen automatisch über. Die dingliche Wirkung von Bescheiden hat zur Folge, dass der jeweilige Eigentümer oder Inhaber eines Objekts Bescheidadressat ist, auch wenn der Bescheid dem Vorbesitzer zugestellt wurde. Soweit die dingliche Wirkung von Bescheiden nicht gesetzlich angeordnet ist, ist sie aus der wesensmäßigen Verbindung mit der Liegenschaft zu folgern.

Denkmalschutz: Veräußerungen von Objekten, die durch Verordnung oder Bescheid unter Denkmalschutz gestellt wurden oder hinsichtlich derer ein Unterschutzstellungsverfahren eingeleitet wurde, sind vom Veräußerer unter Namhaftmachung des Erwerbers dem Bundesdenkmalamt innerhalb von zwei Wochen anzuzeigen. Veräußerungen von Objekten, die kraft gesetzlicher Vermutung unter Denkmalschutz stehen, sind bewilligungspflichtig.

Vorkaufsrechte: sofern nicht im *Grundbuch* eingetragen, gehen sie auch nicht über. Diesbezügliche Verträge sollten aber im Hinblick auf Schadenersatzansprüche des Vorkaufsberechtigten vor einer Veräußerung überprüft werden.

Dienstbarkeiten: Realdienstbarkeiten (auch Grunddienstbarkeiten) gehen mit der Liegenschaft über, Personaldienstbarkeiten gehen nicht über. Daher ist genau zu prüfen, wie etwaige diesbezügliche Servitutsverträge formuliert sind.

DEUTSCHE RECHTSLAGE IM VERGLEICH

Im Hinblick auf den Übergang von Verbindlichkeiten, hypothekarisch gesicherten Verbindlichkeiten, öffentlich-rechtlichen Genehmigungen, Vorkaufsrechten und Dienstbarkeiten sind deutsches und österreichisches Recht vergleichbar. Das Denkmalschutzrecht ist in Deutschland je nach Bundesland verschieden.

4.2.3 Share Deal

Ist der Eigentümer der Immobilien eine Gesellschaft, so kann die Veräußerung der Immobilien auch durch den Verkauf der Gesellschaftsanteile erfolgen (Beteiligungskauf). Dabei erwirbt der Käufer nicht unmittelbar Eigentum an der Liegenschaft, sondern an den Anteilen an einer Gesellschaft, die eine Liegenschaft in ihrem Vermögen hält.

Beweggründe für diese Art von Veräußerung können unterschiedlich sein: etwa Präferenz des Käufers z.B. aus steuerlichen Gründen; Kontinuität der Vertragsverhältnisse, Schwierigkeiten bei Überleitung der Vertragsverhältnisse, da Zustimmung der Vertragspartner nötig ist; häufig auch bei der Veräußerung mehrerer Immobilien in einer Transaktion: Durch den Share Deal wird der Erwerb durch *einen* Kaufvertrag möglich.

Es gibt folgende Arten des Beteiligungserwerbes:
- Erwerb sämtlicher Geschäftsanteile an einer GmbH oder Aktien an einer AG
- Erwerb der Gesellschafterstellung in einer Offenen Gesellschaft oder einer Kommanditgesellschaft, entweder durch Kauf der Gesellschaftsanteile oder durch Eintritt in die Gesellschaft mit anschließendem Ausscheiden und Abfindung der bisherigen Gesellschafter
- Verschmelzung von Kapitalgesellschaften

■ Spaltung von Kapitalgesellschaften mit anschließendem Erwerb der Geschäftsanteile an der neuen Gesellschaft.

Durch Übertragung der Anteile ändern sich nur die Eigentumsverhältnisse auf Ebene der Gesellschafter, es ändert sich jedoch nichts auf Ebene der Gesellschaft als Eigentümerin der Sachwerte, also der Immobilien. Daher sind auch keine Änderungen im *Grundbuch* vorzunehmen. Die Rechtsverhältnisse auf Ebene der Gesellschaft ändern sich auch nicht, weil sich an der Vertragspartei nichts ändert. Die Gesellschaft bleibt Vertragspartner. Daher müssen auch keine Verträge, Bewilligungen und Genehmigungen sowie Forderungen und Verbindlichkeiten übertragen werden. Vorsicht ist allerdings z.B. bei Finanzierungsverträgen geboten, weil sog. »Change of Control«-Klauseln dem Kreditgeber die Möglichkeit zur sofortigen Fälligstellung eines Kredits geben können, wenn sich der Eigentümer der kreditnehmenden Gesellschaft ändert.

Hinweis

▶▶▶ Beim Share Deal ist zu beachten, dass ein Anteilserwerb zum Teil Formvorschriften unterworfen ist, so ist für den Erwerb von Anteilen an einer GmbH ein Notariatsakt erforderlich. ◀◀◀

DEUTSCHE RECHTSLAGE IM VERGLEICH

Deutsche und österreichische Rechtslage sind in diesem Punkt vergleichbar.

4.2.4   Steuern und Gebühren – Überblick

Beim *unmittelbaren Erwerb* beträgt die Grunderwerbsteuer 3,5%. Die Gebühr für die Eintragung ins *Grundbuch* beträgt 1.1% der Bemessungsgrundlage. Bei einem Kauf ist die Bemessungsgrundlage grundsätzlich der Verkehrswert zuzüglich allfälliger Umsatzsteuer sowie sonstiger bewertbarer Leistungen des Käufers.

Beim *Share Deal* fällt ebenfalls eine Grunderwerbsteuer in der Höhe von 3,5% an, aber keine Eintragungsgebühr, weil der Eigentümer im *Grundbuch* unverändert bleibt. Zur Grunderwerbsteuer siehe auch Punkt 4.2.12.

Praxis-Tipp

▶▶▶ Die Grunderwerbsteuer beim Share Deal kann dadurch vermieden werden, dass nicht sämtliche Anteile an einer Gesellschaft an einen Erwerber übergehen, sondern ein sogenannter »Zwergenanteil« an einen zweiten Erwerber, z.B. einen Treuhänder, übertragen wird. ◀◀◀

Hinweis

▶▶▶ Wird der Immobilienkauf drittfinanziert, ist allenfalls eine Gebühr für Sicherheitenverträge zu berücksichtigen ebenso wie die Gerichtsgebühr für die Eintragung der Hypothek ins Grundbuch. Zu den Gerichtsgebühren siehe auch Punkt 4.2.8 (Seite [80]), zu den Rechtsgeschäftsgebühren auch Punkt 4.2.12 (Seite [86]), ebenso dort zur grundsätzlichen Befreiung von der Umsatzsteuer. ◀◀◀

DEUTSCHE RECHTSLAGE IM VERGLEICH

Wie auch in Österreich kann beim Share Deal der Anfall der Grunderwerbsteuer vermieden werden, wenn zunächst weniger als 95% der Anteile am Gesellschaftsvermögen auf den Käufer und neuen Gesellschafter übergehen. Der Asset Deal ist grundsätzlich umsatzsteuerfrei, weil er der Grunderwerbsteuer unterliegt; im Übrigen fällt eine volle Gebühr (bzgl. des Werts des Kaufgegenstands) für die Eintragung des Eigentümerwechsels ins Grundbuch an.

Im Jahr 2012 wurde in Österreich die Besteuerung von Immobilienveräußerungen natürlicher Personen sowohl im privaten als auch im betrieblichen Bereich neu geregelt (Immobilienertragsteuer). Dabei waren Liegenschaftsverkäufe im Privatbereich nach Ablauf der 10- bzw. 15-jährigen Spekulationsfrist steuerfrei. Seit 1. April 2012 sind Immobilien prinzipiell steuerhängig, wobei für bei Immobilienverkäufen anfallende Veräußerungsgewinne oder –überschüsse eine Einkommensteuer in Höhe von 25% anfällt. Von der Besteuerung umfasst sind Grund und Boden, Gebäude Eigentumswohnungen und auch sogenannte »grundstücksgleiche« Rechte (wie z.B. das Baurecht). Eine geringere Steuer in Höhe von 3,5% kommt für Immobilien zur Anwendung, die vor dem 31. März 2002 angeschafft wurden. Die Berechnung der Bemessungsgrundlage ist komplex, da zahlreiche Sonderregelungen zur Anwendung kommen. Des Weiteren gibt es auch Ausnahmen von der Besteuerung (z.B. bei der Veräußerung des Hauptwohnsitzes unter bestimmten Bedingungen oder beim Verkauf von selbst hergestellten Gebäuden). Zur Immobilienertragsteuer siehe auch Punkt 4.2.12 (Seite [88]).

4.2.5 Prüfung der Liegenschaft vor dem Erwerb – Due Diligence

Nicht anders als in Deutschland sollte auch in Österreich vor dem Kauf einer Immobilie eine Due Diligence durchgeführt werden. Beim direkten Erwerb der Immobilie (Asset Deal) sind jene Bereiche, die unmittelbar die Liegenschaft und die darauf befindlichen Gebäude betreffen, zu prüfen, also *Grundbuch*, Bauverträge, Mietverträge, Bewilligungen, etc. Beim Immobilienkauf durch Erwerb einer Beteiligung an einer Gesellschaft (Share Deal) ist darüber hinaus auch die Prüfung aller die Gesellschaft betreffenden Themen wie z.B. Arbeitnehmer, Bilanzen, etc. erforderlich. Das Ergebnis der Due Diligence schlägt sich in beiden Fällen in der Gestaltung der Gewährleistungs- und Haftungsbestimmungen im *Kaufvertrag* sowie allenfalls auch in der Höhe des Kaufpreises nieder.

Jedenfalls unverzichtbar ist die Einsichtnahme in öffentliche Register (Grundbuch, Firmenbuch, Altlastenkataster). Die darin befindlichen Unterlagen oder ableitbaren Informationen stellen das Mindestmaß für eine Legal Due Diligence dar.

Besonderes Augenmerk sollte im Rahmen der Legal Due Diligence auch auf etwaige Miet- und sonstige Nutzungsverträge gerichtet werden.

Wird eine bebaute Liegenschaft gekauft, so sollte jedenfalls geprüft werden, ob alle erforderlichen öffentlich-rechtlichen Genehmigungen vorliegen (Baubewilligung, Betriebsanlagengenehmigung, Fertigstellungsanzeige etc.), ob der Baubestand mit den Genehmigungen übereinstimmt und ob die in den Bescheiden vorgeschriebenen Auflagen erfüllt sind.

Bei einer unbebauten Liegenschaft ist die Einsicht in den Flächenwidmungs- und Bebauungsplan wesentlich, er gibt Auskunft darüber, was auf der Liegenschaft gebaut werden und wie sie genutzt werden darf.

Praxis-Tipp

▶▶▶ In die Flächenwidmungs- und Bebauungspläne kann in den Gemeindeämtern bzw. in Städten in den Magistraten Einsicht genommen werden. In einigen Bundesländern ist der Flächenwidmungsplan auch im Internet abrufbar. ◀◀◀

Bestandteile der Prüfung vor Erwerb einer Immobilie durch Share Deal

Bestandteile	Wesentliche inhaltliche Punkte
Gesellschaftsrechtliche Verhältnisse	■ Firmenbuchauszüge ■ Gesellschaftsverträge ■ Angaben zu Gesellschaftern ■ Geschäftsführung ■ Beteiligungen ■ …
Finanzielle Verhältnisse	■ Jahresabschlüsse ■ Kredit- und Darlehensverträge ■ Angaben zu staatlichen Förderungen ■ Hypotheken und andere Belastungen ■ …
Steuerliche Verhältnisse	■ Steuerbescheide ■ Steuererklärungen ■ …
Liegenschaften	■ Grundbuchsauszüge ■ Bücherliche Rechte und Pflichten ■ Mitteilungen über außerbücherliche Rechte und Pflichten ■ Verwertungsbeschränkungen (z.B. Kaufoptionen, Vorkaufsrechte, Überlassungsverträge,…) ■ Mitteilungen über Superädifikate ■ …
Informationen zu den Gebäuden	■ Architekten- und Bauverträge (wenn noch innerhalb der Gewährleistungsfrist) ■ Versorgungsverträge (Strom, Gas, Wasser, …) ■ Wartungsverträge ■ Verwaltungsverträge ■ ….
Informationen zu öffentlich-rechtlichen Verpflichtungen	■ Flächenwidmungsplan ■ Baubewilligung ■ Fertigstellungsanzeige ■ Betriebsanlagengenehmigung (wenn erforderlich) ■ Sonstige erforderliche Genehmigungen (z.B. wasserrechtliche, naturschutzrechtliche) ■ Angaben zu Kontaminierung, Bodengutachten
Informationen zu Bestandverhältnissen	■ Bestandverträge (Miet- und Pachtverträge) ■ Mieterliste ■ Offene Posten-Liste ■ …
Sonstige Informationen hinsichtlich der Liegenschaften	■ Versicherungsverträge ■ Rechtsstreitigkeiten (mit Nachbarn, Mietern etc.) ■ …

4.2.6 Eigentum an Teilen von Liegenschaften

Im *Grundbuch* kann nur das Eigentum an Liegenschaften eingetragen werden, nicht das Eigentum an einem Gebäude oder einem Teil davon. Gewöhnlich steht das Eigentumsrecht an einer Sache nur einer Person allein zu, die auch verfügungsberechtigt ist (Alleineigentum). Sollen mehrere Personen Eigentümer einer Liegenschaft werden, ist das nur in Form von Miteigentum oder in Form von Wohnungseigentum möglich.

Miteigentum: Beim schlichten Miteigentum haben die Miteigentümer Eigentum nach ideellen Anteilen, das bedeutet, dass das Eigentum an einer Liegenschaft zwischen den Miteigentümern nach Anteilen (1/2, 1/4, etc.) aufgeteilt ist. In allen Fällen des Miteigentums ist das Recht und nicht die Sache geteilt, dem Einzelnen gehört also kein realer Teil der Liegenschaft. Das Anteilsrecht eines Miteigentümers bezieht sich immer auf die ganze Sache. Nur über den ihm zustehenden Anteil kann der Miteigentümer allein verfügen, d.h. ihn verkaufen oder verpfänden. Jeder Miteigentümer hat das Recht zur Benützung der gemeinsamen Liegenschaft. Um eine Kollision mit der Benützung durch andere Miteigentümer zu vermeiden, sollte daher eine Benützungsregelung vereinbart werden.

DEUTSCHE RECHTSLAGE IM VERGLEICH

Jeder Miteigentümer wird mit seinem nach Bruchteilen bezifferten Eigentum im Grundbuch eingetragen. Wie auch in Österreich ist das Miteigentum nach Bruchteilen gesondert verkehrsfähig, kann also vom Miteigentümer auf einen Dritten übertragen werden, der dadurch in die Bruchteilsgemeinschaft eintritt.

Wohnungseigentum: Das Wohnungseigentumsgesetz (WEG) ermöglicht es, einen Miteigentumsanteil an einer Liegenschaft mit dem Recht auf ausschließliche Nutzung einer bestimmten Wohnung auf dieser Liegenschaft zu verbinden. Wohnungseigentum ist kein Eigentumsrecht an Teilen des Hauses oder real geteiltes Eigentum. Wohnungseigentümer haben aber ein ausschließliches Nutzungsrecht an einem Wohnungseigentumsobjekt (z.B. Wohnung oder Geschäftsräumlichkeit). Der Wohnungseigentümer ist also Miteigentümer der ganzen Liegenschaft und erhält ein dingliches Nutzungs- und Verfügungsrecht an bestimmten Räumlichkeiten. Als Miteigentümer hat er alle Aufwendungen für die Liegenschaft, d.h. alle Kosten, die bei der Nutzung und Bewirtschaftung der Liegenschaft anfallen, anteilig zu tragen.

Wohnungseigentum kann jede natürliche oder juristische Person erwerben, sowie eine so genannte Eigentümerpartnerschaft. Eine Eigentümerpartnerschaft ist eine Rechtsgemeinschaft von zwei natürlichen Personen, die gemeinsam Wohnungseigentümer sind, unabhängig davon, ob sie verheiratet, verwandt oder verschwägert, verschiedenen oder gleichen Geschlechts sind.

DEUTSCHE RECHTSLAGE IM VERGLEICH

Im Unterschied zum österreichischen Recht ist in Deutschland jeder Miteigentumsanteil am Grundstück mit Sondereigentum an einer Wohnung oder an nicht zu Wohnzwecken dienenden Räumlichkeiten verbunden. Dem Wohnungseigentümer wird also nicht lediglich ein ausschließliches Nutzungsrecht an einem Wohnungseigentumsobjekt eingeräumt. Ebenso wie in Österreich treffen jeden Wohnungseigentümer anteilige Instandhaltungs- und Instandsetzungspflichten sowie eine anteilige Beteiligung an den dafür entstehenden Kosten. Wohnungseigentum kann in Deutschland neben natürlichen und juristischen Personen auch die teilrechtsfähige Gemeinschaft der Wohnungseigentümer erwerben.

4.2.7 Eigentumsübergang an Liegenschaften

§ 380 ABGB bestimmt, dass ohne »Titel und rechtliche Erwerbungsart« kein Eigentum erlangt werden kann. Unter dem Begriff »Titel« ist jede rechtliche Möglichkeit, Eigentum zu erwerben, zu verstehen. Der Titel kann ein Vertrag oder sonstiges Rechtsgeschäft (z.B. Testament), eine gerichtliche Entscheidung oder eine Gesetzesbestimmung (z.B. beim gutgläubigen Erwerb vom Nichteigentümer) sein. Der häufigste Titel für den Eigentumserwerb ist der Kaufvertrag. Der Kaufvertrag allein bewirkt jedoch noch nicht den Erwerb des Eigentums, er gibt lediglich einen Anspruch darauf und wird daher auch als schuldrechtliches Verpflichtungsgeschäft bezeichnet.

Das Eigentum muss noch durch die »rechtliche Erwerbungsart«, den Modus, erlangt werden. Der Modus wird auch als sachenrechtliches Verfügungsgeschäft bezeichnet. Die Erwerbungsart, der Modus, besteht bei beweglichen Sachen grundsätzlich in der Übergabe der Sache, bei unbeweglichen Sachen (Immobilien) in der Eintragung in das *Grundbuch*. Es ist also zu unterscheiden zwischen dem *Kaufvertrag* als Verpflichtungsgeschäft (Titel) und der Eintragung im *Grundbuch* als Verfügungsgeschäft (Modus).

Titel und Modus – Vertrag und Grundbuch

Nach österreichischem Recht ist die Kausalität des Verfügungsgeschäfts erforderlich, das heißt, dass ihm ein rechtsgültiger Titel zugrunde liegen muss, der den Rechtsgrund für den Eigentumsübergang bildet, ein (abstrakter) Modus allein bewirkt keinen Eigentumserwerb. Ist das Verpflichtungsgeschäft unwirksam, kann das Eigentum nicht wirksam übergehen. Ist also z.B. der *Kaufvertrag* wegen mangelnder Geschäftsfähigkeit, wegen Verstoßes gegen ein gesetzliches Verbot, wegen Sittenwidrigkeit oder wegen Willensmangels ungültig oder kann rechtswirksam angefochten worden, so ist auch das Verfügungsgeschäft unwirksam und die Eintragung des *Grundbuches* zu löschen.

> **DEUTSCHE RECHTSLAGE IM VERGLEICH**
>
> In Deutschland gilt das Abstraktionsprinzip. Danach ist das schuldrechtliche Verpflichtungsgeschäft unabhängig vom späteren Verfügungsgeschäft. Die Unwirksamkeit des einen Geschäfts hat – außer in Fällen gravierender Mängel (sog. Doppelnichtigkeit) – nicht notwendigerweise die Unwirksamkeit des anderen zur Folge.

Einverleibung

Zur Übertragung des Eigentums ist also nicht nur ein *Kaufvertrag* erforderlich, sondern auch eine dingliche Eigentumsübertragung. Diese vollzieht sich durch die Eintragung des Eigentumswechsels in das *Grundbuch* (sog. »Einverleibung«) und die dafür unabdingbare Aufsandungserklärung.

Die Einverleibung kann nur aufgrund öffentlicher Urkunden oder solcher Privaturkunden erfolgen, auf denen die Unterschriften der Parteien gerichtlich oder notariell beglaubigt sind. Privaturkunden (z.B. Kaufverträge) müssen darüber hinaus die ausdrückliche Erklärung desjenigen enthalten, dessen Recht beschränkt, belastet, aufgehoben oder auf eine andere Person übertragen werden soll, dass er in die Einverleibung einwilligt (sog. »Aufsandungserklärung«). Diese Erklärung kann entweder im Kaufvertragstext enthalten sein oder in einer gesonderten Aufsandungsurkunde abgegeben werden.

Ein Unterschied zum deutschen Recht besteht darin, dass die Auflassung (in Österreich »Aufsandung« genannt) weniger formal ist. So hat zwar die Aufsandungserklärung bestimmten Erfordernissen hinsichtlich der Formulierung zu genügen, eine Erklärung der Aufsandung bei gleichzeitiger Anwesenheit der Vertragsparteien vor einem Notar ist jedoch nicht erforderlich. Die Vertragsparteien können also unabhängig voneinander an verschiedenen Orten, zu verschiedenen Zeitpunkten den Kaufvertrag unterzeichnen, erforderlich ist nur die Beglaubigung der Unterschrift durch Gericht oder Notar. Die Beglaubigung durch einen deutschen Notar ist aufgrund einer zwischenstaatlichen Vereinbarung zwischen Deutschland und Österreich ebenfalls möglich.

4.2.8　Grundbuch

Das *Grundbuch* wird von den Bezirksgerichten geführt und ist ein öffentliches Verzeichnis, in das Liegenschaften und die an ihnen bestehenden dinglichen Rechte und Lasten (Wohnungseigentum, Pfandrechte, Dienstbarkeiten, Reallasten, Vorkaufsrechte, Belastungs- und Veräußerungsverbote, Baurechte) eingetragen werden und in dem rechtserhebliche Tatsachen durch Anmerkungen ersichtlich gemacht werden. Zuständig ist jeweils das Bezirksgericht, in dessen Verantwortungsbereich sich die Liegenschaft befindet.

Praxis-Tipp

▶▶▶ In Österreich sind die Grundbücher auf EDV umgestellt. Auszüge aus dem Grundbuch sind deswegen kostengünstig und können schnell bei Gericht oder bei Anwälten oder Notaren bzw. über das Internet abgefragt werden Eine Liste der Online-Anbieter ist auf der Website des Justizministeriums unter »Grundbuch« und weiter unter »Zugang und Verrechnung« zu finden. Meist ist dabei aber eine Registrierung notwendig und manche Anbieter bieten gar keine Einzelabfragen, sondern nur »Abonnements« an. Beglaubigte Grundbuchauszüge bekommt man bei Gericht oder einem Notar. ◀◀◀

Das österreichische *Grundbuch* ist durch folgende Grundsätze gekennzeichnet:
- Der Intabulationsgrundsatz (Eintragungsgrundsatz): Erst die Eintragung ins *Grundbuch* bewirkt den Eigentumserwerb.
- Der Öffentlichkeitsgrundsatz gestattet jedermann, in das *Grundbuch* einzusehen und Abschriften oder Auszüge daraus zu erheben.
- Das Vertrauen gutgläubiger Dritter, dass Eintragungen im *Grundbuch* richtig sind, wird durch den Vertrauensgrundsatz geschützt, der auch mit dem Satz: »Was eingetragen ist, gilt« umschrieben wird. Die Regelung ist im Einzelnen kompliziert, lässt sich aber so zusammenfassen: Vertrauensschutz besteht, wenn die Eintragung des Vormannes rechtskräftig ist, keine Streitanmerkung aufweist und seit dem Zeitpunkt der Eintragung wenigstens drei Jahre vergangen sind. Der gute Glaube muss noch im Zeitpunkt des Antrags auf Eintragung des Rechts vorhanden sein, guter Glaube nur bei Abschluss des dem Rechtserwerb zugrunde liegenden Rechtsgeschäftes reicht nicht aus.
- Der Grundsatz des bücherlichen Vormannes bewirkt, dass Eintragungen nur gegen den zulässig sind, der zur Zeit des Antrags im *Grundbuch* als Eigentümer der Liegenschaft aufscheint.
- Der Rang einer Eintragung richtet sich nach dem Zeitpunkt des Einlangens des Antrags beim Grundbuchsgericht. Dieser so genannte Prioritätsgrundsatz (auch Rangordnungsprinzip) wird auch mit dem Satz »Der zeitlich Frühere ist auch der rechtlich Stärkere« umschrieben. Dieser Grundsatz hat in der Praxis in zweifacher Hinsicht enorme Bedeutung. Zum einen richtet sich das Verhältnis der Eintragungen (insbesondere Pfandrechte) zueinander nach ihrem Rang. Zum anderen besteht die Möglichkeit der vorläufigen

Sicherung eines Ranges für die beabsichtigte Veräußerung oder Verpfändung, die dann später in dem vorweg gesicherten Rang eingetragen werden kann; dies dient insbesondere dem Schutz potenzieller Erwerber.

Hinweis

▶▶▶ Belastungen gehen bei einem Eigentumswechsel grundsätzlich nicht unter, sondern belasten den neuen Eigentümer. Lässt der Verkäufer diese Belastungen beim Verkauf löschen, spricht man von Lastenfreistellung. Es ist auch darauf hinzuweisen, dass die grundbücherlichen Eintragungen über ein Pfandrecht nichts über die Höhe der tatsächlichen aktuellen Verbindlichkeiten aussagen, d.h. die Schulden können bereits teilweise bzw. auch ganz getilgt sein. ◀◀◀

DEUTSCHE RECHTSLAGE IM VERGLEICH

In Deutschland werden die Grundbücher von den Amtsgerichten geführt. Zuständige Abteilung des Amtsgerichts ist das Grundbuchamt. Das Grundbuch besteht aus mehreren Grundbuchblättern. Jedes Grundstück erhält grundsätzlich ein eigenes Grundbuchblatt, das aus fünf Teilen besteht: Aufschrift, Bestandsverzeichnis, Erste Abteilung (Eintragung des Eigentümers), Zweite Abteilung (Beschränkungen und Lasten), Dritte Abteilung (Grundpfandrechte).

Im Übrigen gelten die das österreichische Recht betreffenden Grundsätze ebenso in Deutschland: Antrags- und Eintragungsgrundsatz, Prioritätsgrundsatz, Grundsatz der Voreintragung des Betroffenen. Daneben bestehen eine (widerlegliche) Vermutung der Richtigkeit des Grundbuchs sowie der öffentliche Glaube des Grundbuchs.

Im Unterschied zum österreichischen Recht darf in Deutschland nur Einsicht in das Grundbuch nehmen, wer ein berechtigtes Interesse daran hat (sog. beschränkte Öffentlichkeit des Grundbuchs). Ein berechtigtes Interesse hat bspw., wer selbst als Eigentümer oder Gläubiger eines Rechts eingetragen ist oder wer mit dem Eigentümer in konkreten Verhandlungen (z.B. über einen Kauf) steht; jedoch nicht jeder potenzielle Kaufinteressent, der den Namen des Grundstückseigentümers erst erfahren will.

Die Eintragungen im Grundbuch

Es gibt drei Arten von Eintragungen: Einverleibungen, Vormerkungen und Anmerkungen.

Einverleibungen bewirken den Erwerb, die Übertragung, Beschränkung oder Aufhebung (auch »Löschungen« werden einverleibt) eines bücherlichen Rechts (z.B. Eigentumsrecht, Pfandrecht). Die Einverleibung kann nur aufgrund einer einverleibungsfähigen Urkunde erfolgen, dies sind öffentliche Urkunden (z.B. Urteil, gerichtlicher Vergleich) und private Urkunden, die neben allgemeinen Erfordernissen auch gerichtlich oder notariell beglaubigte Unterschriften der Parteien enthalten müssen (etwa Kaufvertrag, Schenkungsvertrag, Pfandbestellungsvertrag). Obwohl also ein mündlich geschlossener Vertrag rechtswirksam ist, besteht trotzdem die Notwendigkeit, Verträge über den Immobilienerwerb schriftlich auszufertigen. Für den Fall, dass sich ein Vertragspartner weigern sollte, kann auf Ausstellung einer einverleibungsfähigen Urkunde geklagt werden. Die Aufsandungserklärung (entspricht der Auflassungserklärung in Deutschland) kann in der Urkunde über das Rechtsgeschäft (in der Praxis der Regelfall), einer gesonderten Urkunde (welche den Erfordernissen einer einverleibungsfähigen Urkunde genügen muss) oder im Ansuchen beim Grundbuchsgericht um Einverleibung abgegeben werden.

Vormerkungen dienen dem bedingten Rechtserwerb oder Rechtsverlust. Eine Vormerkung ist vor allem dann möglich, wenn die private Urkunde zwar die allgemeinen, nicht aber die für die Einverleibung aufgestellten Erfordernisse aufweist z.B. fehlt die Unbedenklichkeitsbescheinigung (entspricht der deutschen Unbedenklichkeitsbescheinigung) des Finanzamtes. Die Rechtsänderung tritt erst ein, wenn die fehlenden Nachweise erbracht werden (»Rechtfertigung«).

Anmerkungen dienen der Ersichtlichmachung rechtserheblicher Umstände, wie z.B. die Anmerkung der Rangordnung oder die Anmerkung der Streitanhängigkeit. Voraussetzung für die Eintragung einer Anmerkung ist eine entsprechende Erwähnung im GBG oder in einem anderen Gesetz. Die Anmerkung der Rangordnung für die beabsichtigte Veräußerung ist in der Praxis das am häufigsten verwendete Sicherungsmittel zum Schutz eines potenziellen Käufers und dient zur vorläufigen Sicherung des bücherlichen Ranges. Der Verkäufer erhält einen so genannten Rangordnungsbeschluss, der nur in einfacher Ausfertigung ausgestellt wird und ein Jahr Gültigkeit hat. Innerhalb dieses Zeitraums kann als Eigentümer im Rang der Anmerkung nur derjenige eingetragen werden, der dem Grundbuchsgericht den Bescheid vorlegt. Dieser Rangordnungsbeschluss wird dem Käufer übergeben. Nach erfolgter Einverleibung in der angemerkten Rangordnung kann der neue Eigentümer die Löschung aller Zwischeneintragungen beantragen, die nachrangig eingetragen wurden und sein Recht beeinträchtigen. Eine entsprechende Rangordnung kann auch für die beabsichtigte Belastung (Verpfändung) erwirkt werden.

Beispiel Grundbuchauszug mit erklärenden Anmerkungen:

```
GRUNDBUCH 01001 Innere Stadt 1                    2 EINLAGEZAHL   1001
BEZIRKSGERICHT Innere Stadt Wien
*********************************************3 ABFRAGEDATUM   2009-09-10
Letzte TZ   1808/2008 4
***************************** A1 ****************************************
   GST-NR  G BA (NUTZUNG)         FLÄCHE   GST-ADRESSE
   1479/21  G Baufl.(befestigt) *  (1357) Änderung der Fläche in Vorbereitung
      5                                    Musterweg 1
           Sonstige                12
   1562/12  G Baufl.(befestigt) *  246                    6
   GESAMTFLÄCHE                    (1615) Änderung der Fläche in Vorbereitung
****************************** A2 ***************************************
   2  a 124/2005 Bauplatz (auf) Gst 1479/21 7
   3  a 124/2005 Grunddienstbarkeit des Gehens und Fahrens über Gst 1479/23
           Für Gst 1479/21 8
   4  a 124/2005 Zuschreibung Teilfläche(n) Gst 1479/2 aus EZ 1002,
           Einbeziehung in Gst 1479/21 9
******************************* B ***************************************
   1 ANTEIL: 1/2 10
     MUSTERWEG GMBH (FN 123456 z)
     ADR: Musterweg 1, Wien    1010
      b 1234/2000 Kaufvertrag 2000-01-02 Eigentumsrecht vorgemerkt
      c 2345/2000 Rechtfertigung 11
      d 1020/2002 Vorkaufsrecht 12
      e 1808/2008 Rangordnung für die Veräußerung bis 2009-12-12 13
   2 ANTEIL: 1/2 10
     Max Mustermann
     GEB: 1950-01-01   ADR: Musterweg 1, Wien    1010
      b 4321/2001 Schenkungsvertrag 2001-05-05, Eigentumsrecht 14
      d 1060/2006 Belastungs- und Veräußerungsverbot 15
******************************* C ***************************************
   5  auf Anteil B-LNR 1 16
      a 1020/2002
           VORKAUFSRECHT gem Vertrag 2002-02-02 12
           für Musterweg Liegenschaftsverwaltungs GmbH (FN 654321 z)
   6  auf Anteil B-LNR 2 16
      a 1030/2003   Pfandurkunde 2003-03-03 17
           PFANDRECHT                    Höchstbetrag   EUR 1.200.000,-
           für Österreichische Bank AG
   7  auf Anteil B-LNR 2 16
      a 1060/2006
           BELASTUNGS- UND VERÄUSSERUNGSVERBOT 15
           für Margarethe Musterfrau, geb. 1950-02-02
           im Range nach C-LNR 6
   8  a 1060/2006 16
           BESTANDRECHT gem Mietvertrag 2006-06-06        18
           für Margarethe Musterfrau, geb. 1950-02-02
           bis 2026-12-31
*************************** HINWEIS *************************************
           Eintragungen ohne Währungsbezeichnung sind Beträge in ATS
*************************** 2009-09-10 09:30,28065 1D ********* ZEILEN:   48
```

1 Der Sprengel eines Bezirksgerichts ist in Katastralgemeinden eingeteilt. Jeder Grundbuchauszug ist einer Katastralgemeinde zugeordnet und wird durch deren Nummer und deren Namen gekennzeichnet. Eine Katastralgemeinde ist ein grundbuchsrechtlicher Begriff und nicht mit einer Orts-Gemeinde zu verwechseln.

2 Die Liegenschaften sind in so genannten Grundbuchseinlagen (EZ = Einlagezahl) erfasst. Jede Grundbuchseinlage besteht zumindest aus einem Grundstück, kann aber auch aus mehreren bestehen (vgl. GST = Grundstücke im A2-Blatt). Ist die Katastralgemeinde bzw. Einlagezahl oder Grundstücksnummer nicht bekannt, dann kann über die Adresse danach gesucht werden.

3 Das Abfragedatum ist wesentlich, da ein Grundbuchauszug immer nur die rechtlichen Verhältnisse zu einem bestimmten Tag darstellt. Auf die Aktualität eines Grundbuchauszugs sollte unbedingt geachtet werden.

4 TZ bedeutet Tagebuchzahl. Dabei handelt es sich um eine laufende Nummer, mit der Urkunden erfasst werden. Durch die TZ können Urkunden (z.B. Kaufverträge, Servitutsverträge) somit individualisiert werden und es kann auch gezielt danach gesucht werden, neuere Urkunden können auch online im Grundbuch eingesehen werden.

5 Eine Einlagezahl kann aus mehreren Grundstücken bestehen, die hier getrennt angeführt werden. Für die Grundstücke wird eine Nummer vergeben, und die Fläche und Art der Nutzung ist angegeben. Die angegebene Art der Nutzung ist jedoch nur zur Information und nicht verbindlich, verbindliche Angaben darüber enthalten nur die Flächenwidmungspläne.

6 Durch die Anmerkung »Änderung der Fläche in Vorbereitung« wird festgehalten, dass das Grundstück demnächst einer Zu- oder Abschreibung unterliegen wird, d.h. das Grundstück wird geteilt und ein Teil kommt zu einem anderen Grundstück. Aus diesem Grund wurden die Flächenangaben auch in Klammer gesetzt, da diese sich bald ändern werden.

7 Hier wird angemerkt, dass sich auf dem Grundstück ein Bauplatz befindet. In einigen Bundesländern muss ein Baugrund als Bauplatz genehmigt werden, bevor ein Gebäude errichtet werden kann.

8 Hierbei handelt es sich um eine Realservitut oder Grunddienstbarkeit. Das bedeutet, dass der Eigentümer eines Grundstücks das Recht hat, ein anderes Grundstück so zu nutzen wie es im Servitutvertrag vereinbart wurde. Der Eigentümer der anderen – dienenden – Liegenschaft muss diese Nutzung dulden. In diesem Fall handelt es sich um das Recht des Gehens und Fahrens. Da diese Dienstbarkeit im A2-Blatt (Eigentumsblatt) eingetragen wurde, stellt sie ein Recht des Grundstückseigentümers dar. Auf dem anderen Grundstück wird die Dienstbarkeit als Belastung im C-Blatt eingetragen.

9 Diese Anmerkung bedeutet, dass diesem Grundstück früher bereits ein anderes Grundstück aus einer anderen Einlagezahl zugeschrieben wurde, es wurde also von dem anderen Grundstück abgeteilt.

10 Der Hinweis »Anteil 1/2« stellt klar, in welchem Verhältnis mehrere Eigentümer Miteigentum besitzen. In diesem Fall haben die GmbH als juristische Person und eine natürliche Person je Hälfteeigentum an der Liegenschaft.

11 Unterhalb des Eigentümers ist sein Erwerbstitel anzugeben. In diesem Fall handelt es sich um einen Kaufvertrag. Da allerdings nicht alle Urkunden vorgelegt wurden, konnte das Eigentum zwar noch nicht durch Einverleibung erworben werden, aber es wurde vorgemerkt. Durch die Vormerkung wird der Rang im Grundbuch gewahrt.

12 Ein Vorkaufsrecht bewirkt, dass der Eigentümer dem Vorkaufsberechtigten die Liegenschaft zum Verkauf anzubieten hat, wenn er sie verkaufen will, und zwar zu den gleichen Bedingungen. Es ist daher ratsam, bei Vorliegen eines Vorkaufsrechts Verkaufsverhandlungen erst dann zu führen, wenn der Verzicht des Vorkaufsberechtigten vorliegt.

13 Durch diese Eintragung ist der Eigentumserwerb vorgemerkt. Damit kann sichergestellt werden, dass sich der Grundbuchstand bis zur Veräußerung (innerhalb eines Jahres) nicht verändert.

14 Hier war ein Schenkungsvertrag Grundlage für den Eigentumserwerb.

15 Ein Veräußerungs- und Belastungsverbot bewirkt, dass der Eigentümer weder freiwillig noch unfreiwillig Pfandrechte auf seiner Liegenschaft begründen und ohne die Genehmigung des Berechtigten auch nicht veräußern kann. Diese Wirkungen kommen einem Veräußerungs- und Belastungsverbot allerdings nur zu, wenn es zugunsten des Ehegatten, zugunsten der Eltern oder der Kinder des Eigentümers oder deren Ehegatten vereinbart wurde.

16 Mit dem Verweis »auf Anteil B-LNR« wird klargestellt, auf welchen Anteil der Liegenschaft sich die jeweilige Belastung bezieht. Das Bestandrecht bezieht sich hingegen auf die gesamte Liegenschaft. Die Eintragung eines Mietvertrages auf nur einem Miteigentumsanteil wäre nicht möglich, da es sich um ideelle Anteile handelt.

17 Häufige Belastungen sind das Pfandrecht bzw. die Hypothek. Eine spezielle Form des Pfandrechts an Liegenschaften ist die Höchstbetragshypothek. Bei dieser werden Forderungen, die sich aus dem besicherten Grundverhältnis ergeben, bis zum festgesetzten Höchstbetrag besichert. Dadurch wird aber nichts über die Höhe der noch offenen Forderung ausgesagt.

18 Die Eintragung eines Mietrechts im Grundbuch bedeutet, dass dieses »verdinglicht« wurde. Sollte der Kündigungsschutz des Mietrechtsgesetzes nicht greifen (z.B. bei Einfamilienhäusern), kann es bei Verkauf der Liegenschaft dazu kommen, dass der neue Eigentümer kündigt und die Räumung des Mietobjekts verlangt. Die Eintragung des Bestandrechts im Grundbuch verhindert dies.

Grundbuch – Gerichtsgebühren

Für bestimmte grundbuchsrechtliche Vorgänge fallen Gebühren nach dem Gerichts- und Justizverwaltungsgebührengesetz (GGG) an. Das betrifft in erster Linie Eintragungen in das *Grundbuch* sowie Eingaben für Eintragungen. Hier sind vor allem der grundbücherliche Erwerb des Eigentums an einer Liegenschaft und deren Verpfändung relevant.

Eingabe/Eintragung	Gebühr	Anmerkung
Eingaben	€ 42 (+€ 17, wenn nicht elektronischer Rechtsverkehr)	Feste Gebühr für alle Eingaben um Eintragung
Einverleibung Eigentum	1.1%	Bemessungsgrundlage (BMG): Grunderwerbsteuermessbetrag (ohne Steuerbegünstigungen)
Vormerkung Eigentum	€ 70*	Feste Gebühr Für die nachträgliche Anmerkung der Rechtfertigung der Eigentumsvormerkung Gebühr wie bei Eigentumseinverleibung
Rangordnung Eigentum (beabsichtigte Veräußerung)	€ 42*	Nur Eingabengebühr
Eintragungen zum Erwerb des Pfandrechtes	1,2%	Bemessungsgrundlage vertragliches Pfandrecht: Nennbetrag ohne Zinsen (Höchstbetrag) einschließlich Nebengebührensicherstellung
Rangordnung Verpfändung (Hypothek)	0,6%	Für die nachträgliche Eintragung der Hypothek im angemerkten Rang weitere 0,6 Prozent
* Stand Dezember 2013		

DEUTSCHE RECHTSLAGE IM VERGLEICH

In Deutschland entstehen für bestimmte Eintragungsvorgänge festgelegte Gebührensätze. Wie hoch eine Gebühr ist, bemisst sich nach der Tabelle zur Kostenordnung (KostO), die die Gebührenhöhe in Abhängigkeit vom Geschäftswert festlegt. Der Geschäftswert ist der Wert, den der Gegenstand des Geschäfts zur Zeit der Fälligkeit hat.

Für die Eintragung eines Eigentümers wird bspw. eine volle Gebühr erhoben, für die Eintragung einer Belastung (etwa einer Hypothek oder Dienstbarkeit) ebenfalls. Die Eintragung einer Vormerkung löst die Hälfte der Gebühr aus, die für die endgültige Eintragung zu erheben sein wird (je nachdem, welchen Inhalt die Vormerkung hat).

4.2.9 Der Liegenschaftskaufvertrag

Wie bereits ausgeführt, kann ein *Kaufvertrag* auch mündlich abgeschlossen werden. Für die Eintragung im *Grundbuch* ist aber immer eine schriftliche Urkunde nötig. Die einzigen diesbezüglichen Formvorschriften sind die Abgabe der sog. Aufsandungserklärung (Auflassung) durch den Verkäufer und die Beglaubigung der Unterschriften auf der Vertragsurkunde durch Notar oder Gericht. Daher ist im Gegensatz zu Deutschland die Beiziehung eines Notars nicht zwingend.

▸▸▸ Grundsätzlich kann eine einverleibungsfähige Urkunde – etwa ein Kaufvertrag – einschließlich Aufsandungserklärung von den Parteien selbst verfasst werden, da nur die Unterschriften bei Gericht oder durch einen Notar zu beglaubigen sind. Auch das Verfassen des Grundbuchantrages, das Einholen der Unbedenklichkeitsbescheinigung beim Finanzamt und etwaiger Grundverkehrsgenehmigungen, etc. kann grundsätzlich durch die Parteien selbst durchgeführt werden. Die richtige Formulierung des erforderlichen Kaufvertrages und des Antrages auf Eintragung des Eigentumsrechts im Grundbuch ist auf Grund der Formstrenge des Grundbuchsrechts jedoch fehleranfällig, und es besteht die Gefahr der Abweisung des Antrages. Daher ist schon aus diesem Grund – abgesehen von der Formulierung zur sicheren Kaufabwicklung – zu empfehlen, sich bei der Vertragsverfassung und Verbücherung von einem Rechtsanwalt oder Notar beraten zu lassen. ◂◂◂

Auch wenn sich die Parteien mündlich auf den Kauf einigen aber vereinbaren, nachträglich einen schriftlichen Vertrag aufzusetzen, ist der Vertrag bereits mit der erfolgten Willenseinigung der Parteien wirksam. Das gilt insbesondere auch, wenn die Parteien die Hauptpunkte des Vertrages bloß vorläufig schriftlich festhalten wollen und nach ihrem Willen die »förmliche« Vertragsurkunde erst errichtet werden soll.

▸▸▸ Darin liegt in der Praxis eine Gefahr insbesondere für ausländische Kaufinteressenten, die im Vertrauen darauf, dass für einen bindenden Vertragsabschluss eine bestimmte Form eingehalten oder ein Rechtsanwalt bzw. ein Notar beigezogen werden muss, oftmals gegenüber dem Verkäufer oder auch dem Makler Erklärungen – mündliche oder schriftliche – abgeben, die in der Folge von den Gerichten bereits als verbindliche Annahmen ausgelegt werden. Im Verhandlungsstadium ist daher Vorsicht geboten, insbesondere auch vor Unterzeichnung von Angeboten von Maklern – dadurch wird unter Umständen nicht nur die Provision fällig, sondern es kommt auch ein Kaufvertrag zustande. ◂◂◂

Im *Kaufvertrag* sollte die Liegenschaft durch Einlagezahl und Katastralgemeinde bezeichnet werden. Wenn die gesamte Liegenschaft gekauft wird, ist die Angabe der Grundstücksnummern nicht erforderlich, sollte aber zur Sicherheit trotzdem aufgenommen werden. Es können auch Grundstücke gekauft werden, die noch nicht im *Grundbuch* eingetragen sind, weil sie erst durch eine Grundstücksteilung geschaffen werden. In diesem Fall ist aber ein Teilungsplan erforderlich, der durch einen Zivilingenieur erstellt und vom Vermessungsamt und der Baubehörde genehmigt wurde. Der Kaufpreis muss bestimmt (durch Angabe eines Betrages) oder zumindest bestimmbar sein.

Vor Vertragsabschluss

Schon vor Vertragsabschluss bestehen zwischen den Parteien bestimmte Rechte und Pflichten, das sog. vorvertragliche Schuldverhältnis. Dieses sieht vor, dass bereits bei und während der Anbahnung eines Vertrages Aufklärungs-, Schutz- und Sorgfaltspflichten der Parteien zu wahren sind, deren Verletzung schadenersatzpflichtig machen kann. Der Abschluss des *Kaufvertrages* bewirkt allerdings für sich noch nicht den Erwerb des Eigentums. Die Parteien haben lediglich einen Anspruch gegeneinander auf Erbringung der jeweiligen Leistung. Der Käufer hat den Kaufpreis zu zahlen und der Verkäufer hat dem Käufer den Kaufgegenstand zu übergeben und zu übereignen.

4.2.10 Gewährleistung

Gewährleistung ist die Haftung des Verkäufers für Mängel des Kaufgegenstandes. Ein Verschulden des Verkäufers ist nicht Voraussetzung. Beim Liegenschaftskauf haftet der Verkäufer dafür, dass der Käufer Eigentümer wird. Typischerweise wird im Liegenschaftskaufvertrag vereinbart, dass lastenfreies Eigentum übergeht. Ein Mangel liegt auch dann vor, wenn etwa die Liegenschaft an einen Dritten vermietet ist oder durch Dienstbarkeiten belastet ist und der Verkäufer dies nicht offengelegt hat.

Haftung des Verkäufers besteht nur für Mängel, die bei der Übergabe schon vorhanden sind oder zumindest die Ursache dafür schon vor Übergabe vorhanden war. Nicht erforderlich ist, dass ein Mangel schon bei Übergabe erkennbar war. Mängel, die nach Übergabe entstehen, sind Sache des Käufers. Es ist grundsätzlich Sache des Käufers, zu beweisen, dass ein Mangel vorliegt und dieser schon bei Übergabe vorhanden war. Während der ersten sechs Monate nach Übergabe wird aber angenommen, dass der Mangel schon im Zeitpunkt der Übergabe vorhanden war, hier muss der Verkäufer den Gegenbeweis führen.

Grundsätzlich gibt es keine Gewährleistung für Mängel, die zur Zeit des Vertragsabschlusses offenkundig sind. Der Verkäufer haftet jedoch, wenn er die fehlende Eigenschaft ausdrücklich zugesichert oder arglistig verschwiegen hat.

Die Gewährleistungsvorschriften des ABGB sind dispositives Recht und können daher vertraglich abweichend vereinbart werden. Auch ein völliger Ausschluss der Gewährleistung ist – innerhalb der Grenzen der Sittenwidrigkeit – zulässig, nicht jedoch bei Verbrauchergeschäften (also zwischen Unternehmer und Konsument) aufgrund der zwingenden Schutzvorschriften des Konsumentenschutzgesetzes.

Gewährleistungsfrist

Bezieht sich ein Mangel auf eine unbewegliche Sache, so beträgt nach österreichischem Recht die Gewährleistungsfrist drei Jahre. Hat ein Mangel beim ShareDeal hingegen keinen Liegenschaftsbezug, beträgt die Gewährleistungsfrist zwei Jahre.

Der Fristenlauf beginnt bei Sachmängeln mit Übergabe bzw. Vollzug des Kaufes. Bei Rechtsmängeln (z.B. fehlendes Eigentumsrecht) beginnt er ab Erkennen des Mangels durch den Käufer. Vom gesetzlichen Fristenlauf und Fristenbeginn können die Vertragsparteien aber auch einvernehmlich abweichen.

Das deutsche Recht bedient sich anderer Anknüpfungspunkte: Hat ein Bauwerk einen Sachmangel, so verjähren Ansprüche in fünf Jahren. Hingegen gilt bei unbebauten Grundstücken und Mängeln an Grund und Boden eine Zweijahresfrist. Liegt ein Rechtsmangel vor, weil im Grundbuch ein Recht eines Dritten eingetragen ist, das der Käufer nicht übernommen hat, so beträgt die Verjährungsfrist dreißig Jahre ab Übergabe des Grundstücks. Bei anderen Rechtsmängeln (bspw. wegen Vermietung an einen Dritten) gilt hingegen die allgemeine Verjährungsfrist von zwei Jahren.

Gewährleistungsrechte

Liegt ein Mangel vor, hat der Käufer Anspruch auf Gewährleistung durch den Verkäufer. Der Verkäufer kann die Sache verbessern oder austauschen, nur wenn das nicht möglich ist oder unverhältnismäßig, kann Preisminderung oder Wandlung verlangt werden. Die Möglichkeit des »Austausches« von mangelhaften Liegenschaften mit mangelfreien Liegenschaften wird in der Praxis wohl ausscheiden. Kann der Mangel nicht behoben werden, dann kann der Käufer grundsätzlich wählen, ob er Preisminderung oder Wandlung geltend macht. Wandlung ist die Beseitigung des Vertrages und Rückabwicklung des Kaufs. Ist der Mangel aber nur geringfügig, dann kann nur Preisminderung gewählt werden.

Im Wesentlichen stimmen deutsches und österreichisches Recht überein.

Schadenersatz

Sofern ein Verschulden des Verkäufers vorliegt, können auch Schadenersatzansprüche geltend gemacht werden. Dies ist vor allem deshalb bedeutend, da die Gewährleistungsfrist lediglich drei Jahre beträgt, Schadenersatzansprüche aber erst nach 30 Jahren ab Kenntnis von Schaden und Schädiger verjähren. In den ersten zehn Jahren nach Übergabe wird das Verschulden des Verkäufers vermutet und der Verkäufer muss den Gegenbeweis antreten.

Die Rechtsfolgen sind dieselben wie bei der Gewährleistung, und es gilt insoweit das zur Gewährleistung Gesagte.

Auch nach deutschem Recht bestehen bei Mangelhaftigkeit der Kaufsache und Verschulden des Verkäufers Schadensersatzansprüche. Hinsichtlich der kaufrechtlichen Verjährung ergeben sich keine Unterschiede zur oben dargestellten Gewährleistungsfrist.

Nebenabreden

Die Vertragsfreiheit ermöglicht es den Parteien, im *Kaufvertrag* Nebenabreden zu vereinbaren. Typische Fälle sind das Wiederkaufsrecht, das Rückkaufsrecht und das Vorkaufsrecht.

Das *Wiederkaufsrecht* ist das dem Verkäufer eingeräumte höchstpersönliche Recht, die verkaufte Sache zu einem bestimmten Preis wieder zurückzukaufen. Es ist unvererblich, nicht pfändbar und nicht übertragbar. Das Wiederkaufsrecht wird durch einseitige Erklärung des Berechtigten gegenüber dem Käufer ausgeübt, die Sache wieder kaufen zu wollen. Das Wiederkaufsrecht kann verbüchert (im *Grundbuch* eingetragen) werden und wirkt somit gegen jedermann. Wurde die Liegenschaft weiter verkauft, so kann bei Ausübung des Wiederkaufsrechtes daher auch die Liegenschaft vom (Zweit-) Käufer herausverlangt werden. Beim Kauf mit Vorbehalt des Rückkaufs (Rückkaufsrecht) wird dem Käufer das Recht eingeräumt, vom Verkäufer den Rückkauf der Sache zu einem bestimmten Preis zu verlangen.

DEUTSCHE RECHTSLAGE IM VERGLEICH

Nach deutschem Recht entsteht das bedingte Recht mit Abschluss der Wiederkaufvereinbarung. Es ist übertrag- und daher pfändbar. Wie in Österreich kann das Wiederkaufsrecht durch Vormerkung gesichert werden (eigtl. wird der schuldrechtlich bedingte Anspruch auf Übereignung gesichert).

Ein *Vorkaufsrecht* begründet die Verpflichtung des Käufers, die gekaufte Sache, wenn er sie wieder verkaufen will, zuerst dem Vorkaufsberechtigten zur Einlösung anzubieten. In der Praxis sollte daher der Kaufvertrag mit einem Dritten bedingt abgeschlossen werden. Bei Liegenschaften kann das Vorkaufsrecht durch Eintragung in das *Grundbuch* verdinglicht werden; dann wirkt es wie ein Veräußerungsverbot und ist vom Grundbuchgericht von Amts wegen zu beachten. Das Grundbuchgericht muss daher die Einverleibung des Eigentumsrechts eines Käufers abweisen, wenn bei verbüchertem Vorkaufsrecht die Zustimmung des Vorkaufsberechtigten oder die Ergebnislosigkeit des ihm gemachten Angebots nicht nachgewiesen ist.

DEUTSCHE RECHTSLAGE IM VERGLEICH

Die Ausgestaltung des Vorkaufsrechts entspricht der deutschen Rechtslage. Bei Eintragung des Vorkaufsrechts in das Grundbuch spricht man von einem dinglichen Vorkaufsrecht, anderenfalls von einem schuldrechtlichen.

4.2.11 Sichere Kaufabwicklung

Nach Abschluss des *Kaufvertrages* und seines rechtswirksamen Zustandekommens, z.B. nach Eintritt einer aufschiebenden Bedingung, erfolgt die Abwicklung: die Bezahlung des vereinbarten Kaufpreises, allenfalls die Lastenfreistellung, die Abgabenerklärung an das Finanzamt, Zahlung der Grunderwerbsteuer und die Übertragung der Liegenschaft in das Eigentum des Käufers durch die Einverleibung seines Eigentumsrechtes im *Grundbuch*. Zeitpunkt der Kaufpreiszahlung, Übergabe des Kaufgegenstandes und Eigentumsübertragung durch Eintragung im *Grundbuch* fallen daher in der Regel zeitlich nicht zusammen.

Mit der Übergabe des *Kaufvertrages* samt Aufsandungserklärung an den Käufer hat dieser alles, was er benötigt, um die Einverleibung im *Grundbuch* und damit den Erwerb des Eigentums zu erwirken. Der Verkäufer verfügt zu diesem Zeitpunkt aber über keinerlei Sicherheit für die Zahlung des Kaufpreises.

Hat umgekehrt der Käufer dem Verkäufer den Kaufpreis schon vor der Einverleibung seines Eigentumsrechts bezahlt, besteht die Gefahr, durch zwischenzeitliche bücherliche Eintragungen geschädigt zu werden. Der Verkäufer könnte die Liegenschaft noch einmal verkaufen oder auch verpfänden, oder es könnte zwischenzeitlich auch eine Exekution durch zwangsweise Versteigerung, Verwaltung oder Verpfändung der Liegenschaft eingeleitet werden. Auf Grund des grundbücherlichen Prioritätsgrundsatzes ist die spätere Einverleibung des Verkäufers nachrangig und der Käufer kann entweder gar nicht einverleibt werden, da der Zweitkäufer schneller war, oder er muss die Verpfändung oder die Vollstreckungsmaßnahmen gegen sich gelten lassen.

Praxis-Tipp

▸▸▸ Aus diesen Gründen ist es in der Praxis ganz allgemein üblich und auch dringend zu empfehlen, einen Rechtsanwalt oder Notar als Treuhänder heranzuziehen, der den beiden Parteien des Kaufvertrages verantwortlich und bei Fehlern auch schadenersatzpflichtig ist. Dem Treuhänder wird der eintragungsfähige Kaufvertrag übergeben und der Kaufpreis überwiesen. Beide Parteien beauftragen den Treuhänder damit, nach der Überweisung des Kaufpreises die Einverleibung des Eigentums zu bewirken und nach Einverleibung den Kaufpreis an den Verkäufer weiterzuleiten. ◂◂◂

Wird ein Teil des Kaufpreises durch Kredit finanziert, so verlangt der Kreditgeber meist die Bestellung eines Pfandrechtes (Hypothek). Der Treuhänder hat in diesem Fall der kreditgebenden Bank aufgrund eines gesonderten Treuhandauftrages zu garantieren, dass er gleichzeitig mit dem Eigentumsrecht auch eine Hypothek zugunsten der Bank oder des finanzierenden Kreditinstitutes im *Grundbuch* einverleiben lässt. Oft hat der Treuhänder auch die Lastenfreistellung, also die Löschung allenfalls noch im *Grundbuch* eingetragener Pfandrechte zu besorgen, die erst aus der Kaufpreiszahlung getilgt werden. Die Bank überweist den Kaufpreis daher nicht direkt an den Verkäufer, sondern an den Treuhänder, der den Geldbetrag in Verwahrung nimmt und zinsbringend anlegt. Die Auszahlung an den Verkäufer erfolgt erst dann, wenn alle Bedingungen zur ordnungsgemäßen Abwicklung des *Kaufvertrages*, z.B. die Lastenfreistellung des Grundstückes, die Eintragung des Käufers ins *Grundbuch* und die Eintragung des Pfandrechtes der Bank erfüllt sind. Der Treuhänder hat somit im Sinne einer mehrseitigen Treuhand eine für alle Beteiligten sichere Vertragsabwicklung zu gewährleisten.

Hinweis

▸▸▸ Der Treuhänder ist verpflichtet, die Interessen aller Beteiligten zu wahren und eine ordnungsgemäße Erfüllung des Treuhandauftrages zu garantieren. Übernimmt ein Notar die Treuhandschaft, so hat er diese spätestens vor der ersten Verfügung über das Treugut in das Treuhandregister des österreichischen Notariats einzutragen. Die Rechtsanwaltskammern gewährleisten durch dort eingerichtete Treuhandbücher den korrekten Umgang mit anvertrautem Geld. Rechtsanwälte haben Beginn und Beendigung der Treuhandschaft dem Treuhandbuch zu melden, Duplikate der Kontoauszüge sind an den/die Treugeber (z.B. Verkäufer und Käufer) zu übermitteln. Damit ist ein entsprechender Versicherungsschutz für den/die Treugeber verbunden. ◂◂◂

4.2.12 Steuern und Gebühren

Umsatzsteuer

Grundsätzlich unterliegen Umsätze aus Grundstückskäufen keiner Umsatzsteuerpflicht, daher enthält der Kaufpreis keine Umsatzsteuer. Eine Ausnahme besteht jedoch für Grundstücke, die im Betriebsvermögen des Verkäufers stehen. In solchen Fällen hat der Verkäufer die Option zur Steuerpflicht gemäß § 6 Abs. 2 UStG. Macht der Verkäufer von diesem Optionsrecht Gebrauch, so unterliegt der Kaufpreis der Umsatzsteuer.

Grunderwerbsteuer

Die Grunderwerbsteuer beträgt grundsätzlich 3,5% des Kaufpreises. Zum Kaufpreis sind allerdings sämtliche übernommene Lasten, wie z.B. etwa Hypotheken, hinzuzurechnen, ebenfalls etwaige übernommene Fruchtgenussrechte etc. Wird auch Inventar verkauft, so ist dies der Bemessungsgrundlage für die Grunderwerbsteuer nicht hinzuzurechnen. Es ist jedoch Vorsicht vor überhöhter Bewertung des Inventars, um Grunderwerbsteuer zu »sparen«, geboten, da das Finanzamt nicht an die Höhe der Bewertung des Inventars gebunden ist.

Der *Kaufvertrag* ist bis zum 15. des der Vertragsunterfertigung zweitfolgenden Monats dem Finanzamt unter Vorlage einer Abgabenerklärung anzuzeigen. Steuerschuldner der Grunderwerbsteuer sind gegenüber dem Finanzamt – unabhängig von einer anders lautenden vertraglichen Vereinbarung – alle am Erwerbsvorgang beteiligten Personen. In der Regel wird die Abgabenerklärung durch den Rechtsanwalt oder Notar als Vertragsverfasser angezeigt. Die Grunderwerbsteuer wird dann mit Bescheid vorgeschrieben, nach vollständiger Bezahlung stellt das Finanzamt die so genannte »Unbedenklichkeitsbescheinigung« aus, die zur Verbücherung des Vertrages beim *Grundbuch* zwingend vorzulegen ist.

Praxis-Tipp

▶▶▶ Rechtsanwälte und Notare haben die Befugnis zur Selbstberechnung, das heißt die Grunderwerbsteuer wird von den Parteienvertretern selbst berechnet und abgeführt. Es muss dann keine Unbedenklichkeitsbescheinigung vom Finanzamt ausgestellt werden, die Einverleibung im Grundbuch kann mit der Selbstberechnungserklärung erfolgen. Dies beschleunigt die Eintragung im Grundbuch erheblich. ◀◀◀

Rechtsgeschäftsgebühren

Das Gebührengesetz (GebG) unterwirft bestimmte Schriften und Amtshandlungen (z.B. Zeugnisse, Eingaben, Protokolle, Beilagen) sowie bestimmte Rechtsgeschäfte einer Gebührenpflicht (feste Gebühr oder Hundertsatzgebühr).

Rechtsgeschäfte sind in der Regel nur dann gebührenpflichtig, wenn über sie eine Urkunde (Text und Unterzeichnung des/der Verpflichteten) errichtet wird. Annahmeschreiben – als Annahme eines Vertragsanbotes oder als Beurkundung der mündlichen Annahme – gelten auch als Urkunden. Das Rechtsgeschäft muss gültig zustande gekommen sein. Bedingungen sind dabei gebührenrechtlich unbeachtlich; nach der Judikatur stellen Optionen (vor allem Verlängerungsoptionen) solche Bedingungen dar, sofern es sich nicht um bloße Vertragsangebote handelt. Das bedeutet, dass die volle Gebührenpflicht trotz einer aufschiebenden Bedingung sowie bei Verlängerungsoptionen entsteht und der Eintritt einer auflösenden Bedingung nach dem Entstehen der Gebührenpflicht sich auf diese nicht auswirkt.

Auch rechtsbezeugende, z.B. über ein mündlich geschlossenes Rechtsgeschäft errichtete, Urkunden lösen Gebührenpflicht aus. Die Urkunde muss geeignet sein, als objektiver Beweis für das Rechtsgeschäft zu dienen. Dazu muss die Urkunde unterzeichnet sein und die wesentlichen Merkmale des Rechtsgeschäftes enthalten.

DEUTSCHE RECHTSLAGE IM VERGLEICH

In Deutschland regelt die Kostenordnung den Anfall von Gebühren und Auslagen (= Kosten) in den Angelegenheiten der freiwilligen Gerichtsbarkeit, wozu auch Register- und Grundbuchsachen gehören. Die Höhe einer Gebühr richtet sich meist nach dem Geschäftswert. Welche Gebühren (eine Gebühr, mehrere Gebühren oder Bruchteile einer Gebühr) und welche Auslagen erhoben werden, ergibt sich aus den einzelnen Bestimmungen des Gesetzes.

Übersicht über die wichtigsten vom Gebührengesetz erfassten Rechtsgeschäfte

Rechtsgeschäft/Vertrag	Gebühr	Anmerkungen
Bestandvertrag (Miete und Pacht)	1%	Bemessungsgrundlage (BMG): das auf die Vertragsdauer anfallende Gesamtentgelt (Jahresbruttomiete mal Vertragsjahr: unbefristet: drei Jahre; befristet: Laufzeit, max. 18 Jahre). Einmalzahlungen sind grundsätzlich zu berücksichtigen. Einseitige Kündigungsverzichte sind unbeachtlich, beidseitige führen zur Behandlung als Befristung für den vom Verzicht erfassten Zeitraum, danach unbefristet (daher »doppelte« Vergebührung!)
Dienstbarkeitsvertrag	2%	BMG: Entgelt
Bürgschaftserklärung und Schuldbeitritt	1%	BMG: Wert der verbürgten Verbindlichkeit unter Umständen gebührenfreies Nebengeschäft Hinweis: abstrakte Garantie ist gebührenfrei
Zession	0,8%	BMG: Entgelt
Anweisung	2%	BMG: Wert der angewiesenen Leistung
Hypothekarverschreibung	1%	Unter Umständen gebührenfreies Nebengeschäft

Zusätze oder Nachträge zu bereits beurkundeten Rechtsgeschäften, die eine Veränderung der Rechte und Pflichten (etwa nachträgliche Mietzinserhöhung) oder eine Verlängerung des Rechtsgeschäftes bewirken, sind im Umfang dieser Änderungen grundsätzlich ebenfalls gebührenpflichtig. Ein Nachtrag in diesem Sinn liegt aber nur vor, wenn er von den Parteien des ursprünglichen Vertrages geschlossen wird.

Praxis-Tipp

▶▶▶ Wird über ein grundsätzlich gebührenpflichtiges Rechtsgeschäft keine Urkunde (unterzeichneter Text) errichtet, kann trotzdem eine »Ersatzbeurkundung« und somit eine die Gebührenpflicht auslösende Urkunde vorliegen, z.B. eine Verhandlungsniederschrift über eine einseitige Erklärung, die vom Erklärungsempfänger unterzeichnet ist. ◀◀◀

Gebührenfreie Nebengeschäfte (Sicherungs- und Erfüllungsgeschäfte)

Die Vermeidung mehrerer Gebühren ist bei »Nebengeschäften« allgemein vorgesehen.

Werden in einer Urkunde mehrere Rechtsgeschäfte abgeschlossen, die nicht zusammenhängende Teile des Hauptgeschäftes sind, fällt die Gebühr für jedes Geschäft an. Es tritt jedoch eine Gebührenbefreiung ein, wenn in der Urkunde (über das Hauptgeschäft) zwischen denselben Vertragsteilen ein Nebengeschäft oder Nebenabreden zur Sicherung oder Erfüllung des Hauptgeschäftes getroffen werden. Nach dem Gesetzestext tritt die Befreiung unabhängig davon ein, ob das Hauptgeschäft einer Gebühr nach dem GebG oder einer Verkehrsteuer unterliegt. Dies ist nach der Rechtsprechung aber so zu verstehen, dass das Hauptgeschäft entweder die Rechtsgeschäftsgebühr oder eine Verkehrsteuer auslösen muss.

Sicherungs- und Erfüllungsgeschäfte (ausgenommen Wechsel) zu Darlehens- und Kreditverträgen (Hauptgeschäft) unterliegen nicht der Gebührenpflicht, wenn der Darlehens- und Kreditvertrag mit einem Kreditinstitut, der Österreichischen Nationalbank, einem Versicherungsunternehmen, einer Pensionskasse oder einer Bausparkasse abgeschlossen wurde und darüber eine Urkunde in der für die Entstehung der Gebührenpflicht maßgeblichen Weise errichtet wurde. Die Gebührenbefreiung tritt aber nur dann ein, wenn das Hauptgeschäft spätestens gleichzeitig mit dem Sicherungsgeschäft abgeschlossen wurde.

DEUTSCHE RECHTSLAGE IM VERGLEICH

Auch in Deutschland umfasst die für ein Geschäft bestimmte Gebühr sämtliche Nebengeschäfte.

Gebührenvermeidung

Abgesehen von den im GebG vorgesehenen Ausnahmen bestehen nur eingeschränkte Möglichkeiten der legalen Gebührenvermeidung. Die Möglichkeiten, die diesbezüglich bestehen, haben jedoch auch Nachteile, die zu berücksichtigen sind, sodass meist nur dann davon Gebrauch gemacht wird, wenn die entsprechenden Verträge hohe Rechtsgeschäftsgebühren auslösen. Ein gebührenschonender Vertragsabschluss sollte auf keinen Fall ohne Beratung durch einen Rechtsanwalt oder Steuerberater erfolgen.

Gebührenschuldner und Haftung

Gebührenschuldner sind i.d.R. die Vertragsteile, bei einseitig verbindlichen Rechtsgeschäften derjenige, in dessen Interesse die Urkunde ausgestellt ist. Das GebG differenziert hier nicht zwischen inländischen und ausländischen Vertragsteilen. Die Haftung für die Gebühr trifft alle am Rechtsgeschäft beteiligten Personen.

DEUTSCHE RECHTSLAGE IM VERGLEICH

Kostenschuldner ist nach deutschem Recht jeder, der die Tätigkeit des Gerichts veranlasst hat, bei der Beurkundung derjenige, dessen Erklärung beurkundet wird.

Hinweis

▶▶▶ Es liegt im Ermessen der Behörde, an welchen der Schuldner sie sich wendet, vertragliche Regelungen (z.B. wie bei Mietverträgen üblich, dass die Gebühr vom Mieter zu tragen ist) sind für die Behörde nicht bindend. ◀◀◀

Immobilienertragsteuer

Die Immobilienertragsteuer beträgt generell 25% vom Veräußerungsgewinn bzw. –überschuss, der bei einem Immobilienverkauf anfällt. Eine geringere Steuer in Höhe von 3,5% des Veräußerungserlöses kommt für sogenannte »Alt-Grundstücke« zur Anwendung. Das sind Immobilien, die vor dem 31. März 2002 angeschafft wurden.

Der (steuerpflichtige) Veräußerungsgewinn errechnet sich durch die Differenz zwischen Veräußerungserlös und Anschaffungskosten. Der Veräußerungserlös ist immer in tatsächlicher Höhe anzusetzen.

Bei »Neu-Grundstücken« (das sind Immobilien, die nach dem 31. März 2002 angeschafft wurden) errechnen sich die Anschaffungskosten nach den tatsächlichen Anschaffungskosten. Zu diesen können ggf. Kosten aus Herstellungsaufwand (z.B. Anbau, Zubau, Aufstockung, Zusammenlegung von Wohnungen, erstmaliger Einbau von Sanitäreinrichtungen oder einer Zentralheizung) oder Instandsetzungsaufwand (z.B. Austausch von wesentlichen

Gebäudeteilen, Fenstertausch, Austausch der Heizungsanlage, Wärmedämmung der Fassade) hinzugerechnet werden. Diese Aufwände erhöhen die Anschaffungskosten und vermindern somit den Veräußerungserlös. Nicht zu berücksichtigen sind Instandhaltungskosten (z.B. Ausmalen, Parkett abschleifen etc.).

Auf die Bemessungsgrundlage für die Berechnung der Steuer (also Veräußerungserlös abzüglich Anschaffungskosten) kann (nach Abzug von Nebenkosten) noch ein Inflationsabschlag in Höhe von 2% pro Jahr ab dem 11. Jahr nach dem Erwerb angerechnet werden. Der Inflationsabschlag kann maximal 50% des Verkaufserlöses betragen. Von diesem Betrag ist dann die 25%ige Steuer zu berechnen.

Bei »Alt-Grundstücken« (das sind Immobilien, die vor dem 31. März 2002 angeschafft wurden) werden im Normalfall die Anschaffungskosten pauschal um 86% des Verkaufserlöses angesetzt, sodass der Veräußerungsgewinn 14% des Veräußerungserlöses beträgt. Wendet man hier den Steuersatz von 25% an, so beträgt die Steuerbelastung 3,5% vom Veräußerungserlös. Davon abweichende Regeln kommen zur Anwendung, wenn das der Veräußerung zugrundeliegende Grundstück nach dem Erwerb von Grünland in Bauland umgewidmet wurde. Die pauschalierte Steuerbelastung ist hier höher und beträgt effektiv 15% vom Verkaufserlös.

Für auf diese Weise pauschal errechnete Verkaufserlöse kommt kein Inflationsabschlag zur Anwendung. Auch »Alt-Grundstücke« können aber auf Antrag nach den tatsächlichen (und ebenfalls adaptierten) Anschaffungskosten besteuert werden (»Regel-Einkünfteermittlung«).

Ausnahmen von der Immobilienertragsteuer

Hauptwohnsitzbefreiung: Steuerfrei ist – unter bestimmten Voraussetzungen – nach wie vor die Veräußerung von Eigenheimen und Eigentumswohnungen (samt Grund und Boden im Ausmaß von höchstens 1.000 m²), wenn das Kaufobjekt der Hauptwohnsitz des Steuerpflichtigen ist. Der Steuerpflichtige muss das Kaufobjekt ab der Anschaffung bis zur Veräußerung mindestens zwei Jahre durchgehend oder innerhalb der letzten zehn Jahre vor der Veräußerung für mindestens fünf Jahre durchgehend als Hauptwohnsitz genutzt haben.

Herstellerbefreiung: Steuerfrei sind Gewinne aus der Veräußerung von selbst hergestellten Gebäuden, allerdings sind Grund und Boden in diesem Fall steuerpflichtig. Die Ausnahme greift auch nicht, wenn das Gebäude innerhalb der letzten zehn Jahre vor Veräußerung der Erzielung von Einkünften gedient hat (Vermietung).

Enteignungen und Tauschvorgänge (im Rahmen eines Zusammenlegungs-, Flurbereinigungs- oder Baulandwidmungsverfahrens) sind steuerfrei.

Einhebung und Abfuhr der Immobilienertragsteuer

Die Einhebung und Abfuhr der Immobilienertragsteuer für Immobilienverkäufe im privaten Bereich erfolgt seit 2013 zwingend durch die Parteienvertreter (Rechtsanwälte, Notare), sofern auch die Selbstberechnung der Grunderwerbsteuer durch den jeweiligen Parteienvertreter erfolgt. Die Selbstberechnung und Abfuhr der Immobilienertragsteuer durch den Parteienvertreter entfaltet Endbesteuerungswirkung, d.h. der Steuerpflichtige muss diesen Vorgang nicht mehr in seine Einkommensteuererklärung aufnehmen. freiwillige Aufnahme in die Steuererklärung unter Beibehaltung des Steuersatzes von 25% ist möglich (»Veranlagungsoption«). In diesem Fall wäre z.B. ein Ausgleich mit Verlusten aus anderen Grundstücksveräußerungen möglich. Auch die Anwendung des regulären Steuersatzes auf den Vorgang ist möglich. Erfolgt – aus welchen Gründen auch immer – keine Selbstberechnung und Abfuhr durch den Parteienvertreter, so muss der Steuerpflichtige eine besondere Vorauszahlung in Höhe von 25% der Bemessungsgrundlage leisten.

4.3 Miete

4.3.1 Allgemeines zum österreichischen Mietrecht

Kennzeichnend für das österreichische Mietrecht sind zum einen die fehlende Einheitlichkeit für verschiedene Mietobjekte – je nach Art und Alter der Räumlichkeiten gelten andere Vorschriften – und zum anderen die Dominanz des Mieterschutzes.

Das mieterschutzrechtliche Kerngesetz – das Mietrechtsgesetz (MRG) – unterscheidet zwischen – vornehmlich älteren – Objekten, auf die alle Bestimmungen des MRG anwendbar sind, und solchen, die im Wesentlichen nur den Kündigungsschutzbestimmungen des MRG unterliegen.

Wohl in keinem anderen Land ist der Kündigungsschutz für den Mieter so umfassend ausgestaltet wie in Österreich: von wenigen Ausnahmen abgesehen, unterliegen alle Mietverträge über Wohnungen und Geschäftsräume dem gesetzlichen Kündigungsschutz. Daher können Mietverträge vom Vermieter grundsätzlich nur bei Vorliegen eines wichtigen Grundes gekündigt werden.

Praxis-Tipp

▶▶▶ Der Mieter genießt nicht nur bei Wohnungsmieten, sondern auch bei gewerblichen Mietverträgen Kündigungsschutz. Des Öfteren finden sich in Mietverträgen vom Gesetz abweichende Bestimmungen zur Kündigung durch den Vermieter, die jedoch bei Anwendbarkeit des MRG – und dies ist fast immer der Fall – unwirksam sind. ◀◀◀

4.3.2 Anwendbarkeit des MRG – Ausnahmen

Grundsätzlich gilt das MRG sowohl für die Miete von Wohnungen oder einzelnen Wohnungsteilen als auch für Geschäftsräumlichkeiten aller Art (Büros, Geschäftsräume, Magazine, Werkstätten, Arbeitsräume, Amts- oder Kanzleiräume) samt vermieteten Haus- oder Grundflächen (wie im Besonderen von Hausgärten, Abstell-, Lade- oder Parkflächen).

Vereinzelt bestehen jedoch Ausnahmen, die in der Praxis wohl bedeutendste sieht § 1 Abs. 2 Z 5 MRG vor: Demnach unterliegen Mietgegenstände in einem Gebäude mit nicht mehr als zwei selbstständigen Wohnungen oder Geschäftsräumlichkeiten nicht dem MRG.

Weitere Ausnahmen bestehen z.B. für die Vermietung im Rahmen bestimmter Betriebe (für Beherbergungs-, Garagierungs-, Lagerhaus- oder Flughafenunternehmen) und bestimmter Heime (Senioren, Studenten etc.), aber auch für Zweitwohnungen, die der Erholung oder Freizeitgestaltung dienen.

Auch Pachtverträge, die nach dem österreichischen Recht ebenfalls Bestandverträge sind, unterliegen nicht dem Mietrechtsgesetz. Im Unterschied zum Mietvertrag wird beim Pachtvertrag ein Unternehmen (oder eine landwirtschaftlich genutzte Fläche) in Bestand genommen.

DEUTSCHE RECHTSLAGE IM VERGLEICH

Regelungsstandort des deutschen Mietrechts sind die §§ 535 ff. BGB. Ein spezielles Mietrechtsgesetz wie in Österreich existiert im deutschen Recht nicht. Inhaltlich sind deutsches und österreichisches Miet- und Pachtrecht teilweise vergleichbar; in Deutschland unterliegen gewerbliche Mietverträge keinem strengen Kündigungsschutz.

Anwendbarkeit des MRG – voll oder nur teilweise

Soweit das MRG anwendbar ist, unterscheidet dieses grundsätzlich zwischen Objekten, die sämtlichen Bestimmungen des MRG unterliegen (»Vollanwendungsbereich«), und solchen, auf die nur die Bestimmungen über den Bestandschutz anwendbar sind (»Teilanwendungsbereich«). Im Vollanwendungsbereich des MRG finden sich neben den Kündigungsschutzbestimmungen u. a. auch – zwingende – Regelungen über die Erhaltungspflichten, Betriebskosten und Höhe des Mietzinses.

Praxis-Tipp

▶▶▶ Die Abgrenzungskriterien des Mietrechtes, insbesondere zwischen Voll- und Teilanwendungsbereich des MRG, sind teilweise äußerst komplex. Insbesondere bei der zulässigen Kündigung durch den Vermieter, beim Mietzins und bei den Betriebskosten sind die Rechtsfolgen dabei sehr unterschiedlich. Daher sollte zur Klärung dieser Vorfrage unbedingt eine Beratung durch einen Mietrechtsspezialisten erfolgen. ◀◀◀

Grundsätzlich unterliegen dem Teilanwendungsbereich des MRG Mietobjekte, die

- in Gebäuden gelegen sind, die ohne öffentliche Mittel aufgrund einer nach dem 30.6.1953 erteilten Baubewilligung neu errichtet wurden,
- durch Ausbau eines Dachbodens oder einen Aufbau auf Grund einer nach dem 31.12.2001 erteilten Baubewilligung neu errichtet worden sind, sowie unter Umständen unausgebaute Dachbodenräumlichkeiten,
- durch einen Zubau auf Grund einer nach dem 30.6.2006 erteilten Bewilligung neu errichtet worden sind,
- im Wohnungseigentum stehen und in Gebäuden liegen, die aufgrund einer nach dem 8.5.1945 erteilten Baubewilligung neu errichtet wurden.

Ist keine der genannten Ausnahmen verwirklicht und liegt auch keine Vollausnahme vor, sind sämtliche Bestimmungen des MRG auf ein Mietverhältnis anwendbar.

Das MRG regelt jedoch die in seinen Anwendungsbereich fallenden Rechtsverhältnisse nicht abschließend; es gelten subsidiär stets die Vorschriften des ABGB. Damit besteht letztlich auch Vertragsautonomie, soweit nicht zwingende Vorschriften des MRG umgangen werden.

Hinweis

▶▶▶ Im MRG enthaltene Regelungen zu Gunsten des Mieters sind im Zweifel jedoch stets als zwingend anzusehen. Wenn die Voraussetzungen für die Anwendbarkeit des MRG gegeben sind, kann dessen Anwendung daher vertraglich nicht ausgeschlossen werden. ◀◀◀

4.3.3 Instandhaltung

Im *Vollanwendungsbereich* des MRG enthält das Gesetz Regelungen darüber, welche Instandhaltungs- bzw. Instandsetzungsarbeiten den Vermieter und welche den Mieter treffen. Der Vermieter ist demnach insbesondere verantwortlich für die Erhaltung der allgemeinen Teile des Hauses, wie Dach, Fassaden, Stiegenhäuser etc., sowie die Behebung von ernsten Schäden des Hauses auch im Inneren von Bestandobjekten, wie insbesondere Schäden an Gas-, Wasser- und Stromleitungen, von denen eine Gefahr ausgeht und die Erhaltung von zentralen Anlagen des Hauses, wie Zentralheizungen, Aufzügen oder Waschküchen.

Mietersache ist die Wartung und Instandhaltung des Mietobjekts im Inneren, soweit es sich nicht um ernste Schäden des Hauses handelt, wie insbesondere von Ver- und Entsorgungsleitungen und sanitären Anlagen.

> **DEUTSCHE RECHTSLAGE IM VERGLEICH**
>
> Im Unterschied zum österreichischen Recht ist nach der Bestimmung des § 535 BGB der Vermieter verpflichtet, dem Mieter den Gebrauch an der Mietsache zu gewähren. Diese Verpflichtung beinhaltet auch die Instandhaltung der Mietsache. Hierzu gehören als Instandhaltung alle vorbeugenden Maßnahmen, die der Vermeidung von Schäden und der Erhaltung des Objekts dienen. Dies gilt, soweit die Pflicht nicht im Mietvertrag auf den Mieter verlagert wird.

Darüber hinaus gibt es einen Bereich, den das MRG nicht regelt. Ob und inwieweit dieser in die Verantwortung des Vermieters fällt und Gegenstand abweichender Vereinbarungen sein kann, ist umstritten. Eine eindeutige Rechtsprechung zu diesem Thema gibt es derzeit nicht, die österreichischen Gerichte scheinen aber derzeit davon auszugehen, dass der Vermieter im Vollanwendungsbereich des MRG zu keinen weiteren als den im MRG ausdrücklich genannten Instandhaltungsmaßnahmen verpflichtet ist, der Mieter aber gegebenenfalls den Mietzins mindern kann.

Praxis-Tipp

▶▶▶ Es ist daher zu empfehlen, die wechselseitigen Instandhaltungsverpflichtungen im Mietvertrag möglichst genau zu definieren. ◀◀◀

Im *Teilanwendungsbereich* des MRG gilt nur das ABGB, wonach sämtliche Erhaltungsarbeiten dem Vermieter obliegen. Diese Bestimmung ist allerdings abdingbar.

Praxis-Tipp

▶▶▶ In der Praxis wird regelmäßig dem Mieter weitestgehend die gesamte Instandhaltung, Wartung und Instandsetzung des Mietobjektes auferlegt. Inwieweit einem Mieter auch die Erneuerung sämtlicher Anlagen und allgemeiner Teile auferlegt wird, ist Verhandlungssache. ◀◀◀

4.3.4 Mietzins

Im Teilanwendungsbereich des MRG gelten die Mietzinsbildungsbestimmungen des MRG nicht; es kommen also die Bestimmungen des ABGB zur Anwendung. Nach ABGB unterliegen Mietzinsvereinbarungen nur den allgemeinen Beschränkungen wie Wucher oder Sittenwidrigkeit.

Im Vollanwendungsbereich des MRG wird die (höchst-)zulässige Mietzinshöhe für Wohnungen in Abhängigkeit von Größe, Ausstattung und Lage festgelegt. Auf die Einzelheiten dieser – komplexen – Regelungen soll hier jedoch nicht näher eingegangen werden.

Hinweis

▶▶▶ Im Vollanwendungsbereich des MRG ist auch bei Mietverträgen für Geschäftsraummiete die Mietzinshöhe auf den sog. angemessenen Mietzins beschränkt. Dieser wird im Streitfall von einem Sachverständigen anhand der Vergleichswertmethode ermittelt und liegt regelmäßig unter dem am freien Markt erzielbaren Mietzins. ◀◀◀

Eine Wertsicherung, also Bindung der Miete an einen Index, ist zulässig. Sie muss in der Regel aber ausdrücklich vereinbart werden. Allerdings darf im Vollanwendungsbereich des MRG durch eine vorgenommene Wertsicherungserhöhung insgesamt der höchstzulässige Hauptmietzins nicht überschritten werden.

In Wohnraummietverhältnissen kann der Vermieter eine Mieterhöhung (unter bestimmten Voraussetzungen) einseitig verlangen, soweit nicht ausnahmsweise vertraglich etwas anderes geregelt ist. Macht der Vermieter eine Mieterhöhung nach § 558 oder § 559 BGB geltend, so kann der Mieter bis zum Ablauf des zweiten Monats nach dem Zugang der Erklärung des Vermieters das Mietverhältnis außerordentlich zum Ablauf des übernächsten Monats kündigen. Kündigt der Mieter, so tritt die Mieterhöhung nicht ein. Bei Gewerberaummiete gilt die vertraglich vereinbarte Miete grundsätzlich während der gesamten Vertragslaufzeit; der Vermieter kann die Miete nur mit der freiwilligen Zustimmung des Mieters erhöhen. Es ist daher üblich, von vornherein Wertsicherungsklauseln zu vereinbaren, die Mieterhöhungen nach bestimmten Zeitabständen (Staffelmiete) oder abhängig von den Lebenshaltungskosten (Indexmiete) vorsehen.

Betriebskosten

Hinsichtlich der Betriebskosten ist ebenfalls zu unterscheiden, ob das MRG zur Gänze auf den Mietgegenstand Anwendung findet oder ob nur Teilanwendung gegeben ist. Im ersten Fall regelt das MRG in seinen §§ 21 bis 23 die zulässigerweise verrechenbaren anteiligen Betriebskosten. Außerhalb der Anwendbarkeit des MRG können die vom Mieter zu tragenden Betriebskosten frei vereinbart werden. Dabei hat der Vermieter grundsätzlich einen sehr großen Spielraum: Er kann unter Betriebskosten alle zur Erhaltung und zum Betrieb des gesamten Hauses und der dazugehörigen Flächen und Einrichtungen notwendigen Ausgaben verrechnen.

Praxis-Tipp

▶▶▶ Da die Tragung der Betriebskosten außerhalb des Vollanwendungsbereichs des MRG der freien Vereinbarung unterliegt, sollte der Mietvertrag eine detaillierte Regelung enthalten, welche Betriebskosten vom Mieter zu tragen sind. ◀◀◀

In Deutschland fehlt eine entsprechende Regelung, die bestimmt, dass der Mieter neben der Miete zwingend auch die Betriebskosten zu tragen hat. Daher muss Entsprechendes vertraglich vereinbart werden. Im Mietvertrag sollten die vom Mieter zu übernehmenden Betriebskosten ausdrücklich genannt oder auf die Betriebskostenverordnung (die einen entsprechenden Katalog über die wesentlichen Betriebskosten enthält) verwiesen werden. Bei Gewerbemietverträgen können die Parteien auch die Umlage weiterer Betriebskosten vereinbaren. Nur individualvertraglich zulässig ist die Umlage von Instandsetzungskosten auf den Mieter. Die Umlage der Kosten gemeinschaftlich genutzter Anlagen und Flächen muss in AGB-Klauseln der Höhe nach beschränkt werden. Generell muss der Umfang der formularmäßig umlegbaren Kosten hinreichend bestimmt sein; Bezugnahmen auf »notwendige« oder »übliche« Kosten genügen jedenfalls nicht.

4.3.5 Veräußerung des Mietobjekts

Gemäß § 2 Abs. 1 MRG ist der Erwerber eines Gebäudes an einen wirksam geschlossenen Hauptmietvertrag gebunden. Obwohl diese Bestimmung ex lege nur auf solche Mietgegenstände anwendbar ist, die in den Vollanwendungsbereich des MRG fallen, wendet die österreichische Rechtsprechung sie auch auf Mietgegenstände, die dem MRG nur zum Teil unterliegen, an.

Anderes gilt, wenn der Mietvertrag gar nicht dem MRG unterliegt: Im Fall der Veräußerung haben sowohl der Mieter als auch der neue Eigentümer das Recht, den Mietvertrag zu kündigen.

Praxis-Tipp

▸▸▸ Um sich gegen eine Kündigung bei Veräußerung des Gebäudes abzusichern, kann der Mietvertrag in das Grundbuch eingetragen werden. ◂◂◂

DEUTSCHE RECHTSLAGE IM VERGLEICH

In Deutschland tritt der Erwerber sowohl bei Wohnraum- als auch bei Gewerbemietverträgen in die Stellung des Vermieters ein, denn: »Kauf bricht nicht Miete« (§ 566 BGB).

4.3.6 Unternehmensveräußerung und Mietzinsanhebung

Eine weitere Besonderheit im Vollanwendungsbereich des MRG ist, dass der Mieter sein im Mietgegenstand betriebenes Unternehmen veräußern bzw. verpachten kann.

Im Fall der Veräußerung des Unternehmens tritt der Erwerber des Unternehmens in den Mietvertrag ex lege ein und der Veräußerer scheidet aus. Grundgedanke hinter dieser Regelung ist, dass dem Mieter die Verwertung des von ihm geschaffenen Firmenwertes ermöglicht werden soll. Als Ausgleich für diesen, dem Vermieter aufgezwungenen Mieterwechsel sieht das Gesetz vor, dass in diesem Fall der Vermieter berechtigt ist, innerhalb von sechs Monaten den Mietzins auf den angemessenen Mietzins anzuheben. Deshalb sind Erwerber und Veräußerer verpflichtet, dem Vermieter die Veräußerung unverzüglich anzuzeigen.

Zur Vermeidung von Umgehungen dieser Bestimmung gilt das Recht auf Anhebung des Mietzinses auch für den Fall eines Machtwechsels in einer Mietergesellschaft, d.h. bei einer Änderung der rechtlichen und wirtschaftlichen Einflussmöglichkeiten in der Gesellschaft des Mieters, z.B. durch Veräußerung von Geschäftsanteilen, Spaltung, Verschmelzung u.Ä.

Praxis-Tipp

▸▸▸ Diese Rechte des Vermieters sind aufgrund des Bestehens zahlreicher alter Mietverträge mit niedrigen Mietzinsen immer besonders umstritten. Es gibt hierzu für die verschiedensten Fallkonstellationen eine Reihe kasuistischer, nicht immer systemkonformer Entscheidungen der Gerichte, die insbesondere auch bei gesellschaftsrechtlichen Umstrukturierungen auf Mieterseite zu bedenken sind, um unerwünschte Folgen zu vermeiden. ◂◂◂

4.3.7 Befristung des Mietvertrages

Im Voll- und im Teilanwendungsbereich des MRG ist die Befristung von Mietverträgen grundsätzlich – mit den nachstehenden dargestellten Einschränkungen – möglich. Die Befristung muss dabei immer schriftlich im Mietvertrag vereinbart werden, ansonsten ist sie nicht durchsetzbar.

Bei Wohnungen muss die ursprünglich vereinbarte Vertragsdauer oder die Verlängerung jeweils mindestens drei Jahre betragen.

Geschäftsraummietverträge können hingegen beliebig befristet werden; praktisch relevant ist dies aber erst ab einer Gesamtvertragsdauer von mehr als einem halben Jahr, weil

Verträge mit einem kürzeren Zeitraum überhaupt vom Anwendungsbereich des MRG ausgenommen sind.

Praxis-Tipp

▸▸▸ Zu beachten ist im Vollanwendungsbereich des MRG, dass bei Abschluss eines befristeten Mietvertrages ein »Befristungsabschlag« vom Mietzins in Höhe von 25% zu machen ist. ◂◂◂

DEUTSCHE RECHTSLAGE IM VERGLEICH

Auch in Deutschland empfiehlt es sich, befristete Mietverträge schriftlich zu fixieren, da diese ggf. als auf unbestimmte Zeit abgeschlossen gelten. Eine Mindestbefristungszeit gibt es nicht. Allerdings kann bei Wohnraummietverhältnissen nur unter bestimmten Voraussetzungen eine Befristung vertraglich vereinbart werden.

4.3.8 Beendigung des Mietverhältnisses

Nach den Bestimmungen des ABGB und grundsätzlich auch im Anwendungsbereich des MRG enden Mietverträge mit der – rechtswirksamen – Aufkündigung oder mit Ablauf der vereinbarten Vertragsdauer.

Ein wirksam befristetes Mietverhältnis endet grundsätzlich mit Ablauf der vorgesehenen Vertragsdauer, ohne dass es etwa seitens des Vermieters einer Kündigung bedürfte. Wenn der Mieter über das vereinbarte Vertragsende hinaus im Mietobjekt bleibt und der Vermieter dies duldet, so kommt es dadurch nach allgemeinen Grundsätzen zur stillschweigenden Verlängerung des Mietverhältnisses.

Ein ordentliches Kündigungsrecht des Mieters kann in allen Fällen – Wohnung oder Geschäftsraum – und unabhängig von der Anwendbarkeit des MRG vereinbart werden. Bei unbefristeten Mietverträgen steht dem Mieter dieses Recht schon von Gesetzes wegen zu.

Bei Wohnungen kann der Haupt- oder Untermieter darüber hinaus – bei Anwendbarkeit des MRG – nach Ablauf eines Jahres oder im Fall eines verlängerten Vertragsverhältnisses nach Ablauf eines Jahres des Verlängerungszeitraums ohne Begründung kündigen. Diese Kündigungsmöglichkeit kann vertraglich weder beschränkt noch ausgeschlossen werden. Der Mieter muss allerdings eine dreimonatige Kündigungsfrist einhalten (der Mieter kann daher frühestens nach Ablauf von 16 Monaten den Mietvertrag beenden).

Besonders zu beachten ist, dass nach den Bestimmungen des MRG der Vermieter – und zwar sowohl im Voll- wie auch im Teilanwendungsbereich – nur aus wichtigem Grund kündigen kann. Vereinbarungen, die dem Vermieter ein über § 30 MRG hinausgehendes Kündigungsrecht einräumen, sind unwirksam.

Praxis-Tipp

▸▸▸ In der Praxis zeigt sich, dass oft auch in Mietverträgen, die dem MRG unterliegen, ein ordentliches Kündigungsrecht des Vermieters vereinbart ist, dieses ist jedoch unwirksam. Auch werden besondere Kündigungsgründe vereinbart, die sehr oft ebenfalls nicht wirksam sind. Daher sollte man sich nicht auf die Wirksamkeit der im Vertrag vereinbarten Kündigungsgründe verlassen. ◂◂◂

DEUTSCHE RECHTSLAGE IM VERGLEICH

In Deutschland ist die Kündigung von Mietverhältnissen folgendermaßen ausgestaltet: Die ordentliche Kündigung ist nur bei Mietverträgen mit unbestimmter Laufzeit möglich. Bei Gewerbemietverhältnissen über Grundstücke beträgt die Kündigungsfrist drei Monate zum Quartalsende, bei Verträgen über Gewerberäume sechs Monate. Im Wohnraummietrecht beträgt die Kündigungsfrist für den Mieter drei Monate, für den Vermieter ist sie je nach Dauer des Mietverhältnisses zeitlich gestaffelt. Zum Schutz des Wohnraummieters ist die ordentliche Kündigung nur bei berechtigtem Interesse des Vermieters zulässig. Der Vermieter muss den konkreten Grund dann im Kündigungsschreiben angeben. Die außerordentliche Kündigung ist zulässig, wenn dem Kündigenden unter Berücksichtigung aller Umstände die Fortsetzung des Mietverhältnisses nicht zugemutet werden kann.

Alternativ endet das Mietverhältnis wie in Österreich durch Zeitablauf. Die Parteien eines Gewerbemietvertrags können dabei Verlängerungsoptionen des Mieters vereinbaren, wonach der Mieter das Recht hat, nach Ablauf der Festlaufzeit den Mietvertrag um einen weiteren Zeitraum zu verlängern.

5 Öffentlich-rechtliche Bewilligungen

Ähnlich wie in Deutschland ist auch in Österreich das Verwaltungsrecht mit seinen Bewilligungspflichten eine äußerst breit angelegte und komplexe Materie. In Österreich bestehen zahlreiche Gesetze (Bundesgesetze, Landesgesetze), die Bewilligungspflichten vorsehen bzw. die bei Ausübung einer Tätigkeit eingehalten werden müssen. So sind etwa die Naturschutzgesetze der Bundesländer, die Abfallwirtschaftsgesetze der Bundesländer, die Grundverkehrsgesetze der Bundesländer, das Denkmalschutzgesetz, das Bankwesengesetz, das Strahlenschutzgesetz, das Arbeitnehmerschutzgesetz, das Immissionsschutzgesetz-Luft, das Eisenbahngesetz, das Luftfahrtgesetz, das Umweltinformationsgesetz, das Mineralrohstoffgesetz, das Elektrizitätswirtschaftsgesetz, das Rohrleitungsgesetz, das Starkstromwegegesetz, das Altlastensanierungsgesetz, das Außenwirtschaftsgesetz, das Kriegsmaterialiengesetz und viele andere Gesetze zu beachten.

Nach dem in Österreich geltenden sog. *Kumulationsprinzip* müssen bei einem Vorhaben, das den Tatbestand zweier oder mehrerer Genehmigungstatbestände erfüllt, unabhängig voneinander alle diese Genehmigungen eingeholt werden.

Beispiel

▸▸▸ Bau einer Betriebsanlage im Wasserschongebiet: das baubehördliches Verfahren ist vor dem Bürgermeister der Standortgemeinde, das gewerbebehördliche und das wasserrechtliche Verfahren sind vor der zuständigen Bezirksverwaltungsbehörde zu führen. ◂◂◂

Vom Kumulationsprinzip bestehen allerdings mehrere Ausnahmen. So sind etwa bei einer Umweltverträglichkeitsprüfung alle nach den einzelnen Materiengesetzen erforderlichen Genehmigungsverfahren bundes- und landesrechtlicher Natur von der Landesregierung in einem einzigen Verfahren durchzuführen.

DEUTSCHE RECHTSLAGE IM VERGLEICH

Im deutschen Verwaltungsrecht gilt allgemein das Prinzip der *Konzentrationswirkung*. Das bedeutet, dass in der Regel versucht wird, in einem Verfahren alle bewilligungsrechtlichen Aspekte abzudecken, das Verfahren also zu konzentrieren.

Aufgrund der umfangreichen Vorschriften im öffentlichen Recht sieht sich der Unternehmer meist schon vor dem ersten Tätigwerden mit diversen öffentlich-rechtlichen Vorschriften konfrontiert. Insbesondere für den Erwerb eines Grundstücks, die Errichtung eines Bauwerks und die Errichtung und den Betrieb einer Betriebsanlage sind in der Regel schon im Vorfeld Genehmigungen einzuholen. Welche Gesetze, Regelungen und Vorschriften im laufenden Betrieb eines Unternehmens zu beachten sind, kommt auf das Unternehmen, den Betrieb und die Tätigkeiten an. Im Folgenden werden ausgewählte Bereiche überblicksartig dargestellt.

5.1 Abfallwirtschaftsrecht

Wer »normalen« Abfall aber keine gefährlichen Abfälle sammelt oder behandelt, hat lediglich dem Landeshauptmann die Aufnahme der Tätigkeit und jede Änderung der Art dieser Tätigkeit anzuzeigen.

Wer dagegen (auch) gefährliche Abfälle sammelt oder behandelt, bedarf einer Erlaubnis des Landeshauptmannes. Juristische Personen müssen einen *abfallrechtlichen Geschäftsführer* oder eine fachkundige Person bestellen.

Die Errichtung, der Betrieb und die wesentliche Änderung von ortsfesten Behandlungsanlagen für Abfälle sind grundsätzlich genehmigungspflichtig.

Auf Verbringungen von Abfällen oder Altölen ist die EG-VerbringungsVO anzuwenden.

5.2 Umweltverträglichkeitsprüfungsgesetz 2000

Da die *Umweltverträglichkeitsprüfung* (UVP) alle sonstigen Bewilligungs- und Anzeigeerfordernisse nach Bundes- und Landesrecht ersetzt, ist die Frage, ob ein Vorhaben UVP-pflichtig ist, der erste Schritt bei jeder anlagenrechtlichen Projektbeurteilung. Bestimmte Projekte, bei deren Verwirklichung möglicherweise erhebliche Umweltauswirkungen zu erwarten sind, müssen bereits vor der Genehmigung einer Umweltverträglichkeitsprüfung unterzogen werden.

Beispiele

▶▶▶ Mechanisch-biologische Abfallbehandlungsanlage für nicht gefährliche Abfälle, Restmüllbehandlungsanlage, Hubschrauberlandeplatz, Massentierhaltungen. ◀◀◀

In der Regel sind diese Vorhaben erst ab einer gewissen Größe einem UVP-Verfahren zu unterziehen. Regelmäßig hängt die UVP-Pflicht von einem bestimmten Schwellenwert oder etwa der Produktionskapazität ab. Entscheidend können aber auch der Flächenbedarf und die Eigenschaft des Standorts sein. Befindet sich der Standort eines Vorhabens z.B. in einem Natur- oder Wasserschutzgebiet, so sind bestimmte Vorhaben bereits ab einem niedrigeren Schwellenwert UVP-pflichtig als vergleichbare Vorhaben, die nicht in einem Natur- oder Wasserschutzgebiet liegen.

Praxis-Tipp

▶▶▶ Um Sicherheit darüber zu erlangen, ob ein Vorhaben einer Umweltverträglichkeitsprüfung zu unterziehen ist, kann ein sog. *Feststellungsverfahren* durchgeführt werden. Die Zuständigkeit liegt bei der örtlich zuständigen Landesregierung. Bescheide sind in diesem Verfahren binnen sechs Wochen zu erlassen. ◀◀◀

Der auf Grundlage des UVP-Verfahrens erlassene Genehmigungsbescheid ersetzt alle sonst erforderlichen Bewilligungen.

5.3 Wasserrechtsgesetz

Das österreichische Wasserrechtsgesetz differenziert in Bezug auf einzelne Wasserflächen zum einen danach, ob es sich um ein öffentliches oder ein privates Gewässer handelt, zum anderen bei den Privatgewässern danach, ob die Benutzung von Tagwässern oder des Grundwassers beabsichtigt ist. Die Bewilligungspflicht hängt dabei insbesondere davon ab, um welchen Gewässertyp es sich handelt.

Die Errichtung und Änderung von *Gewässerbenutzungsanlagen* ist bei öffentlichen Gewässern grundsätzlich bewilligungspflichtig. Einer Bewilligung bedarf etwa auch die Errichtung von Brücken an fließenden Gewässern.

Praxis-Tipp

▶▶▶ Das *Wasserbuch* ist das öffentliche Register im Bereich der Wasserwirtschaft. Das Wasserbuch ist – ähnlich wie das Grundbuch – ein öffentlich zugängliches Register. Es liegt in den jeweiligen Bezirksverwaltungsbehörden oder bei der Landesregierung zur Einsichtnahme auf. In diesem öffentlichen Buch finden Sie rechtliche und technische Informationen von wasserrechtlich bewilligten Wassernutzungsanlagen. ◀◀◀

5.4 Baurecht

Baurechtliche Maßnahmen sind Landessache, sowohl in der Gesetzgebung als auch in der Vollziehung. Die Bauvorschriften sind daher von Bundesland zu Bundesland unterschiedlich.

Grundsätzlich wird zwischen *bewilligungspflichtigen Bauvorhaben* (z.B. Neu-, Zu- und Umbauten), *anzeigepflichtigen Bauvorhaben* (z.B. Neu-, Zu- und Umbau von Kleinhausbauten), *mitteilungspflichtigen Bauvorhaben* und *freien Bauvorhaben* unterschieden.

Die Baubewilligung ist bei der Baubehörde (Gemeinde) schriftlich zu beantragen (Bauansuchen). Diesem Antrag sind (in den jeweiligen Vorschriften genannte) Unterlagen beizulegen (z.B. Baubeschreibung, Lageplan, Grundrisse etc.).

Praxis-Tipp

▶▶▶ Da schon beim Erwerb des Grundstücks, der Organisation des Bauvorhabens und der Beantragung einer Baubewilligung komplexe Fragen zu beantworten sind, empfiehlt es sich, sorgfältig zu planen und in jedem Fall Expertenrat einholen bzw. sämtliche Informationsmöglichkeiten zu nutzen. ◀◀◀

Parteien des Baubewilligungsverfahrens sind auch die *Nachbarn* und *Anrainer*. Diesen kommen sog. Nachbarrechte (z.B. Immissionsschutz) zu. Um ihre Parteistellung im Bewilligungsverfahren zu sichern, müssen Nachbarn allerdings jeweils rechtzeitig Einwendungen erheben.

Die Vollendung eines bewilligungspflichtigen Bauvorhabens ist der Baubehörde anzuzeigen. Danach erfolgt die Prüfung durch die Baubehörde, ob das Gebäude gemäß der Baubewilligung errichtet wurde (sog. Kollaudierung).

Raumordnungsrecht

Der Begriff »Raumordnung« erfasst in Österreich eine breite Gemengelage von Regelungen (in Bundesgesetzen, Landesgesetzen und auf Gemeindeebene) und ist teilweise in den einzelnen Raumordnungsgesetzen der Bundesländer definiert. Eine allgemein gültige gesetzliche Definition gibt es für sie allerdings nicht.

Definition

▶▶▶ (*Bachmann* et al; Besonderes Verwaltungsrecht (2007) S. 340): »Raumordnung ist die Gesamtheit aller staatlicher Akte hoheitlicher und nichthoheitlicher Art, die darauf abzielen, den Staatsraum oder Teile hiervon nach den politischen Zielvorstellungen insbesondere im Sinne wirtschaftlicher, sozialer und kultureller Leitlinien zu gestalten.« ◀◀◀

Die raumordnende Tätigkeit fällt in Gesetzgebung und Vollziehung in die Zuständigkeit der Länder, soweit nicht Teile davon in die Kompetenz des Bundes bzw. in die Kompetenz der Gemeinden fallen. Aufgrund dieser zahlreichen Beteiligten wird das österreichische Raumordnungsrecht auch als »Querschnittsmaterie« bezeichnet.

Bundeskompetenzen

Dem Bund sind Raumordnungskompetenzen als Fachplanungskompetenzen übertragen. Er ist zum Erlass notwendiger raumordnungsrechtlicher Maßnahmen bei der Regelung der jeweiligen Materien zuständig. Beispiele dafür sind die Ordnung der Bodennutzung im Zusammenhang mit Eisenbahn- und Straßenwesen, der Luftfahrt sowie der Schifffahrt, dem Post- und Fernmeldewesen, dem Bergwesen, den Starkstromwegen, soweit diese Ländergrenzen überschreiten, mit militärischen Anlagen und mit der Bodenreform.

Landeskompetenzen

Die verbleibende und auch die künftig entstehende Raumordnungskompetenz liegt bei den Bundesländern, soweit sie nicht in die Fachplanungskompetenz des Bundes fällt. Damit fallen insbesondere die Materien, die in Gesetzgebung und Vollziehung den Ländern zustehen – wie Bauwesen, Landeskultur, Landschaftspflege, Naturschutz, Landesstraßen usw. – darunter.

Gemeindekompetenz

Die Gemeinden sind in ihrem eigenen Wirkungsbereich für die Vollziehung der örtlichen Raumplanung zuständig. In diese Kompetenz fallen allerdings nicht Entschädigungsfragen oder Angelegenheiten des Landschaftsschutzes.

Die Flächenwidmung wird in Österreich durch landesrechtliche Raumordnungsgesetze geregelt. Diese sind von Bundesland zu Bundesland unterschiedlich.

Besonders relevant ist der Flächenwidmungsplan sowie das räumliche Entwicklungskonzept, das im Grunde die Vorstufe für die Erstellung des Flächenwidmungsplanes bildet. Der Flächenwidmungsplan ist eine Verordnung der Gemeinde, die vom Gemeinderat erlassen wird und konkret die gesonderte Art der Nutzung der gesamten Fläche des Gemeindegebietes festzulegen hat (sog. Widmung). Die Gemeinden sind grundsätzlich verpflichtet, für ihr Gebiet flächendeckend einen Flächenwidmungsplan zu erlassen, an dem den betroffenen Gemeindebürgern auch ein Mitwirkungsrecht eingeräumt wird.

Allgemein besteht ein Flächenwidmungsplan aus einem Textteil und einer graphischen Darstellung samt Erklärung. Das Gemeindegebiet wird durch den Flächenwidmungsplan in verschiedene Nutzungsarten (von Bundesland zu Bundesland unterschiedlich), etwa in Bauland, Verkehrsflächen und Freiland geteilt.

Praxis-Tipp

▶▶ Durch die Einbindung der betroffenen Bevölkerung und die für die örtliche Raumordnung wesentliche Gemeindekompetenz mit Bürgermeister bzw. Gemeinderat als kompetente Behörden ist eine »gewisse Nähe« zur Gemeinde bzw. ihren handelnden Bediensteten sowie dem örtlichen Raumplaner grundsätzlich nicht von Nachteil, da man hier zu sehr frühen Zeitpunkten Hinweise und Ideen betreffend tatsächlicher raumplanerischer Möglichkeiten erhält. ◀◀

5.5 Forstgesetz

Der Waldboden darf in Österreich grundsätzlich nur zum Zweck der Waldkultur verwendet werden. Eine Verwendung zu anderen Zwecken als für solche der Nutz-, Schutz-, Wohlfahrts- und Erholungswirkung des Waldes ist grundsätzlich verboten (*Rodungsverbot*).

Nur wenn kein besonderes öffentliches Interesse an der Walderhaltung oder ein anderes gewichtiges öffentliches Interesse an der Rodung besteht, ist eine Rodung ausnahmsweise zulässig.

Kleinflächige Rodungen bis 1.000 qm müssen bei der Forstbehörde angemeldet werden. Größere Rodungen über 1.000 qm sowie kleinflächige Rodungen unter 1.000 qm aufgrund einer Mitteilung der Forstbehörde erfordern eine forstbehördliche Bewilligung (bewilligungspflichtige Rodungen).

5.6 Verdachtsflächenkataster

Das Umweltbundesamt führt das Verdachtsflächenkataster, das die vom Landeshauptmann gemeldeten Altablagerungen und Altstandorte, für die der Verdacht einer erheblichen Umweltgefährdung aufgrund früherer Nutzungsformen ausreichend begründet ist, enthält. Die Eintragung einer Liegenschaft in das Verdachtsflächenkataster bedeutet nicht zwingend, dass von der Liegenschaft tatsächlich eine erhebliche Gefahr ausgeht. Erst durch entsprechende Untersuchungen (z.B. Boden- und Grundwasseruntersuchungen) ist nachzuweisen, ob von einer Verdachtsfläche tatsächlich eine erhebliche Gefahr ausgeht.

Die Erfassung von Verdachtsflächen ist derzeit noch nicht österreichweit erfolgt. Daher sind noch nicht alle Verdachtsflächen im Verdachtsflächenkataster registriert.

DEUTSCHE RECHTSLAGE IM VERGLEICH

In Deutschland herrscht im öffentlichen Recht eine ähnliche Regelungsdichte wie in Österreich. Auch hier benötigt man für eine erhebliche Anzahl von mit der unternehmerischen Tätigkeit verbundenen Vorhaben Genehmigungen und Bewilligungen nach den diversen Bundes- und Landesgesetzen und regionalen Vorschriften.

Insbesondere bedürfen die Errichtung und der Betrieb einer Betriebsanlage verschiedener Genehmigungen. Dabei sind z.B. erforderlich:

- Baugenehmigung: standortbezogene Überprüfung der relevanten bauplanungs- und bauordnungsrechtlichen Vorschriften.
- Immissionsschutzrechtliche Genehmigung: Prüfung von Luft- und Lärmschutzgrenzwerten sowie von schädlichen Einwirkungen auf die Nachbarschaft.
- Wasserrechtlicher Planfeststellungsbeschluss bei Gewässerausbau bzw. wasserrechtliche Bewilligung/Erlaubnis bei Benutzung eines Gewässers.

Innerhalb der Genehmigungen besteht eine gewisse Hierarchie, sodass einige Genehmigungen bereits andere Bewilligungen beinhalten (sog. Konzentrationswirkung). Der wasserrechtliche Planfeststellungsbeschluss entfaltet formelle Konzentrationswirkung für baurechtliche und immissionsschutzrechtliche Genehmigungen, d.h. diese Genehmigungen müssen nicht separat beantragt werden, jedoch wird innerhalb des wasserrechtlichen Planfeststellungsverfahrens das Bau- und Immissionsschutzrecht inhaltlich geprüft.

Die immissionsschutzrechtliche Genehmigung entfaltet daneben Konzentrationswirkung für:

- Bau- und Planungsrecht und
- Durchführung einer Umweltverträglichkeitsprüfung.

Praxis-Tipp

▶▶▶ Dem Genehmigungsantrag ist eine Vielzahl von Unterlagen beizufügen, die in Abstimmung mit der jeweiligen Genehmigungsbehörde festzulegen sind. Zur umfassenden Vorbereitung des Genehmigungsantrags sollte daher anwaltliche Beratung in Anspruch genommen werden.

Seit Inkrafttreten des MoMiG ist die Vorlage von verwaltungsrechtlichen Genehmigungen bei der Anmeldung einer GmbH zur Eintragung ins Handelsregister nicht mehr erforderlich. Die verwaltungsrechtliche Genehmigungspflicht per se bleibt aber bestehen. ◀◀◀

Ähnlich wie in Österreich ist eine UVP-Prüfung nicht bei jedem Vorhaben durchzuführen, sondern hängt von der Überschreitung gesetzlich bestimmter Grenzwerte, der besonderen Lage des Standorts des Vorhabens sowie der Größe des Vorhabens ab.

Das Raumordnungsgesetz (ROG) des Bundes enthält für den Bund und für alle Länder unmittelbar geltende Vorschriften (Aufgabe, Leitvorstellung und Grundsätze der Raumordnung; Begriffsbestimmungen; Bindungswirkungen der Erfordernisse der Raumordnung; d.h. der Ziele, Grundsätze und sonstigen Erfordernisse der Raumordnung) sowie Rahmenvorschriften für die Raumordnung in den Ländern (z.B. für Raumordnungspläne, in Bayern insbesondere Landesentwicklungsprogramm und Regionalpläne, und für Raumordnungsverfahren). Die Raumordnung des Freistaates Bayern ist z.B. im Bayerischen Landesplanungsgesetz näher geregelt.

Der Flächennutzungsplan (FNP), der dem österreichischen Flächenwidmungsplan vergleichbar ist, stellt als vorbereitender Bauleitplan die beabsichtigte städtebauliche Entwicklung einer Gemeinde dar. Er ist das Ergebnis eines grundsätzlichen politischen sowie fachlichen Planungsprozesses einer Gemeinde. Der Flächennutzungsplan entfaltet keine direkte Rechtskraft gegenüber dem Bürger, sondern gibt für Behörden verbindliche Hinweise zur Entscheidung über Genehmigungen von Vorhaben oder den Inhalt von Bebauungsplänen. Flächennutzungspläne müssen von der übergeordneten Verwaltungsbehörde (in der Regel Bezirks- oder Landesverwaltung) genehmigt werden und sind für die Entwicklung nachgeordneter Planwerke bindend.

Dem österreichischen Verdachtsflächenkataster entspricht das deutsche Altlastenkataster. Dieses Register erfasst Altlasten und altlastenverdächtige Flächen. Diese Flächen werden von den Umweltämtern der Länder und auch der Kommunen in Datenbanken erfasst. Welche Daten im Altlastenkataster erfasst werden, regelt in Deutschland das Bundesbodenschutzgesetz (BBodSchG).

2. Teil
Unternehmensführung

6 Gewerbeordnung

6.1 Art des Gewerbes

Bevor in Österreich eine Tätigkeit ausgeübt werden darf, die der österreichischen Gewerbeordnung unterliegt, muss das Gewerbe bei der *zuständigen Gewerbebehörde angemeldet* werden. Die Gewerbeordnung ist auf alle Tätigkeiten anzuwenden, die gewerbsmäßig ausgeübt werden und nicht gesetzlich verboten sind. Gewerbsmäßigkeit ist gesetzlich definiert als »selbstständige und regelmäßige Ausübung mit der Absicht, einen Ertrag oder einen sonstigen wirtschaftlichen Vorteil zu erzielen«. Liegen keine Versagungsgründe vor, so wird eine Gewerbeberechtigung ausgestellt, die rückwirkend zum Tag der Anmeldung gültig ist. Grundsätzlich ist also in Österreich für jede Art von Gewerbe eine Gewerbeberechtigung erforderlich.

> **DEUTSCHE RECHTSLAGE IM VERGLEICH**
>
> Im Gegensatz zu Österreich gilt in Deutschland der Grundsatz der Gewerbefreiheit, soweit nicht ausnahmsweise Beschränkungen vorgeschrieben sind. Zwar muss auch in Deutschland die Aufnahme eines Gewerbes angemeldet werden, dabei handelt es sich aber lediglich um eine Anzeige, nicht aber um die Beantragung einer Genehmigung.

Grundvoraussetzung für die Gewerbeausübung ist für natürliche Personen die Volljährigkeit. Juristische Personen können selbstverständlich ebenfalls ein Gewerbe ausüben, müssen jedoch eine volljährige natürliche Person als gewerberechtlichen Geschäftsführer bestellen.

Welche Art von Gewerbeberechtigung benötigt wird, hängt von der Art des Gewerbes ab. Man unterscheidet

- freie Gewerbe
- reglementierte Gewerbe und
- Teilgewerbe.

Freie Gewerbe können ohne Erbringung eines Befähigungsnachweises angemeldet werden (z.B. Handelsgewerbe, Tankstellen, Botendienste, Brauereien). Schätzungsweise fallen 95% aller gewerblichen Tätigkeiten in diese Kategorie.

Selbstständige Berufe (z.B. Ärzte, Rechtsanwälte, Land- und Forstwirte) und die so genannten »Neuen Selbstständigen« (z.B. Physiotherapeuten, Vortragende) unterliegen nicht dem Anwendungsbereich der Gewerbeordnung.

Bei *reglementierten Gewerben* muss ein sog. *Befähigungsnachweis* erbracht werden. Die reglementierten Gewerbe (z.B. Immobilienmakler, Versicherungsvermittler) sind in der *Gewerbeordnung* abschließend aufgezählt. Mittels Befähigungsnachweises werden die fachlichen und kaufmännischen Kenntnisse und Erfahrungen bestätigt, die notwendig sind, um das Gewerbe auszuüben. Der Nachweis wird zumeist durch Meisterprüfung bei der Wirtschaftskammer bzw. den Abschluss berufsbildender Schulen erworben und ist an die jeweilige Person gebunden.

Bestimmte reglementierte Gewerbe erfordern darüber hinaus noch die Prüfung der Zuverlässigkeit des Bewerbers (sog. *Zuverlässigkeitsgewerbe*), so z.B. Baumeister, Sicherheitsgewerbe, Waffengewerbe. Diese dürfen erst nach Rechtskraft des Bescheides ausgeübt werden. Kann der Befähigungsnachweis nicht erbracht werden, gibt es die Möglichkeit, individuell die Befähigung aufgrund der Berufserfahrung nachzuweisen (individueller Befähigungsnachweis).

Praxis-Tipp

▸▸▸ § 137b GewO sieht – ähnlich wie in Deutschland § 34d Abs. 3 GewO – eine vereinfachte Regelung zum Nachweis der Befähigung des Versicherungsvermittlers vor. Danach kann auch der Versicherer die fachliche Eignung des Vermittlers betreffend der vertriebenen Produkte bestätigen,

■ wenn der Vermittler nur als Agent tätig ist
■ vom Vermittler keine Prämien, etc. in Empfang genommen werden
■ der Vermittler im Nebengewerbe tätig ist und
■ es eine Verordnung nach § 18 GewO dazu gibt.

Allerdings regelt die zu § 18 GewO erlassene Verordnung nur, welche Befähigungsnachweise vorzulegen sind, nicht aber den Fall des »verminderten Befähigungsnachweises« (nämlich durch Bestätigung des Versicherers). Da es bisher noch keine diesbezügliche Verordnung gibt, ist die vom Gesetzgeber vorgesehene Möglichkeit in der Praxis (noch) nicht umsetzbar.

Beim Versicherungsvermittler ist zudem darauf zu achten, dass dieser erst mit erfolgter Eintragung sowohl in das Gewerberegister als auch in das Versicherungsvermittlerregister zur Gewerbeausübung berechtigt ist. ◂◂◂

Teilgewerbe sind Teilbereiche reglementierter Gewerbe, die meist nur einen *reduzierten Befähigungsnachweis* erfordern und daher leichter ausgeübt werden können.

Praxis-Tipp

▸▸▸ Da die Zuordnung zu einer der oben genannten Gewerbearten im Einzelfall sehr kompliziert sein kann und eine Gewerbeausübung ohne die erforderliche Gewerbeberechtigung *hohe Geldbußen* nach sich ziehen kann, empfiehlt sich die rechtzeitige Beiziehung eines Experten vor Einreichung der Anmeldeunterlagen sowie die Rücksprache mit einem Anwalt. ◂◂◂

Die weiteren Voraussetzungen für die Erteilung einer Gewerbeberechtigung an einen Einzelunternehmer sind neben der Volljährigkeit:

■ Staatsangehörigkeit eines EU- oder EWR-Staates, für Staatsangehörige eines Drittstaates muss eine gültige Aufenthaltsgenehmigung vorliegen und
■ das Nichtvorliegen eines Gewerbeausschlussgrundes für natürliche Personen.

Gewerbeausschlussgründe sind z.B. gerichtliche Verurteilungen wegen

■ betrügerischer Krida, Schädigung fremder Gläubiger, Begünstigung eines Gläubigers oder grob fahrlässiger Beeinträchtigung von Gläubigerinteressen oder
■ einer sonstigen strafbaren Handlung zu einer drei Monate übersteigenden Freiheitsstrafe oder zu einer Geldstrafe von mehr als 180 Tagsätzen,
jeweils sofern die Verurteilung nicht getilgt ist.

Wer wegen eines sog. Finanzvergehens (Schmuggel, Hinterziehung von Eingangs- oder Ausgangsabgaben, Abgabenhehlerei, Hinterziehung von Monopoleinnahmen, vorsätzlicher Eingriffe in ein staatliches Monopolrecht oder Monopolhehlerei) von einer Finanzstrafbehörde bestraft worden ist, ist von der Ausübung des Gewerbes ebenfalls ausgeschlossen, wenn gegen ihn eine Geldstrafe von (derzeit) mehr als EUR 726 oder neben einer Geldstrafe eine Freiheitsstrafe verhängt wurde und wenn seit der Bestrafung nicht mehr als fünf Jahre vergangen sind.

Praxis-Tipp

▶▶▶ Der Gesetzgeber stellt hier in bemerkenswert praxisnaher Weise auf die für gewerberechtliche Geschäftsführer besonders relevanten Vermögensdelikte und Finanzvergehen ab. In diesem Bereich sollte ein angehender Geschäftsführer daher nicht bestraft worden sein. ◀◀◀

Sowohl natürliche als auch juristische Personen sind darüber hinaus von der Ausübung eines Gewerbes als Gewerbetreibende ausgeschlossen, wenn der Konkurs gegen sie trotz Vorliegens eines Konkurseröffnungsgrundes mangels kostendeckenden Vermögens rechtskräftig nicht eröffnet wurde und der Zeitraum, in dem in der Insolvenzdatei Einsicht in den genannten Insolvenzfall gewährt wird, noch nicht abgelaufen ist, das sind derzeit drei Jahre.

Praxis-Tipp

▶▶▶ Die Ausschlussgründe gelten auch dann, wenn ein mit dem angeführten Ausschlussgrund vergleichbarer Tatbestand im Ausland, insbesondere auch Deutschland, verwirklicht wurde. ◀◀◀

DEUTSCHE RECHTSLAGE IM VERGLEICH

Auch in Deutschland wird zwischen drei Arten von Gewerben unterschieden, jedoch mit anderen Begrifflichkeiten sowie Tätigkeitszuweisungen:
- Stehendes Gewerbe
- Reisegewerbe und
- Marktgewerbe.

Bei dem stehenden Gewerbe handelt es sich um die Grundform gewerblichen Handelns. Das stehende Gewerbe erfasst alle gewerblichen Tätigkeiten, die nicht dem Reisegewerbe oder dem Marktgewerbe zuzuordnen sind und kann in *Industrie, Handwerk, Hausgewerbe* und *Verlagswesen* unterteilt werden. Daher ist diese Form des gewerblichen Handelns auch die häufigste.

Das Reisegewerbe umfasst diejenige Tätigkeit außerhalb einer gewerblichen Niederlassung oder ohne eine Niederlassung, bei der der Kunde ohne vorherige Bestellung aufgesucht wird, z.B. Vertreter oder gewerbliche Flohmarktverkäufer. Diese Personen bedürfen einer sog. *Reisegewerbekarte*.

Das Marktgewerbe ist gekennzeichnet durch besonders privilegierte, behördlich genehmigte gewerbliche Veranstaltungen, mit denen bezweckt wird, Käufer und Verkäufer in größerer Zahl an bestimmten Zeiten und Orten zusammenzuführen. Man unterscheidet dabei zwischen *Messen, Ausstellungen, Großmärkten, Wochenmärkten, Spezialmärkten* und *Jahrmärkten*. Solche Veranstaltungen müssen im Voraus angemeldet werden und bedürfen einer gesonderten behördlichen Genehmigung, der sog. Festsetzung. Die einzelnen Gewerbetreibenden auf diesen Veranstaltungen, z.B. Verkäufer oder Aussteller, unterliegen wiederum ihrerseits der Gewerbeordnung.

Ähnlich wie in Österreich gibt es auch in Deutschland Zulassungsbeschränkungen für bestimmte Gewerbe, z.B. Makler, Spielhallenbetrieb, Handel mit Waffen oder Sprengstoff. Diese sind abschließend in der Gewerbeordnung bzw. den jeweiligen landesrechtlichen Bestimmungen aufgeführt. Die Anforderungen an eine solche *besondere Erlaubnis* lassen sich in drei (alternativ oder kumulativ vorliegende) Kategorien einteilen:

■ *Persönliche Zuverlässigkeit:* Nachweis durch Vorlage eines polizeilichen Führungszeugnisses, Auszug aus dem Gewerbezentralregister und Unbedenklichkeitsbescheinigung des Finanzamts.

■ *Sachliche Voraussetzungen:* Nachweis der wirtschaftlichen Leistungsfähigkeit und eines angemessenen Zustands der Gewerberäume.

■ *Fachliche Voraussetzungen:* Nachweis hinreichender Qualifikation.

Die Gewerbeerlaubnis kann auch unter Auflagen erteilt werden.

Beachte: Jede gewerbliche Betätigung einer Tochtergesellschaft, einer selbstständigen Zweigniederlassung oder einer unselbstständigen Betriebsstätte muss ebenso wie in Österreich gewerberechtlich angemeldet werden.

6.2   Beginn der Gewerbeausübung

Der Unternehmer kann in Österreich mit der Ausübung des Gewerbes beginnen, sobald er sein freies Gewerbe angemeldet hat, oder sein reglementiertes Gewerbe angemeldet hat und den *Befähigungsnachweis* erbracht hat oder letztlich – soweit erforderlich – für ein Zuverlässigkeitsgewerbe den behördlichen *Bewilligungsbescheid* erhalten hat.

Bei der Gewerbeanmeldung in Österreich sind die folgenden Belege beizuschließen:

■ persönliche Angaben des Antragstellers bzw. bei juristischen Personen der Geschäftsführer (Name, Wohnsitz, Alter, Staatsangehörigkeit) sowie ggf. gültige Aufenthaltstitel

■ eventuell Befähigungsnachweis und Nachweis über Bestellung eines Geschäftsführers

■ bei juristischen Personen zusätzlich: Firmenbuchauszug (kann beim zuständigen Firmenbuchgericht gegen Entrichtung einer Gebühr i.H.v. derzeit EUR 3,36 angefordert werden) und Erklärung über das Nichtvorliegen von Gewerbeausschlussgründen.

Praxis-Tipp

▸▸▸ Schließt eine juristische Person ihrem Antrag keinen Auszug aus dem Firmenbuch bei, stellt die Behörde selbst einen Firmenbuchauszug aus, allerdings wiederum gegen Verrechnung einer Gebühr. ◂◂◂

Die Kosten einer Gewerbeanmeldung in Österreich sind für alle anmeldepflichtigen Gewerbe gleich und betragen, soweit nicht eine Gebührenbefreiung nach dem Neugründungs-Förderungsgesetz greift:

■ EUR 47,30 Bundesgebühr

■ plus EUR 3,80 pro Bogen für die Beilagen und

■ EUR 14,30 Eingabegebühr bei Anmeldung eines gewerberechtlichen Geschäftsführers.

Praxis-Tipp

▸▸▸ Gemäß Neugründungs-Förderungsgesetz können Unternehmensgründer bei Vorliegen bestimmter Voraussetzungen, insbesondere Teilnahme an einem Beratungsgespräch bei der gesetzlichen Berufsvertretung oder Sozialversicherungsanstalt, von bestimmten Abgaben, Gebühren und Beiträgen im Zusammenhang mit der Gewerbeanmeldung befreit werden.

Die Bestätigung, dass der Antrag dem Neugründungs-Förderungsgesetz unterliegt, muss vor Antragstellung eingeholt und dem Antrag beigeschlossen werden! ◂◂◂

Die Eintragung in das zentrale Melderegister erfolgt bei Vorliegen der gesetzlichen Voraussetzungen innerhalb von längstens drei Monaten nach Anmeldung.

DEUTSCHE RECHTSLAGE IM VERGLEICH

Auch in Deutschland ist die Anmeldung des Gewerbes Grundvoraussetzung für die Aufnahme des Geschäftsbetriebes bzw. den Beginn der Gewerbetätigkeit. Die zuständige Gewerbebehörde bescheinigt innerhalb von drei Tagen den Empfang der Anzeige; diese Bescheinigung ist bereits der sog. *Gewerbeschein*. Der Gewerbeschein berechtigt zur Aufnahme des Gewerbebetriebes.

Für die *Gewerbeanmeldung* einer im *Handelsregister* eingetragenen Gesellschaft (z.B. einer GmbH) sind folgende Angaben und Unterlagen erforderlich:

- persönliche Angaben der Geschäftsführer sowie ggf. gültige Aufenthaltstitel,
- ggf. Nachweis der Bevollmächtigung zum Handeln für einen Dritten,
- Auszug aus dem deutschen Handelsregister (die Eintragung in das Handelsregister ist bei handelsregisterpflichtigen Rechtsträgern vor der Gewerbeanmeldung vorzunehmen),
- Kopie des Gesellschaftsvertrags und
- Nachweis: bei juristischen Personen (wie der GmbH) ist i.d.R. immer die persönliche Zuverlässigkeit des gesetzlichen Vertreters nachzuweisen.

Der Unternehmer kann mit der Ausübung des Gewerbes beginnen, sobald das Gewerbe angemeldet ist und ggf. erforderliche Erlaubnisse erteilt wurden. Die Kosten einer Gewerbeanmeldung in Deutschland betragen (abhängig von der jeweiligen Gemeinde) zwischen EUR 15 und EUR 65 (inkl. Kosten für die Ausstellung des Gewerbescheins).

6.3   Gewerberechtlicher Geschäftsführer

Jeder Gewerbeinhaber kann für die Ausübung seines Gewerbes einen gewerberechtlichen Geschäftsführer bestellen. Wenn er den Befähigungsnachweis nicht erbringen kann oder seinen Wohnsitz nicht in Österreich hat, muss er sogar einen solchen Geschäftsführer bestellen.

Praxis-Tipp

▸▸ Dies gilt aber nicht, wenn der ausländische Wohnsitz in Deutschland liegt, da es zwischen Deutschland und Österreich ein Vollstreckungsübereinkommen für Verwaltungsstrafen gibt und damit der gesetzliche Ausnahmetatbestand erfüllt ist. Beachte: Ein solches Übereinkommen besteht derzeit ausschließlich mit Deutschland! ◂◂

Alle juristischen Personen und eingetragene Personengesellschaften sind in Österreich verpflichtet, einen *gewerberechtlichen Geschäftsführer* zu bestellen. Der gewerberechtliche Geschäftsführer hat die gewerberechtlichen Voraussetzungen zu erfüllen (Befähigungsnachweis gemäß Gewerbeordnung). Der vertretungsbefugte Geschäftsführer beantragt die Gewerbeberechtigung für die Gesellschaft und benennt dabei den gewerberechtlichen Geschäftsführer.

Der gewerberechtliche Geschäftsführer erbringt den *Befähigungsnachweis für das Unternehmen* und ist für die *Einhaltung der gewerberechtlichen Vorschriften*, besonders für die Einholung von *Betriebsanlagengenehmigungen*, verantwortlich.

Der gewerberechtliche Geschäftsführer muss nicht mit dem handelsrechtlichen Geschäftsführer identisch sein (kann es aber!). Der gewerberechtliche Geschäftsführer muss einen Wohnsitz im EWR-Raum besitzen, sich tatsächlich im Unternehmen betätigen und entweder *Arbeitnehmer der Gesellschaft* mit voller Versicherungspflicht oder *persönlich haftender Gesellschafter* sein.

DEUTSCHE RECHTSLAGE IM VERGLEICH

Der Begriff »gewerberechtlicher Geschäftsführer« wird in Deutschland nicht verwendet; auch ist in der deutschen Gewerbeordnung ein gewerberechtlicher Geschäftsführer nicht vorgesehen.

Die fachliche Eignung des Gewerbetreibenden wird in Deutschland durch Einhaltung der besonderen Zulassungskriterien (siehe oben) abgesichert. Eine wichtige Ausnahme ist in diesem Zusammenhang jedoch, dass Gesellschaften, die ein zulassungspflichtiges Handwerk ausüben wollen, hierfür eine *Eintragung in der Handwerksrolle* der örtlich zuständigen Handwerkskammer benötigen. Die Gesellschaft wird eingetragen, wenn der Betrieb in fachlicher und technischer Hinsicht von einem Betriebsleiter geleitet wird, der die entsprechende *Meisterprüfung* oder eine *vergleichbare Qualifikation* besitzt.

Obwohl die Begriffsverwendung in diesem Zusammenhang zwischen Deutschland und Österreich unterschiedlich ist, unterscheidet sich die entsprechende gesetzliche Regelung in Deutschland nicht wesentlich von der österreichischen Regelung.

6.4 Betriebsanlagengenehmigung

Unter einer gewerblichen Betriebsanlage ist jede örtlich gebundene Einrichtung zu verstehen, die der Entfaltung einer gewerblichen Tätigkeit regelmäßig zu dienen bestimmt ist.

Für das Betriebsanlagengenehmigungsverfahren wird die Gesamtheit der Einrichtungen, die dem Zweck des Betriebes eines einheitlichen Unternehmens gewidmet sind, und sofern sie in einem lokalen Zusammenhang stehen, als eine *einheitliche Betriebsanlage* betrachtet. So stellen z.B. Produktionsanlagen, Verkaufsräume, Gaststätten, Lagerplätze und teilweise auch Garagen und Kfz-Stellplätze jeweils eine gewerbliche Betriebsanlage dar.

Unterschieden wird grundsätzlich zwischen Normalanlagen, Bagatellanlagen, IPPC-Anlagen, Seveso II-Anlagen und nicht genehmigungspflichtigen Anlagen. Die Genehmigungspflicht wird in der Regel bereits dadurch begründet, dass eine Gefährdung von schutzwerten Interessen, z.B. Leben und Gesundheit von Arbeitnehmern und Kunden, Schutz der Nachbarn vor Emissionen, Verkehrssicherheit, nicht ausgeschlossen werden kann.

Praxis-Tipp

▶▶▶ Grundsätzlich nicht genehmigungspflichtig ist eine Betriebsanlage, von der überhaupt keine abstrakten Gefährdungen, Belästigungen, Beeinträchtigungen oder nachteilige Einwirkungen ausgehen (z.B. Bürobetriebe). Im Grenzfall kann es von Vorteil (Zeit und Kosten!) sein, das »Nichtvorliegen« einer Betriebsanlage anhand von Gutachten darzulegen, bevor man mit den zuständigen Behörden in Kontakt tritt. ◀◀◀

Das Betriebsanlagengenehmigungsverfahren wird auf Antrag durchgeführt. Bei einem gewerberechtlichen Betriebsanlagenverfahren entfallen alle sonstigen bundesrechtlichen Bewilligungsverfahren, deren materiell-rechtliche Regelungen bei der Erteilung der gewerberechtlichen Genehmigung anzuwenden sind (dies gilt allerdings nicht für UVP-pflichtige Anlagen).

Grundsätzlich muss bereits vor Errichtung einer Betriebsanlage die jeweilige Betriebsanlagengenehmigung vorliegen.

Die Genehmigung ist an die Anlage selbst gebunden. Durch einen Wechsel des Anlageninhabers wird die Wirksamkeit der Genehmigung daher nicht berührt.

Ergibt sich nach Genehmigung der Anlage, dass trotz Einhaltung der im Genehmigungsbescheid vorgeschriebenen Auflagen z.B. Leben und Gesundheit des Gewerbetreibenden, nicht hinreichend geschützt sind, so hat die Gewerbebehörde die nach dem Stand der Technik und dem Stand der medizinischen und der sonst in Betracht kommenden Wissenschaften zur Erreichung dieses Schutzes erforderlichen anderen oder zusätzlichen Auflagen vorzuschreiben.

Der Unternehmer einer Betriebsanlage muss diese regelmäßig wiederkehrend prüfen oder prüfen lassen, ob sie dem Genehmigungsbescheid und den sonst für die Anlage geltenden gewerberechtlichen Vorschriften entspricht.

Die Genehmigung einer Betriebsanlage erlischt, wenn der Betrieb der Anlage nicht binnen fünf Jahren nach erteilter Genehmigung zumindest teilweise aufgenommen oder für einen Zeitraum von mehr als fünf Jahren gänzlich unterbrochen wurde.

Praxis-Tipp

▶▶▶ Die Behördenzuständigkeit bei Betriebsanlagen, die sich über mehrere Verwaltungssprengel erstreckt, wurde bereinigt. Danach ist für solche Betriebsanlagen in Zukunft jene Bezirksverwaltungsbehörde örtlich zuständig, in deren Verwaltungssprengel sich der größere Anlagenteil befindet. ◀◀◀

6.5 Österreichische Maschinensicherheitsverordnung 2010 (MSV 2010)

Mit dem Erlass der MSV 2010 erfolgte die Umsetzung der Richtlinie 2006/42/EG über Maschinen (Maschinen-RL), deren Ziel ein einheitliches Schutzniveau zur Unfallverhütung für Maschinen beim In-Verkehr-bringen innerhalb des EWR ist. Nach Inkrafttreten dürfen nur solche Maschinen in Verkehr gebracht bzw. in Betrieb genommen werden, die den Bestimmungen der MSV 2010 entsprechen.

Es liegt grundsätzlich in der Verantwortung des Herstellers, die Übereinstimmung ihrer Maschinen mit den Bestimmungen der MSV 2010 sicherzustellen und nachzuweisen. Der Hersteller der Maschine hat daher insbesondere dafür zu sorgen, dass

- die grundlegenden Sicherheits- und Gesundheitsschutzanforderungen der MSV 2010 erfüllt sind,
- die technischen Unterlagen vorhanden sind,
- die CE-Kennzeichnung angebracht ist und
- die für den Betrieb erforderlichen Informationen (z.B. Betriebsanleitung) zur Verfügung stehen,

bevor die Maschine in Verkehr gebracht bzw. in Betrieb genommen wird.

7 Arbeitsrecht

7.1 Allgemeines

Das Arbeitsrecht in Österreich kann in vier verschiedene Rechtsgebiete mit jeweils verschiedenen Regelungsgebieten eingeteilt werden:

Arbeitsvertragsrecht (Individualarbeitsrecht)

Das Arbeitsvertragsrecht regelt die vertragliche Beziehung zwischen Arbeitgeber (AG) und Arbeitnehmer (AN). Regelungen des Arbeitsvertragsrechts sind häufig zu Lasten des AN unabdingbar!

Arbeitnehmerschutzrecht

Das Arbeitnehmerschutzrecht umfasst jene (öffentlich-rechtlichen) Normen, mit denen der Staat dem AG öffentlich-rechtliche Pflichten im Interesse der AN auferlegt, d.h. technischer AN-Schutz (Gefahren- und Betriebschutz), Arbeitsschutz und Verwendungsschutz (Regelungen betreffend Jugendliche, Schwangere etc.).

Arbeitsverfassungsrecht (kollektives Arbeitsrecht)

Das Arbeitsverfassungsrecht regelt

- das Verhältnis des einzelnen AN zu den Belegschaftsorganen sowie den übergeordneten freiwilligen und gesetzlichen Interessensvertretungen,
- das Verhältnis des AG zur Belegschaft bzw. den Belegschaftsorganen und zu den AG- und AN-Verbänden,
- das Verhältnis der Belegschaft(sorgane) zu den AG- und AN-Verbänden,
- das Verhältnis der Verbände untereinander sowie
- Vereinbarungen und Auseinandersetzungen im Rahmen dieser Beziehungen.

Verfahrensrecht

Das Arbeitsrecht hat ein eigenes Arbeitsverfahrens- und -organisationsrecht. Dieses umfasst alle Rechtsvorschriften, die das Verfahren regeln, welches die mit der Durchführung von arbeitsrechtlichen Angelegenheiten befassten Einrichtungen anzuwenden haben.

Die Ausführungen dieses Investitionsleitfadens beschränken sich dabei im Wesentlichen auf das Individualarbeitsrecht.

Rechtsquellen

Das österreichische Arbeitsrecht kennt eine Vielzahl von Sondergesetzen, die allgemeine Regelungen enthalten, allerdings auch zahlreiche »versteckte Regelungen«. Alle Versuche einer Gesamtkodifikation sind bislang gescheitert. Was die zukünftige Entwicklung des österreichischen Arbeitsrechts betrifft, so wird in Österreich grundsätzlich zwischen Angestellten und Arbeitern unterschieden, der Gesetzgeber zielt jedoch in Richtung einer Angleichung der gesetzlichen Grundlagen für Arbeiter und Angestellte.

Neben Sondergesetzen existieren zudem zahlreiche Verordnungen, größtenteils öffentlich-rechtlicher Natur (z.B. BauarbeiterschutzVO, FahrtenbuchVO, u.v.a.). Eine weitere wichtige Erkenntnisquelle stellen die *Kollektivverträge* (neben zahlreichen Arbeiterkollektivverträgen bestehen auch etliche für Angestellte) und die *Betriebsvereinbarungen* dar. Das *Direktions- und Weisungsrecht des AG* sowie die *betriebliche Übung* werden ebenfalls als Rechtsquellen des Arbeitsrechts angesehen. Auch der *Judikatur* (Rechtsprechung) kommt in diesem Zusammenhang wesentliche Bedeutung zu.

Rechtswirkungen arbeitsrechtlicher Normen

Zu beachten ist, dass das Arbeitsrecht zu einem großen Teil aus *absolut zwingenden Normen* besteht. Diese finden sich vor allen Dingen im Betriebsverfassung- und Arbeitnehmerschutzrecht; *jede* Abweichung von diesen Normen ist unzulässig. Zudem bestehen *relativ zwingende Normen*. Diese Normen können nur zum Vorteil des AN abbedungen werden und entsprechen daher dem Günstigkeitsprinzip. Relativ zwingende arbeitsrechtliche Normen dienen daher zur Gewährleistung eines Mindeststandards an Rechten. Letztlich enthält auch das Arbeitsrecht, wenngleich auch wenige, dispositive Normen. Dispositive Normen sind nachgiebig, d.h. sie können insbesondere vertraglich abbedungen werden.

Praxis-Tipp
▸▸▸ In wenigen Fällen lässt der österreichische Gesetzgeber auch bei zwingenden Normen Abweichungen durch Kollektivvertrag oder Betriebsvereinbarung zu. ◂◂◂

Rangordnung der Rechtsquellen
EU-Recht; Verfassungsrecht
Zwingende Normen
Verordnungen, Mindestlohntarif, Lehrlingsentschädigung
Kollektivvertrag, Satzung
Betriebsvereinbarung
Arbeitsvertrag (Individualvereinbarung)
Nachgiebige Normen
Weisungen des AG
Rechtsprechung
Betriebliche Übung

Praxis-Tipp
▸▸▸ Gegenüber nachgeordneten Rechtsquellen ist in der Regel das Günstigkeitsprinzip zu beachten. Ergänzend sind bei der Rechtsanwendung oft Generalklauseln, wie z.B. die »Gute-Sitten-Klausel«, heranzuziehen. ◂◂◂

DEUTSCHE RECHTSLAGE IM VERGLEICH
Das deutsche Arbeitsrecht unterscheidet sich in seiner Ausrichtung als Arbeitnehmerschutzrecht nicht von dem österreichischen Arbeitsrecht. Auch in Deutschland ist eine Kodifikation des Arbeitsrechts in einem Gesetzbuch noch nicht gelungen, so dass die einschlägigen Normen über verschiedene Gesetzbücher (BGB, ArbZG, KSchG etc.) verteilt sind. Die umfang-

reiche Rechtsprechung des Bundesarbeitsgerichts dient nicht nur der Konkretisierung der Rechtslage, sondern schafft auch ganz neue Rechtsfiguren, die in der Praxis stets Beachtung zu finden haben (z.B. das Günstigkeitsprinzip).

Auch das deutsche Arbeitsrecht lässt sich in individuelles und kollektives Arbeitsrecht, Arbeitnehmerschutzrecht und Verfahrensrecht unterteilen. Die Rechtsquellen des deutschen Arbeitsrechts sind vor allem das Grundgesetz, das BGB, eine Vielzahl von Sondergesetzen (ArbSchG, BUrlG, AGG) und öffentlich-rechtlichen Normen in Form von Verordnungen (MuSchV, KindArbSchV), Betriebsvereinbarungen und Tarifverträgen, auch solche, die eine Allgemeinverbindlichkeitserklärung durch das Bundesministerium für Arbeit und Soziales erfahren haben, wirken ebenfalls auf den Individualarbeitsvertrag ein und zählen somit zu den Rechtsquellen des Arbeitsrechts. Besondere Bedeutung kommt der Rechtsprechung der Gerichte für Arbeitssachen und der Gesetzgebung auf europäischer Ebene zu. Auch das Direktions- und Weisungsrecht des Arbeitgebers, welches in der GewO seine Wurzeln hat, gehört i.w.S. zu den Rechtsquellen.

Die Rechtswirkungen arbeitsrechtlicher Normen sind identisch mit denen österreichischer Normen. Besonders zu betonen ist die normative (Ein-)Wirkung tarifvertraglicher Regelung, die kraft Gesetzes (TVG) auf arbeitsvertragliche Vereinbarungen einwirken und diese wie ein Gesetz überlagern. Diese Wirkung entfalten auch Betriebsvereinbarungen, sofern sie eine zulässige Regelung zum Inhalt haben (BetrVG).

Die *Normenpyramide* besteht aus nachfolgenden Elementen:

- GG/EU-Recht/(normale) Gesetze,
- Tarifvertrag,
- Betriebsvereinbarung,
- Arbeitsvertrag/Direktionsrecht/betriebliche Übung und
- arbeitsrechtlicher Gleichbehandlungsgrundsatz.

Das Rang-, Günstigkeits- und Ordnungsprinzip entspricht der deutschen Rechtslage.

7.2 Begründung des Arbeitsverhältnisses

In Österreich kommt der Arbeitsvertrag – wie auch in Deutschland – durch zwei übereinstimmende Willenserklärungen zustande. Die Vereinbarung kann mündlich oder schriftlich erfolgen. Es gilt der Grundsatz der Formfreiheit, Schriftlichkeit wird nur ausnahmsweise verlangt (bspw. Begründung und Beendigung des Lehrverhältnisses, Vertragsbedienstete).

Trotz Formfreiheit ist der AG gegenüber dem AN verpflichtet, unverzüglich nach Beginn des Arbeitsverhältnisses, eine schriftliche Aufzeichnung über die wesentlichen Rechte und Pflichten aus dem Arbeitsverhältnis vorzunehmen und dem AN auszuhändigen. Diese schriftliche Aufzeichnung, der sog. *Dienstzettel*, ist kein Arbeitsvertrag, sondern eine einseitige Wissenserklärung des AG.

Praxis-Tipp

▸▸▸ Dies schafft in der Praxis häufig Probleme als »Vertragssubstitut«. Insbesondere Deutsche haben in vielen Fällen ein Verständnisproblem bezüglich des Dienstzettels, weil er nicht mit dem deutschen Arbeitsvertrag vergleichbar ist!

In diesem Zusammenhang ist insbesondere § 11 Abs. 4 AÜG zu beachten: Bei Nichtausstellung des vorgeschriebenen Dienstzettels braucht die überlassene Arbeitskraft der Überlassung nicht Folge zu leisten. ◄◄◄

Ein Dienstzettel hat insbesondere folgende Informationen zu enthalten:

- Name und Anschrift des AG und des AN,
- Lohn/Gehalt,
- den anzuwendenden Kollektivvertrag,
- Arbeitszeiten,
- die für den betroffenen AN geltenden Kündigungsfristen und Kündigungstermine sowie
- Angaben über die betriebliche Vorsorgekasse (sog. »Abfertigung Neu«).

Praxis-Tipp

▶▶▶ Auch im Falle eines im Wege des Betriebsüberganges übergegangenen Mitarbeiters ist der AG verpflichtet, sofort nach Übergang einen neuen Dienstzettel auszustellen! ◄◄◄

Für die Beschäftigung von Ausländern, die nicht EU- oder EWR-Bürger sind, – sei es für Arbeitnehmer oder sog. freie Dienstnehmer –, sind grundsätzlich vor Aufnahme der Beschäftigung die entsprechenden *Bewilligungen* einzuholen. Die Beschäftigungsbewilligung berechtigt den Ausländer zur Aufnahme einer legalen Beschäftigung an einem genau bezeichneten Arbeitsplatz innerhalb Österreichs.

Der ausländische AN kann sich von der Bewilligungspflicht auch befreien lassen.

Praxis-Tipp

▶▶▶ Soll der Ausländer an mehreren Betriebsstandorten oder in mehreren Bezirken bzw. Bundesländern (z.B. als Bauarbeiter) beschäftigt werden, muss dies ausdrücklich beantragt und bewilligt werden. ◄◄◄

Eine solche Beschäftigungsbewilligung erlangt ein Ausländer jedoch erst, wenn er im Besitz eines gültigen Aufenthaltstitels für Österreich ist. Den Aufenthaltstitel muss sich der Ausländer selbst besorgen.

Die Beschäftigungsbewilligung selbst muss vom Arbeitgeber beim örtlich zuständigen Arbeitsmarktservice (AMS) beantragt werden. Das AMS erteilt jedoch keine Beschäftigungsbewilligung, wenn ein Inländer oder ein am Arbeitsmarkt verfügbarer Ausländer bereit und fähig ist, die beantragte Beschäftigung zu den gesetzlich zulässigen Bedingungen auszuüben. Für Wien ist das AMS Wien (12 Geschäftsstellen in verschiedenen Bezirken) zuständig, diesbezügliche Informationen findet man unter www.ams.at/wien. Für den Unternehmer in Bezug auf die Beschäftigung von Arbeitnehmern relevante Formulare können unter http://www.ams.at/wien/sfu/14102.html heruntergeladen werden.

Praxis-Tipp

▶▶▶ Bei Nichtvorliegen der Voraussetzung betreffend die Beschäftigungsbewilligung, die Arbeitserlaubnis oder den Befreiungsschein ist der Arbeitsvertrag zwar nichtig, der AN hat aber Anspruch auf das Entgelt für die von ihm erbrachten Arbeitsleistungen. Hier sind für bestimmte Länder (wie z.B. Türkei) zudem auch bestimmte EU-Abkommen (bspw. Assoziierungsabkommen) mit Drittstaaten heranzuziehen. Bestimmte EU-Abkommen schaffen hier oft freien Zugang zum österreichischen Arbeitsmarkt bei Erfüllung bestimmter Voraussetzungen. ◄◄◄

Das Erlöschen des Aufenthaltstitels oder dessen Unwirksamkeit wirkt sich nicht auf eine bestehende Beschäftigungsbewilligung aus und berechtigt daher auch nicht zur Entlassung.

Der Arbeitsvertrag sollte folgenden Mindestinhalt haben: Grundsätzlich kann Arbeitsinhalt jede Arbeit sein, d.h. »Hand- und/oder Kopfarbeit«. Zumindest die Gattung der Dienstleistung sollte festgelegt werden, sodass Art und Umfang mit Hilfe von Verkehrssitte und Zweck jedenfalls bestimmbar sind.

Praxis-Tipp

▸▸▸ Grundsätzlich bildet die vertraglich vereinbarte Dienstleistung den Rahmen für das Weisungsrecht des AG (ausgenommen Notsituationen, Argument: Treuepflicht!). ◂◂◂

Entgeltvereinbarungen sind im Arbeitsvertrag grundsätzlich entbehrlich. Sollte jedoch Unentgeltlichkeit vereinbart worden sein, müsste dies gesondert im Arbeitsvertrag aufgenommen werden.

Arbeitsverträge, die gegen gesetzliche Verbote oder sogar die guten Sitten verstoßen, sind grundsätzlich nichtig, sofern dies der Schutzzweck des Gesetzes erfordert (z.B. bestimmte Verstöße gegen Arbeitnehmerschutzbestimmungen). Wenn es zur Einhaltung des arbeitsrechtlichen Schutzprinzips ausreicht, nur eine bestimmte Bestimmung des Arbeitsvertrages entfallen zu lassen, liegt lediglich *Teilnichtigkeit* vor; erfordert der Verbotszweck jedoch, dass sich AN und AG auf die Unwirksamkeit des Vertrages berufen können, liegt *absolute Nichtigkeit* vor. Diese ist grundsätzlich in Österreich *von Amts wegen* wahrzunehmen!

Der Arbeitsvertrag kann für *bestimmte* oder für *unbestimmte Zeit* geschlossen werden. Die Umgehung arbeitsrechtlicher Vorschriften durch den Abschluss aneinander gereihter »befristeter« Arbeitsverträge (sog. Kettenarbeitsverträge) ist in Österreich unzulässig.

Praxis-Tipp

▸▸▸ Grundsätzlich ist der schriftliche Abschluss von Arbeitsverträgen zu empfehlen, auch wenn nur in wenigen Fällen Sondervorschriften zum Schutze des Arbeitnehmers die Schriftlichkeit von Vertragsklauseln festlegen.

Unabhängig von der Entscheidung, ob ein Arbeitsvertrag letztlich erstellt wird oder nicht, ist dem AN unbedingt ein *Dienstzettel* auszustellen und auszuhändigen! ◂◂◂

Neben den gesetzlichen Bestimmungen zur individuellen vertraglichen Gestaltung von Arbeitsverträgen sind auch die kollektiv »rechtsgestaltenden« Normen eines Kollektivvertrags, der tarifliche Mindestlohntarif sowie Betriebsvereinbarungen zu beachten.

Grundsätzlich richtet sich die Höhe des Arbeitnehmer-Entgelts nach der vertraglichen Vereinbarung zwischen den Parteien. Dennoch fixieren u.a. Kollektivverträge ein Mindestlohnniveau, das nicht unterschritten werden darf. Ein gesetzlicher Mindestlohn besteht in Österreich nicht.

Eine *Betriebsvereinbarung* ist ein Vertrag zwischen Arbeitgeber und Betriebsrat, der nicht nur Rechte und Pflichten der Betriebsparteien begründet, sondern auch verbindliche Normen für alle Arbeitnehmer eines Betriebes formuliert.

In Österreich existiert ein nahezu flächendeckendes *Kollektivvertragssystem*; die Anwendung des Kollektivvertrages, der zwischen Arbeitgeberverbänden und Gewerkschaften geschlossen wurde, bestimmt sich nach der faktischen Mitgliedschaft des Arbeitgebers in einer Fachgruppe der Wirtschaftskammerorganisation, die sich wiederum nach der Gewerbeausübung des Arbeitgebers bestimmt. Vorsicht ist geboten bei mehrfacher Kollektivvertragsangehörigkeit auf Arbeitgeberseite (z.B. bei Ausübung mehrerer Gewerbe) oder Beschäftigung eines Arbeitnehmers in mehreren Betrieben des Arbeitgebers mit unterschiedlicher Kollektivvertragzugehörigkeit, weil auf ein Arbeitsverhältnis nur ein Kollektivvertrag zur Anwendung kommen soll.

Vorstellungsgespräch

In der Regel wird vor Abschluss eines Arbeitsvertrages ein Vorstellungsgespräch geführt. Fragen nach Schwangerschaft oder Vermögensverhältnissen im Rahmen dieses Gesprächs sind grundsätzlich *nicht zulässig*. Fragen nach Vorstrafen und dem Gesundheitszustand sind nur zulässig, wenn das begangene Delikt in besonderer Beziehung zur angedachten Tätigkeit steht bzw. wenn die Krankheit auch andere AN gefährden könnte. Eine etwaige Behinderteneigenschaft muss der AN dem AG auf Frage allerdings bekannt geben. Das Verschweigen der Behinderteneigenschaft macht eine Kündigung ohne Zustimmung des sog. Behindertenausschusses in Österreich zwar nicht wirksam, der AN verliert aber seinen Anspruch auf Entgeltfortzahlung gemäß ABGB. Das Datenschutzgesetz gilt in diesem Zusammenhang uneingeschränkt.

Der Ersatz von Vorstellungskosten gebührt nicht nur bei ausdrücklicher Vereinbarung, sondern auch dann, wenn der AN zur persönlichen Vorstellung durch den AG aufgefordert wurde.

DEUTSCHE RECHTSLAGE IM VERGLEICH

Der Tarifvertrag ist in Deutschland ein Vertrag zwischen den Tarifvertragsparteien, die den österreichischen Kollektivvertragsparteien entsprechen. Der Tarifvertrag besteht aus einem schuldrechtlichen und einem normativen Teil. Während der schuldrechtliche Bestandteil nur die Rechte und Pflichten zwischen den Tarifvertragsparteien (Arbeitgeber/Arbeitgeberverband und Gewerkschaft) regelt, wirkt der normative Teil unmittelbar auf die im Geltungsbereich des Tarifvertrages bestehenden Arbeitsverträge ein und verändert sie inhaltlich, ohne dass es einer expliziten Änderung durch die Arbeitsvertragsparteien bedarf. Das Bundesministerium für Arbeit und Soziales kann auf Antrag einer Tarifvertragspartei einen Tarifvertrag für allgemeinverbindlich erklären und damit »Mindestarbeitsbedingungen« festlegen. Diese Tarifverträge gelten in ihrem räumlichen, zeitlichen und persönlichen Anwendungsbereich für alle erfassten Arbeitsverhältnisse unabhängig davon, ob Tarifbindung der betroffenen Parteien besteht. Eine aktuelle Übersicht von allgemeinverbindlich erklärten Tarifverträgen findet sich auf der Internetseite www.bmas.de. Anders als in Österreich bestehen in Deutschland Mindestlöhne. Dies ist derzeit für 14 Branchen der Fall.

Durch das Gesetz zur Regelung eines allgemeinen Mindestlohns – Mindestlohngesetz (MiLoG) soll in Deutschland zwischen den Jahren 2015 und 2018 schrittweise ein flächendeckender, allgemeiner gesetzlicher Mindestlohn für Arbeitnehmer und für die meisten Praktikanten eingeführt werden.

Wesentliche Merkmale des Arbeitsverhältnisses: Das Arbeitsverhältnis ist durch *persönliche Abhängigkeit* des AN gekennzeichnet. Wesentliche Kriterien für die persönliche Abhängigkeit sind:

■ *Einbindung* des AN in die *betriebliche Organisation* (Bindung hinsichtlich Arbeitszeit, Arbeitsort, Arbeitsabfolge und Befolgung dienstgeberischer Weisungen)

> **Praxis-Tipp**
>
> ▶▶▶ Es ist zu beachten, dass die Weisungsunterworfenheit unterschiedlich ausgestaltet sein kann. Je gehobener die Stellung, desto größer ist der selbstständige Handlungsspielraum! ◀◀◀

■ *Kontrolle* durch den AG: *Disziplinäre Verantwortung* des AN

■ *Wirtschaftliche Abhängigkeit*: Zwar ist die Entgeltlichkeit der Dienstleistung kein notwendiges Kriterium des Arbeitsvertrages, dennoch stellt die Bestreitung des Lebensunterhal-

tes durch die Arbeit in der Praxis das häufigste Motiv für den Abschluss eines Dienstverhältnisses auf Seiten der AN dar.

- *Persönliche Arbeitspflicht*
- *Treuepflicht des AN*
- *Fürsorgepflicht des AG*
- *Fremdbestimmung der Arbeit*: Grundsätzlich kann gesagt werden, dass der AN keinen be-
  stimmten Arbeitserfolg, sondern grundsätzlich nur ein sorgfältiges Bemühen schuldet,
  d.h. grundsätzlich der AN immer auch entgeltberechtigt ist im Falle der mangelhaften
  Arbeitsleistung.

In allen Fällen unerheblich ist die Bezeichnung des Vertragsverhältnisses durch die Partei-
en, d.h. das Arbeitsverhältnis muss grundsätzlich anhand der oben genannten wesentlichen
Merkmale bestimmt werden.

Praxis-Tipp

▶▶▶ Gerade in Österreich werden Arbeitsverträge oft fälschlicherweise »Werkvertrag« genannt.
Dies hat sich in manchen Berufsgruppen schlicht so eingebürgert. In den meisten Fällen
handelt es sich bei solchen Werkverträgen jedoch um klare Arbeitsverträge.
  Haben die Parteien irrtümlich einen Werkvertrag mit Werklohn zuzüglich USt vereinbart, obwohl ein Arbeitsvertrag vorliegt, bildet der auf die USt entfallende Betrag i.d.R. einen Bestandteil des Bruttoentgeltes. ◀◀◀

Abgrenzung Arbeitsvertrag und freies Dienstverhältnis:
  Das freie Dienstverhältnis verpflichtet zur *Arbeit ohne persönliche Abhängigkeit*, weit ge-
hend selbstständig und frei von Beschränkungen des persönlichen Verhaltens. Insbesondere die Möglichkeit, den Ablauf der Arbeit selbst zu regeln und zu jeder Zeit zu ändern sowie das Fehlen von Weisungsgebundenheit unterscheidet das Arbeitsverhältnis vom freien
Dienstverhältnis.

Praxis-Tipp

▶▶▶ Auf das freie Dienstverhältnis sind solche Normen des Arbeitsrechts, die nicht vom persönlichen Abhängigkeitsverhältnis des AN ausgehen und den *Schutz des sozial Schwächeren*
bezwecken, analog anwendbar. ◀◀◀

EXKURS

Scheinselbstständigkeit und Arbeitnehmereigenschaft des GmbH-Geschäftsführers
Scheinselbstständigkeit ist weiterhin ein heikles Thema in Deutschland; sie liegt vor, wenn eine
erwerbstätige Person als selbstständiger Unternehmer auftritt, obwohl sie von der Art ihrer Tätigkeit her zu den abhängig Beschäftigten (Arbeitnehmer) zählt. Diese Einordnung wird vor allem
bei der Pflicht zur Abführung von Sozialversicherungsbeiträgen relevant. Diese Pflicht besteht
nur bei nicht selbstständigen Arbeitnehmern; es liegt dann eine sozialversicherungsrechtliche
Beschäftigung vor. Das Vorenthalten von Sozialversicherungsbeiträgen ist strafbar.
  Kriterien zur Abgrenzung der Selbstständigkeit von Scheinselbstständigkeit sind:

- persönliche Abhängigkeit,
- Weisungsgebundenheit und
- kein Unternehmerrisiko.

Die Einordnung als Scheinselbstständiger bzw. Arbeitnehmer korreliert miteinander.
  In Deutschland ist Arbeitnehmer, wer Arbeit weisungsgebunden in persönlicher Abhängigkeit leistet. Der GmbH-Geschäftsführer vertritt die Gesellschaft organschaftlich und hat die

oberste Weisungsbefugnis im Unternehmen. Er ist somit regelmäßig selbst nicht persönlich weisungsunterworfen und daher kein Arbeitnehmer.

Scheinselbstständigkeit in Österreich
Die Scheinselbstständigkeit ist in Österreich ebenfalls ein von der Praxis und Judikatur aufgefasster Problembereich, da in Österreich zudem der Begriff im arbeitsrechtlichen Sinn gesetzlich nicht definiert ist. Der Unterschied eines Scheinselbstständigen zu einem Angestellten wird in Österreich darin gesehen, dass keine Sozialversicherungsbeiträge und Lohnsteuer bezahlt werden und Rechte wie Kündigungsschutz und Urlaubsanspruch entfallen.

7.3   Arbeiter – Angestellter

Das österreichische Arbeitsrecht unterscheidet bei der Beschäftigung von Arbeitnehmern strikt zwischen *Angestellten* und *Arbeitern*.

Angestellter ist, wer vertraglich vorwiegend zur Leistung kaufmännischer oder höherer, nicht kaufmännischer Dienste oder zu Kanzleiarbeiten verpflichtet ist.

Praxis-Tipp

▸▸▸ Zwar gilt das AngG auch für geringfügige Dienstverhältnisse mit weniger als 1/5 der Normalarbeitszeit; die Kündigungsregeln des § 20 AngG setzen aber eine Mindestarbeitszeit von 1/5 der gesetzlichen oder kollektivvertraglichen Arbeitszeit voraus. ◂◂◂

Arbeiter sind all jene Arbeitnehmer, die nicht diesem Angestelltenbegriff unterliegen. Sie üben in der Regel überwiegend manuelle Tätigkeiten aus. Unterschiede zwischen Angestellten und Arbeitern bestehen vor allem hinsichtlich der Beendigung des Arbeitsverhältnisses und im Sozialversicherungsrecht.

Für Arbeiter gelten Teile der GewO und zahlreiche Sondergesetze (wie bspw. das EFZG, ArbAbfG, UrlG, u.a.), die teilweise eine Annäherung an die Angestelltenregelungen erkennen lassen. Im Arbeiterbereich kommt den Kollektivverträgen besondere Bedeutung zu. Zudem existieren zahlreiche Sondergruppen, für die Sondergesetze Anwendung finden (wie z.B. Bauarbeiter: BUAG, BSchEG; Bäckereiarbeiter, u.v.a.).

DEUTSCHE RECHTSLAGE IM VERGLEICH
In Deutschland werden Angestellte und Arbeiter nach demselben Arbeitsvertragsrecht behandelt. Eine Differenzierung wie im österreichischen Recht besteht nach der Reform der Krankenkassen und der Gründung der Deutschen Rentenversicherung nicht mehr.

7.4   Dauer des Arbeitsverhältnisses

Arbeitsvertrag auf Probe
Die echte Probezeit ist in Österreich grundsätzlich auf einen Monat beschränkt. Für Lehrverhältnisse besteht eine Sonderregelung (drei Monate Probezeit). Während der Probezeit kann das Dienstverhältnis grundsätzlich von jedem Vertragsteil *ohne Einhaltung einer Frist und ohne Grund* gelöst werden.

▶▶▶ Eines der häufigsten Probleme bei Auflösungen von Probearbeitsverhältnissen in der Praxis ist oft der nicht rechtzeitige Zugang der (schriftlichen) Auflösungserklärung. ◀◀◀

Zu beachten ist, dass eine Probezeit bereits zu Beginn des Dienstverhältnisses vereinbart werden muss. Die Vereinbarung einer längeren Probezeit ist unzulässig; sie ist hinsichtlich der (Mehr-)Dauer teilnichtig. Ist nicht vereinbart, ob das Arbeitsverhältnis nach der Probezeit auf bestimmte oder unbestimmte Zeit läuft, ist im Zweifel von einem unbefristeten Dienstverhältnis auszugehen.

DEUTSCHE RECHTSLAGE IM VERGLEICH

Wird in Deutschland eine Probezeit vereinbart, so bedeutet das, dass sich für den vereinbarten Zeitraum die Kündigungsfrist auf zwei Wochen verkürzt. Im Gegensatz zur österreichischen Regelung kann eine Probezeit von bis zu sechs Monaten vereinbart werden.

EXKURS

Arbeitsverträge zum vorübergehenden Bedarf
Das wesentliche Merkmal dieser Arbeitsverträge zum vorübergehenden Bedarf ist die mangelnde Bestimmbarkeit ihres zeitlichen Endes. Es ist grundsätzlich ein Arbeitsverhältnis auf *unbestimmte Zeit*, allerdings mit erleichterten Lösungsmöglichkeiten.

Befristete Arbeitsverträge
Bei befristeten Arbeitsverträgen ist die Beendigung kalendermäßig klar bestimmt oder muss jedenfalls bestimmbar sein. Befristete Arbeitsverhältnisse sind bei erstmaliger Befristung grundsätzlich zulässig. Zu beachten sind aber Sondervorschriften, wie jene des Auslandsunterhaltsgesetzes (AUG) sowie die des Mutterschutzgesetzes (MSchG). Das Lehrverhältnis an sich stellt grundsätzlich ein befristetes Dienstverhältnis dar.

▶▶▶ Grundsätzlich enden befristete Dienstverhältnisse nach Zeitablauf automatisch, ohne weitere Beendigungserklärung. Wird jedoch nach Ablauf der Befristung das Dienstverhältnis »stillschweigend« fortgesetzt, wird es zu einem solchen auf unbestimmte Zeit verlängert.
»Kettendienstverträge«: Die Zulässigkeit mehrfacher Befristungen hintereinander hängt vom Vorliegen *sachlicher Gründe* ab. Solche sind bspw. Befristungen im Interesse des AN, Ausbildungszweck, Saisonbetrieb, Vertretung für bestimmte Zeit, etc. Unzulässige Kettendienstverträge sind *teilnichtig* und entfalten die Wirkung eines unbefristeten Dienstverhältnisses. ◀◀◀

DEUTSCHE RECHTSLAGE IM VERGLEICH

In Deutschland wird zwischen der kalendermäßigen und der Zweckbefristung unterschieden. Die Befristung muss jedenfalls schriftlich vereinbart werden. Zur kalendermäßigen Befristung ist kein sachlicher Grund erforderlich. Der Arbeitsvertrag oder seine höchstens dreimalige Verlängerung dürfen dann aber eine Gesamtdauer von zwei Jahren nicht überschreiten (»Kettenbefristung«). Eine Ausnahme gilt für neu gegründete Unternehmen: diese dürfen kalendermäßig befristete Arbeitsverträge bis zur Dauer von vier Jahren abschließen, ohne dass es auf die Anzahl der Verlängerungen ankommt. Ebenso besteht eine Ausnahmeregelung für die Befristung von Arbeitsverhältnissen mit älteren Arbeitnehmern. Typische Gründe für eine sachliche Befristung sind – wie in Österreich – der betriebliche Bedarf, die Erprobung des Arbeitnehmers oder Vertretungserfordernisse.

Hinwes

▸▸▸ Die Probezeit ist nicht mit der Befristung zur Erprobung zu verwechseln! In letzterem Fall endet das Arbeitsverhältnis zum vorgesehenen Zeitpunkt automatisch. ◂◂◂

EXKURS

Arbeitsverträge auf Lebenszeit
Ein auf fünf Jahre oder länger oder gar auf Lebenszeit abgeschlossenes Dienstverhältnis kann vom AN jedenfalls *nach fünf Jahren* unter Einhaltung einer *sechsmonatigen Frist* gekündigt werden.

Bedingte Arbeitsverträge
Bei bedingten Arbeitsverträgen steht nicht fest, ob das Ereignis, von dem die Lösung des Dienstverhältnisses abhängig sein soll, überhaupt eintritt. Unzulässig sind auf jeden Fall gesetz- oder sittenwidrige Bedingungen. Ein bedingter Arbeitsvertrag ist in Österreich jedenfalls dann zulässig, wenn das »wann« gewiss ist, auch wenn das »ob« ungewiss ist (bspw. »wenn meine Tochter Helena im Sommer 2025 maturiert ...«). Ebenfalls zulässig ist eine Bedingung, die nur vom Willen des AN abhängig und innerhalb kurzer Frist möglich ist.

DEUTSCHE RECHTSLAGE IM VERGLEICH

Nach deutschem Recht werden bedingte Arbeitsverträge im Wesentlichen wie befristete Arbeitsverträge behandelt, d.h. die Bedingungsabrede (es handelt sich um eine auflösende Bedingung) muss auch schriftlich erfolgen.

7.5 Betriebsrat

In Österreich kann in einem Betrieb, in dem dauernd mindestens fünf stimmberechtigte Arbeitnehmer beschäftigt sind, ein Betriebsrat als Organ der Belegschaft errichtet werden. Ob ein Betriebsrat errichtet wird, bleibt den Arbeitnehmern überlassen, die dazu die Initiative ergreifen können. Eine Pflicht zur Errichtung eines Betriebsrates kennt die österreichische Rechtsordnung nicht, was dazu führt, dass auch viele größere bis große Unternehmen keinen Betriebsrat haben. Leitende Angestellte, welchen ein maßgeblicher Einfluss auf die Führung des Betriebes zukommt, sind dabei nicht zu der Mindestanzahl der fünf Arbeitnehmer hinzuzuzählen. Je nach Größe des Unternehmens können auch Gruppenbetriebsräte (für Arbeiter und/oder für Angestellte) oder etwa Konzernbetriebsräte errichtet sein.

Der Betriebsrat verfügt über gesetzlich festgelegte Mitwirkungsrechte, wie etwa die Mitwirkung an personellen Einzelentscheidungen (z.B. die Beendigung des Arbeitsverhältnisses) oder die Mitwirkung in wirtschaftlichen Angelegenheiten (wie z.B. die Entsendung in den Aufsichtsrat). Beachtenswert ist, dass Betriebsräte grundsätzlich nur mit vorheriger Zustimmung des Gerichts entlassen oder gekündigt werden können.

DEUTSCHE RECHTSLAGE IM VERGLEICH

In Deutschland kann ein Betriebsrat – ebenso wie in Österreich – in Betrieben mit fünf ständigen wahlberechtigten Arbeitnehmern gegründet werden. Davon müssen drei wählbar sein, d.h. dem Betrieb seit mindestens sechs Monaten angehören. Ein leitender Angestellter ist auch nicht Arbeiter im betriebsverfassungsrechtlichen Sinn.

In Unternehmen, in denen mehrere Betriebsräte bestehen, kann ein sog. Gesamtbetriebsrat gebildet werden. In Konzernen gibt es zudem die Möglichkeit, Konzernbetriebsräte zu errichten. Diese Konzernbetriebsräte sind für die Behandlung von Angelegenheiten, die den Konzern betreffen und nicht durch die einzelnen Gesamtbetriebsräte innerhalb der einzelnen Unternehmen geregelt werden können, zuständig.

7.6 Arbeitnehmerschutz

Die in Österreich geltenden Arbeitnehmerschutz-Gesetze verpflichten den Arbeitgeber zum umfangreichen Gefahrenschutz (Sicherheit am Arbeitsplatz), Verwendungsschutz (z.B. hinsichtlich Schwangeren, Müttern und Jugendlichen) sowie Arbeitszeitschutz. Die *Normalarbeitszeit* beträgt dabei acht Stunden am Tag und darf in der Woche 40 Stunden nicht übersteigen. Überschreitungen verpflichten den Arbeitgeber grundsätzlich zu einem Überstundenzuschlag. Die grundlegenden Bestimmungen zu Ausmaß und Gestaltung der Arbeitszeit, Verpflichtung und Abgeltung von Überstunden sowie zu Ruhezeiten sind gesetzlich festgelegt. Arbeitsvertrag und Kollektivvertrag können weiterführende Regelungen treffen; so sieht die Mehrzahl der Kollektivverträge eine Normalarbeitszeit von 38,5 Stunden pro Woche vor, allerdings kann der Kollektivvertrag auch eine Normalarbeitszeit von zehn Stunden pro Tag/50 Stunden pro Woche bei flexibler Arbeitsgestaltung vorsehen. Vom Anwendungsbereich der Gesetze zur Arbeitszeit ausgenommen sind leitende Angestellte, denen maßgebliche Führungsaufgaben selbstverantwortlich übertragen sind. Diese haben oftmals einen sog. »All-in«-Vertrag, bei dem sämtliche Überstunden als pauschaliert abgegolten werden. Arbeitnehmer haben einen gesetzlichen Anspruch auf bezahlten Urlaub. Der Anspruch pro Arbeitsjahr beträgt 30 Werktage (fünf Wochen) bei einer Dienstzeit unter 25 Jahren und 36 Werktage (sechs Wochen) nach 25 Dienstjahren.

Den Arbeitgeber treffen auch Entgeltansprüche trotz Unterbleibens der Arbeitsleistung, nämlich bei Krankheit des Arbeitnehmers, gerechtfertigtem Fernbleiben des Arbeitnehmers aus persönlichen Gründen und Pflegefreistellung des Arbeitnehmers. Zeitliches Ausmaß und Höhe dieser Entgeltfortzahlung sind gesetzlich geregelt.

Ein schuldhafter Verstoß gegen Arbeitnehmerschutz-Gesetze stellt eine Verwaltungsübertretung dar und ist mit Geldstrafe sanktioniert. Verwaltungsstrafrechtlich verantwortlich ist der Arbeitgeber. Handelt es sich bei dem Arbeitgeber um eine juristische Person, sind die zur Vertretung nach außen Berufenen verwaltungsstrafrechtlich verantwortlich.

Praxis-Tipp

▶▶▶ Der Arbeitgeber hat die Möglichkeit, seine Verantwortung zu delegieren, indem er einen »Verantwortlichen« beauftragt, dem die Einhaltung der Vorschriften obliegt. Voraussetzung dafür ist, dass dieser Verantwortliche seinen Hauptwohnsitz in Österreich hat, der Bestellung nachweislich zugestimmt hat und, sofern es sich um einen Arbeitnehmer handelt, eine leitende Funktion innehat. Bei Bestellung eines verantwortlich Beauftragten bleiben die zur Vertretung nach außen Berufenen lediglich für Taten verantwortlich, die sie selbst vorsätzlich veranlasst oder vorsätzlich nicht verhindert haben. Zu beachten ist, dass die zur Vertretung nach außen Berufenen mit dem verantwortlichen Beauftragten zur ungeteilten Hand für verhängte Geldstrafen und Verfahrenskosten haften. ◀◀◀

Ähnlich wie in Österreich existieren auch in Deutschland vielfache Regelungen zum Arbeitnehmerschutz, u.a. zu finden in folgenden Gesetzen:

- Arbeitszeitgesetz
- Mutterschutzgesetz und
- SGB IX (Schwerbehinderung).

Der Arbeitnehmer hat – soweit nicht aufgrund Individual- oder kollektivrechtlicher Vereinbarung oder per Gesetz anders vorgeschrieben – einen Urlaubsanspruch von mindestens 24 Werktagen pro Jahr. Ebenso wie in Österreich bestehen auch ohne geleistete Arbeit Lohnansprüche, z.B. bei Krankheit oder wenn sich der Arbeitgeber im Annahmeverzug der Arbeitsleistung befindet.

7.7 Arbeitskräfteüberlassung

Arbeitskräfteüberlassung liegt vor, wenn ein selbstständiger Unternehmer einen über Arbeitsvertrag angestellten Arbeitnehmer vorübergehend oder dauernd an einen anderen Unternehmer »ausleiht« oder diesen »überlässt« (häufig auch als »Leiharbeit« oder »Personalleasing« bezeichnet). Derartige Arbeitsverhältnisse werden weitgehend durch das Arbeitskräfteüberlassungsgesetz (AÜG) geregelt.

Wird ein Arbeitnehmer aus einem EWR-Vertragsstaat nach Österreich »überlassen«, gilt im Regelfall das österreichische AÜG.

Bei einem aus Deutschland nach Österreich überlassenen AN gilt für die Dauer der in Österreich geleisteten Arbeit in Bezug auf Entgelt das österreichische, ansonsten das deutsche Arbeitsrecht.

Gemäß AÜG liegt Arbeitskräfteüberlassung auch vor, wenn die Arbeitskraft die Arbeitsleistung im Betrieb des Werkbestellers in Erfüllung eines *Werkvertrages* erbringt, aber

- kein von den Produkten (Dienstleistungen etc.) des Werkbestellers abweichendes, dem Werkunternehmer zurechenbares Werk herstellt,
- die Arbeit nicht vorwiegend mit Material und Werkzeug des Werkunternehmers leistet,
- organisatorisch in den Betrieb des Werkbestellers eingegliedert ist und dessen Dienst- und Fachaufsicht untersteht,
- der Werkunternehmer nicht für den Erfolg der Werkleistung haftet.

Ist nur eines dieser Merkmale erfüllt, ist das AÜG u.U. bereits anwendbar. Das AÜG ist daher auch auf die Überlassung von *arbeitnehmerähnlichen Personen* anzuwenden.

Die Überlassung ist von der Entsendung zu unterscheiden, die dann vorliegt, wenn ein Arbeitnehmer auf Weisung seines inländischen Arbeitgebers im Ausland eine Beschäftigung für diesen ausübt.

Zum Entgelt: Grundsätzlich hat die überlassene Arbeitskraft Anspruch auf ein *angemessenes ortsübliches Entgelt*, das mindestens einmal pro Monat auszuzahlen und schriftlich abzurechnen ist. Dabei bleiben Normen der kollektiven Rechtsgestaltung, denen der Überlasser unterworfen ist, unberührt.

Bei der Beurteilung der *Angemessenheit* ist für die Dauer der Überlassung auf das im Beschäftigerbetrieb vergleichbaren AN für vergleichbare Tätigkeiten zu zahlende *kollektivvertragliche Entgelt* (nicht auf das nur im Beschäftigerbetrieb übliche höhere Entgelt) Bedacht zu nehmen, es sei denn, der Betrieb verfügt ausnahmsweise über einen eigenen Kollektiv-vertrag. Der Entgeltbegriff ist dabei hier eher weit zu verstehen, sodass auch kollektivver-tragliche Sonderzahlungen darunter fallen, nicht jedoch ein im Beschäftiger-KV geregelter Aufwandersatz.

Praxis-Tipp

▶▶▶ Der Beschäftiger haftet der überlassenen Arbeitskraft für *Entgeltansprüche als Bürge*. Hat er aber seine Verpflichtung gegenüber dem Überlasser bereits erfüllt, nur mehr als *Ausfall-bürge*. Hinsichtlich der Arbeitszeit gilt sodann der für vergleichbare AN anzuwendende Be-schäftiger-KV.

Die Überlassung einer Arbeitskraft darf nur mit ihrer *ausdrücklichen Zustimmung* erfol-gen. Eine auch nur einmalige Befristung ist nur bei Vorliegen sachlicher Gründe zulässig. Zu beachten ist zudem, dass die Arbeitgeberpflichten des Überlassers nicht berührt werden; für die Dauer der Überlassung hat aber zudem auch der Beschäftigte die Arbeitgeberpflich-ten nach den AN-Schutzvorschriften zu tragen.

Die Überlassung darf nur nach Abschluss einer ausdrücklichen Vereinbarung zwischen AN und Überlasser erfolgen. Diese Vereinbarung hat einen bestimmten Inhalt aufzuweisen, es empfiehlt sich daher unbedingt die Hinzuziehung eines Rechtsanwaltes. Insbesondere ist zu beachten, dass bestimmte Ansprüche des AN aus dem AÜG nicht vertraglich ausge-schlossen werden dürfen. ◀◀◀

DEUTSCHE RECHTSLAGE IM VERGLEICH

In Deutschland ist zu differenzieren: *echte* Leiharbeit liegt vor, wenn ein Arbeitgeber (= Verlei-her) einen bei ihm beschäftigten Arbeitnehmer an einen Dritten zur *vorübergehenden* Arbeits-leistung abgibt. Dagegen spricht man von *unechter* Leiharbeit oder Arbeitsüberlassung, wenn der Arbeitnehmer gerade wegen und zum Zweck der Ausleihe eingestellt und *gewerbsmäßig* abgegeben wird. Nur auf diese Arbeitsverhältnisse ist das deutsche AÜG anwendbar. Der Ver-leiher benötigt für solche Leiharbeitsverhältnisse eine Erlaubnis. Ein Arbeitsvertrag besteht nur zwischen dem Verleiher und dem überlassenen Arbeitnehmer (= Leiharbeiter). Der Entlei-her hat gegenüber dem Arbeitnehmer keinen Anspruch auf die Arbeitsleistung, darf aber das Direktionsrecht ausüben. Hat der Verleiher keine Erlaubnis, so ist der Vertrag zwischen Verlei-her und Leiharbeitnehmer unwirksam und es wird ein Arbeitsvertrag zwischen Entleiher und Arbeitnehmer fingiert.

Der Verleiher schuldet dem Leiharbeitnehmer das Arbeitsentgelt entsprechend der beste-henden vertraglichen Regelungen; der Entleiher wiederum schuldet dem Verleiher für die Bereitstellung des Arbeitnehmers ein Entgelt. Der Entleiher zahlt also gerade nicht das Arbeitsentgelt des Leiharbeiters!

Der Vertrag über das Leiharbeitsverhältnis ist zwar formlos wirksam, bedarf aber einer Urkunde über die Rechtspflichten. Auch in Deutschland ist deshalb die Zuziehung eines Rechtsanwalts zu empfehlen, um die Einhaltung der notwendigen Formalia zu gewährleisten.

7.8   Entsendung

Entsendebewilligung

Ausländer, die von einem nicht in Österreich bzw. nicht im EWR ansässigen Arbeitgeber im Inland beschäftigt werden, benötigen zu ihrem rechtmäßigen Arbeitsaufenthalt eine Be-schäftigungsbewilligung als Betriebsentsandter oder eine Entsendebewilligung.

Eine Entsendung liegt dann vor, wenn ein ausländischer Arbeitgeber ohne Betriebssitz in Österreich eigene Arbeitskräfte zum Zweck der Verrichtung einer bestimmten Arbeit nach Österreich entsendet. Diese Entsendebewilligung wird bspw. bei einer Lieferung und Montage von Maschinen aus der Türkei durch türkische Staatsangehörige nach Österreich benötigt.

Arbeitnehmerentsendung

Mangels Rechtswahl gilt für entsandte Arbeitnehmer primär das Recht jenes Staates, in dem der AN in Erfüllung des Arbeitsvertrages gewöhnlich seine Arbeit verrichtet, selbst wenn er nur vorübergehend in einen anderen Staat entsandt wird. Das heißt, der AN nimmt bei einer Auslandsentsendung ohne ausdrückliche Rechtswahl sein Heimatrecht ins Ausland mit (*Herkunftslandprinzip*). Ob eine Entsendung noch als vorübergehend einzuordnen ist, hängt von einer Bewertung des Einzelfalls ab; diesbezüglich gibt es keine zeitliche Höchstgrenze. Wechselt der AN allerdings endgültig ins Ausland, so kann es zu einem Wechsel der ihm zugeordneten Rechtsordnung kommen.

DEUTSCHE RECHTSLAGE IM VERGLEICH

Es ist zu beachten, dass – auch wenn eine Rechtswahl nicht erfolgt ist und deshalb das Recht des Herkunftslands Anwendung findet – bestimmte zwingende Normen des Arbeitsortes zu beachten sind (bspw. Vorschriften über die Arbeitserlaubnis, vgl. die österreichische Entsendebewilligung). Im Übrigen entsprechen sich deutsches und österreichisches Recht.

7.9 Beendigung des Arbeitsverhältnisses

Der österreichische Arbeitsvertrag endet entweder durch Ablauf einer vereinbarten Befristung, einvernehmliche Auflösung, Kündigung oder Entlassung bzw. Austritt. Während die Kündigung nur unter Einhaltung einer Frist zu einem Termin und grundsätzlich ohne Vorliegen von Gründen erfolgen kann, ist eine Entlassung durch den Arbeitgeber oder ein Austritt des Arbeitnehmers ohne Einhaltung von Fristen und Terminen nur aus einem bestimmten Grund zulässig. Die Kündigungsfristen und -termine sind gesetzlich geregelt, können aber durch Kollektivvertrag und Arbeitsvertrag geändert werden; für Angestellte jedoch nur zu deren Vorteil.

Angestellte selbst können jeweils zum Monatsletzten unter Einhaltung einer Kündigungsfrist von einem Monat kündigen. Der Arbeitgeber hingegen kann den Angestellten nur zum Quartalsende unter Einhaltung einer zumindest sechswöchigen Kündigungsfrist kündigen. Diese Frist verlängert sich mit der Seniorität des Arbeitnehmers: Nach dem vollendeten zweiten Arbeitsjahr beträgt die Kündigungsfrist zwei Monate, nach dem vollendeten fünften Arbeitsjahr drei Monate, nach dem vollendeten 15. vier und nach dem vollendeten 25. Arbeitsjahr fünf Monate. Es kann vereinbart werden, dass der Arbeitgeber den Arbeitnehmer zum 15. oder Letzten des Kalendermonats kündigen kann.

Die gesetzliche Kündigungsfrist für Arbeiter beträgt grundsätzlich zwei Wochen ohne Einhaltung eines Termins. Diese Frist kann auch zum Nachteil des Arbeiters vertraglich geändert werden, muss jedoch für Arbeitnehmer und Arbeitgeber gleich sein.

In der Praxis ergeben sich die spezifischen Kündigungsfristen und -termine für Arbeiter aus dem jeweils anwendbaren Kollektivvertrag.

Praxis-Tipp

▸▸▸ Es ist in Österreich zulässig und üblich, den ersten Monat eines neu begründeten Arbeitsverhältnisses ausdrücklich als sog. »Probemonat« zu vereinbaren, innerhalb dessen beide Vertragsparteien das Arbeitsverhältnis ohne Einhaltung von Fristen, Terminen und Gründen auflösen können (siehe bereits Punkt 7.4). ◂◂◂

DEUTSCHE RECHTSLAGE IM VERGLEICH

In Deutschland kann ein Arbeitsverhältnis durch Anfechtung, Aufhebungsvertrag, Ablauf einer Befristung, Eintritt einer auflösenden Bedingung, gerichtliche Auflösung oder durch Kündigung beendet werden.

Zwischen Arbeitern und Angestellten wird nicht unterschieden. Die österreichische Kündigung entspricht der deutschen ordentlichen Kündigung, die Entlassung der außerordentlichen Kündigung. Grundsätzlich kann der Arbeitsvertrag eines Arbeitnehmers mit einer vierwöchigen Frist zum 15. eines Monats oder zum Monatsende gekündigt werden. Genau wie in Österreich verlängern sich die Fristen für eine Arbeitgeberkündigung mit zunehmender Betriebs-/Unternehmenszugehörigkeit des Arbeitnehmers; es kann dann nur noch zum Monatsende gekündigt werden: Nach zwei Jahren beträgt die Kündigungsfrist einen Monat, nach fünf Jahren zwei Monate, nach acht Jahren drei Monate, nach zehn Jahren vier Monate, nach zwölf Jahren fünf Monate, nach 15 Jahren sechs Monate und nach 20 Jahren sieben Monate.

Innerhalb einer vereinbarten Probezeit ist im Gegensatz zu Österreich eine zweiwöchige Kündigungsfrist einzuhalten. Ebenso wie in Österreich können die Kündigungsfristen und -termine individual- oder tarifvertraglich beeinflusst sein.

7.9.1 Einvernehmliche Auflösung

Der Arbeitsvertrag kann auch jederzeit durch vertragliche Vereinbarung beendet werden. Solche Aufhebungsvereinbarungen werden in Österreich »einvernehmliche Auflösung« oder »einvernehmliche Beendigung« genannt. In einer solchen Vereinbarung kann von der Einhaltung jedweder Kündigungsfristen und -termine Abstand genommen werden.

DEUTSCHE RECHTSLAGE IM VERGLEICH

In Deutschland kann ein Arbeitsverhältnis ebenfalls durch einen einvernehmlichen Aufhebungsvertrag aufgelöst werden.

7.9.2 Entlassung bzw. Austritt

Die Begriffe Entlassung und Austritt müssen unterschieden werden; ihnen liegen grds. unterschiedliche Bedeutungen zugrunde:

Beendet der Arbeitgeber den Arbeitsvertrag *aus wichtigem Grund*, spricht man in Österreich von einer Entlassung.

Beendet der Arbeitnehmer den Arbeitsvertrag *aus wichtigem Grund*, spricht man von Austritt.

In beiden Fällen, Entlassung des Arbeitnehmers sowie Austritt des Arbeitnehmers, muss jeweils ein wichtiger Grund vorliegen, durch den die Aufrechterhaltung des Vertrages nicht bis zum Ablauf der vorgesehenen Befristung oder Kündigungsfrist zugemutet werden kann.

Für Angestellte findet sich im Gesetz eine beispielhafte Aufzählung von Gründen. Für Arbeiter sind diese Gründe im Gesetz abschließend geregelt.

DEUTSCHE RECHTSLAGE IM VERGLEICH

In Deutschland wird nicht zwischen einer außerordentlichen Kündigung des Arbeitgebers oder des Arbeitnehmers differenziert.

7.9.3   Kündigungs- und Entlassungsschutz in Österreich

In Österreich bestehen ein allgemeiner und ein besonderer Kündigungs- und Entlassungsschutz. Ersterer besteht unter bestimmten Voraussetzungen in der Möglichkeit einer Anfechtung der Kündigung oder der Entlassung in betriebsratspflichtigen Betrieben sowie für ältere Arbeitnehmer auch in nicht betriebsratspflichtigen Betrieben. Der besondere Schutz besteht für bestimmte Personengruppen wie Belegschaftsfunktionäre, Eltern, Behinderte, präsenz- oder zivildienstleistende Personen.

Der allgemeine Kündigungsschutz
Der allgemeine Kündigungsschutz umfasst nur jene Personen, die unter den betriebsverfassungsrechtlichen Arbeitnehmerbegriff fallen. So sind also z.B. leitende Angestellte, denen maßgeblicher Einfluss auf die Führung des Betriebs zukommt, vom Kündigungsschutz ausgenommen. Zudem umfasst der allgemeine Kündigungsschutz (so wie der allgemeine Entlassungsschutz) nur betriebsratspflichtige Betriebe.

Prinzipiell ist das Arbeitsverhältnis in Österreich frei kündbar, der Kündigungsschutz beruht allerdings auf einem personellen Mitspracherecht der Belegschaft. Vor jeder Kündigung ist vom Arbeitgeber ein sog. Vorverfahren in Form einer Information (oder auf Verlangen einer Beratung) an den Betriebsrat einzuleiten. Dieser hat dann binnen fünf Arbeitstagen die Möglichkeit, dieser Kündigung entweder zu widersprechen, ihr zuzustimmen oder keine Stellung zu beziehen. Wird die Kündigung vor dieser Frist ausgesprochen, so beendet sie das Arbeitsverhältnis nicht.

Die Art und Weise, wie der Betriebsrat reagiert, beeinflusst die Möglichkeiten des AN, gegen die Kündigung vorzugehen.

Bei Zustimmung des Betriebsrates hat der Arbeitnehmer nur die Möglichkeit der Anfechtung wegen verpönten Motivs oder Sittenwidrigkeit der Kündigung (z.B. eine Kündigung wegen Beitritts zu einer Gewerkschaft oder Bewerbung zum Betriebsrat). Diese ist binnen einer Woche einzubringen.

Schweigt der Betriebsrat, so kann der Arbeitnehmer innerhalb einer Woche die Kündigung wegen verpönten Motivs oder wegen Sittenwidrigkeit bzw. Sozialwidrigkeit der Kündigung anfechten.

Widerspricht der Betriebsrat der Kündigung binnen der Frist ausdrücklich, so kann er die Kündigung innerhalb einer Woche auf Verlangen des AN wegen verpönten Motivs und wegen Sittenwidrigkeit bzw. Sozialwidrigkeit der Kündigung anfechten. Wenn der Betriebsrat diesem Verlangen des Arbeitnehmers nicht nachkommt, kann der Arbeitnehmer selbst die Kündigung binnen einer weiteren Woche anfechten. Außerdem steht dem Arbeitnehmer die Möglichkeit eines Sozialvergleichs offen. Hierbei kann der Arbeitnehmer einen anderen Arbeitnehmer vorschlagen, den die Kündigung aufgrund sozialer Umstände (der andere Arbeitnehmer könnte aufgrund seines Alters eher eine neue Anstellung finden oder Ähnliches) weniger hart treffen würde.

▸▸▸ Für die Anfechtung wegen Sozialwidrigkeit oder für einen Sozialvergleich muss der zu kündigende Arbeitnehmer mindestens sechs Monate im Betrieb tätig gewesen sein. ◂◂◂

Der besondere Kündigungsschutz

Der besondere Kündigungsschutz wird vom Gesetzgeber für bestimmte Arbeitnehmergruppen vorgesehen, die von einer Kündigung aufgrund besonderer Umstände einer größeren Gefahr ausgesetzt sind oder besonders schwerwiegend betroffen sind. Beispiele hierfür sind behinderte Personen, Väter und Mütter und Belegschaftsvertreter.

Ein wichtiger Unterschied zum allgemeinen Kündigungsschutz ist, dass der besondere Kündigungsschutz regelmäßig von einer Unwirksamkeit der ausgesprochenen Kündigung ausgeht. Daher bedarf es, um gegen die Kündigung vorzugehen, keiner Anfechtungs- sondern einer Feststellungsklage auf Bestehen eines aufrechten Arbeitsverhältnisses. Es besteht allerdings seitens des zu kündigenden Arbeitnehmers keine Verpflichtung, sich auf den besonderen Kündigungsschutz zu berufen, er kann die Kündigung auch gegen sich wirken lassen.

Im Fall einer ungerechtfertigten Entlassung steht dem Arbeitnehmer die Möglichkeit zu, das Arbeitsverhältnis erlöschen zu lassen und sich durch Schadensersatzforderungen gegen den Arbeitgeber wie bei einer regulären Kündigung stellen zu lassen (u.a. Ausbezahlung der Monatsgehälter bis zum Ende der Kündigungsfrist). Alternativ dazu kann der Arbeitnehmer vom allgemeinen Entlassungsschutz Gebrauch machen und die Entlassung anfechten, die im Fall des Obsiegens rückwirkend unwirksam wird. Um nicht dem Arbeitgeber die Möglichkeit zu bieten, mittels ungerechtfertigter Entlassung den allgemeinen Kündigungsschutz zu umgehen, verweisen die Entlassungsanfechtungsnormen oftmals auf die Vorschriften der Kündigungsanfechtung.

Der allgemeine Kündigungsschutz umfasst in Deutschland den Kündigungsschutz nach dem Kündigungsschutzgesetz (KSchG). Das KSchG gilt für alle Arbeitnehmer. Freie Mitarbeiter oder selbstständig Tätige werden nicht geschützt. Auch der Vorstand einer Aktiengesellschaft oder der Geschäftsführer einer GmbH sind vom allgemeinen Kündigungsschutz ausgenommen. Das KSchG ist auf einen Arbeitnehmer anwendbar, wenn das Arbeitsverhältnis seit mindestens sechs Monaten besteht und der Arbeitgeber mindestens elf Arbeitnehmer insgesamt beschäftigt. Der allgemeine Kündigungsschutz besteht darin, dass eine ordentliche Kündigung des Arbeitgebers nur dann wirksam ist, wenn sie auf einen der drei im KSchG genannten Gründe gestützt werden kann: Die Kündigung muss durch Gründe in der Person des Arbeitnehmers, durch Gründe in seinem Verhalten oder durch betriebliche Gründe sozial gerechtfertigt sein. Man spricht von personen-, verhaltens- oder betriebsbedingten Kündigungen. Der wichtigste Fall einer personenbedingten Kündigung ist die krankheitsbedingte Kündigung. Sofern das KSchG Anwendung findet, muss zur Wirksamkeit einer Arbeitgeberkündigung einer der genannten Gründe vorliegen. Im Falle einer außerordentlichen Kündigung muss jedoch keiner der drei Gründe vorliegen. Es ist vielmehr ein »wichtiger Grund« erforderlich. Ein solch wichtiger Grund ist ein besonders schwerwiegender Anlass für eine Kündigung (bspw. eigenmächtiger Urlaubsantritt des Arbeitnehmers oder sexuelle Belästigung durch den Arbeitgeber), der dem Kündigenden das Abwarten der Kündigungsfrist unzumutbar macht.

Für die Wirksamkeit einer Kündigung ist ferner entscheidend, ob in dem Unternehmen des Arbeitgebers ein Betriebsrat besteht. Falls ein Betriebsrat besteht, besteht eine Pflicht zur

Anhörung des Betriebsrats vor jeder Kündigung. Wird die Kündigung ohne vorherige Anhörung des Betriebsrats ausgesprochen, so ist sie unwirksam. Der Betriebsrat kann der Kündigung zustimmen oder widersprechen. Widerspricht der Betriebsrat einer Kündigung, so hat der Arbeitnehmer nach Erhebung einer Feststellungsklage nach dem Kündigungsschutzgesetz (KSchG) einen Anspruch auf Weiterbeschäftigung bis gerichtlich über die Wirksamkeit der Kündigung entschieden ist. Stimmt der Betriebsrat der Kündigung zu oder lässt er die Widerspruchsfrist verstreichen (im Falle von ordentlichen Kündigungen eine Woche, im Falle von außerordentlichen Kündigungen drei Tage), so kann der Arbeitnehmer trotzdem die Unwirksamkeit der Kündigung gerichtlich geltend machen, hat aber keinen betriebsverfassungsrechtlichen Weiterbeschäftigungsanspruch.

Der besondere Kündigungsschutz in Deutschland gilt für Frauen im Mutterschutz, Arbeitnehmer in Elternzeit, schwerbehinderte Menschen, von Massenkündigungen betroffene Arbeitnehmer sowie für besondere Personengruppen wie Betriebsräte, Auszubildende, Wehrpflichtige und Zivildienstleistende. Weiterhin besteht besonderer Kündigungsschutz bei Betriebsübergängen. Bei einem Verstoß gegen Vorschriften des besonderen Kündigungsschutzes ist die Kündigung unwirksam.

Die Unwirksamkeit einer Kündigung kann vor den deutschen Arbeitsgerichten im Wege einer Feststellungsklage geltend gemacht werden. Diese ist grundsätzlich binnen drei Wochen nach Zugang der Kündigung zu erheben. Eine Anfechtung des Arbeitsverhältnisses ist nur bei Vorliegen eines Anfechtungsgrunds (bspw. bei wahrheitswidriger Beantwortung einer zulässigen Frage im Vorstellungsgespräch) erfolgversprechend. Fragen nach einer bestehenden Schwangerschaft oder Gewerkschaftszugehörigkeit sind unzulässig; die Zulässigkeit anderer Fragen (wie z.B. nach Vorstrafen oder Krankheiten) hängt von deren Relevanz für die angestrebte Tätigkeit ab. Bei erfolgreicher Anfechtung des Arbeitsvertrags wird der Arbeitsvertrag nicht rückwirkend unwirksam, sondern nur ab Zugang der Anfechtungserklärung. Zudem besteht ein Schadensersatzanspruch bei wahrheitswidriger Auskunft oder unterbliebener Offenbarung des Arbeitnehmers. Im Falle einer unwirksamen Kündigung hat der Arbeitnehmer einen Anspruch auf Weiterbeschäftigung beim Arbeitgeber.

> **Praxis-Tipp**
>
> ▶▶▶ Deutsches Arbeitsrecht ist stark orientiert an der unübersichtlichen Rechtsprechung des Bundesarbeitsgerichts. Um korrekte Kündigungen auszusprechen und dadurch etwaigen Kündigungsschutzklagen zu entgehen, sollte unbedingt anwaltliche Beratung in Anspruch genommen werden. ◀◀◀

7.9.4   Abfertigung Neu und Abfertigung Alt

Seit Beginn des Jahres 2003 gilt in Österreich das sog »Abfertigungsrecht Neu«. Unternehmen zahlen für die Arbeitnehmer und grundsätzlich auch für freie Dienstnehmer ab dem zweiten Monat des Beschäftigungsverhältnisses 1,53% des monatlichen Bruttolohnes an eine betriebliche Vorsorgekasse. Voraussetzung dafür ist, dass der Arbeitsvertrag nach dem 31.12.2002 und der freie Dienstvertrag nach dem 31.12.2007 begonnen wurden.

Damit wurde das »Abfertigungsrecht Alt« abgelöst, das in bestimmten Fällen der Beendigung des Arbeitsverhältnisses eine Abschlagszahlung an den Arbeitnehmer – gestaffelt nach Seniorität – vorsah. Dieses »alte Abfertigungsrecht« gilt aber immer noch für Arbeitsverhältnisse, die vor 2003 abgeschlossen wurden, und ist insbesondere bei Betriebsübernahmen beachtlich. Für freie Dienstverhältnisse gilt das Abfertigungsrecht Alt hingegen nicht.

7.10   Arbeitsvertrag – freier Dienstvertrag – Werkvertrag

Vom Arbeitsvertrag, in dem sich der Arbeitnehmer dem Arbeitgeber zur persönlichen Leistungserbringung in persönlicher Abhängigkeit (siehe bereits Punkt 7.2, S. 116 f.) verpflichtet, sind nach der österreichischen Rechtslage der freie Dienstvertrag und der Werkvertrag zu unterscheiden.

Im freien Dienstvertrag ist das Merkmal der persönlichen Abhängigkeit nicht oder nur gering vorhanden (der freie Dienstnehmer unterliegt z. B. keiner Anwesenheitspflicht und kann den Arbeitsablauf selbst einteilen).

Praxis-Tipp

▶▶▶ Aufgrund von gesetzlichen Änderungen in jüngerer Zeit bestehen kaum mehr sozialversicherungsrechtliche Unterschiede zwischen freien Dienstnehmern und arbeitsvertraglichen Arbeitnehmern, sodass die Beschäftigung von freien Dienstnehmern nur mehr in besonderen Bereichen sinnvoll ist. ◀◀◀

Bei einem Werkvertrag ist der Werkunternehmer selbstständig tätig und schuldet dem Werkbesteller die Herstellung eines bestimmten Erfolges, nicht nur ein bloßes Bemühen wie beim Arbeitsvertrag. Ob ein bestimmtes Arbeitsverhältnis auf einem Arbeitsvertrag oder einem Werkvertrag gründet, ist im Einzelfall anhand der gegebenen Merkmale zu beurteilen.

DEUTSCHE RECHTSLAGE IM VERGLEICH

Deutsche und österreichische Rechtslage unterscheiden sich in Punkt 7.10 nicht. Eine dem »Abfertigungsrecht Neu« vergleichbare gesetzliche Regelung besteht in Deutschland allerdings nicht.

8 Sozialversicherungsrecht

8.1 Allgemeines

Arbeitnehmer und selbstständig Erwerbstätige sind grundsätzlich in dem Staat versichert, in dem sie ihre Tätigkeit ausüben, auch wenn sie in einem anderen EU-Mitgliedstaat wohnen oder der Sitz ihres Arbeitgebers bzw. ihres Unternehmens in einem anderen EU-Mitgliedstaat gelegen ist (Territorialitätsprinzip, Versicherung am Tätigkeitsort). Wird daher eine Tätigkeit in Österreich ausgeübt, dann unterliegt der Erwerbstätige grundsätzlich in Österreich der Sozialversicherung. Davon bestehen allerdings Ausnahmen (z.b. Entsendung von Arbeitskräften nach Österreich).

Die österreichische Sozialversicherung beruht auf dem Prinzip der gesetzlichen Pflichtversicherung: Beginn und Ende der Versicherung ergeben sich aus der Erfüllung der entsprechenden gesetzlichen Tatbestände. Diese Pflichtversicherung fasst Personen, die gleichen Risiken ausgesetzt sind, zu Gefahrengemeinschaften zusammen und finanziert sich durch deren Beiträge (Prinzip der Beitragsfinanzierung).

Die überwiegende Mehrheit der erwerbstätigen Personen ist entweder nach dem Allgemeinen Sozialversicherungsgesetz (ASVG) oder dem Gewerblichen Sozialversicherungsgesetz (GSVG) pflichtversichert. Daneben bestehen für bestimmte Berufsgruppen besondere Sozialversicherungsgesetze (z.B. Rechtsanwälte, Wirtschaftstreuhänder, Notare).

Die allgemeine Sozialversicherung umfasst Krankenversicherung, Unfallversicherung und Pensionsversicherung. Darüber hinaus existiert eine für Arbeitnehmer verpflichtende Arbeitslosenversicherung. Grundsätzlich wird zwischen drei Formen des Versicherungsverhältnisses unterschieden:

- Pflichtversicherung,
- freiwillige Versicherung und
- Formalversicherung.

DEUTSCHE RECHTSLAGE IM VERGLEICH

In Deutschland beruht das System der gesetzlichen Sozialversicherung auf einer Zwangs- versicherung, die eine Mindestsicherung garantiert und durch freiwillige Zusatzversorgungen ergänzt werden kann. Die Leistungen aus der Sozialversicherung dienen in erster Linie der sozialen Sicherung des Arbeitnehmers bei einem Ausfall der Arbeitsvergütung infolge Krankheit, Arbeitsunfall, Alter und Pflegebedürftigkeit sowie zur Absicherung gegen das Risiko der Arbeitslosigkeit. Die Rechtsgrundlagen für die fünf Zweige der gesetzlichen Sozialversicherung wurden vollständig in das Sozialgesetzbuch (SGB) aufgenommen:

- Arbeitsförderung (SGB III),
- Krankenversicherung (SGB V),
- Rentenversicherung (SGB VI),
- Unfallversicherung (SGB VIII),
- Pflegeversicherung (SGB XI).

Die gemeinsamen Vorschriften für die Sozialversicherung sind im SGB IV enthalten. Die gesetzliche Krankenversicherung, die gesetzliche Unfallversicherung, die gesetzliche Pflegeversicherung und die gesetzliche Rentenversicherung gehören zum engeren Bereich der Sozial-versicherung, für die eine Versicherungspflicht besteht. Die Arbeitsförderung dagegen wird im weiteren Sinn der Sozialversicherung zugeordnet, denn im Aufgabenbereich der Bundesagen-tur für Arbeit liegen nicht nur die Leistungen aus der Arbeitslosenversicherung.

8.1.1 Pflichtversicherung

Nach ASVG

Die österreichische Pflichtversicherung nach dem ASVG entsteht für unselbstständig Er-werbstätige (Arbeitnehmer) grundsätzlich mit Beginn des Arbeitsverhältnisses. Unter das ASVG fallen neben voll- und teilzeitbeschäftigten Arbeitnehmern auch sogenannte freie Dienstnehmer und bloß geringfügig Beschäftigte. Freie Dienstnehmer werden zwar recht-lich selbstständig tätig, das Vertragsverhältnis weist allerdings arbeitnehmerähnliche Merk-male auf (persönliche Erbringung der Dienstleistung, keine eigenen Betriebsmittel). Ge-ringfügig Beschäftigte sind solche, bei denen das Entgelt einen bestimmten Betrag nicht überschreitet (für 2014: EUR 395,31 monatlich). Geringfügig Beschäftigte unterliegen nur der Unfallversicherung (Teilversicherung), während alle sonstigen dem ASVG unterliegen-den nichtselbstständigen Erwerbstätigen grundsätzlich der Kranken-, Pensions- und Unfall-versicherung unterliegen (Vollversicherung). Der Vollversicherung nach dem ASVG können auch Vorstandsmitglieder einer AG und Geschäftsführer von GmbHs unterliegen, wenn die Tätigkeit aufgrund eines (freien) Dienstverhältnisses ausgeübt wird und sie gleichzeitig nicht auch wesentliche Gesellschafter sind.

Der Arbeitgeber hat jede von ihm beschäftigte und der Pflichtversicherung unterliegen-de Person bereits vor Arbeitsantritt bei dem zuständigen Versicherungsträger anzumelden und binnen sieben Tagen nach Ende der Pflichtversicherung abzumelden. Die An- und Ab-meldung hat jeweils in elektronischer Form über ein elektronisches Datensammelsystem (ELDA) zu erfolgen. Während des aufrechten Arbeitsverhältnisses hat der Arbeitgeber jede für die Versicherung relevante Änderung innerhalb von sieben Tagen dem zuständigen Ver-sicherungsträger zu melden. Ein Verstoß gegen Meldebestimmungen ist als Verwaltungs-übertretung strafbar.

Nach GSVG

In Österreich sind die meisten Selbstständigen nach dem GSVG in der Kranken- und Pen-sionsversicherung pflichtversichert, die Unfallversicherung bestimmt sich dagegen nach dem ASVG. Für Einzelunternehmer entsteht die Pflichtversicherung ex lege mit dem Er-werb der Gewerbeberechtigung; für Gesellschafter einer OG, Komplementäre einer KG und geschäftsführende Gesellschafter einer GmbH (sofern sie nicht als Arbeitnehmer nach dem ASVG pflichtversichert sind) mit dem Erwerb der Gewerbeberechtigung durch die Gesellschaft. Als selbstständiger Erwerbstätiger ist der Unternehmer selbst zur Anmel-dung bei dem für ihn zuständigen Versicherungsträger verpflichtet. Die Meldungen haben innerhalb eines Monats nach Eintritt der Voraussetzungen für den Beginn und das En-de der Pflichtversicherung zu erfolgen. Ein Verstoß gegen die Meldepflicht ist als Verwal-tungs- übertretung strafbar.

Ausnahmen von der Pflichtversicherung nach dem GSVG bestehen – auch bei Selbst-ständigen – nur für wenige Berufsgruppen (insbesondere bei Zugehörigkeit zu einer ge-setzlichen beruflichen Vertretung (Kammer), z.B. Rechtsanwälte, Wirtschaftstreuhänder).

DEUTSCHE RECHTSLAGE IM VERGLEICH

In Deutschland sind in der Sozialversicherung (abhängig von den Sondervorschriften für die einzelnen Versicherungszweige) alle diejenigen Personen versichert, die gegen Arbeitsentgelt oder zu ihrer Berufsausbildung beschäftigt sind, ferner auch Behinderte, die in geschütz- ten Einrichtungen beschäftigt werden, Landwirte und Beschäftigte in Heimarbeit. Ein ver- sicherungspflichtiges Beschäftigungsverhältnis entsteht somit in erster Linie infolge der entgelt- lichen Ausübung einer nichtselbstständigen Tätigkeit. Durch die Rentenreform im Jahr 1992 erfolgte eine Angleichung der Regelungen für Arbeiter und Angestellte.

Das Meldeverfahren ist für die Anmeldung zur Kranken- und Rentenversicherung sowie zur Bundesagentur für Arbeit vereinheitlicht worden. Nunmehr erfolgt die Meldung für alle drei Versicherungsträger gegenüber der gesetzlichen Krankenkasse als Dateneingangsstelle auf einem Meldevordruck; die Krankenkasse leitet dann die Meldedaten an die zuständigen Ver- sicherungsträger weiter. Die Anmeldung zur Sozialversicherung hat mit der ersten Lohn- und Gehaltsabrechnung zu erfolgen, spätestens innerhalb von sechs Wochen nach Beschäftigungs- beginn. Seit 01.01.2006 kann (und muss) die Anmeldung elektronisch bei der jeweiligen Kran- kenkasse erfolgen.

Im Rahmen der Gesundheitsreform 2007 wurde beschlossen, dass für Arbeitnehmer ein Wechsel von der gesetzlichen Krankenversicherung in die private Krankenversicherung nur noch dann möglich ist, wenn sie mit ihrem Einkommen drei Jahre lang hintereinander über der Versicherungspflichtgrenze gelegen haben. Diese Versicherungspflichtgrenze (»Jahresar- beitsentgeltgrenze«) beträgt derzeit EUR 4.050 pro Monat. Für Arbeitnehmer, die bereits am 31.12.2002 oder früher in der privaten Krankenversicherung waren, gilt eine geringere Pflicht versicherungsgrenze von EUR 3.675 pro Monat.

In Deutschland unterliegen Beamte, Freiberufler, Selbstständige und jeder Arbeitnehmer, dessen Einkommen über der Jahresentgeltsarbeitsgrenze liegt, nicht der Pflichtversicherung.

8.1.2 Beiträge

Nach ASVG

Die Beiträge nach dem ASVG gliedern sich in Dienstgeber- und Dienstnehmeranteile. Dabei obliegt dem Arbeitgeber die Abführung der gesetzlich vorgeschriebenen Sozialversicherungs- beiträge an den zuständigen Versicherungsträger. Der entsprechende Dienstnehmeranteil ist dabei vom Bruttoentgelt des Arbeitnehmers bei Auszahlung durch den Arbeitgeber einzube- halten. Die Höhe der Sozialversicherungsbeiträge bemisst sich in Prozentsätzen des sozi- alversicherungspflichtigen Entgelts des Arbeitnehmers und darf die gesetzlich festgelegte Höchstbeitragsgrundlage z.B. (EUR 4.530 monatlich in 2014) nicht überschreiten.

Zu entrichten sind Beiträge zu Krankenversicherung (KV), Pensionsversicherung (PV), Unfallversicherung (UV), Arbeitslosenversicherung (ALV), Wohnbauförderung (WBF) und Arbeiterkammerumlage (AK), wobei der Anteil des Arbeitnehmers 18,2% und der des Ar- beitgebers 21,15% beträgt. Daneben können sonstige Beiträge und Steuern wie z.B. der Insolvenzentgeltsicherungs-Zuschlag, der Schlechtwetterentschädigungsbeitrag, der Nacht- schwerarbeits-Beitrag, der Beitrag zum Familienlastenausgleichsfonds, die Kommunalsteu- er, die Lohnsteuer, gegebenenfalls ortsbezogene Abgaben und der Beitrag zur betrieblichen Vorsorgekasse (BMSVG, als Ersatz von Abfertigungszahlungen) vom Arbeitgeber (einzube- halten und) abzuführen sein.

Detaillierte Informationen zu sozialversicherungsrechtlichen Pflichten, eine vollständi- ge Liste der Beitragsgruppen und Beitragssätze und die zu verwendenden Formulare finden sich im Internet auf der Homepage des Hauptverbandes der Sozialversicherungsträger (www. sozialversicherung.at) und der Wirtschaftskammer Österreich (www.wko.at).

Nach GSVG

Der Beitrag zur österreichischen Krankenversicherung nach dem GSVG beträgt 7,65% und zur Pensionsversicherung 18,50%. Die Beitragsgrundlage bestimmt sich grundsätzlich nach den im jeweiligen Kalenderjahr im Durchschnitt verdienten Einkünften (maßgeblich ist der Einkommensteuerbescheid) aus der Pflichtversicherung unterliegenden Tätigkeiten, wobei gesetzliche Mindest- und Höchstbeitragsgrundlagen bestehen (z.B. Höchstbeitragsgrundlage EUR 5.285 monatlich für 2014). Selbstständig Erwerbstätige können sich auf freiwilliger Basis in der Arbeitslosenversicherung versichern lassen. Der Beitragssatz beträgt 6% von drei zur Wahl stehenden fixen Beitragsgrundlagen, die auch die Höhe der Versicherungsleistung bestimmen. Für die freiwillige Arbeitslosenversicherung für Personen nach dem GSVG ist daher ein fixer monatlicher Betrag zu begleichen. Darüber hinaus besteht auch die Möglichkeit freiwillig durch Beitragsleistung in Höhe von 1,53% der Einkünfte an der Veranlagung einer betrieblichen Vorsorgekasse teilzunehmen (BMSVG).

DEUTSCHE RECHTSLAGE IM VERGLEICH

Die Abführung der Sozialversicherungsbeiträge ist in Deutschland ähnlich wie in Österreich geregelt. Der Arbeitgeber ist zur Einbehaltung der Sozialversicherungsbeiträge ebenso verpflichtet wie zur Einbehaltung der Lohnsteuer. Die Beiträge in der Kranken- und Rentenversicherung für die sozialversicherungspflichtigen Beschäftigen sowie die Arbeitnehmer- und Arbeitgeberbeiträge zur Arbeitslosenversicherung werden als Gesamtsozialversicherungsbeitrag vom Arbeitgeber an den zuständigen Träger der gesetzlichen Krankenversicherung als Einzugsstelle gezahlt. Die Aufgaben der Pflegekasse, die Träger der sozialen Pflegeversicherung sind, werden von den Krankenkassen wahrgenommen.

Der Beitrag zur Krankenversicherung beträgt derzeit 14,9%. Darin ist ein Zusatzbeitrag für Versicherte für Zahnersatz und Krankengeld in Höhe von 0,9% enthalten, der ausschließlich vom Arbeitnehmer zu tragen ist. Die Beiträge zur Rentenversicherung betragen 19,9% und zur Arbeitslosenversicherung 2,8%. Der im deutschen Rentenversicherungsrecht geltende sog. Generationenvertrag regelt ein Umlageverfahren, wonach die laufenden Renten direkt aus den Beiträgen der Versicherten bezahlt werden.

Der Beitragssatz bzgl. der Pflegeversicherung beträgt 1,95%, wobei ein Zusatzbeitrag für Kinderlose von 0,25% anfällt. Die gesetzliche Unfallversicherung finanziert sich allein aus den Beiträgen der Arbeitgeber. Die Höhe der Beiträge ist von Gewerbe und Gefahrenklasse abhängig. Seit dem 01.01.2009 wird auch die Insolvenzgeldumlage (IGU) mit dem Gesamtsozialversicherungsbeitrag eingezogen. Die Umlage wird prozentual vom umlagepflichtigen Arbeitsentgelt erhoben. Für das Jahr 2009 beträgt der Umlagesatz 0,1%.

Bemessungsgrundlage für alle Sozialversicherungsbeiträge ist jeweils der Bruttolohn des versicherten Arbeitnehmers (Beitragsbemessungsgrenze).

8.1.3 Beitragssätze im Vergleich

Österreich

	Beitragssätze Arbeitnehmer 2014					
	Arbeiter			Angestellte		
	DN	DG	*Summe*	DN	DG	*Summe*
KV	3,95%	3,70%	7,65%	3,82%	3,83%	7,65%
UV		1,40%	1,40%		1,40%	1,40%
PV	10,25%	12,55%	22,80%	10,25%	12,55%	22,80%
ALV	3,00%	3,00%	6,00%	3,00%	3,00%	6,00%
WBF	0,50%	0,50%	1,00%	0,50%	0,50%	1,00%
AK	0,50%		0,50%	0,50%		0,50%
Summe	18,20%	21,15%	39,35%	18,07%	21,28%	39,35%
BMSVG		1,53%	1,53%		1,53%	1,53%
Ausnahmen z.B. für bestimmte Berufsgruppen und Höchstsätze beachten						

	Beitragssätze für freie Dienstnehmer 2014		
	DN	DG	**Summe**
KV	3,87%	3,78%	7,65%
UV		1,40%	1,40%
PV	10,25%	12,55%	22,80%
ALV	3,00%	3,00%	6,00%
AK	0,50%		0,50%
Summe	17,62%	20,73%	38,35%
BMSVG		1,53	1,53%
Ausnahmen z.B. für bestimmte Berufsgruppen und Höchstsätze beachten			

Deutschland

Sozial-versicherung	Beitragssatz AN	Beitragssatz AG	Summe	Beitragsbemessungsgrenze monatlich in EUR West/Ost	
KV	7,9%	7,0%	14,9%	3675	
RV	9,95%	9,95%	19,9%	5400	4550
PV	0,975%	0,975%	1,95%	3675	
AV	1,4%	1,4%	2,8%	5400	4550
UV	Beitragssatz abhängig von Gewerbe und Risiko				
IGU		0,1	0,1		
Gesamt	20,225%	19,425	39,65		

8.1.4   Freiwillige Versicherung

Die Möglichkeit der freiwilligen Versicherung besteht in Österreich für jene Personen, die nicht von der Pflichtversicherung umfasst sind. Der Versicherungsträger ist verpflichtet, jeden Antragsteller, der die gesetzlichen Voraussetzungen erfüllt, zu versichern (Abschlusszwang). Bei der freiwilligen Versicherung unterscheidet man zwischen Selbst-, Weiter- und Höherversicherung. Die Selbstversicherung steht sowohl für die Krankenversicherung als auch für die Unfallversicherung und Pensionsversicherung zur Verfügung. Die Weiterversicherung ist für alle Versicherten nach dem ASVG nur für die Pensionsversicherung möglich, für Versicherte nach dem GSVG zusätzlich für die Krankenversicherung. Die Höherversicherung ist für alle Versicherten für die Pensionsversicherung möglich, für Versicherte nach GSVG auch für die Unfallversicherung.

Von der freiwilligen gesetzlichen Versicherung sind privatrechtliche Versicherungen zu unterscheiden (private Zusatzversicherungen). Diese bestehen in Österreich häufig in der Form einer Sonderklasse-Versicherung, die im Falle eines Krankenhausaufenthaltes freie Spitals- und Arztwahl sowie erhöhten Komfort bieten.

DEUTSCHE RECHTSLAGE IM VERGLEICH

In Deutschland haben Arbeitnehmer, die wegen Überschreitens der Versicherungspflichtgrenze freiwillig versichert sind, Anspruch auf einen Beitragszuschuss des Arbeitgebers.

8.1.5   Formalversicherung

Eine Formalversicherung besteht in Österreich für gutgläubige Versicherungsmeldungen zur Sozialversicherung trotz Nichtvorliegen eines Versicherungstatbestandes ab dem Zeitpunkt der erstmaligen Leistung der Beiträge, wenn diese über längere Zeit (grds. drei Monate) unbeanstandet vom Versicherungsträger entgegengenommen werden. Die Formalversicherung entfaltet dieselben Rechtswirkungen wie die gewöhnliche Versicherung (Versicherung aufgrund des Vertrauensschutzes).

8.2   Krankenversicherung

Die österreichische Krankenversicherung dient einerseits der sozialen Unterstützung im Falle von Krankheit, Mutterschaft oder sonstiger Arbeitsunfähigkeit. Außerdem können von der Krankenversicherung Leistungen für Zahnbehandlungen und Zahnersatz und Hilfe bei körperlichen Gebrechen bezogen werden. Andererseits ist die Krankenversicherung auch für die Gesundheitsvorsorge (Früherkennung von Krankheiten durch Vorsorgeuntersuchungen, Impfschutz etc.) zuständig. Die Krankenversicherung leistet grds. unabhängig davon, wer den Versicherungsfall verschuldet hat (Ausnahme: keine Geldleistungen bei vorsätzlicher Selbstschädigung und Erwirkung des Versicherungsfalls durch strafrechtlich verurteilte Handlung). Die Krankenversicherung erbringt sowohl Geldleistungen (z.B. Kranken-, Wochen- und Kinderbetreuungsgeld) als auch Sachleistungen (z.B. Spitalsaufenthalt und -pflege, ärztliche Hilfe).

Praxis-Tipp

▸▸▸ Da in Österreich fast alle Berufsgruppen von der Pflichtversicherung erfasst sind, existiert die private Krankenversicherung nicht in der Form wie in Deutschland. Die »echte« private, alle Leistungen umfassende Krankenversicherung ist nur für bestimmte Berufsgruppen möglich. Alle anderen Berufsgruppen haben die Möglichkeit eine private Zusatzversicherung abzuschließen. Diese ersetzt – je nach vereinbartem Umfang – jedoch nur die Leistungen, die von der gesetzlichen Pflicht-Krankenversicherung nicht getragen werden (d.h. die erhöhten Kosten, die aufgrund einer Behandlung durch einen Privatarzt oder in einem Privatspital angefallen sind).

Versicherungsunternehmen: Wenn Unternehmen einen Gruppenkrankenversicherungsvertrag für alle ihre Arbeitnehmer anbieten, ist zu beachten, dass der Gruppenversicherte bei Ausscheiden aus der Gruppe (z.B. bei Kündigung) die Möglichkeit hat, innerhalb eines Monats die Krankenversicherung als Einzelversicherung fortzusetzen. ◂◂◂

8.3 Unfallversicherung

Die österreichische Unfallversicherung hat die Vorsorge für die Vermeidung von Arbeitsunfällen und Berufskrankheiten, für Erste-Hilfeleistung bei Arbeitsunfällen sowie für die Unfallheilbehandlung, die Rehabilitation von Versehrten und Entschädigung nach Arbeitsunfällen und Berufskrankheiten zur Aufgabe.

Die Beiträge zur gesetzlichen Unfallversicherung sind zur Gänze vom Arbeitgeber zu tragen, weshalb dieser im Gegenzug von jeglicher Haftung für Personenschäden aus Ar- beitsunfall oder Berufskrankheit befreit ist (Haftungsprivileg des Dienstgebers).

8.4 Pensionsversicherung (in Deutschland: Rentenversicherung)

Die österreichische Pensionsversicherung deckt primär Einkommensausfälle aufgrund des Erreichens eines bestimmten Alters, Arbeitsunfähigkeit oder Tod des einzigen Erwerbstätigen innerhalb der Familie ab. Die Pensionsversicherung erbringt daher in erster Linie regelmäßige Geldleistungen.

8.5 Arbeitslosenversicherung

Leistungen aus der Arbeitslosenversicherung bestehen vorrangig in der Gewährung von Geldleistungen in Form von Arbeitslosengeld, Notstandshilfe, Weiterbildungsgeld, Altersteilzeitgeld und von sonstigen Leistungen (z.B. Krankenversicherung). Die Arbeitslosenversicherung als gesetzliche Pflichtversicherung erfasst primär unselbstständige Erwerbstätige und freie Dienstnehmer, die krankenversichert sind. Geringfügig Beschäftigte sind grds. nicht arbeitslosenversichert. Die Beitragspflicht zur Arbeitslosenversicherung ist zwischen Arbeitgeber und Arbeitnehmer geteilt.

DEUTSCHE RECHTSLAGE IM VERGLEICH

In Deutschland wird die Finanzierung vornehmlich durch Beiträge der Arbeitnehmer, der Arbeitgeber und Dritter (z.B. Mittel des Bundes) gewährleistet. Inhaltlich sind deutsche und österreichische Sozialversicherungen insgesamt vergleichbar.

Pflegeversicherung (nur in Deutschland)

Gegen die Folgen der Pflegebedürftigkeit schützt seit 1995 die gesetzliche Pflegeversicherung. Die Finanzierung der Pflegeversicherung ist genauso organisiert wie für die gesetzliche Krankenversicherung (in der Regel zieht die gesetzliche Krankenversicherung die gesetzliche Pflegeversicherung nach – einheitlicher Versicherungsgedanke). Arbeitnehmer und Arbeitgeber zahlen je die Hälfte des Beitrags. Der aktuelle Beitragssatz zur Pflegeversicherung liegt bei 1,95%. Kinderlose, die mindestens 23 Jahre alt und nach dem 31. Dezember 1939 geboren sind, zahlen einen Beitragszuschlag von 0,25%.

Sonderfall: Versicherungspflicht des GmbH-Geschäftsführers

Der deutsche arbeitsrechtliche Begriff des Arbeitnehmers ist nahezu deckungsgleich mit dem sozialversicherungsrechtlichen Begriff des Beschäftigten. Dennoch bestehen Unterschiede. Zwar ist der GmbH-Geschäftsführer nur in Ausnahmefällen Arbeitnehmer, jedoch übt er meistens eine versicherungspflichtige Beschäftigung aus.

Ist der GmbH-Geschäftsführer zugleich Gesellschafter, so ist zu unterscheiden:

- Bei einer Beteiligung an der Gesellschaft von 50% oder mehr oder bei bestimmten Branchenkenntnissen des Geschäftsführers besteht grundsätzlich keine Sozialversi- cherungspflicht. Dies erklärt sich daraus, dass der Geschäftsführer in diesen Fällen maßgeblichen Einfluss auf die geschäftlichen Aktivitäten der Gesellschaft ausüben kann.
- Umgekehrt besteht bei einer Gesellschaftsbeteiligung von weniger als 45% in der Regel Sozialversicherungspflicht. Hält der Geschäftsführer zwischen 45 und 50% der Gesellschaftsanteile, so kommt es auf die Regelungen der Satzung an. Eine Sperrminorität ist dabei für eine Sozialversicherungsfreiheit jedoch noch nicht ausreichend.

Ist der Geschäftsführer Gesellschafter der GmbH, muss ein Anfrageverfahren durchgeführt werden. Das Anfrageverfahren beinhaltet die Feststellung, ob eine Beschäftigung vorliegt, d.h. ob eine nichtselbstständige Arbeit verrichtet wird. Anhaltspunkte für eine Beschäftigung sind eine Tätigkeit nach Weisungen und eine Eingliederung in die Arbeitsorganisation des Weisungsgebers.

Der Arbeitgeber (die GmbH) muss der Einzugsstelle bei der Anmeldung des Beschäftig- ten mitteilen, ob die anzumeldende Person einer Tätigkeit als geschäftsführender Gesellschaf- ter einer GmbH nachgeht. Die Einzugsstelle ist diejenige Einrichtung des deutschen Sozialver- sicherungssystems, die die Gesamtsozialversicherungsbeiträge von den Arbeitgebern einzieht und an die einzelnen Sozialversicherungsträger weiterleitet. Zu ihnen gehören insbesondere:

- Krankenkassen,
- Deutsche Rentenversicherung Bund und
- Berufsgenossenschaften.

Ein Geschäftsführer, der keine Geschäftsanteile besitzt (Fremdgeschäftsführer), ist daher im Regelfall versicherungspflichtig, aber nur im Ausnahmefall Arbeitnehmer.

9 Geltung von Allgemeinen Geschäftsbedingungen (AGB)

9.1 Allgemeines

AGB sind von einer Vertragspartei *vorformulierte Vertragsbedingungen*, die – wie jede Vereinbarung – nur kraft beiderseitiger Vereinbarung durch die Parteien gelten. Es ist ausreichend, wenn eine Partei deutlich erklärt, dass sie nur auf Grundlage ihrer AGB kontrahiert, und die andere Partei den Vertrag abschließt. Notwendig ist aber, dass die Möglichkeit zur Kenntnisnahme des Inhalts der AGB vor Vertragsabschluss besteht.

Generell wird in Österreich davon ausgegangen, dass AGB typischerweise nachteilig für den Kunden sind (*Informationsungleichgewicht*), daher unterliegen vorformulierte Vertragsbedingungen von Gesetzes wegen einer *Geltungskontrolle*, die vor allem das äußere Erscheinungsbild der Urkunde genau betrachtet. Auf zweiter Stufe versucht die *Inhaltskontrolle* gröblich benachteiligende Klauseln auszuschließen. Diese Art des Schutzes ist auf Verbraucherebene durch spezielle Bestimmungen im Konsumentenschutzgesetz (KSchG) verstärkt. Auch das *Transparenzgebot*, das mehrdeutige bzw. unverständliche Klauseln verhindern möchte, ist beim Geschäft mit Beteiligung von Konsumenten zu beachten.

- AGB sind ein Teil der Vertragsurkunde oder ein äußerlich gesonderter Vertragsbestandteil (z. B. Anhang),
- AGB sind abzugrenzen von ÖNORMEN.

ÖNORMEN bzw. andere internationale Normen (z.B. DIN, EN, ISO) regeln nicht nur technische Aspekte, sondern stehen auch in engem Zusammenhang mit Gesetzen, Verordnungen und Richtlinien. Sie erleichtern die Vergleichbarkeit von Produkten und Dienstleistungen, definieren den Stand der Technik bzw. einen »Code of Practice« und beseitigen damit Handelshemmnisse.

ÖNORMEN sind aus rechtlicher Sicht nur Vertragsschablonen und ihrer Rechtsnatur nach grundsätzlich mit AGB vergleichbar. Ihre Geltung muss zumindest stillschweigend vereinbart worden sein.

9.2 Geltungskontrolle von AGB

- Grundsätzlich gelten AGB in Österreich nur dann, wenn sie wirksam vereinbart wurden. Hierbei ist es nicht ausreichend, dass sich in den AGB eine Bestimmung befindet, dass der Kunde die AGB erhalten hat (dies wäre eine unzulässige Beweislastumkehr). Vielmehr muss der Verwender nachweisen können, dass der Kunde von der Geltung der AGB tatsächlich vor Vertragsabschluss Kenntnis hatte.
- Eine stillschweigende Einbeziehung von AGB ist nach österreichischem Recht nur anzunehmen, wenn der Vertragspartner wusste, dass der Andere nur unter Verwendung von AGB abschließen will, und daher von der Geltung dieser AGB ausging. Das ist i.d.R. nur bei branchengleichen oder ständig zusammenarbeitenden Kaufleuten oder bei Bestehen eines Handelsbrauches anzunehmen.

Praxis-Tipp

▶▶▶ Individualvereinbarungen gehen AGB immer vor! ◀◀◀

■ Maßgeblich ist, dass der Geschäftspartner die Möglichkeit hatte, vom Inhalt der AGB Kenntnis zu nehmen – es kommt nicht darauf an, ob dies tatsächlich geschehen ist.

Praxis-Tipp

▸▸▸ 1. Holen Sie eine ausdrückliche Bestätigung Ihres Vertragspartners über die Anerkennung der AGB ein.

2. Vereinbaren Sie bei ständiger Geschäftsbeziehung eine Rahmenvereinbarung unter Zugrundelegung bestimmter, ausverhandelter und akzeptierter AGB. ◂◂◂

Achtung: Keinesfalls ist von einer AGB-Geltung aufgrund von ergänzender Auslegung nach Verkehrssitte oder Handelsbrauch auszugehen. Dies trifft allenfalls auf einzelne Bestimmungen zu.

9.2.1 Problembereiche bei der Geltung von AGB

Haftungsbeschränkungen in AGB (z.B. der Ausschluss der Haftung für leichte Fahrlässigkeit) erfassen nicht automatisch auch Warnpflichten, welche die Vertragsparteien für gewöhnlich vor Abschluss des Vertrages treffen (sog. vorvertragliche Warnpflichten).

Der Verweis auf die AGB *nach Vertragsabschluss* (z.B. auf der Rechnung oder dem Lieferschein) ist nicht ausreichend: Der Vertrag ist dann ohne AGB zustande gekommen. Eine Annahme durch bloßes Stillschweigen ist in der Regel abzulehnen. Als Ausnahme davon wird bei langjährigen Geschäftsbeziehungen Stillschweigen auf derartige Verweise als Zustimmung gewertet.

Soweit beide Parteien auf die Geltung ihrer nicht übereinstimmenden AGB verweisen und keine Einigung herbeiführen können, liegt grundsätzlich Dissens vor, weil das Angebot der einen Partei und die Annahmeerklärung der anderen Partei nicht übereinstimmen. Beginnen die Parteien aber dennoch mit der Durchführung des Vertrages, leitet die überwiegende Rechtsprechung daraus einen Bindungswillen der Parteien ab und geht vom Zustandekommen des Vertrages aus. Die AGB der Parteien gelten nur insoweit, als sie übereinstimmen. In jenen Bereichen, in denen die AGB voneinander Abweichendes bestimmen, werden die gesetzlichen Regelungen angewendet.

Im Anwendungsbereich des UN-Kaufrechts ergibt sich aus Art 19 UN Kaufrecht, dass bei wesentlichen Abweichungen zwischen den AGB im Angebot und den AGB in der Annahmeerklärung ein Vertrag nicht zustande kommt. Bei unwesentlichen Abweichungen der AGB des Annehmenden bilden die Bedingungen des Angebots mit den in der Annahme erhaltenen Änderungen den Vertragsinhalt, soweit der Anbietende die fehlende Übereinstimmung nicht unverzüglich beanstandet.

Praxis-Tipp

▸▸▸ Die Anwendung des UN Kaufrechts kann vertraglich ausgeschlossen werden. ◂◂◂

9.3 Geltungskontrolle und Inhaltskontrolle

9.3.1 Geltungskontrolle

Bestimmungen ungewöhnlichen Inhaltes in AGB oder Vertragsformblättern werden nach österreichischem Recht nicht Vertragsbestandteil (Geltungskontrolle), wenn sie

- für den anderen Teil nachteilig sind und
- mit ihnen nach den Umständen, vor allem auch nach dem äußeren Erscheinungsbild der Urkunde, nicht gerechnet werden musste (z.B. kleine, schwer lesbare Schrift, versteckte Bestimmungen).

Achtung: Selbst solche Bestimmungen werden gültig vereinbart, wenn der Vertragspartner gesondert darauf hinweist.

Praxis-Tipp

▸▸▸ Bei längerfristiger Geschäftsbeziehung sollte festgelegt werden, dass AGB auch für künftige Angebote, Lieferungen oder Leistungen gelten, damit dies nicht immer gesondert vereinbart werden muss. Der Abschluss eines Rahmenvertrages ist diesbezüglich sinnvoll. ◂◂◂

Bestimmungen ungewöhnlichen Inhalts

Damit der Inhalt einer Bestimmung ungewöhnlich in diesem Sinne ist, kommt es einerseits auf die objektive Ungewöhnlichkeit (im Vergleich zu anderen AGB) und andererseits auf den subjektiven Überraschungseffekt der Klausel an. Letzterer kann sich insbesondere daraus ergeben, dass die Klausel an einer Stelle platziert ist, an der sie nicht zu vermuten ist (»versteckte Klauseln«).

Der Inhalt der Bestimmung muss von den Erwartungen des Vertragspartners deutlich abweichen, sodass er nach den Umständen mit ihr vernünftigerweise nicht rechnen musste.

Nachteiligkeit

Ob der Inhalt einer Bestimmung nachteilig für den Vertragspartner ist, ist aus der Sicht eines redlichen Vertragspartners vor dem Vertragsabschluss zu beurteilen.

Folge: Die ungewöhnliche, nachteilige Klausel gilt als nicht vereinbart.

Ausnahme

Ausnahmsweise erlangen benachteiligende Klauseln in AGB dennoch Geltung, wenn

- der Vertragspartner bereits nach dem äußeren Erscheinungsbild der Urkunde damit rechnen musste (die Klausel wurde durch farbigen Druck besonders hervorgehoben)
- die Klausel schon in früheren Geschäftsbeziehungen zwischen den Geschäftspartnern unbeanstandet verwendet wurde, oder
- dem Vertragspartner ein Sonderinteresse des anderen Teils an genau dieser Klausel bekannt ist.

9.3.2 Gröblich benachteiligende Klauseln

Gröblich benachteiligende Klauseln in AGB, die Nebenpunkte betreffen, sind ungültig (sog. Inhaltskontrolle). Die Gröblichkeit ergibt sich aus einem Vergleich der Rechtspositionen bei Vertragsabschluss. Gröblich benachteiligend ist:

- ein auffallendes Missverhältnis vergleichbarer Rechtspositionen der beiden Vertragspartner
- eine wesentliche Verschlechterung der Rechtsposition eines Vertragspartners im Vergleich zum ohne die Klausel anwendbaren nicht zwingenden Gesetzesrecht.

Ob eine Klausel wirklich grob benachteiligend ist, lässt sich aus einer Abwägung von vor- und nachteiligen Bestimmungen im Vertrag ermitteln, wobei Haupt- und Nebenleistungen in die Abwägung einzubeziehen sind.

Beispiele:
- Ausschluss von Gewährleistungsrechten solange der Werklohn noch nicht bezahlt wurde
- Recht auf Rückforderung des bezahlten Werklohns bei Zahlungsausfall beim eigenen Schuldner (ein sog. überwälztes Eintreibungsrisiko) und
- unübliche Gefahrtragungsregelungen.

Praxis-Tipp

▸▸▸ Vorsicht bei Schiedsvereinbarungen und Gerichtsstandsklauseln in AGB!
Zwischen Unternehmern und Konsumenten sind sowohl Gerichtsstandsvereinbarungen als auch Schiedsklauseln überhaupt nur sehr eingeschränkt zulässig. ◂◂◂

9.3.3 Inhaltskontrolle im Konsumentenschutzrecht

Im Verhältnis zwischen Unternehmern und Konsumenten können nach den Bestimmungen des Konsumentenschutzgesetzes (KSchG) bestimmte Klauseln überhaupt nicht wirksam vereinbart werden (z.B. Ausschluss oder Einschränkung eines gesetzlichen Zurückbehaltungsrechts des Verbrauchers). Manche Klauseln können nur wirksam vereinbart werden, sofern der Unternehmer nachweist, dass sie mit dem Verbraucher im Einzelnen ausgehandelt wurden. Beispiele:
- unzumutbare einseitige Leistungsänderung durch den Unternehmer
- einseitige Erhöhung des Entgeltes für innerhalb von zwei Monaten vom Unternehmer zu erbringende Leistung
- Haftungsausschluss für Schäden an Sachen, die der Unternehmer zur Bearbeitung übernommen hat

Darüber hinaus sind gegenüber Konsumenten solche Bestimmungen in AGB unwirksam, die unklar oder unverständlich sind (Transparenzgebot).

9.4 Auslegung von AGB

- Die einzelnen Klauseln von AGB sind objektiv unter Beschränkung auf ihren Wortlaut auszulegen.
- Unklarheiten gehen zu Lasten des Verwenders von AGB (Unklarheitenregel). Im Verhältnis zu Konsumenten wird in der Rechtsprechung häufig ein Günstigkeitsvergleich angestellt. Die Unklarheitenregel kommt hier nur dann zur Anwendung, wenn die Anwendung des Transparenzgebots (vgl. 9.3.3) für den Verbraucher nicht das günstigste Ergebnis bringt. Nach dem Transparenzgebot sind intransparente Klauseln nichtig.
- Unzulässig ist die Heranziehung neuerer Fassungen von AGB zur Auslegung älterer AGB.

Deutsche AGB – Praxis

Im deutschen Recht werden unzulässige Klauseln im Zuge einer umfangreichen Prüfung ermittelt:

Die Einbeziehungskontrolle ist mit dem österreichischen Recht (dort: Geltungskontrolle) vergleichbar. Die Inhaltskontrolle hingegen unterliegt einem strengeren System, denn es besteht ein umfangreicher Katalog an verbotenen Klauseln, insbesondere:

- kurzfristige Preiserhöhungen
- Freistellung von der Pflicht zur Mahnung
- Pauschalierung von Schadensersatzansprüchen und Vertragsstrafenversprechen und
- Haftungsausschluss bei Verletzung von Leben, Körper, Gesundheit und bei grobem Verschulden. (In Österreich sind Haftungsausschlüsse für Personenschäden und für grobes Verschulden gegenüber Konsumenten jedenfalls unwirksam, unabhängig davon, ob sie im AGB vereinbart wurden oder nicht.)

Daneben sind AGB noch an einer Generalklausel zu messen, die die Beachtung von Kardinalspflichten (= vertragswesentliche Pflichten), des Treu und Glauben-Grundsatzes sowie des Transparenzgebots statuiert.

Werden AGB nicht wirksam in den Vertrag mit einbezogen oder sind sie inhaltlich unzulässig, so ist der Vertrag per se nicht unwirksam, sondern lediglich die einzelne Klausel. Eine Klausel darf jedoch nicht – um sie zu erhalten – auf das jeweilige Mindestmaß an zulässigem Inhalt reduziert werden (sog. Verbot der geltungserhaltenden Reduktion). An die Stelle einer unwirksamen Klausel tritt die entsprechende gesetzliche Regelung.

Bei Verträgen eines Unternehmers mit Lieferanten stehen in der Regel auf beiden Seiten des Vertrags Unternehmer. Wichtig ist in diesem Zusammenhang, dass die beschriebene Einbeziehungskontrolle nicht gegenüber Verträgen mit Unternehmern anzuwenden ist, vielmehr gelten in diesem Fall (B2B, »business-to-business«) die Regeln der allgemeinen Rechtsgeschäftslehre. Die Einbeziehung der AGB erfolgt also »normal« über Angebot und Annahme. Ebenso findet der Katalog unzulässiger Klauseln keine Anwendung. Diese werden mittelbar im Rahmen der Transparenzkontrolle geprüft. Daher führt die Verwendung einer verbotenen Katalogklausel in diesem Fall nicht zwingend zur Unwirksamkeit der AGB.

Bei Verbraucherverträgen (B2C, »business-to-consumer«), d.h. Verträgen zwischen einem Unternehmer und einem Verbraucher, gelten die AGB immer als vom Unternehmer gestellt. Ferner findet die strenge Inhaltskontrolle auch dann Anwendung, wenn die AGB nur zur einmaligen Verwendung bestimmt sind (z.B. in einem einzelnen Grundstückskaufvertrag). Die den Vertragsschluss begleitenden Umstände sind zu berücksichtigen.

Praxis-Tipp

▶▶▶ Die Rechtsprechung des Bundesgerichtshofs (BGH) zur Zulässigkeit verschiedenster AGB ist äußerst umfangreich. Da der BGH bisweilen sehr verbraucherfreundlich entscheidet, ist für eine korrekte Formulierung von AGB jedenfalls anwaltlicher Rat erforderlich. ◀◀◀

10   Datenschutz

Ein in Österreich tätiger Unternehmer hat unbedingt auf die Einhaltung der Datenschutz-bestimmungen zu achten. Die Missachtung des österreichischen Datenschutzrechtes kann Geldstrafen, Aufsichtsverfahren der Datenschutzbehörde, Klagen von Betroffenen und Wett-bewerbsklagen eines Konkurrenten nach sich ziehen. Außerdem besteht die Gefahr von ne-gativen Medienberichten über das Unternehmen.

Das Grundrecht auf Datenschutz umfasst das Recht auf Auskunft über die Verwendung und das Recht auf Geheimhaltung personenbezogener Daten, das Recht auf Richtigstellung falscher oder veralteter Daten und das Recht auf Löschung unrechtmäßig verarbeiteter Da-ten. Diese Rechte kann jeder gegenüber dem österreichischen Staat, gegenüber Privatper-sonen und gegenüber juristischen Personen geltend machen. Ziel des Datenschutzgesetzes ist es sicherzustellen, dass personenbezogene Daten nur für festgelegte, eindeutige und le-gitime Zwecke verwendet werden. Eine Datenverwendung – jede Art der Handhabung von Daten – darf nur nach Treu und Glauben und auf rechtmäßige Weise erfolgen.

Personenbezogene Daten sind bestimmte oder bestimmbare Angaben über Personen. Hierzu zählen auch biometrische Daten (Fingerabdruck, Bilder) sowie Stimmaufnahmen. Betroffene können sowohl natürliche als auch juristische Personen bzw. Personengemein-schaften sein.

Sensible Daten sind Daten natürlicher Personen über ihre rassische und ethnische Her-kunft, politische Meinung, Gewerkschaftszugehörigkeit, religiöse oder philosophische Über-zeugung, Gesundheit und Sexualleben. Bei sensiblen Daten wird aufgrund ihrer besonderen Schützwürdigkeit die Zulässigkeit der Datenverarbeitung besonders streng geprüft.

Unter Datenverarbeitung ist jede Art der Verwendung personenbezogener Daten, insbe-sondere in einer Datenbank oder Softwareapplikation, zu verstehen. Der Auftraggeber (jene Person, die alleine oder gemeinsam mit anderen die Datenverarbeitung für einen bestimm-ten Zweck veranlasst = bei Mitarbeiterdaten: der Arbeitgeber) ist verpflichtet, Vorkehrungen zur Datensicherheit zu treffen und der Registrierungspflicht bei der Datenschutzbehörde so-wie Auskunfts-, Richtigstellungs- und Löschungsbegehren von Betroffenen nachzukommen. Bei der Prüfung der Zulässigkeit einer Datenverarbeitung wird zwischen den schutzwürdi-gen Interessen der Betroffenen und den Interessen des Auftraggebers abgewogen.

Im österreichischen Datenschutzrecht gibt es kein »Konzernprivileg«. Die Weitergabe von Daten innerhalb eines Konzerns bedarf einer besonderen Rechtfertigung oder der Zu-stimmung der Betroffenen sowie der Meldung beim Datenverarbeitungsregister (DVR). Ausnahme: Termindatenbanken, Karrieredatenbanken, IT-Support und Mitarbeiter-Bonus-programme. Wenn mehrere Gesellschaften mit derselben Datenbank arbeiten und darauf wechselseitigen Zugriff haben, kann ein Informationsverbundsystem vorliegen, das der Vor-ab-Genehmigung der Datenschutzbehörde bedarf.

Für die Kontrolle der Einhaltung der Bestimmungen des Datenschutzgesetzes ist die *Datenschutzbehörde* zuständig, an die sich jeder wenden kann, wenn er vermutet, in seinem Recht auf Datenschutz verletzt zu sein. Die Datenschutzbehörde kann auch von Amts wegen tätig werden. Sollte die Datenschutzbehörde eine Verletzung des Datenschutzes feststellen, kann sie eine Frist setzen, in der der rechtmäßige Zustand wiederhergestellt werden muss. Wenn diese Frist unbeachtet verstreicht, kann sie entweder ein Verfahren einleiten, Strafan-zeige erstatten oder Klage erheben.

Praxis-Tipp

▶▶ Werbemaßnahmen (z.B. per E-Mail, Post oder Telefon) sind nur unter bestimmten Voraussetzungen erlaubt, daher sollten sie immer im Vorhinein rechtlich geprüft werden! ◀◀

DEUTSCHE RECHTSLAGE IM VERGLEICH

In Deutschland unterfällt der Datenschutz dem Recht auf informationelle Selbstbestimmung, das als Ausprägung des allgemeinen Persönlichkeitsrechts im Grundgesetz verankert ist.

Auf Bundesebene regelt das Bundesdatenschutzgesetz (BDSG) den Datenschutz im privaten und öffentlichen Bereich. Der private Bereich umfasst alle Wirtschaftsunternehmen und Privatpersonen. Die Aufsicht über private Unternehmen obliegt den Datenschutzbeauftragten der Landesbehörden. Auf Landesebene existieren zusätzlich Datenschutzgesetze der Länder.

Aufgrund der EU-Datenschutzrichtlinie ist der Mindeststandard im Bereich des Datenschutzes in Deutschland und Österreich nahezu identisch.

11 Insolvenzrecht

11.1 Allgemeines

In Österreich gibt es zwei verschiedene Arten von Insolvenzverfahren: das Sanierungsverfahren und das Konkursverfahren. Der Hauptzweck des Insolvenzverfahrens ist es, die Gläubiger des Schuldners gleichmäßig zu befriedigen.

Das Insolvenzverfahren wird als Sanierungsverfahren eröffnet und bezeichnet, wenn der Schuldner den Insolvenzantrag unter Anschluss eines Sanierungsplans stellt. Das Ziel dieser Verfahrensart ist, wie der Name schon sagt, die Sanierung des Unternehmens (z.B. durch Fortführung).

Das Insolvenzverfahren wird als Konkursverfahren eröffnet und bezeichnet, wenn mit dem Insolvenzantrag kein Sanierungsplan vorgelegt wird oder der Sanierungsplan im Laufe des Verfahrens scheitert.

11.2 Insolvenzverfahren

Das Insolvenzverfahren wird durch das Insolvenzgericht auf Antrag eröffnet, wenn ein Insolvenzgrund vorliegt. Für natürliche Personen ist der einzige Insolvenzgrund die Zahlungsunfähigkeit. Bel juristischen Personen, Verlassenschaften und bei eingetragenen Personengesellschaften, bei denen kein persönlich haftender Gesellschafter eine natürliche Person ist, kommt als Insolvenzgrund die insolvenzrechtliche Oberschuldung hinzu. Die Eröffnung eines Konkursverfahrens kann vom Schuldner oder einem Gläubiger beantragt werden, wobei Letzterer in seinem Antrag glaubhaft machen muss, dass er eine Insolvenzforderung gegen den Schuldner hat und (zumindest) ein Insolvenzgrund vorliegt. Die Eröffnung eines Sanierungsverfahrens kann hingegen nur vom Schuldner beantragt werden.

Mit Eröffnung des Insolvenzverfahrens wird dem Schuldner grundsätzlich die Verwaltungs- und Verfügungsbefugnis über das massezugehörige Vermögen (Insolvenzmasse) entzogen. Rechtshandlungen des Schuldners nach Insolvenzeröffnung, die die Insolvenzmasse betreffen, sind gegenüber Insolvenzgläubigern unwirksam. Diese Kompetenz kommt während des Insolvenzverfahrens (ausgenommen im Fall der Eigenverwaltung) ausschließlich dem gerichtlich bestellten Insolvenzverwalter zu.

Praxis-Tipp

▶▶▶ Wird ein Insolvenzantrag nicht rechtzeitig gestellt, kann das zur Insolvenzverschleppungshaftung gegenüber den Gesellschaftern und den Gläubigern führen!

Auch wenn eine Ressortverteilung der Geschäftsführer besteht, *ist jeder Geschäftsführer* verpflichtet, bei Vorliegen der Voraussetzungen den Antrag zu stellen! ◀◀◀

> **EXKURS**
>
> **Insolvenzeröffnung**
>
> Von Amts wegen wird geprüft, ob das Schuldnervermögen ausreicht, um zumindest die Kosten der Eröffnung des Insolvenzverfahrens (gerichtsüblich sind EUR 4.000) zu decken. Ist dies nicht der Fall, kann auch der Gläubiger, der den Insolvenzantrag stellt, einen Kostenvorschuss legen. Bei juristischen Personen sind überdies deren organschaftliche Vertreter und auch der Mehrheitsgesellschafter zur Erlegung eines Kostenvorschusses verpflichtet. Gläubiger müssen ihre Forderungen spätestens 14 Tage vor der Prüfungstagsatzung (gerichtlicher Prüfungstermin), in der die angemeldeten Forderungen festgestellt werden, die 60-90 Tage nach der Insolvenzeröffnung stattfindet, anmelden. Durch Eröffnung der Insolvenz wird das gesamte der Exekution unterworfene Vermögen, das dem Schuldner zu dieser Zeit gehört oder das er während der Insolvenz erlangt, dessen freier Verfügung entzogen und es wird zur *Insolvenzmasse*. Ab diesem Zeitpunkt sind Rechtshandlungen des Schuldners betreffend die Insolvenzmasse zur Gänze unwirksam. Die Insolvenzeröffnung wird im Internet in der Ediktsdatei (http://www.edikte.justiz.gv.at) veröffentlicht und ist für jedermann einsehbar.

11.2.1 Privilegierte Gläubiger

Aussonderungs- und *Absonderungsgläubiger* werden in der Insolvenz gegenüber Massegläubigern sowie einfachen und nachrangigen Gläubigern bevorzugt.

Einen Anspruch auf Aussonderung hat jener Gläubiger, der aufgrund eines dinglichen oder persönlichen Rechts geltend machen kann, dass ein Gegenstand nicht zur Insolvenzmasse gehört. Der aussonderungsberechtigte Gläubiger ist kein Insolvenzgläubiger.

Aussonderungsrechte bestehen etwa aufgrund von:

- Eigentum und
- Eigentumsvorbehalt.

Das Absonderungsrecht ist gerichtet auf abgesonderte Befriedigung aus einem Gegenstand. Dieser Gegenstand gehört zur Insolvenzmasse. Der Teil des Verwertungserlöses, der zur abgesonderten Befriedigung des Absonderungsberechtigten nicht benötigt wird, fließt in die allgemeine Insolvenzmasse. Absonderungsrechte bestehen etwa aufgrund von:

- vertraglichen oder gesetzlichen Pfandrechten sowie
- Sicherungsabtretungen oder -übereignungen.

Aus der Insolvenzmasse werden außerdem *Massegläubiger* vor den Konkursgläubigern bevorzugt befriedigt. Massegläubiger sind jene Gläubiger, denen eine Forderung, die ihren Entstehungsgrund nach Wirksamkeit der Insolvenzeröffnung hat, eine sog. Masseforderung, zusteht (z.B. Abgabengläubiger, Arbeitnehmer des Schuldners, Gläubiger eines vom Masseverwalter eingegangenen Vertrages).

11.2.2 Auswirkungen des Insolvenzverfahrens auf Rechtsverhältnisse

Bei Verträgen, die bei einer Insolvenzeröffnung von beiden Seiten noch nicht oder nicht vollständig erfüllt sind, hat der Insolvenzverwalter die Wahl, den Vertrag zu erfüllen oder vom Vertrag zurückzutreten.

Praxis-Tipp

▸▸▸ Achtung: Wenn ein Gläubiger einen zweiseitig verbindlichen Vertrag bereits vor Insolvenzeröffnung erfüllt hat, steht ihm im Fall einer Insolvenz die Insolvenzquote zu! ◂◂◂

Ein Insolvenzverfahren hat keinen Einfluss auf bestehende Bestandsverträge des Schuldners. Es kann sowohl vom Bestandsgeber (Vermieter, Verpächter) als auch vom Bestandsnehmer (Mieter, Pächter) unter Einhaltung der gesetzlichen bzw. kürzeren vereinbarten Kündigungsfristen, freilich unter Bedachtnahme auf gesetzliche Kündigungsbeschränkungen, aufgelöst werden. Es besteht kein außerordentliches Kündigungsrecht.

Der Insolvenzverwalter kann von Arbeitsverhältnissen, die nach Insolvenzeröffnung angetreten werden sollten, zurücktreten. Wenn der Arbeitnehmer das Arbeitsverhältnis bereits vor Insolvenzeröffnung angetreten hat und die Schließung des Unternehmens oder eines Unternehmensbereiches beschlossen wird, können sowohl der Insolvenzverwalter als auch der Arbeitnehmer das Arbeitsverhältnis lösen (außerordentliches Kündigungs- bzw. Austrittsrecht). Vertragspartner des Schuldners können Verträge in den ersten sechs Monaten nach Insolvenzeröffnung nur aus wichtigem Grund auflösen, wenn durch die Auflösung die Fortführung des Unternehmens gefährdet werden könnte.

Praxis-Tipp

▸▸▸ Achtung! Die Vereinbarung eines Rücktrittsrechts oder einer Vertragsauflösung für den Fall der Insolvenzeröffnung ist unzulässig! ◂◂◂

11.2.3 Sanierungsverfahren

Ein Insolvenzverfahren darf nur dann als Sanierungsverfahren eröffnet und als solches bezeichnet werden, wenn der Schuldner gleichzeitig mit seinem Insolvenzantrag die Annahme eines Sanierungsplans beantragt und der Sanierungsplan den Insolvenzgläubigern eine Quote von mindestens 20% binnen zwei Jahren ab Annahme des Sanierungsplans anbietet.

Damit dem Schuldner die Eigenverwaltung unter Aufsicht eines Sanierungsverwalters im Sanierungsverfahren verbleibt, hat er im Zuge des Insolvenzantrags den Insolvenzgläubigern einen Sanierungsplan mit einer Quote von mindestens 30% anzubieten und zusätzliche Unterlagen vorzulegen (z.B. Vermögensverzeichnis, Finanzplan, Nachweis der Erfüllung der Quote) (Sanierungsverfahren mit Eigenverwaltung).

Für die Annahme des Sanierungsplans ist in allen Fällen die Zustimmung einer qualifizierten Mehrheit der Gläubiger erforderlich. Qualifizierte Mehrheit heißt, dass in der Sanierungsplantagsatzung neben der einfachen Mehrheit der anwesenden Insolvenzgläubiger (Kopfmehrheit) auch eine einfache Mehrheit der angemeldeten Insolvenzforderungen erreicht werden muss (Kapitalmehrheit). Stimmberechtigt sind Insolvenzgläubiger sowie Absonderungsgläubiger, Letztere jedoch nur mit dem unbesicherten Teil ihrer Forderung.

Im Fall der Annahme des Sanierungsplans durch die Insolvenzgläubiger, dessen Bestätigung durch das Insolvenzgericht und Erfüllung durch den Schuldner, ist der Schuldner vom Rest seiner Verbindlichkeiten befreit (Restschuldbefreiung). Bel Scheitern des Sanierungsplans ist das Verfahren (als Konkursverfahren) fortzusetzen, das auf die Veräußerung des Unternehmens/von Unternehmensteilen oder auf die Liquidation der einzelnen Vermögenswerte gerichtet ist.

11.2.4 Konkursverfahren

Ist kein Sanierungsverfahren möglich oder ein Sanierungsplan gescheitert, wird das Insolvenzverfahren als Konkursverfahren eröffnet oder die Bezeichnung des Insolvenzverfahrens von Sanierungsverfahren auf Konkursverfahren geändert.

Im Konkursverfahren wird das Vermögen des Schuldners verwertet. Der Erlös wird nach Erfüllung der Masseforderungen quotenmäßig auf die Insolvenzgläubiger verteilt. Reicht die Insolvenzmasse nicht aus. um alle Konkursforderungen zu erfüllen, bleibt der Fehlbetrag als Restschuld bestehen.

Ein Sanierungsplan kann aber auch noch nach der Einleitung eines Konkursverfahrens beantragt werden.

11.3 Struktur des deutschen Insolvenzrechts

Allgemeines

Im deutschen Insolvenzrecht, das durch die Insolvenzordnung (InsO) geregelt wird, stehen für die Verwertung des Schuldnervermögens drei Wege zur Verfügung:

- In den meisten Fällen wird das Schuldnervermögen zu Geld gemacht und der Erlös an die Gläubiger verteilt. Man spricht dann von der *Liquidation* des Vermögens.
- Bei Unternehmen kommt daneben die Sanierung in Betracht. Hier wird das Schuldnervermögen dadurch für die Gläubiger verwertet, indem es – meist nach nicht unerheblichen Investitionen und Umstrukturierungen – wieder »fit« gemacht wird, sodass es Erträge erwirtschaften kann, aus denen die Gläubiger befriedigt werden können (sog. »investive Verwertung«).
- Schließlich ist an eine übertragende Sanierung zu denken, bei der ein überlebensfähiges Unternehmen (oder ein Teil davon) auf einen anderen Rechtsträger (bspw. einen Konkurrenten oder eine Auffanggesellschaft) übertragen und der Kaufpreis als Erlös an die Gläubiger des bisherigen Unternehmensträgers verteilt wird. Da der bisherige Unternehmensträger in aller Regel eine juristische Person ist (z.B. eine GmbH), die durch das Insolvenzverfahren aufgelöst (liquidiert) wird, spricht man in diesem Zusammenhang auch von einer »sanierenden Liquidation«.

Nach dem Gesetz stehen diese drei Wege gleichrangig nebeneinander, obwohl der Liquidation in der Praxis die größte Bedeutung zukommt. Welche Verwertungsform den größten Erfolg verspricht und deshalb gewählt werden soll, wird nach einem für alle Verwertungsformen gemeinsamen und einheitlichen Verfahrensbeginn im sog. Berichtstermin von der Gläubigerversammlung beschlossen.

Zwangsverwertung oder Insolvenzplan

Den Gläubigern obliegt eine weitere Entscheidung: Jede der drei Verwertungsarten kann nach den gesetzlichen Vorgaben im Rahmen einer Zwangsverwertung durch den Insolvenzverwalter oder privatautonom auf der Grundlage eines Insolvenzplans durchgeführt werden. Die Durchführung der Verwertung mittels eines Insolvenzplans bietet sich vor allem dann an, wenn ein Unternehmen saniert werden soll (sog. Sanierungsplan), ist aber darauf nicht beschränkt. Auch die Liquidation kann daher in einem Insolvenzplan geregelt werden (sog. Liquidationsplan).

In einem Insolvenzplan kann von den Vorschriften der InsO abgewichen werden. Das betrifft die Befriedigung der absonderungsberechtigten Gläubiger und der Insolvenzgläubiger, die Verwertung der Insolvenzmasse und der Verteilung an die Beteiligten sowie die Haftung des Schuldners nach der Beendigung des Insolvenzverfahrens.

Insolvenz

Die Eröffnung des Insolvenzverfahrens hängt – wie auch in Österreich – vom Vorliegen eines Eröffnungsgrundes ab. Nach deutschem Recht sind Zahlungsunfähigkeit (allgemeiner Eröffnungsgrund) sowie Überschuldung (nur bei juristischen Personen) Eröffnungsgründe. Daneben ist die drohende Zahlungsunfähigkeit Eröffnungsgrund, wenn der Schuldner die Eröffnung des Insolvenzverfahrens beantragt.

Wie in Österreich wird auch in Deutschland zwischen verschiedenen Gläubigergruppen differenziert:

- Aussonderungsberechtigte Gläubiger,
- Absonderungsberechtigte Gläubiger,
- Massegläubiger und
- nachrangige Insolvenzgläubiger (vergleichbar den österreichischen Konkursgläubigern).

Die Eröffnung des Insolvenzverfahrens hat die Beschlagnahme der Insolvenzmasse zur Folge, d.h. dass der Schuldner das zur Insolvenzmasse gehörende Vermögen nicht mehr verwalten oder darüber verfügen darf. Diese Befugnis geht im Moment der Verfahrenseröffnung auf den Insolvenzverwalter über.

Wie auch in Österreich hat die Eröffnung des Insolvenzverfahrens keine Auswirkungen auf bestehende Miet- und Pachtverhältnisse des Schuldners über Immobilien, d.h. die Verträge bestehen mit Wirkung für die Insolvenzmasse fort. Dienstverhältnisse (insbesondere Arbeitsverhältnisse) des Schuldners bleiben ebenfalls bestehen. Der Insolvenzverwalter muss die Arbeitnehmer zunächst einmal weiterbeschäftigen und ihre Löhne und Gehälter aus der Masse bezahlen. Rückständige Löhne aus der Zeit vor der Eröffnung des Insolvenzverfahrens sind allerdings nur einfache Insolvenzforderungen; dieser Nachteil für die Arbeitnehmer wird dadurch kompensiert, dass die Beschäftigten nicht bezahltes Arbeitsentgelt für die letzten drei Monate vor Verfahrenseröffnung als Insolvenzgeld von der Agentur für Arbeit erhalten.

Sanierung

Das Mittel zur Sanierung des Unternehmens ist die Reorganisation, d.h. Maßnahmen zur Gesundung und Erhaltung des Unternehmens. Die Entscheidung darüber, ob eine Sanierung des Unternehmens versucht werden soll, trifft die Gläubigerversammlung; sie legt darüber hinaus fest, ob die Sanierung auf Basis eines Insolvenzplans oder durch den Insolvenzverwalter nach allgemeinen Regeln durchgeführt werden soll.

Übertragende Sanierung

Bei der übertragenden Sanierung wird das Unternehmen auf einen anderen Rechtsträger übertragen. Das Hauptproblem der übertragenden Sanierung besteht darin, den richtigen Kaufpreis für das zu übertragende Unternehmen zu finden. Da den Gläubigern des Schuldners mit dem Unternehmen der wesentliche Teil der Insolvenzmasse genommen wird, kann die übertragende Sanierung als Verwertungsform nur dann akzeptiert werden, wenn als Kaufpreis wenigstens der Zerschlagungswert (= Erlös aus der Einzelliquidation) in die Insolvenzmasse einfließt. Wie auch die »normale« Sanierung ist die übertragende Sanierung an sich dann in der Regel Aufgabe des Insolvenzverwalters. Gleichwohl kann die Sanierung auch auf Grundlage eines Insolvenzplans durchgeführt werden.

Restschuldbefreiung

Ein weiterer Zweck des Insolvenzverfahrens – neben der Verwertung des Schuldnervermögens und der Verteilung des Verwertungserlöses an die Gläubiger – ist, dem Schuldner die Möglichkeit zur sog. Restschuldbefreiung zu eröffnen. Im normalen Liquidationsverfahren behalten die Gläubiger das Recht, ihre Forderungen, soweit sie im Insolvenzverfahren nicht befriedigt wurden, nach dessen Abschluss weiterhin gegen den Schuldner geltend zu machen. Dadurch ist der Schuldner häufig nicht dazu in der Lage, sich dauerhaft eine neue wirtschaftliche Existenz aufzubauen. Die Restschuldbefreiung kann – wie die Verwertung – auf zwei Wegen erreicht werden: zum einen nach den gesetzlichen Vorschriften über die Restschuldbefreiung, zum anderen durch einen Insolvenzplan. Gesetzlich ist vorgesehen, dass der Schuldner ab Eröffnung des Insolvenzverfahrens sechs Jahre lang den pfändbaren Teil seines Arbeitskommens zur Befriedigung seiner Gläubiger zur Verfügung stellt (sog. Wohlverhaltensperiode).

12 Haftung des GmbH-Geschäftsführers

12.1 Allgemeines

Die GmbH wird durch einen oder mehrere Geschäftsführer geleitet und vertreten. Der Großteil aller in Österreich registrierten GmbHs verfügt nur über einen Geschäftsführer. Dabei können nur »physische«, d.h. natürliche Personen, nicht jedoch juristische Personen, die Organfunktion des Geschäftsführers übernehmen.

Die Kenntnis von Beginn und Ende der Geschäftsführerfunktion ist für die Haftung von großer Bedeutung, da verschiedene Handlungspflichten mit diesem Zeitpunkt zusammenhängen.

12.1.1 Bestellung/Abberufung

Der Geschäftsführer hat grundsätzlich zwei voneinander getrennte Beziehungen zur Gesellschaft: zum einen hat er eine *gesellschaftsrechtliche Organfunktion*, zum anderen befindet er sich in einer normalen *dienstrechtlichen Anstellung* (Dienstvertrag, freier Dienstvertrag, Werkvertrag).

Praxis-Tipp

▶▶ Besonders deutlich wird die Doppelbeziehung bei Beginn und Beendigung der Geschäftsführertätigkeit: Neben der gesellschaftsrechtlichen Bestellung bzw. Abberufung des Geschäftsführers hat der Abschluss eines Geschäftsführervertrages bzw. die Kündigung/Auflösung des Dienstverhältnisses zu erfolgen. Zu beachten ist, dass – trotz der getrennten Beurteilung dieser beiden Rechtsverhältnisse – eine Willenserklärung durch Auslegung auf beide zu beziehen sein kann! ◀◀

Über Bestellung und Abberufung von Geschäftsführern entscheiden die GmbH-Gesellschafter durch Beschluss. Wird ein Gesellschafter zum Geschäftsführer bestellt, so kann dies längstens für die Dauer seiner Gesellschafterstellung erfolgen. Der Gesellschafter-Geschäftsführer verliert seine Geschäftsführerfunktion, wenn er als Gesellschafter ausscheidet.

Praxis-Tipp

▶▶ Ein Gesellschafter kann auch im Gesellschaftsvertrag zum Geschäftsführer bestellt werden. In diesem Falle können Vorkehrungen getroffen werden, die die Abberufung des Gesellschafter-Geschäftsführers erschweren, z. B. kann die Abberufung eines Gesellschafter-Geschäftsführers im Gesellschaftsvertrag *auf wichtige Gründe beschränkt* werden.

Eine weitere Erschwerungsmöglichkeit im Hinblick auf die Abberufung eines Gesellschafter-Geschäftsführers besteht in der Einräumung eines *Sonderrechts auf Geschäftsführung* für einen Gesellschafter. ◀◀

Der Gestaltungsspielraum des Anstellungsvertrages ist allerdings durch die gesetzlichen Regelungen der organschaftlichen Bestellung beschränkt. Gesetzeswidrige Regelungen des Anstellungsvertrages sind daher unwirksam. Der Abschluss des Anstellungsvertrages erfolgt von Seiten der Gesellschaft aufgrund eines Gesellschafterbeschlusses. Die Entlassung hingegen bedarf keines Gesellschafterbeschlusses, solange sie nicht mit der Abberufung verknüpft ist, sondern erst danach erfolgt.

Nachwirkende Pflichten: Wirken Pflichten des Geschäftsführers über das Ende seiner Funktion hinaus, so bleibt auch die Haftung für entsprechende Pflichtverletzungen bestehen. Dabei kann sich die Nachwirkung von Pflichten aus dem Gesetz oder dem Anstellungsverhältnis ergeben.

Praxis-Tipp

▶▶▶ Die gesetzlich nachwirkenden Pflichten können von Seiten der Gesellschaft vertraglich ergänzt werden: Üblich sind bspw. *Konkurrenzklauseln* und *Geheimhaltungsklauseln*, die über die Beendigung der Geschäftsführertätigkeit hinauswirken. ◀◀◀

Jedenfalls muss der Geschäftsführer bei seinem Ausscheiden Rechnung legen und Geschäftsunterlagen zurückgeben. Zudem muss er für die Dauer von fünf Jahren nach Beendigung der Organstellung Auskünfte über angebahnte und geschlossene Geschäfte sowie über die Vermögenswerte der Gesellschaft erteilen.

12.1.2 Geschäftsführungs- und Vertretungsmacht

Der Geschäftsführer vertritt die Gesellschaft gerichtlich und außergerichtlich. Dritten gegenüber ist die Vertretungsbefugnis des Geschäftsführers sachlich nicht beschränkbar. Einschränkungen haben grundsätzlich nur Innenwirkung. Eine Missachtung der intern aufgestellten Schranken kann aber die Abberufung des Geschäftsführers rechtfertigen und ggf. Schadenersatzansprüche gegenüber der Gesellschaft begründen.

Praxis-Tipp

▶▶▶ Achtung: *Informationspflicht des Geschäftsführers!* Der Geschäftsführer ist verpflichtet sich über seine gesetzlichen Pflichten umfassend zu informieren und sich diesen gemäß zu verhalten. ◀◀◀

In gewissen Fällen des *Missbrauchs der Vertretungsmacht* haben Vertretungshandlungen im Außenverhältnis keine Wirkung, wenn der Dritte die Vollmachtsüberschreitung kannte oder sie ihm offensichtlich hätten auffallen müssen.

Gibt es mehrere Geschäftsführer und fehlt eine explizite Regelung zur Geschäftsführung und Vertretung, gilt gemäß Gesetz im Zweifel Gesamtgeschäftsführung und Gesamtvertretung.

Bei Einzelgeschäftsführung hat jeder Geschäftsführer – trotz der grundsätzlich bestehenden Entscheidungsfreiheit – dennoch das Widerspruchsrecht jedes anderen Geschäftsführers zu beachten.

Praxis-Tipp

▶▶▶ Das Widerspruchsrecht kann gesellschaftsvertraglich abbedungen werden!

Beachte: Ist die geplante Maßnahme des Geschäftsführers sorgfaltswidrig, so müssen die anderen Geschäftsführer von ihrem Widerspruchsrecht Gebrauch machen!

Gemäß jüngsten Literaturmeinungen muss der Geschäftsführer dem pflichtwidrigen Widerspruch nicht Folge leisten, wenn die Geschäftsführungshandlung im Interesse der Gesellschaft geboten ist (strittig!). In solchen Fällen ist die Einholung eines Gesellschafterbeschlusses dringend anzuraten. ◀◀◀

Die Art der Vertretungsbefugnis ist im Firmenbuch einzutragen und bekanntzumachen. Dritte sind grds. im Vertrauen auf die Eintragung vollumfänglich geschützt (sofern das Fehlen der Vertretungsmacht nicht bekannt war).

DEUTSCHE RECHTSLAGE IM VERGLEICH

In Bezug auf die Bestellung/Abberufung sowie die Geschäftsführungs- und Vertretungsmacht des Geschäftsführers bestehen keine wesentlichen Unterschiede zum österreichischen Recht.

12.1.3 Zeichnung des Geschäftsführers

Der Geschäftsführer unterzeichnet für die Gesellschaft, indem er der Firma der Gesellschaft seine Namensunterschrift beifügt. Zwar handelt es sich bei dieser Regelung im österreichischen GmbHG um eine bloße Ordnungsvorschrift; einem Dritten muss dennoch grds. erkennbar sein, dass der Geschäftsführer eine Vertretungshandlung für die GmbH gesetzt hat (auf eine mögliche Haftung in diesem Zusammenhang wird später noch eingegangen).

Praxis-Tipp

▶▶▶ Aufgrund möglicher Haftungsfolgen sollte der handelnde Geschäftsführer unbedingt ausdrücklich auf die vertretene GmbH hinweisen. ◀◀◀

Die Umstände, die auf eine Vertretungshandlung schließen lassen, sind aus der Sicht des Geschäftspartners zu beurteilen. Dass dem Dritten bloß »erkennbar sein musste«, dass der Handelnde im Interesse eines anderen tätig werden möchte, reicht grds. nicht aus. *Im Zweifel* wird ein *Eigengeschäft des Handelnden* angenommen.

Praxis-Tipp

▶▶▶ Bei Ausstellung eines Wertpapiers ist insbesondere auf die genaue Zeichnung zu achten (beachte auch in diesem Zusammenhang die sog. »Formstrenge im Wechselrecht«). ◀◀◀

Handelt der Geschäftsführer deliktisch gegenüber Dritten, ist sein Verhalten der Gesellschaft zuzurechnen, d.h. die Gesellschaft wird gegenüber dem Dritten schadenersatzpflichtig. In einem zweiten Schritt kann die Gesellschaft den Schaden vom Geschäftsführer ersetzt verlangen (ggf. durch Klage).

Ist ein Aufsichtsrat (als Kollegialorgan) zur Überwachung der Geschäftsführung eingerichtet, werden dadurch weitere Rechte und Pflichten für den Geschäftsführer ausgelöst. Bspw. wird der Aufsichtsrat hinsichtlich wichtiger Geschäftsangelegenheiten im laufenden Kontakt mit der Geschäftsführung stehen wollen. In den (mindestens) vierteljährlichen Sitzungen muss der Geschäftsführer an den Aufsichtsrat berichten. Im (mindestens) gleichen Rhythmus (d.h. vierteljährlich) hat der Geschäftsführer Quartalsberichte für die Gesellschafter zu erstellen.

Praxis-Tipp

▶▶▶ Wegen der engen Zusammenarbeit, die zwischen AR und GF notwendig ist, sollte für den *AR* dringend eine *Geschäftsordnung*, die auch für den Geschäftsführer verbindliche Bestimmungen enthält, erstellt werden. Dies ist insbesondere aus Haftungsvermeidungsgründen anzuraten. ◀◀◀

12.2 Haftungsstruktur/Allgemeines

Für den GmbH-Geschäftsführer bestehen zahlreiche Haftungsgefahren. Dabei ist zunächst festzuhalten, dass der Geschäftsführer grundsätzlich nur gegenüber der Gesellschaft haftet und nur ausnahmsweise auch gegenüber den Gesellschaftern oder Dritten. Um sich einen kurzen Überblick zu verschaffen, ist es hilfreich, trotz der vorhandenen Haftungsvielfalt, die wesentlichen Haftungsfragen bestimmten Bereichen zuzuordnen.

12.2.1 Haftungsbereiche

12.2.1.1 Innenhaftung

Ein zentraler Bereich der Haftung gegenüber der Gesellschaft ist die sog. *Innenhaftung* gegenüber der Gesellschaft. Diese umfasst vor allen Dingen die Pflicht zur Einhaltung der Sorgfalt eines ordentlichen Geschäftsmannes (§ 25 GmbHG).

Praxis-Tipp

▶▶▶ Zu beachten ist, dass bspw. Unerfahrenheit des Geschäftsführers, eine gewisse Art der Unfähigkeit oder sogar Überforderung keine Bedeutung im Rahmen der Sorgfaltsprüfung gemäß oben genanntem Grundsatz haben, d.h. keine geringeren Sorgfaltspflichten begründen können. ◀◀◀

Der Geschäftsführer hat für die Sorgfalt, Fähigkeiten und Kenntnisse, die von einem Geschäftsführer in dem betreffenden Sektor bzw. dem betreffenden Geschäftszweig üblicherweise erwartet werden können, einzustehen.

Hierbei handelt es sich um einen objektiv-normativen Sorgfaltsmaßstab, d.h. die erforderliche Sorgfalt wird aus der übernommenen Aufgabe nach der Verkehrsauffassung ermittelt und nicht aus den konkreten Fähigkeiten des Geschäftsführers (Zugrundelegung einer Maßfigur!).

Erforderliche Fähigkeiten und Kenntnisse: Ein Geschäftsführer muss jedenfalls jene Kenntnis und Fähigkeiten besitzen, die für den Geschäftszweig der betreffenden GmbH erforderlich sind und nach der Größe des Unternehmens üblicherweise erwartet werden können. Die Beurteilung hängt mithin klar von den Umständen des konkreten Einzelfalls ab. Zu berücksichtigen sind jedenfalls die besonderen Verhältnisse der Gesellschaft, die allgemeine Wirtschaftslage, die Situation der Märkte, Konkurrenzverhältnisse sowie die Bedeutung der jeweiligen Maßnahme und der Aufgaben des Geschäftsführers. Das führt dazu, dass selbstverständlich von einem Geschäftsführer eines kleinen Dreimannbetriebes nicht die gleiche Sorgfalt erwartet wird, wie von einem Geschäftsführer eines großen Industrieunternehmens.

Es herrscht somit der Grundsatz, dass ein Geschäftsführer in jedem Fall seine Kenntnis und Fähigkeit bei der Erfüllung seiner Aufgaben einzusetzen und dabei in allen Angelegenheiten, die das *Interesse der Gesellschaft* berühren, allein deren Wohl im Auge zu haben hat.

Übernimmt ein Geschäftsführer seine Funktion, ohne die erforderliche Kenntnis, ist ihm i.d.R. die sog. Übernahms- und Einlassungsfahrlässigkeit vorzuwerfen.

Den sog. nur »pro-forma-Geschäftsführer« treffen die gleichen Pflichten. Auch er ist vollumfänglich verpflichtet, sich über seine gesetzlichen Pflichten zu informieren.

Es kommen erschwerend weitere gesetzliche Pflichten hinzu, deren Anforderungen an den Geschäftsführer bzw. deren Nichterfüllung zu einer Schadensersatzpflicht führen können.

Praxis-Tipp

▶▶▶ Die Frage, ob die erforderliche Sorgfalt eingehalten wurde oder nicht, ist aus der Perspektive zum Zeitpunkt des in Frage stehenden Geschäftsführerverhaltens zu beurteilen (ex-ante Beurteilung). Das Gericht hat die Umstände, die dem Geschäftsführer erst nach der Handlung bekannt werden konnten, grds. nicht zu beachten. Den Geschäftsführer trifft also *keine Erfolgshaftung*. Das Unternehmerrisiko trägt die Gesellschaft, nicht der Geschäftsführer. Der Geschäftsführer muss sich mithin vor jeder Entscheidung fragen, wie er sich – primär gemäß Interesse der Gesellschaft – sorgfaltsgemäß richtig verhält. ◀◀◀

Zu beachten ist, dass neben dem objektiven Haftungsmaßstab diverse andere Voraussetzungen vorliegen müssen. Ein Haftungsanspruch entsteht grundsätzlich nur bei rechtwidriger, schuldhafter Schädigung, d.h. es sind u.a. zu prüfen der *Schadenseintritt* an sich, die *Verursachung* des Schadens, die *Rechtswidrigkeit* und das Vorliegen von *Verschulden*.

Praxis-Tipp

▶▶▶ Mehrere Geschäftsführer haften grundsätzlich zur gesamten Hand, d.h. jeder von ihnen haftet voll für den gesamten Schaden. Es ist deshalb zu empfehlen, eine Ressortverteilung von Beginn an vorzunehmen. Eine Ressortverteilung kann evtl. den nichtressortzuständigen Geschäftsführer schützen. Davon zu unterscheiden sind jedoch die allgemeinen sog. »Kardinalpflichten«, die für jeden Geschäftsführer gelten! ◀◀◀

DEUTSCHE RECHTSLAGE IM VERGLEICH

In Deutschland besteht ebenfalls eine Haftung für die Verletzung von Organpflichten bzw. für eine fehlerhafte Geschäftsführung. Haftungsnorm ist in diesem Fall der Generaltatbestand des § 43 Abs. 2 GmbHG. Ferner kann sich die Organhaftung auch aus Sondertatbeständen innerhalb des GmbHG und aus deliktischen Vorschriften ergeben.

12.2.1.2 Haftung aus dem Anstellungsverhältnis

Ein weiterer sehr wichtiger Bereich der Haftung gegenüber der Gesellschaft ist die Haftung aus dem Anstellungsverhältnis. Diese ergibt sich insbesondere aus dem Gesetz (Angestelltengesetz) oder dem jeweiligen Vertrag des Geschäftsführers (in den meisten Fällen Dienstvertrag oder freier Dienstvertrag). Ein typischer Haftungsfall aus dem Anstellungsvertrag ist bspw., dass der Geschäftsführer vor Ablauf oder unter Missachtung der vereinbarten Kündigungsfrist kündigt und die Kündigung zudem nicht durch einen wichtigen Grund gerechtfertigt ist.

DEUTSCHE RECHTSLAGE IM VERGLEICH

In Deutschland enthält das BGB die Regelungen über den Anstellungsvertrag. Im Übrigen bestehen zur österreichischen Innenhaftung keine Unterschiede.

12.2.1.3 Außenhaftung

Gegenüber Dritten ist der Geschäftsführer entweder direkt deliktisch (d.h. rechtswidriges schuldhaftes Verhalten nach den allgemeinen Schadensersatzgrundsätzen) oder aufgrund spezieller Haftungsnormen verantwortlich.

Eine Außenhaftung kann sich grundsätzlich auf spezielle Haftungsbestimmungen stützen, aber auch auf die Verletzung allgemeiner Schutzgesetze im Sinne des § 1311 ABGB. Auch in bestimmten Fällen eines Fehlverhaltens bei Vertragsabschluss und bei bestimmten vorsätzlichen sittenwidrigen Schädigungen kann der Geschäftsführer direkt haften. In diesem Zusammenhang ist allerdings zu beachten, dass eine bloß fahrlässige Schadensverursachung zu keinem direkten Haftungsanspruch gegen den Geschäftsführer führen kann.

> **DEUTSCHE RECHTSLAGE IM VERGLEICH**
>
> In Punkto »Außenhaftung« sind deutsches und österreichisches Recht vergleichbar. Haftungsnorm bei der Verletzung allgemeiner Schutzgesetze ist § 823 Abs. 2 BGB.

12.2.1.4 Direkte Haftung gegenüber einzelnen Gesellschaftern

Die direkte Haftung gegenüber einzelnen Gesellschaftern unterscheidet sich grundsätzlich kaum von der oben genannten Außenhaftung. Auch hier ist es so, dass es einige konkrete Regelungen eigens zum Schutz der Gesellschafter gibt, auf die eine Haftung gestützt werden kann.

Die Gesellschafter können den Geschäftsführer üblicherweise in folgenden Fällen in Anspruch nehmen:
- Verletzung absolut geschützter Rechtsgüter,
- Verletzung von Schutzgesetzen,
- deliktisches sittenwidriges Verhalten oder Verletzung von besonderen Haftungsbestimmungen.

12.2.1.5 Haftung im Konkurs

Letztlich ist auch die Haftung im Konkursfall ein nicht unerheblicher Bereich. Die Haftung im Konkurs kann eine Haftung gegenüber der Gesellschaft sowie auch gegenüber Gläubigern sein (dazu unten mehr).

12.2.1.6 Weitere Haftungs- und Verantwortlichkeitsbereiche

Dazu gehören die
- sozialversicherungsrechtliche Haftung,
- abgabenrechtliche Haftung,
- strafrechtliche Verantwortlichkeit und
- verwaltungsrechtliche Haftung.

EXKURS

Geschäftsführer als Verbraucher?

Gemäß jüngster OGH-Rechtsprechung kommt einem Minderheitsgesellschafter-Geschäftsführer einer GmbH (15-20%), dessen Gesellschaftsbeteiligung eine bloße Finanzinvestition ist und der daher keinen relevanten Einfluss auf die Geschäftsführung der Gesellschaft ausübt, keine Unternehmereigenschaft zu, er kann in gewissen Fällen als Verbraucher anerkannt werden. Ein Gesellschafter, der nicht zugleich Geschäftsführer der Gesellschaft ist, ist mangels unternehmerischer Tätigkeit jedenfalls als Verbraucher einzustufen. In diesen Fällen ist der besondere Schutz für Verbraucher, den das Gesetz gewährt, insbesondere bei vertraglich vereinbarten Haftungen zu beachten.

DEUTSCHE RECHTSLAGE IM VERGLEICH

Hinsichtlich der Haftung gegenüber den Gesellschaftern, der Insolvenzhaftung und der weiteren Haftungsbereiche sind deutsche und österreichische Rechtslage vergleichbar. Der BGH hat die Verbrauchereigenschaft des GmbH-Geschäftsführers bereits 1996 angenommen und zwar auch in dem Fall, dass der Geschäftsführer eine Schuld seiner GmbH übernimmt oder sich für sie verbürgt.

Haftungsmasse

Der Geschäftsführer haftet in den oben genannten Fällen grundsätzlich mit seinem gesamten Privatvermögen (Haftungsmasse). In bestimmten Fällen sind allerdings vollstreckungsrechtliche Beschränkungen zu beachten. Diese persönliche Haftung kann auch nicht dadurch umgangen werden, dass man für die Geschäftsführerposition eine GmbH einsetzt. Wie oben bereits erwähnt, kann für die GmbH-Geschäftsführerposition ausschließlich eine natürliche Person bestellt werden.

12.3 Schadenersatzanspruch

Der Großteil der Geschäftsführer-Haftungsfälle sind Haftungen gegenüber der Gesellschaft (ca. 80%), insbesondere aus Organhaftung gemäß § 25 GmbHG (Sorgfaltspflicht Geschäftsführer).

§ 25 GmbHG betrifft dabei den Fall der Haftung gegenüber der Gesellschaft aus der Geschäftsführerfunktion heraus. Andere Ersatzpflichten gegenüber der Gesellschaft, den Gesellschaftern oder auch Dritten auf Basis anderer Haftungsgrundlagen sind dadurch aber nicht ausgeschlossen. So ist in vielen Fällen bspw. eine zusätzliche Haftung des Geschäftsführers aus Anstellungsvertrag begründet.

Gläubigerin des Anspruchs gemäß § 25 GmbHG ist die Gesellschaft selbst. In der Praxis können Gesellschaftsgläubiger, die durch das Handeln des Geschäftsführers geschädigt wurden, jedoch den Anspruch der Gesellschaft gegen den Geschäftsführern in einem Exekutionsverfahren (Vollstreckungsverfahren) gegen die Gesellschaft pfänden lassen und sich zur Einziehung überweisen lassen. Eine Haftung der Geschäftsführer gegenüber Gesellschaftern bzw. Dritten aus anderen Schadensersatznormen kann selbstverständlich daneben bestehen.

Für die Begründung eines Schadenersatzanspruchs ist wichtig, dass der Geschäftsführer zur *Zeit der Pflichtverletzung* Geschäftsführer der Gesellschaft war. Zum Zeitpunkt der Inanspruchnahme durch die Gesellschaft muss er aber nicht mehr in der Geschäftsführerposition sein. Ansonsten könnte sich jeder Geschäftsführer durch eine Kündigung oder einen Rücktritt seinen Geschäftsführerpflichten bzw. Haftungen entziehen.

Praxis-Tipp

▶▶▶ Die Praxis zeigt, dass die meisten Schadensersatzansprüche gegen Geschäftsführer erst *nach Beendigung der Geschäftsführerfunktion* verfolgt werden. Dies liegt sicherlich daran, dass die Gesellschafter den Geschäftsführer bei Schädigung der Gesellschaft in der Regel nicht im Amt belassen. In diesem Zusammenhang sind auch die nachwirkenden Geschäftsführerpflichten zu beachten!

Es können auch Personen haften, die gar nicht (wirksam) zu Geschäftsführern bestellt wurden. In einem solchen Fall spricht man von »faktischen Geschäftsführern«. Faktische Geschäftsführer sind solche Personen, die sich als Geschäftsführer gerieren ohne dies zu sein. Dieses Verhalten trifft sehr oft bei Gesellschaftern zu. Der Hintergrund der Einführung der sog. Regeln für den faktischen Geschäftsführer ist der, dass in der Praxis viele Gesellschafter sich in die Geschäftsführertätigkeiten einmischen und sozusagen in die Gesellschaft »hineinregieren«.

Die Figur des faktischen Geschäftsführers weist dabei allerdings keine klaren Konturen auf und ist deshalb oft von Rechtsunsicherheit begleitet. Dennoch wird in der österreichischen Literatur eine Haftung nach § 25 GmbHG klar bejaht. In diesem Zusammenhang hat der OGH in einer Entscheidung ausgesprochen, dass »Gesellschafter, die unmittelbar oder mittelbar auf die Leitung der Gesellschaft Einfluss nehmen, dies nur nach Maßgabe jener Sorgfaltspflichten tun dürfen, die kraft Gesetzes auch von den Leitungsorganen selbst einzuhalten ist. Basis für die Annahme und Umfang dieser Sorgfaltspflichten bildet die Verwaltung fremden Vermögens«.

Achtung: Wird der Geschäftsführer aufgrund seiner faktischen Stellung im Unternehmen ganz oder teilweise daran gehindert, seinen Pflichten nachzukommen, muss er entweder seine *Kontrollrechte gerichtlich durchsetzen* oder rechtzeitig *als Geschäftsführer zurücktreten*, um nicht für etwaige Fehlentwicklungen haftbar zu werden.

Achtung: Die gleichen strengen Regeln gelten im Fall der Überlastung des Geschäftsführers. *Überlastung* ist kein haftungsentlastendes Argument. Auch kann sich der Geschäftsführer im Falle des Nichtwissens oder Nichtinformiertwerdens in keinem Fall auf *Ahnungslosigkeit* berufen.

Typisches Problem: *Auslagerung der Buchhaltung*: Auch die Auslagerung der Buchhaltung auf bspw. die Gesellschaft des Mehrheitsgesellschafters befreit nicht von einer Haftung. Der Geschäftsführer muss sich durch geeignete und erforderliche Maßnahmen den notwendigen Einblick in die wirtschaftliche und finanzielle Situation der Gesellschaft verschaffen. ◀◀◀

DEUTSCHE RECHTSLAGE IM VERGLEICH

Auch in Deutschland ist die Haftung als faktischer Geschäftsführer anerkannt. Diese erfordert laut BGH zum einen, dass der Handelnde auf den satzungsmäßigen Geschäftsführer intern einwirkt und zum anderen ein nach außen hervortretendes, üblicherweise der Geschäftsführung zuzurechnendes Handeln.

Für den Schadensersatzanspruch gilt grundsätzlich der Grundsatz der allgemeinen Verschuldenshaftung, d.h. es müssen jedenfalls die im Folgenden genannten Umstände gemeinsam vorliegen, damit es zu einer Haftung des Geschäftsführers kommt:

a) ein Schaden muss eingetreten sein,

Praxis-Tipp

▸▸▸ I.d.R handelt es sich hierbei um Vermögensschäden. Bei Vermögensschäden unterscheidet man den sog. *positiven Schaden* und den *entgangenen Gewinn*. Dabei wird letzterer von der Rechtssprechung sehr eng ausgelegt. Der entgangene Gewinn ist der Verlust einer Erwerbschance. Gemäß Rechtssprechung ist von einem Verlust einer Erwerbschance nur dann die Rede, wenn mit dem Gewinn mit an Sicherheit grenzender Wahrscheinlichkeit zu rechnen war.

Schaden: Gemäß OGH ist ein Schaden im Sinne des § 25 GmbHG »jede dem Unternehmenszweck widersprechende, in Geld messbare Beeinträchtigung des Vermögens, der Tätigkeit oder der Organisation der Gesellschaft und des von ihr betriebenen Unternehmens, kurz jede zweckwidrige Vermögensminderung«. ◂◂◂

b) das Verhalten des Geschäftsführers muss den eingetretenen Schaden kausal und adäquat verursacht haben,
c) das Verhalten des Geschäftsführers muss rechtswidrig sein,
d) das rechtswidrige Verhalten des Geschäftsführers muss ihm persönlich vorwerfbar sein (Verschulden).

DEUTSCHE RECHTSLAGE IM VERGLEICH

Verstößt der Geschäftsführer gegen eine ihm obliegende Pflicht, so haftet er der Gesellschaft gegenüber nach dem Sorgfaltsmaßstab des § 43 GmbHG. Ist der Gesellschaft also durch das Verhalten des Geschäftsführers ein Schaden erwachsen, so werden die Pflichtverletzung und das Verschulden des Geschäftsführers (widerleglich) vermutet. Natürlich steht dem Geschäftsführer ein unternehmerisches Ermessen zu, so dass nicht jede Fehlentscheidung automatisch als Sorgfaltspflichtverletzung zu werten ist (sog. »Business Judgement Rule«). Das unternehmerische Handeln des Geschäftsführers muss dann aber auf sorgfältiger Ermittlung und Prüfung der Entscheidungsgrundlagen beruhen.

Umfang des Schadensersatzes: Nach h.M. ist der Umfang des der Gesellschaft zu ersetzenden Schadens nach zivilrechtlichen Grundsätzen zu ermitteln.

12.4 Pflichten des Geschäftsführers

Geschäftsführer einer GmbH unterliegen im Wesentlichen den folgenden Pflichten:
- zum Wohl des Unternehmens zu handeln,
- das Unternehmen zu leiten,
- das Unternehmen zu organisieren,
- die Generalversammlung einzuberufen,
- Rechnungswesen und internes Kontrollsystem zu etablieren und zu überwachen,
- Mitarbeiter und sonstiges Personal, auch Hilfspersonen, einzusetzen und zu organisieren,
- diverse Treuepflichten,
- Wettbewerbsverbote,

- Verschwiegenheitpflichten,
- gewisse Pflichten bei unternehmerischen Entscheidungen,
- Spenden und Sponsoring als unternehmerische Entscheidung,
- Dokumentation der Geschäftsführerhandlungen,
- Eintragungen, Änderungen, Löschungen im Firmenbuch,
- Pflichten bei Liquidation der Gesellschaft u.a.

Dazu genauer im Einzelnen:

12.4.1 Handeln zum Wohl der Gesellschaft

Der OGH hat in einem Urteil das für Geschäftsführer grundlegende Gebot ausgeführt »im Rahmen der Gesetze, des Gesellschaftsvertrages, der für die Geschäftsführung verbindlichen Beschlüsse anderer Organe der Gesellschaft und unter der gebotenen Berücksichtigung der Interessen der Öffentlichkeit und der Arbeitnehmer an dem von der Gesellschaft betriebenen Unternehmen den Vorteil der Gesellschaft zu wahren und Schaden von ihr abzuwenden«. Aus diesem Gebot lässt sich ableiten, dass die Handlungen des Geschäftsführers langfristig die wirtschaftliche Entwicklung des Unternehmens sichern sollen. Konkret sollen günstige Augenblicke (zum Beispiel Chancen für Geschäfte) wahrgenommen werden und Verhaltensweisen, die der Gesellschaft schaden, unterlassen werden.

Praxis-Tipp

▶▶▶ Es sind auch die Auswirkungen der Handlungen zu beachten. Einsparungen durch Lohnkürzungen bringen zwar Geld, können aber zu einem negativen Betriebsklima führen. Umgekehrt sind ungerechtfertigte und überhöhte Löhne positiv für das Betriebsklima, sie beeinträchtigen aber die Wirtschaftlichkeit des Unternehmens. ◀◀◀

12.4.2 Leitung des Unternehmens

Um das Unternehmen möglichst effizient zu führen ist es erforderlich, dass der Geschäftsführer jederzeit einen Überblick über die Unternehmenslage hat, Konzepte erstellt und stets mit Bedacht auf das Gesamtkonzept, die finanzielle Lage und die Zukunftserwartungen handelt.

Die Leitung eines Unternehmens muss nach betriebswirtschaftlichen Grundsätzen erfolgen, wobei der Geschäftsführer sich im Rahmen des Gesellschaftsvertrages bewegen muss. Handlungen eines Geschäftsführers, die seine Befugnis überschreiten, werden als Missbrauch der Vertretungsmacht angesehen: sie begründen im Außenverhältnis zwar ein gültiges Rechtsgeschäft, im Innenverhältnis kann es aber zu einer Ersatzpflicht des Geschäftsführers kommen.

Den Geschäftsführer trifft außerdem die Pflicht, einen möglichen Schaden der Gesellschaft, der durch seine Abwesenheit erwachsen könnte, zu verhindern. Diese Abwesenheit kann aufgrund eines Unfalles, aufgrund von Krankheiten oder ähnlichen Situationen gegeben sein. Dabei hat der Geschäftsführer je nach Dauer der Abwesenheit geeignete Maßnahmen zu ergreifen, damit die Gesellschaft nicht handlungsunfähig wird. Im Extremfall kann es bei längerer Abwesenheit zur gerichtlichen Bestellung eines Notgeschäftsführers kommen.

12.4.3 Organisation des Unternehmens

Damit das Unternehmen wirtschaftlich effizient geführt werden kann, ist es die Pflicht des Geschäftsführers, eine Unternehmensorganisation aufzubauen, um optimale Vorraussetzungen zur Erreichung der Aufgaben und Ziele der Gesellschaft zu schaffen. Maßnahmen, die der Geschäftsführer in dieser Hinsicht zu ergreifen hat, sind unter anderem:

- die Wahrung und Beachtung der Kompetenzverteilung zwischen den Gesellschaftsorganen,
- das Vorgehen gegen unzureichende oder fehlerhafte Postenbesetzungen,
- die Einrichtung eines Aufsichtsrates (in der Praxis hat der Geschäftsführer die Arbeitnehmeranzahl festzustellen, wenn diese 300 bzw. 500 übersteigt, so hat er dies dem Gericht mitzuteilen),
- die Aufrechterhaltung eines verlässlichen internen Informationsflusses,
- die Wahrung und Beachtung von Informationspflichten (Einsicht in die Bücher, wichtige Angelegenheiten),
- die kollegiale Zusammenarbeit mit Mitgeschäftsführern,
- die Überwachungspflicht verbunden mit der Pflicht, Maßnahmen rechtzeitig zu ergreifen.

12.4.4 Generalversammlung/Pflicht der Einberufung

Einmal jährlich ist eine ordentliche Generalversammlung durch einen Geschäftsführer einzuberufen. Darüber hinaus ist eine Generalversammlung in besonderen Fällen einzuberufen, z.B. wenn die Hälfte des Stammkapitals verloren wurde (dies ist die so genannte Notversammlung, sie dient zum Abwenden einer drohenden Krise).

Praxis-Tipp

▶▶▶ Die Geschäftsführer haben die Möglichkeit, statt der Generalversammlung eine schriftliche Beschlussfassung zu initiieren (sofern das Gesetz nicht eine Versammlung zwingend vorsieht). ◀◀◀

Prinzipiell haben die Geschäftsführer einen gewissen Spielraum bei der Einberufung einer außerordentlichen Generalversammlung, allerdings besteht eine Pflicht zur Einberufung vor der Ergreifung von Maßnahmen, die von besonderer Bedeutung sind oder die nach der Kompetenzzuordnung eine Einberufung der Generalversammlung erfordern. Auch die Einberufungsrechte von anderen Personen (wie zum Beispiel von Gesellschaftern) müssen die Geschäftsführer beachten. Auf Verlangen der Gesellschafter muss der Geschäftsführer auch an der Generalversammlung teilnehmen.

12.4.5 Achtung und Einhaltung der Gesetze

Den Geschäftsführer trifft die Pflicht, für die Einhaltung der Gesetze (und damit für ein rechtmäßiges Verhalten) durch die Gesellschaft zu sorgen. Auch muss er sich über die gesetzliche Lage informieren, dies umfasst sowohl inländische als auch gegebenenfalls ausländische Normen.

Diese Pflicht ist sowohl im Außenverhältnis als auch im Innenverhältnis gegeben. Im Außenverhältnis begründet sie die Pflicht zur Rechtmäßigkeit der Handlungen, im Innenverhältnis kann sie eine Ersatz- oder Haftpflicht des Geschäftsführers begründen, wenn Gesetze oder Ähnliches verletzt wurden.

12.4.6 Buchhaltung/Kontrollsystem

Die Pflicht, ein Rechnungswesen und ein internes Kontrollsystem zu führen, trifft jeden einzelnen Geschäftsführer. Sowohl das Rechnungswesen als auch das interne Kontrollsystem muss den Anforderungen des Unternehmens entsprechen.

Des Weiteren muss ein Jahresabschluss erstellt werden. Dieser hat in der Regel aus einer Bilanz, aus einer Gewinn- und Verlustrechnung und aus dem Anhang zu bestehen. Er soll die Vermögens-, Finanz- und Ertragslage der Gesellschaft möglichst wirklichkeitsgetreu darstellen. Er ist innerhalb der ersten fünf Monate des Geschäftsjahres aufzustellen und muss von den Geschäftsführern unterzeichnet werden. In besonderen Situationen (drohende Krise) ist der Jahresabschluss entsprechend früher zu erstellen.

Bei mehreren Geschäftsführern ist auch bei einer Ressortverteilung jeder einzelne für Jahresabschluss, Buchführung und Lagebericht verantwortlich.

> **DEUTSCHE RECHTSLAGE IM VERGLEICH**
>
> Nach deutschem Recht ist der Jahresabschluss innerhalb der ersten drei Monate des Geschäftsjahres aufzustellen.

Ab dem Erreichen einer gewissen Größe bzw. unter gewissen Voraussetzungen müssen die Geschäftsführer den Jahresabschluss und den Lagebericht durch einen Abschlussprüfer prüfen lassen. Hieraus ergeben sich für die Geschäftsführer weitere Pflichten wie die Pflicht, den Prüfungsauftrag zu erteilen, eine Vorlagepflicht, eine Auskunftspflicht und Antragsrechte und -pflichten.

Praxis-Tipp

▶▶ Der Jahresabschluss ist beim Firmenbuch einzureichen. Die oben genannten Pflichten können bei nicht ordnungsgemäßer Erfüllung durch die Verhängung von Zwangsstrafen gegen die Geschäftsführer und die Gesellschaft durchgesetzt werden! ◀◀

12.4.7 Mitarbeiter

Vor allem bei großen Unternehmen ist es nicht unbedingt notwendig und meist wohl auch nicht zielführend, dass der Geschäftsführer alle Geschäftsführungsaufgaben der Unternehmensbereiche selbst erfüllt bzw. sich in jedem Unternehmensbereich detailgenau auskennt. Daher besteht die Möglichkeit, gewisse Tätigkeiten an Mitarbeiter bzw. Hilfsarbeiter zu delegieren. Die Pflicht des Geschäftsführers hierbei besteht vor allem in der sorgfältigen Auswahl, Anleitung und Kontrolle des Personals. Die Leitung der Geschäfte darf der Geschäftsführer aber nicht weitgehend übertragen. Laut OGH haben die Geschäftsführer nämlich die »Betriebsabläufe soweit in der Hand zu behalten, dass ihnen Fehlentwicklungen erheblichen Ausmaßes nicht verborgen bleiben können«.

Wenn die Mitarbeiter bzw. Hilfspersonen sorgfältig ausgewählt, organisiert und überwacht werden, kann der Geschäftsführer im Fall eines Schadens u. U. eine Haftung vermeiden.

12.4.8 Treuepflichten

Die Treuepflicht des Geschäftsführers ist eine logische Konsequenz daraus, dass er treuhänderisch fremdes Vermögen verwaltet. Es trifft den Geschäftsführer also die Pflicht, stets das Interesse der Gesellschaft zu beachten und das Unternehmenswohl eigenen persönlichen Interessen überzuordnen. Die Pflicht an sich ist unbestimmt, sie begründet im jeweiligen Einzelfall wiederum Pflichten und Einschränkungen. Beispiele für Verletzungen der Treuepflicht sind:

- Gewährung eines Kredites an sich selbst oder an einen anderen Geschäftsführer,
- Gewährung eines Kredites an einen kreditunwürdigen Verwandten des Geschäftsführers,
- Ausnutzung von Geschäftschancen zum eigenen Nutzen und
- Kassieren bzw. Lukrieren von Schmiergeld, Provisionen oder sonstigen Vorteilen für sich oder für Dritte.

12.4.9 Wettbewerbsverbot

Das Gesetz verbietet es Geschäftsführern ausdrücklich, ohne Einwilligung der Gesellschaft:

- in ihrem Geschäftszweig Geschäfte für eigene oder fremde Rechnung zu tätigen,
- sich bei einer Gesellschaft im selben Geschäftszweig persönlich haftend als Gesellschafter zu beteiligen oder
- in einer solchen Gesellschaft die Position eines Vorstands- oder Aufsichtsratsmitglieds oder des Geschäftsführers zu übernehmen.

Neben den Geschäftsführern werden auch Stellvertreter und faktische Geschäftsführer vom Wettbewerbsverbot erfasst, nicht jedoch bloß gewerberechtliche Geschäftsführer.

Die Einwilligung der Gesellschaft für eines der oben genannten Geschäfte kann durch Beschluss entweder von den Gesellschaftern oder einem durch gesellschaftsvertragliche Regelung zuständigen Organ erteilt werden. Sie ist aber jederzeit widerruflich.

Praxis-Tipp

▶▶▶ Aus Verstößen gegen das Wettbewerbsverbot können Schadensersatzansprüche gegen den Geschäftsführer entstehen. Bei auf Rechnung des Geschäftsführers geschlossenen Geschäften kann die Gesellschaft alternativ auch verlangen, dass diese Geschäfte als von der Gesellschaft geschlossen angesehen werden. Dies ist das so genannte Eintrittsrecht. ◀◀◀

Neben Schadensersatzforderungen können auch Unterlassungsansprüche geltend gemacht werden.

Das Wettbewerbsverbot erlischt grundsätzlich. mit dem Ende der Geschäftsführerstellung, es kommt allerdings zu einer Nachwirkung der Treuepflicht. So darf der Geschäftsführer bspw. auch nach seinem Ausscheiden die Abwicklung von Verträgen oder Nutzung von Geschäftschancen nicht beeinträchtigen.

Die Verjährung von Ansprüchen aus Verletzung des Wettbewerbsverbotes ergibt sich direkt aus dem GmbHG: drei Monate ab dem Zeitpunkt, an dem alle Mitglieder des Aufsichtsrates, oder, wenn es keinen Aufsichtsrat gibt, alle übrigen Geschäftsführer, von den relevanten Tatsachen Kenntnis haben, erlöschen die Ansprüche. Sie verjähren jedenfalls fünf Jahre nach ihrem Entstehen.

12.4.10 Verschwiegenheitspflicht

Der Geschäftsführer ist verpflichtet, die Geschäfts- und Betriebsgeheimnisse der Gesellschaft zu wahren. Diese Pflicht kann auch nach Erlöschen der Geschäftsführerfunktion andauern.

12.4.11 Pflichten bei unternehmerischen Entscheidungen und Unternehmerrisiko

Grundsätzlich trägt die Gesellschaft das Unternehmerrisiko, nicht der Geschäftsführer selbst. In bestimmten Fällen, in denen der Geschäftsführer seine Sorgfaltspflichten vernachlässigt, kann es aber zu einer Haftung des Geschäftsführers kommen. Das Maß an Sorgfalt ist dabei abhängig von der Situation, in der die jeweilige Entscheidung getroffen werden soll. So ist es selbstverständlich, dass vor allem bei der Informationsbeschaffung Faktoren wie Zeitdruck und Kosten eine nicht zu vernachlässigende Rolle spielen. Die Sorgfalt muss immer der speziellen Situation angemessen sein.

Je nach Größe eines Projektes werden auch unterschiedliche Maßnahmen erforderlich sein (so bedarf es z.B. wohl keines wissenschaftlichen Gutachtens beim Erwerb eines Dienstwagens).

Praxis-Tipp

▶▶▶ Beim Erwerb von Liegenschaften und Unternehmen besteht ein erhöhtes Haftungsrisiko. Oftmals schwer zu erkennende Umstände können eine Haftung begründen, solche Geschäfte sollten daher mit besonderer Sorgfalt getätigt werden! ◀◀◀

Die Tätigung risikoreicher Geschäfte ist nicht von vornherein als Sorgfaltswidrigkeit des Geschäftsführers zu bewerten. Bei der Beurteilung, ob der Abschluss eines riskanten Geschäftes tatsächlich eine Pflichtverletzung darstellt, sind der Unternehmensgegenstand, der Wille der Gesellschafter und die Vermögensverhältnisse der Gesellschaft zu berücksichtigen.

Praxis-Tipp

▶▶▶ Bei riskanten Geschäften ist es in jedem Fall dringend zu empfehlen, die Zustimmung der Gesellschafter einzuholen! ◀◀◀

12.4.12 Sponsoring/Spenden

Spenden und Sponsoring können, wenn die geschuldete Sorgfalt nicht angewendet wird, ebenfalls eine Haftung des Geschäftsführers auslösen. Es kommt auf die Interessenlage der Gesellschaft an, ob eine Spende als sorgfalts- und zweckwidrige Vermögensminderung zu werten ist.

12.4.13 Dokumentation der Geschäftsführerhandlungen

Die Handlungen eines Geschäftsführers werden regelmäßig im Hinblick auf den Zeitpunkt der Entscheidungsfindung beurteilt. Daher ist es ratsam, die Umstände der Entscheidungsfindung und die ihr zugrunde liegenden Materialien zu dokumentieren und festzuhalten.

Der Umfang der Dokumentation sollte sich dabei nach der Wichtigkeit der Entscheidung richten.

12.4.14 Firmenbuch

Der Geschäftsführer ist bei Firmenbucheintragungen prinzipiell für die Anmeldung von Firmenbucheintragungen, für die Einreichung von Schriftstücken und für die Stellung bestimmter Anträge verantwortlich. Diese Verpflichtungen ergeben sich aus dem Gesellschafts- und dem Firmenbuchrecht. Sie umfassen zum Beispiel Änderungen des Namens, der Stammeinlage und der Zustellanschrift von Gesellschaftern. Bei Fehlerhaftigkeit des Antrages kann ebenso wie bei Unterlassung der Antragsstellung eine Haftung des Geschäftsführers begründet werden.

12.4.15 Liquidation

Die Liquidation ist eine Phase, in der eine Gesellschaft sich in der Auflösung befindet, aber nach wie vor Gesellschaftsvermögen besteht. In diesem Stadium werden die Geschäfte beendet und offene Forderungen erfüllt sowie das Gesellschaftsvermögen verwertet. Die Liquidation wird entweder von den Geschäftsführern oder von eigens bestellten Liquidatoren durchgeführt. Hierbei kann auch eine Haftung der Geschäftsführer als Liquidatoren gegenüber den Gläubigern entstehen.

12.4.16 Umgründungen

Die Umgründung einer Gesellschaft kann z.B. durch Verschmelzung, Spaltung oder verschmelzende Umwandlung geschehen. In diesem Prozess treffen den Geschäftsführer besondere Sorgfaltspflichten und eigene Haftungsregelungen gegenüber der Gesellschaft, den Gesellschaftern und Dritten.

Diese Sorgfaltspflichten und Haftungsregelungen können vor allem bei der Verschmelzung sowohl den Geschäftsführer der übertragenden als auch der übernehmenden Gesellschaft treffen.

Praxis-Tipp

▸▸▸ Bei Haftungen aus Verschmelzungen gelten üblicherweise nicht die zivilrechtlichen Verjährungsregeln sondern die speziellen Regelungen des AktG. Forderungen verjähren erst nach fünf Jahren ab Bekanntmachung der Eintragung der Verschmelzung ins Firmenbuch. ◂◂◂

12.4.17 Konzernleitung

Die oftmals komplexe Struktur eines Konzerns stellt erhöhte Anforderungen an die Leitung durch den Geschäftsführer der Konzernmutter. Diesem steht ein gewisses unternehmerisches Ermessen in seinen Handlungen zu, da natürlich die Entscheidungen in der Konzernmutter oftmals auch großen Einfluss auf die Tochtergesellschaften haben. Darüber hinaus ist zu beachten, dass die Überwachungspflicht des Geschäftsführers regelmäßig auch die Handlungen der Tochtergesellschaften betrifft.

12.5 Geltendmachung von Ansprüchen der Gesellschaft

Ansprüche aus einer Haftung der Geschäftsführer können grds. nur von der Gesellschaft selbst geltend gemacht werden. Dafür bedarf es eines entsprechenden Gesellschafterbeschlusses. Unter gewissen Voraussetzungen kann aber auch eine Minderheit der Gesellschafter gegen den Geschäftsführer vorgehen. Dies dient dem Minderheitenschutz, vor allem in den Fällen, in denen der Geschäftsführer von der Mehrheit der Gesellschafter geschützt wird. Die Gesellschaft trägt grundsätzlich die Beweislast, sie muss also den Zusammenhang zwischen dem Verhalten des Geschäftsführers und dem Schaden beweisen.

12.6 Haftungsbeschränkungen

Um die Gefahr einer persönlichen Haftung des Geschäftsführers einzuschränken gibt es verschiedene Möglichkeiten, nämlich die Weisung bzw. Zustimmung, die Entlastung und die Haftungsfreistellung. Einer solidarischen Haftung für Handlungen von Mitgeschäftsführern kann durch Ressortverteilung und Widerspruch begegnet werden.

Weisung und Zustimmung

Eine Haftungsvermeidung durch Weisung bzw. Zustimmung der Generalversammlung basiert auf dem Gedanken, dass bei einer Einwilligung in eine Handlung auch kein Unrecht geschieht. Es kann allerdings nicht in jede Handlung eingewilligt werden, da teilweise auch Drittinteressen betroffen sein können (also z.B. die Interessen von Gläubigern der Gesellschaft).

Das Weisungs- und Zustimmungsrecht steht grds. den Gesellschaftern (in der Regel durch die Generalversammlung) zu, aufgrund des Gesellschaftsvertrages kann aber zum Beispiel auch dem Aufsichtsrat oder anderen Gesellschaftsorganen diese Befugnis erteilt werden.

Praxis-Tipp

▶▶ Es besteht eine Informationspflicht des Geschäftsführers gegenüber dem weisungsbefugten bzw. zustimmenden Organ. Wenn dieser Pflicht nicht entsprechend nachgekommen wird, kann der Geschäftsführer dennoch haftbar sein! ◀◀

In manchen Fällen, in denen die Weisung ein Verhalten betrifft, dass Dritte oder die Allgemeinheit schädigt, kann die Weisung nichtig oder anfechtbar sein. Dann besteht keine Pflicht des Geschäftsführers ihr zu folgen und daher keine Veränderung in der Haftungsfrage.

Entlastung

Die Entlastung eines Geschäftsführers soll von den Gesellschaftern (in der Regel von der Generalversammlung) innerhalb der ersten acht Monate eines Geschäftsjahres für das vorangegangene Geschäftsjahr beschlossen werden. Die Entlastung schließt für die Gesellschaft die Möglichkeit aus, Ersatzansprüche gegen den Geschäftsführer geltend zu machen. Die Entlastung ist einseitig, sie ähnelt einem Verzicht. Ein Anspruch des Geschäftsführers auf Entlastung wird vom Obersten Gerichtshof abgelehnt. Wenn diese Entlastung aber grundlos nicht erteilt wird, kann der Geschäftsführer sein Amt niederlegen und außerordentlich sein Anstellungsverhältnis kündigen.

Eine Vereinbarung zwischen der Gesellschaft und dem Geschäftsführer hinsichtlich einer Beschränkung der oder Freistellung von der Haftung ist grundsätzlich möglich.

Praxis-Tipp

▸▸▸ Da hierbei die Grenzen der Zulässigkeit sehr strittig sind, empfiehlt es sich, fachkundigen Rat einzuholen! ◂◂◂

Eine Haftungsfreistellungsvereinbarung bei Verwaltungsstrafen ist vor der Begehung der Tat sittenwidrig und dadurch automatisch unwirksam. Es besteht allerdings die Möglichkeit einen verantwortlichen Beauftragten (siehe dazu unten) zu bestellen.

Ressortverteilung

Wenn mehrere Geschäftsführer bestellt sind, besteht die Möglichkeit, die Aufgabenbereiche der Geschäftsführer einzugrenzen, also zwischen den Geschäftsführern Ressorts zu verteilen. Die Verantwortlichkeit der einzelnen Geschäftsführer kann dadurch eingeschränkt werden. Die Geschäftsführer müssen sich aber dennoch gegenseitig und über einander informieren, da trotz der Zuteilung eines Ressorts noch die Pflicht besteht, die anderen Geschäftsführer zu überwachen.

Praxis-Tipp

▸▸▸ Bei so genannten »Kardinalpflichten«, das sind besonders wichtige Kernkompetenzen, kann die Haftung nicht eingeschränkt werden! Diese Pflichten betreffen etwa die Buchführung, die Rechnungslegung und die Aufstellung und Überprüfung des Jahresabschlusses. ◂◂◂

12.7 Haftung gegenüber Gesellschaftern

Die Haftung gegenüber den Gesellschaftern ist in der Praxis eher eine Ausnahme, da üblicherweise nur eine Haftung gegenüber der Gesellschaft besteht. Manche gesetzliche Bestimmungen bzw. gewisse deliktische Normen können aber dennoch eine direkte Haftung gegenüber den Gesellschaftern begründen.

Denkbare Pflichten, deren Verletzung zu einer direkten Haftung führen können, sind beispielsweise:

- Aufstellung und Zusendung des Jahresberichtes,
- Gewährung von Bucheinsicht und
- Auskunftserteilung.

Des Weiteren kann die Verletzung von absolut geschützten Rechtsgütern oder von Schutzgesetzen eine Haftung gegenüber den Gesellschaftern begründen.

12.8 Haftung gegenüber Dritten

Eine »indirekte Direkthaftung« des Geschäftsführers gegenüber Dritten kommt z.B. dann in Frage, wenn die Gesellschaft in der Krise ihren Forderungsanspruch gegen einen Geschäftsführer an einen Dritten abtritt. Dieser kann dann direkt gegen den Geschäftsführer vorgehen.

Es gibt im Gesetz des Weiteren gewisse Sonderbestimmungen, die eine Direkthaftung des Geschäftsführers vorsehen. Beispiele hierfür sind eine Haftung in Verbindung mit Kapitalherabsetzungen, mit der Einforderung von Stammeinlagen und mit Umgründungen.

Wenn der Geschäftsführer geschützte Rechtsgüter (Eigentum, Gesundheit, Freiheit, Leben) eines Dritten verletzt, kann es zu einer deliktischen Haftung kommen, ebenso wenn Gläubigerschutzbestimmungen verletzt oder ein Dritter vom Geschäftsführer vorsätzlich sittenwidrig geschädigt wird.

Direkthaftungen sind außerdem unter anderem im Wettbewerbsrecht, nach dem URG und bei Sozialversicherungsabgaben möglich.

Im vorvertraglichen Bereich (der so genannten »culpa in contrahendo«) trifft den Geschäftsführer grundsätzlich keine Haftung. Lediglich ausnahmsweise kann es bei Verletzung von Schutz-, Sorgfalts- und Aufklärungspflichten im vorvertraglichen Stadium zu einer Haftung kommen, so zum Beispiel wenn der Geschäftsführer es unterlässt, den Vertragspartner über wirtschaftliche Schwierigkeiten der Gesellschaft aufzuklären.

Praxis-Tipp

▶▶▶ Es droht eine Haftung des Geschäftsführers, wenn besonderes persönliches Vertrauen zu diesem besteht. Dieses Vertrauen kann in einer außergewöhnlichen Sachkunde, in der persönlichen Zuverlässigkeit des Geschäftsführers oder vor allem in einer Zahlungszusage liegen. ◀◀◀

EXKURS

GmbH & Co KG
Die GmbH & Co KG ist eine Mischform aus Kapital- und Personengesellschaft. Die Haftung des bestellten Geschäftsführers bestimmt sich analog zur Haftung des Geschäftsführers der GmbH.

12.9   Haftung nach Insolvenzordnung und Unternehmensreorganisationsgesetz

Das Gesetz normiert eine besondere Haftung des Geschäftsführers eines Unternehmens in der Krise.

Der Begriff *Krise* leitet sich aus dem Gesetz (EKEG) ab:

Demnach befindet sich eine GmbH dann in der Krise, wenn sie *zahlungsunfähig* (§ 66 IO), *überschuldet* (§ 67 IO) oder *reorganisationsbedürftig* (§ 22 ff URG) ist.

Aus diesem Krisenbegriff lassen sich zugleich die zwei relevanten Haftungstatbestände ableiten:

- die zivilrechtliche Haftung wegen Verletzung der Insolvenzantragspflicht und
- die Haftung nach dem Unternehmensreorganisationsgesetz (URG), wobei die insolvenzrechtlich bedingte Konkursverschleppungshaftung von besonderer Bedeutung ist.

Praxis-Tipp

▶▶▶ Das Unternehmensreorganisationsgesetz regelt ein Verfahren, bei dem nach betriebswirtschaftlichen Grundsätzen Maßnahmen zur Verbesserung der Vermögens-, Finanz- und Ertragslage eines im Bestand gefährdeten Unternehmens durchgeführt werden, die dessen nachhaltige Weiterführung ermöglichen. ◀◀◀

Zu beachten ist, dass eine persönliche Geschäftsführerhaftung gegenüber der Gesellschaft für den Fall, dass eben diese notwendigen Reorganisationsmaßnahmen nicht eingeleitet werden, besteht. Diese Haftung ist weder von einer Rechtswidrigkeit des Verhaltens noch von einem Verschulden abhängig. Es gibt allerdings Entlastungseinwendungen. Zum einen, dass der Schaden auch eingetreten wäre, wenn der Geschäftsführer sich vorschriftsmäßig verhalten hätte. Zum anderen, dass Reorganisationsmaßnahmen zwar ergriffen wurden, diese aber letztlich erfolglos waren.

Praxis-Tipp

▶▶▶ Besonders in der Krise sind die Geschäftsführer der GmbH einem erhöhten Haftungsrisiko ausgesetzt. Man sollte deshalb in jedem Fall Rechtsrat einholen. ◀◀◀

Verletzung der Insolvenzantragspflicht

Ist eine GmbH bereits zahlungsunfähig bzw. überschuldet, sind ihre Geschäftsführer als ihre organschaftlichen Vertreter gem. § 69 Abs. 2 und 3 IO verpflichtet, falls eine gerichtliche oder außergerichtliche Sanierung aussichtslos ist ohne schuldhaftes Zögern, spätestens aber 60 Tage danach einen Antrag auf Eröffnung des Insolvenzverfahrens zu stellen.

Kommen die Geschäftsführer ihrer Insolvenzantragspflicht nicht nach, haften sie einerseits gegenüber der Gesellschaft wegen Verletzung von Organpflichten (Innenhaftung) und andererseits gegenüber den Gesellschaftsgläubigern wegen Konkursverschleppung (Außenhaftung).

Damit dies nicht geschieht, sind sämtliche Geschäftsführer, unabhängig von einer etwaigen Resortverteilung stets angehalten die wirtschaftliche Lage der Gesellschaft im Auge zu behalten (sog. »Kardinalpflicht«) und auf erste Signale einer Unternehmenskrise rechtzeitig und adäquat zu reagieren.

Haftung nach dem Unternehmensreorganisationsgesetz

Das Haftungsrisiko der Geschäftsführer einer GmbH kann sich nicht nur in der Krise verwirklichen, sondern es besteht bereits im Vorfeld einer materiellen Insolvenz die Möglichkeit dazu, nämlich wenn Geschäftsführer auf einen Reorganisationsbedarf des Unternehmens nicht entsprechend reagieren.

Ungeachtet einer fehlenden Antragspflicht haften die Geschäftsführer einer prüfpflichtigen GmbH nach dem URG, wenn sie nicht unverzüglich ein Reorganisationsverfahren einleiten oder ein solches nicht fortsetzen, obwohl aus dem Bericht des befassten Abschlussprüfers ein entsprechender Bedarf zu entnehmen ist, die Eigenmittelquote (gem. § 23 URG) also unter 8% liegt und die fiktive Schuldentilgungsdauer (gem. § 24 URG) über 15 Jahre beträgt; oder wenn ein Jahresabschluss erst gar nicht oder nicht rechtzeitig aufgestellt oder der Abschlussprüfer nicht unverzüglich mit dessen Prüfung beauftragt wird.

Die Haftung für Geschäftsführer ist auf einen Betrag von EUR 100.000 pro Geschäftsführer beschränkt und wird nur dann schlagend, wenn innerhalb der folgenden beiden Jahre auch tatsächlich ein (Anschluss-)Insolvenzverfahren eröffnet wird.

Praxis-Tipp

▶▶▶ Zu beachten ist, dass die nach § 22 URG bestehende Haftung ausschließlich vom Masse- oder Sanierungsverwalter geltend gemacht werden kann. ◀◀◀

Daneben besteht außerdem die Möglichkeit einer Innenhaftung gegenüber der Gesellschaft wegen Verletzung von Organpflichten.

12.10 Strafrechtliche Verantwortlichkeit

Strafrechtlich relevant können solche Handlungen von Geschäftsführern sein, die die Gläubiger der Gesellschaft schädigen. Hierbei ist insbesondere an folgende Delikte zu denken:

- Grob fahrlässige Beeinträchtigung von Gläubigerinteressen. Demnach macht sich strafbar, wer grob fahrlässig seine Zahlungsunfähigkeit auf bestimmte Weise, nämlich durch so genannte kridaträchtige Handlungen herbeiführt. Ebenso macht sich strafbar, wer in Kenntnis oder fahrlässiger Unkenntnis seiner Zahlungsunfähigkeit grob fahrlässig die Befriedigung wenigstens eines seiner Gläubiger durch kridaträchtige Handlungen vereitelt oder schmälert. Kridaträchtiges Verhalten ist im § 159 StGB taxativ aufgezählt. Die verbotenen Verhaltensweisen sind im Regelfall leicht zu vermeiden. Entscheidend und zu beachten ist allerdings, dass sich bei einem Unternehmen, das keinen Ertrag mehr abwirft oder mit Verlust arbeitet, die Geschäftsführerentlohnung auf das zu beschränken hat, was zur allerbescheidensten Lebensführung notwendig ist.
- Wer einen Bestandteil seines Vermögens verheimlicht, beiseite schafft, veräußert oder beschädigt, eine nicht bestehende Verbindlichkeit vorschützt oder anerkennt oder sonst sein Vermögen wirklich oder zum Schein verringert und dadurch die Befriedigung seiner Gläubiger oder wenigstens eines von ihnen vereitelt oder schmälert, macht sich gem. § 156 StGB der betrügerischen Krida schuldig. Zahlungsunfähigkeit ist hierbei keine Voraussetzung. Wesentlicher Anwendungsfall ist die Rückzahlung Eigenkapital ersetzender Darlehen an die Gesellschafter. Gemäß § 14 EKEG darf ein Eigenkapital ersetzendes Darlehen nicht zurückgezahlt werden, solange die Gesellschaft nicht saniert ist, sofern es als Eigenkapital anzusehen ist, was der Fall ist, wenn der Gesellschafter die Voraussetzungen des § 5 EKEG erfüllt.
- Wird ein Gläubiger nach dem Eintritt der Zahlungsunfähigkeit begünstigt, macht sich der Geschäftsführer gem. § 158 StGB strafbar. Generell gilt, dass nach Eintritt der Zahlungsunfähigkeit nur mehr Zahlungen an Sozialversicherungsträger erfolgen sollten, um einer Strafbarkeit nach § 158 StGB zu entgehen.
- Erfolgt die Begünstigung bereits in der Phase der Zwangsvollstreckung, handelt es sich gemäß § 162 StGB um eine Vollstreckungsvereitlung.
- Besonders geschützte Gläubiger sind Sozialversicherungsträger. Wer als Dienstgeber Beiträge eines Dienstnehmers zur Sozialversicherung dem berechtigten Versicherungsträger vorsätzlich vorenthält, macht sich gemäß § 153c Abs. 1 StGB strafbar. Die Bestimmung ist auf alle natürlichen Personen anzuwenden, die dem zur Vertretung befugten Organ angehören, sofern die diesbezügliche Verantwortung nicht nur einzelnen Organmitgliedern auferlegt wurde. § 153d StGb enthält eine besondere Strafbestimmung für betrügerisches Vorenthalten von Sozialversicherungsbeiträgen und Zuschlägen nach dem Bauarbeiter-Urlaubs- und Abfertigungsgesetz.

Obwohl der eigentliche Schuldner bei all diesen Delikten immer die Gesellschaft selbst ist, werden die Bestimmungen durch § 161 StGB auch auf leitende Angestellte ausgeweitet, also auch auf den Geschäftsführer, und selbst auf jene, die nur für einen Teilbereich des Geschäfts verantwortlich sind.

Strafrechtlich relevant kann auch die Schädigung der Gesellschaft selbst durch einen Geschäftsführer sein. Die wichtigste Bestimmung in diesem Zusammenhang ist die Untreue, die in § 153 StGB den Vollmachtmissbrauch regelt. Der Geschäftsführer wird nach außen in solch einem Maße tätig, wie er es gemäß den Vorgaben im Innenverhältnis nicht dürfte. Mangels einer internen Vereinbarung, gilt hier der normale Geschäftsbetrieb als Maßstab. Die Erfüllung des Delikts setzt allerdings eine gesteigerte Vorsatzform voraus; der Geschäftsführer muss immer wissentlich handeln.

Des Weiteren gibt es auch eine besondere Strafbestimmung im GmbH-Gesetz, gemäß derer der Geschäftsführer sich strafbar macht, wenn er die Verhältnisse der Gesellschaft oder von mit ihr verbundenen Unternehmen sowie erhebliche Umstände, auch wenn sie nur einzelne Geschäftsfälle betreffen, unrichtig wiedergibt, verschleiert oder verschweigt. Diese Bestimmung gilt auch für einen pro-forma Geschäftsführer, außerdem auch dann, wenn von mehreren Geschäftsführern einer überstimmt wurde. Darüber hinaus macht sich ein Geschäftsführer strafbar, wenn er den angesichts drohender Gefährdung der Liquidität der Gesellschaft gebotenen Sonderbericht nicht erstattet.

Der Geschäftsführer kann sich außerdem strafbar machen, indem er erhaltene Förderungen nicht ihrem Zweck entsprechend einsetzt. Hierbei handelt es sich um »Förderungsmissbrauch« iSd § 153 StGB. Wurde die Tat von Anfang an geplant, ist sie jedoch als (ebenfalls strafrechtlich relevanter) Betrug zu werten.

Eine strafrechtliche Verfolgung kommt auch in Betracht bei wettbewerbsbeschränkenden Absprachen bei Vergabeverfahren. In § 168b StGB wird geregelt, dass demjenigen, der bei einem Vergabeverfahren einen Teilnahmeantrag stellt, ein Angebot legt oder Verhandlungen führt, die auf einer rechtswidrigen Absprache beruhen, die darauf abzielt, den Auftraggeber zur Annahme eines bestimmten Angebots zu veranlassen, eine Freiheitsstrafe drohen kann.

Eine durch einen Geschäftsführer begangene Straftat kann außerdem die strafrechtliche Haftung der Gesellschaft selbst nach dem Verbandsverantwortlichkeitsgesetz (VbVG) nach sich ziehen. Die Gesellschaft kann demnach mit einer Geldbuße belegt werden, aber auch die vergabe- und gewerberechtlichen Folgen treffen die Gesellschaft.

Andererseits ist eine Haftung der Gesellschaft selbst auch dann möglich, wenn ein Mitarbeiter der Gesellschaft ein strafbares Delikt begeht und die Organe der Gesellschaft ihren Aufsichtspflichten nicht nachgekommen sind. Es besteht also eine strafrechtlich sanktionierte Aufsichtspflicht der Geschäftsführer, für deren Verstoß die Gesellschaft bestraft werden kann.

12.11 Verantwortlicher Beauftragter

Die Geschäftsführer sind, neben ihren übrigen Pflichten, auch für die Einhaltung der Verwaltungsvorschriften strafrechtlich verantwortlich.

Diese Verantwortung kann an sog. verantwortliche Beauftragte übertragen werden. In den Fällen, in denen die Sicherstellung der strafrechtlichen Verantwortlichkeit es verlangt, kann die Behörde eine Gesellschaft auch zur Ernennung eines verantwortlichen Beauftragten verpflichten (so z.B. wenn die nach außen vertretungsbefugte Person ihren Hauptwohnsitz im Ausland hat).

Der verantwortliche Beauftragte kann entweder Organ der Gesellschaft sein, es können aber auch andere Personen für einen bestimmten Unternehmensbereich, für den sie als leitende/r Angestellte/r Führungsaufgaben übernehmen, bestellt werden.

Die persönlichen Voraussetzungen, die die zu bestellende Person aufweisen muss, sind:
- die zu bestellende Person muss ihren Hauptwohnsitz im Inland haben,
- sie muss strafrechtlich verfolgbar sein,
- sie muss ihrer Bestellung nachweislich zustimmen,

- sie muss eine entsprechende Anordnungsbefugnis für den klar abzugrenzenden Bereich ihrer Tätigkeit haben.

Die Bestellung kann formfrei, muss aber nachweislich erfolgen.

Arbeitsrechtlich regelt § 23 Arbeitsinspektionsgesetz (ArbIG) die Möglichkeit, einen verantwortlichen Beauftragten in Fragen des Arbeitnehmerschutzes, insbesondere Arbeitszeitregelungen und Schutzregeln bestimmter Arbeitnehmergruppen, zu bestellen. Es dürfen nur leitende Angestellte zum arbeitsrechtlich verantwortlichen Beauftragten ernannt werden, die Bestellung muss des Weiteren dem zuständigen Arbeitsinspektorat angezeigt werden.

Weitere Sonderregelungen zu verantwortlichen Beauftragten finden sich z.B. im Chemikaliengesetz, im Ausländerbeschäftigungsgesetz und im Außenwirtschaftsgesetz.

Besonders hervorzuheben ist neben dem verantwortlichen Beauftragten der gewerberechtliche Geschäftsführer. Wenn eine GmbH ein Gewerbe ausübt, muss sie einen gewerberechtlichen Geschäftsführer bestellen, der die verwaltungsstrafrechtliche Verantwortung für das Gewerbe übernimmt. Es kann grds. nur ein gewerberechtlicher Geschäftsführer bestellt werden, ausnahmsweise kann bei Ausübung mehrerer Gewerbe durch die Gesellschaft pro Gewerbe jeweils ein gewerberechtlicher Geschäftsführer bestellt werden.

Die Voraussetzungen für einen gewerberechtlichen Geschäftsführer in Österreich sind:
- die zu bestellende Person muss entweder die Staatsangehörigkeit
  - Österreichs,
  - eines EWR-Vertragsstaates,
  - der Schweiz oder
  - von einem Drittstaat mit einer gültigen Aufenthaltsgenehmigung haben,
- der Wohnsitz der zu bestellenden Person muss grundsätzlich im Inland oder in einem EWR-Vertragsstaat liegen,
- die zu bestellende Person muss das 18. Lebensjahr vollendet haben,
- bei reglementierten Gewerben muss nachgewiesen sein, dass die Person fähig ist, das Gewerbe auszuüben,
- die zu bestellende Person benötigt den Status eines zur Vertretung nach außen berufenen Organs der Gesellschaft oder eines voll sozialversicherungspflichtigen Arbeitnehmers bzw. voll sozialversicherungspflichtiger Arbeitnehmerin im Ausmaß von zumindest 20 Stunden.
- es dürfen keine Gewerbeausschließungsgründe vorliegen (z.B. Finanzstrafdelikte, gerichtliche Verurteilung).

Im Falle eines Ausscheidens des gewerberechtlichen Geschäftsführers (durch Wegfall einer Bestellungsvoraussetzung oder Abberufung) ist dieses der Behörde anzuzeigen. Die Frist, in der ein neuer gewerberechtlicher Geschäftsführer ernannt werden kann, beträgt sechs Monate, bei besonderen Gewerben (Handel mit gefährlichen Stoffen oder Ähnlichem) kann diese Frist von der Behörde verkürzt werden.

12.12 Pflichten für Kreditunternehmen

Da das Bankwesen eine volkswirtschaftliche Schlüsselbranche ist, haben die Geschäftsleiter der Kreditunternehmen spezielle aufsichtsrechtliche Pflichten. Es bedarf grds. immer einer staatlichen Erlaubnis um Bankgeschäfte zu betreiben (Konzession). Eine natürliche Person, die nach dem Gesetz oder der Satzung zur Führung der Geschäfte und zur organschaftlichen Vertretung des Kreditunternehmens nach außen vorgesehen ist, kann Geschäftsleiter sein. Der Geschäftsleiter haftet der Aufsichtsbehörde persönlich.

Zulässige Rechtsformen für Kreditunternehmen sind: AG, GmbH, Genossenschaft, Sparkasse, SE.

Die in Österreich zuständige Aufsichtsbehörde ist die Finanzmarktaufsicht (FMA) mit Sitz in Wien.

Die personenbezogenen Pflichten bzw. Voraussetzungen an den Geschäftsleiter sind:
- fachliche Eignung und erforderliche Erfahrung,
- geordnete wirtschaftliche Verhältnisse und persönliche Zuverlässigkeit,
- die geschäftsleitende Funktion muss die hauptberufliche Tätigkeit des Geschäftsleiters sein,
- falls der Geschäftsleiter kein österreichischer Staatsbürger ist, benötigt er eine Bestätigung der Bankenaufsichtsbehörde seines Heimatstaates und
- es dürfen keine strafrechtlichen Ausschlussgründe oder Zweifel an der persönlichen Zuverlässigkeit des Geschäftsleiters vorliegen (z.B. Verurteilung wegen betrügerischer Krida).

Auch zu erwähnen ist, dass nach BWG ein Kreditinstitut bzw. eine Bank von mindestens zwei Geschäftsleitern geführt werden muss, wobei der Lebensmittelpunkt von zumindest einem der Geschäftsleiter in Österreich liegen muss.

Die unternehmensbezogenen Pflichten des Geschäftsleiters sind unter anderem die Satzungsgestaltung, die Sicherstellung einer geeigneten Konzernstruktur und eines Anfangskapitals von mindestens EUR 5 Mio., die Erstellung des Jahresabschlusses, bestimmte Meldepflichten und die Wahrung des Bankgeheimnisses.

Besonders herauszuheben aus den unternehmensbezogenen Pflichten sind die Meldepflichten. Diese können anlassbezogen (z.B. Änderungen der Satzung, der Person des Geschäftsleiters oder in der Struktur des Betriebes) oder regelmäßig (z.B. Bekanntgabe des Gesellschafterstandes, Quartalsmeldungen und Meldung von Großkrediten) sein.

Die wichtigste Aufgabe des Geschäftsleiters ist, die Risiken aus dem laufenden Betrieb ordnungsgemäß mit Hilfe von Strategien und Verfahren zu begrenzen und zu beeinflussen. Dies muss mit der Sorgfalt eines ordentlichen und gewissenhaften Geschäftsleiters geschehen.

Zu beachten sind unter anderem Kreditrisiken (Ausfall von Zahlungen), operationelle Risiken (Verluste durch mangelhafte interne Verfahren oder externe Ereignisse) und Konzentrationsrisiken (Wechselwirkungen und Konzentrationen von Risikofaktoren oder Risikoarten).

Das Gesetz gibt diesbezüglich keine genauen organisatorischen Maßnahmen für den Einzelfall vor, es ist dem Geschäftsleiter selbst überlassen, welche Maßnahmen er setzt. Gewisse Mindeststandards der FMA geben allerdings Anhaltspunkte dafür, welche Maßnahmen angemessen sind. Diese Mindeststandards dienen einer gewissen Verhaltenssteuerung der Kreditinstitute, da sie durch Verpflichtungen detailliert in die Organisation und das Verhalten eingreifen.

Der Geschäftsleiter muss des Weiteren sicherstellen, dass das Ausmaß an Eigenkapital angemessen im Hinblick auf die Handelsaktivitäten des Kreditinstitutes ist.

Jedes Kreditunternehmen bedarf zudem einer sog. internen Revision, also eines internen Überwachungssystems in Form einer weisungsfreien Einrichtung, die zur Wahrung der Gesetzes-, Ordnungs- und Zweckmäßigkeit dient. Sie muss unabhängig, objektiv und unparteiisch ihren Aufgaben nachgehen.

Um gegen Wirtschaftskriminalität vorzugehen, muss das Kreditinstitut Präventivmaßnahmen ergreifen. Diese sind: ein erhöhter Sorgfaltsstandard, die Pflicht zur Identitätsfeststellung, zur Aufbewahrung von Geschäftsunterlagen sowie zur Etablierung interner Kontrollmaßnahmen. Ebenso besteht eine Pflicht, mit den jeweils zuständigen Behörden zu kooperieren.

Verstöße gegen die oben genannten Rechtsanordnungen sind mit Sanktionen und Konsequenzen verbunden. Diese reichen von verwaltungspolizeilichen Maßnahmen über Geldbußen und Verwaltungsstrafen bis hin zu gerichtlichen Strafen.

Das BWG nennt des Weiteren gewisse Spezialbankgeschäfte wie zum Beispiel das Investmentgeschäft und das Immobilienfondsgeschäft. Spezialbankgeschäfte haben spezielle Anforderungen an den Gesellschaftstyp des Kreditunternehmens und normieren teilweise auch sondergesetzliche Pflichten des Geschäftsführers. Der allgemeine Sorgfaltsmaßstab wird durch die sondergesetzlichen Bestimmungen nicht verändert sondern inhaltlich lediglich konkretisiert.

12.13 Haftung im Steuer- und Sozialversicherungsrecht

Da es sich bei der Haftung im Steuer- und Sozialversicherungsrecht um eine Haftung dem Staat gegenüber handelt, finden sich hier Sonderinteressen und besonders effektive Mittel der Geltendmachung dieser Ansprüche.

Zunächst besteht die sog. Nachfolgerhaftung des § 15 BAO. Diese Norm besagt, dass Personen dann für die Vorenthaltung von Abgabenbeträgen haften, wenn sie erkennen, dass ihr Vorgänger pflichtwidrig nicht entsprechend die Abgaben geleistet oder Erklärungen abgegeben hat und sie diesen Verstoß nicht innerhalb von drei Monaten dem Finanzamt anzeigen. Diese Pflichtwidrigkeit muss nicht vorsätzlich geschehen. Die Haftung betrifft insbesondere auch den Fall des Geschäftsführerwechsels.

Eine Haftung des Geschäftsführers kommt aber vor allem nach § 9 BAO in Betracht. Dabei kann der Geschäftsführer für Abgaben haften, die infolge schuldhafter Verletzung der ihm auferlegten Pflichten nicht eingebracht werden können.

Eines der objektiven Tatbestandsmerkmale ist die Uneinbringlichkeit der betreffenden Abgaben beim eigentlichen Primärschuldner im Zeitpunkt der Inanspruchnahme des Haftenden (das ist die so genannte Ausfallhaftung). Dies liegt vor, wenn die Zwangsvollstreckung gegen den Schuldner erfolglos ist oder von vornherein als erfolglos zu beurteilen wäre.

Weitere Tatbestandsvoraussetzung ist das Verschulden des Geschäftsführers, das in Form einer qualifizierten Pflichtverletzung auftritt. Allerdings ist nur die Verletzung abgabenrechtlicher Pflichten haftungsbegründend. Diese Pflichten sind unter anderem das zeitgerechte und vollständige Entrichten der Abgaben. Auch in anderen Gesetzen werden Pflichten (z.B. Buchführung, Bilanzierung) normiert, die, wenn sie Auswirkungen auf die Abgaben haben, haftungsbegründend wirken können.

Praxis-Tipp

▶▶▶ Wichtig ist zu beachten, dass schon leichte Fahrlässigkeit haftungsbegründend sein kann. Nicht nur aktives Tun, sondern auch Unterlassen kann eine Haftung begründen! ◀◀◀

Es besteht die Möglichkeit für den Geschäftsführer, einen Dritten mit der Verwaltung der Abgaben zu betrauen. Dies entbindet allerdings den eigentlichen Geschäftsführer nicht automatisch von seiner Haftung. Vielmehr treffen ihn qualifizierte Auswahl- und Kontrollpflichten hinsichtlich des Dritten. Wenn diese Pflichten verletzt werden, kann wiederum eine Haftung des Geschäftsführers begründet werden.

Wenn mehrere Geschäftsführer bestellt sind, können diese einander ebenfalls intern gewisse Aufgabengebiete zuweisen. Hierbei entfallen hinsichtlich der Abgaben zwar die Auswahl- und Kontrollpflichten, es bestehen dennoch Wahrnehmungs- und Handlungspflichten bei etwaigen Rechtsverletzungen. Wenn der Geschäftsführer von einem Dritten von seinen abgabenrechtlichen Pflichten aktiv abgehalten wird, haftet er dennoch.

Die sozialversicherungsrechtliche Haftungsregelungen entsprechen trotz der anderen Rechtsgrundlage (die zentrale Norm bildet hierbei § 67 ASVG) im Wesentlichen den steuerrechtlichen Regelungen.

12.14 D&O-Versicherung

Bei der D&O-Versicherung (»Directors and Officers«-Versicherung) handelt es sich um das aus dem amerikanischen Raum stammende Rechtsinstitut einer Versicherung für Unternehmensorgane und leitende Angestellte, das sich in den letzten fünf Jahren auch in der österreichischen Praxis größerer Beliebtheit erfreut. Ziel dieser Vermögensschadenhaftpflicht-Versicherung für Organe oder leitende Angestellte ist es, das persönliche Haftungsrisiko dieser Personen, sowohl die Innenhaftung gegenüber der Gesellschaft als auch die Außenhaftung gegenüber Gläubigern oder den Gesellschaftern, abzusichern. Der Versicherungsschutz umfasst *Vermögensschäden*, die aufgrund einer *Pflichtverletzung* der ausübenden Organmitglieder entstanden sind und wegen derer die versicherte Person in Anspruch genommen wird. Es sind nur jene Pflichtverletzungen versichert, die bei Ausübung der organschaftlichen Tätigkeit erfolgt sind und welche nicht vorsätzlich erfolgt sind. Bei Abschluss einer solchen Versicherung ist die Gesellschaft, für die der Geschäftsführer tätig ist, Versicherungsnehmer, d.h. die Gesellschaft schließt eine Versicherung für fremde Rechnung ab. Von der Versicherung sind in der Regel alle Organmitglieder einer Gesellschaft (häufig auch deren Ehegatten und Erben) umfasst. Umfang des Versicherungsschutzes (insbesondere ob neben dem eingetretenen Schaden auch Kosten der Anspruchsabwehr beinhaltet sind), Limitierung des Versicherungsschutzes in der Versicherungsperiode sowie zeitlicher und örtlicher Geltungsbereich und Höhe des Selbstbehaltes sind mit dem jeweiligen Versicherer für den Einzelfall auszuhandeln.

Praxis-Tipp

▶▶▶ Bei D&O Versicherungen besteht aufgrund der nicht kalkulierbaren Haftung in den USA häufig keine Deckung für Schäden, welche aufgrund der Verletzung von US-Gesetzen und US-Vorschriften eingetreten sind. ◀◀◀

12.15 Checkliste: Haftungsvermeidung Geschäftsführer

✓	allgemeine Haftung	– gesetzliche Vorschriften, Weisungen der Generalversammlung oder Bestimmungen des Gesellschaftsvertrags beachten – auf Dokumentation der eigenen Tätigkeit achten (Beweisfrage)
✓	Haftung gegenüber der Gesellschaft – Ersatzansprüche	– Entlastungsbeschluss anstreben – Vollständige Informationen und Dokumentation an Gesellschaft
✓	§ 10-Erklärung/Haftung	– Korrekte Abwicklung der Einzahlungen der Stammeinlagen
✓	In-Sich-Geschäft	– Unverzügliche Erstellung einer Urkunde
✓	Selbstkontrahieren	– Zustimmung der Generalversammlung
✓	Gesellschaftsvertrag	– Einhaltung aller Bestimmungen (insbesondere zustimmungspflichtige Geschäfte und Einhaltung des Unternehmensgegenstandes)
✓	Generalversammlungsbeschlüsse	– Befolgung von Weisungen, sofern diese nicht nichtig sind – Zustimmung für wichtige Geschäfte einholen
✓	Haftung – Anfechtungsfrist betreffend GV-Beschlüsse	– GV-Beschlüsse vollständig in Schriftform allen Gesellschaftern umgehend übermitteln
✓	Bei mehreren Geschäftsführern	– Exakte Ressortverteilung, Kompetenzen abgrenzen – Gegenseitige Überwachung
✓	Wettbewerbsverbot	– Keine nebenerwerblichen Geschäfte und GF-Tätigkeit (»Beteiligung«) im Geschäftszweig der GmbH ohne Zustimmung der Generalversammlung

✓	Haftung bei Verstoß gegen Sorgfaltspflicht
	
	Bei Überlastung, Verhinderung
		– GF-Bestellung nur bei allen fachlichen Voraussetzungen (betriebswirtschaftlich, rechtlich und fachspezifisch)
		– Einhaltung der/des:
		  – Verschwiegenheitspflicht (auch nach der Beendigung der Geschäftsführertätigkeit)
		  – Treuepflicht zur Gesellschaft
		  – Pflicht zur Führung des Rechnungswesens
		  – Pflicht zur Führung eines internen Kontrollsystems
		  – Pflicht zur Budgetierung und laufender Soll/Ist-Vergleiche
		  – Pflicht zur Einberufung der ord. GV
		  – Pflicht zur Einberufung einer GV bei Verlust in Höhe der Hälfte des Stammkapitals
		  – Pflicht zur Einberufung einer a.o. GV
		  – Pflicht zur Anmeldung im Firmenbuch
		  – Pflicht zur rechtzeitigen Beantragung des Konkurses
		
		– Verbot der Einlagenrückgewähr
		– Verbot von Zahlungen nach dem Zeitpunkt, zu dem Konkurs hätte beantragt werden müssen
		– Sorgfältige Auswahl und Kontrolle von Erfüllungsgehilfen
		– Rücktritt als Geschäftsführer oder im Rechtsweg ungehinderte Ausübung erzwingen

✓	Haftung gem § 56 Abs 3 GmbHG	– Korrekte Erklärungen bei Stammkapitalherabsetzung
✓	Haftung gem § 64 Abs 2 GmbHG	– Korrekte Anmeldung von Einforderungen auf das ausstehende Stammkapital im Firmenbuch
✓	Haftung gem § 26 Abs 1 u. 2 GmbHG	– Korrekte Angaben gegenüber dem Firmenbuch
✓	Haftung bei Verletzung von Schutzgesetzen in der Krise	– Rechtzeitige Insolvenzanmeldung, in der Krise nur Zug-um-Zug-Geschäfte – Kostenvorschuss EUR 4.000 für Insolvenzantrag hinterlegen – Absonderungs-, Aussonderungsrechte beachten – Vermeidung der Krida – Gleichbehandlungsgebot! – Managementinformationssystem
✓	Haftung bei Verletzung nach Produkthaftpflichtgesetz	– Deckungsvorsorge beachten
✓	Haftung bei Verletzung gem § 122 GmbHG	– keine falschen Darstellungen und Auskünfte (»true and fair view«)
✓	Haftung den Gesellschaftern gegenüber	– Gleichbehandlung bei Gewinnausschüttungen – Verständigung aller Gesellschafter von GV – Rechtzeitige Abschriften – Bucheinsicht geben
✓	Haftung nach Umweltvorschriften	– Erlangung der notwendigen Kenntnisse und Einhaltung (Überwachung) der Bestimmungen – Mögliche Beauftragte sorgfältig auswählen und überwachen – Tätige Reue bei Verletzung
✓	Haftung bei Wettbewerbsverstößen	– Beachtung des UWG und Kontrolle der Erfüllungsgehilfen
✓	Haftung nach GewO	– Gewerberechtlichen GF ordnungsgemäß bestellen (sorgfältige Auswahl) – Keine unbefugte Gewerbeausübung – Keine Verwaltungsübertretungen dulden
✓	Haftung im Arbeitnehmerschutzrecht	– Kenntnis und Einhaltung aller Vorschriften (Dokumentation)
✓	Haftung im Arbeitsinspektionsgesetz	– Bestellung eines Beauftragten

✓	Haftung im Abgabenrecht	– Bestandsaufnahme bei Übernahme der Geschäftsführung (3-Monats-Frist) – Sorgfältige Auswahl und Überwachung der Erfüllungsgehilfen und Beauftragten – Kenntnisse erlangen – Einhaltung der abgabenrechtlichen Pflichten – Ressortverteilung (schriftlich) und Überwachung – Vorsicht bei Stundungs- und Zahlungserleichterungsansuchen! – Rechtzeitige Zurücklegung der Funktion
	Lohnsteuer	– Anteilige Lohnsteuer immer abführen (mit Widmung) und Kontrolle
	KESt und sonstige Abzugsteuern	– An das Finanzamt abführen und Kontrolle
	Umsatzsteuer (USt)	– Gleichbehandlungsgebot – Vorkehrung bei Mantelzession
✓	Haftung für Sozialversicherungs-Beiträge	– DN-Anteile (von den tatsächlich ausbezahlten Löhnen) immer bezahlen (auch von Teilauszahlungen mit Widmung) – DG-Anteile – Gleichbehandlungsgebot – Exakte Ressortverteilung
✓	Haftung nach Finanzstrafdelikten (Abgabenhinterziehung, Finanzordnungswidrigkeiten)	– Einhaltung aller Vorschriften
✓	Haftung nach URG	– Reorganisationsbedarf verhindern – Gutachten – Sanierung
✓	Sonstige Maßnahmen	– Entlastungsbeschluss – Rechtzeitiger Rücktritt als GF – Haftungsausschlussvereinbarungen – Managerhaftpflichtversicherung

13   Haftung des Prokuristen

Bei der Prokura handelt es sich um eine nach außen unbeschränkbare rechtsgeschäftliche unübertragbare Vertretungsmacht, die sich nicht nur auf gewöhnliche Geschäfte beschränkt, sondern auch branchenfremde Geschäfte umfasst. Der Prokurist ist ermächtigt, alle Arten von gerichtlichen und außergerichtlichen Geschäften und Rechtshandlungen auszuführen, mit Ausnahme von Grundlagengeschäften (z.B. Erwerb von Immobilien), Erteilungen einer Prokura sowie Unterzeichnung des Jahresabschlusses. Grundsätzlich erteilt der Geschäftsführer der GmbH einer natürlichen Person die Prokura, sofern diese Entscheidung nicht den Gesellschaftern vorbehalten ist. Wenn der Gesellschaftsvertrag nichts anderes bestimmt, muss die Prokura durch alle Gesellschafter gemeinsam erteilt werden, mit der Voraussetzung, dass vorher die Generalversammlung über die Erteilung einer Prokura entschieden hat. Die Erteilung (und auch das Erlöschen sowie der Widerruf) der Prokura sind ins Firmenbuch einzutragen, wobei jeder Geschäftsführer allein eine Prokura widerrufen kann, man jedoch zur Anmeldung des Erlöschens einer Prokura im Firmenbuch die, im Gesellschaftsvertrag für die Erteilung einer Prokura, erforderliche Anzahl von Geschäftsführern benötigt.

Ein Prokurist kann sich folgendermaßen haftbar machen:

- positive Vertragsverletzung seines Anstellungsvertrags bei Handeln entgegen der Weisung des Geschäftsführers,
- eigenmächtiges Handeln »vorbei an dem Geschäftsführer«,
- Haftung wegen vorsätzlicher sittenwidriger Schädigung und wegen Untreue und
- Überschreiten der Vertretungsvollmacht nach außen.

DEUTSCHE RECHTSLAGE IM VERGLEICH

Es bestehen keine wesentlichen Unterschiede zum deutschen Recht.

---

14 Gerichtsstandort Österreich

14.1 Allgemeines

Die in Österreich geltende **Zivilprozessordnung** (ZPO) folgt nicht nur den Grundsätzen der **Öffentlichkeit**, der **Mündlichkeit**, der **freien Beweiswürdigung** sowie der **Unmittelbarkeit** des Verfahrens, sondern wurde auch jüngst hinsichtlich der **Verfahrensbeschleunigung und – vereinfachung** novelliert. Die Gerichtsbarkeit in bürgerlichen Rechtssachen obliegt den ordentlichen Gerichten, wobei in Wien spezielle Gerichte für Handelssachen (Bezirksgerichte für Handelssachen, Handelsgericht) eingerichtet sind. Bei allen anderen Gerichten sind besondere Senate für Handelssachen eingerichtet.

Die Richter sind Organe i.S.d. Art 86 B-VG, die in der Ausübung ihres Amtes unabhängig, unversetzbar und unabsetzbar sind. Dadurch wird die unabhängige Entscheidungsfindung gesichert.

DEUTSCHE RECHTSLAGE IM VERGLEICH

Ebenso wie in Österreich sind die deutschen Richter keine Beamten, sondern bekleiden eine eigene Berufssparte innerhalb des öffentlichen Dienstes. Ferner unterliegt der deutsche Zivilprozess weiteren Prozessgrundsätzen wie dem Verhandlungsgrundsatz und der Dispositionsmaxime. Ähnlich wie in Österreich entscheiden die ordentlichen Gerichte in bürgerlichen Rechtsstreitigkeiten; in Deutschland sind bei den meisten Landgerichten Kammern für Handelssachen eingerichtet, jedoch existiert kein eigenes Gericht für Handelssachen.

14.2 Verfahren

Die Einleitung des Verfahrens erfolgt mit Einbringung der Klage. Unter die Leitung des Gerichts fallen die formelle Prüfung der Klage, die Zustellung der sowie die Festsetzung der Tagsatzung und Ladung der Parteien. Das Verfahren wird ab dem Zeitpunkt der Zustellung der Klage an den Beklagten (streit-)anhängig. An die Streitanhängigkeit sind bestimmte prozessuale und materiellrechtliche Wirkungen geknüpft.

EXKURS

Mahnverfahren

Wie in Deutschland handelt es sich bei dem österreichischen Mahnverfahren um ein abgekürztes, obligatorisches Verfahren, durch welches der Kläger schnell und kostengünstig zu einem Exekutionstitel gelangen soll. Beim Mahnverfahren wird aufgrund jeder Klage, der ein Zahlungsanspruch von max. EUR 75.000 zugrunde liegt und sofern die Voraussetzungen gem. § 244 ZPO erfüllt sind, automatisch ein Zahlungsbefehl an den Beklagten erlassen, in dem dieser aufgefordert wird, binnen 14 Tagen, sofern keine andere Leistungsfrist beantragt wird, die Forderung samt Zinsen zu zahlen oder binnen vier Wochen Einspruch zu erheben. Durch den Einspruch wird der Zahlungsbefehl außer Kraft gesetzt und das »ordentliche« Verfahren in Gang gesetzt.

▸▸▸ Gegen den Zahlungsbefehl sollte, soweit der Vorwurf in dem Zahlungsbefehl unrichtig ist, fristgerecht Einspruch eingelegt werden.

Zu beachten ist, dass gegen den Zahlungsbefehl nur mittels Einspruch mit dem Inhalt einer Klagebeantwortung und nur durch einen Rechtsanwalt vorgegangen werden kann. Lediglich im bezirksgerichtlichen Verfahren muss der Einspruch nicht begründet werden und es besteht keine Anwaltspflicht. Bei fristgerechter Einbringung des Einspruches bei Gericht wird das ordentliche Verfahren umgehend eingeleitet. ◂◂◂

DEUTSCHE RECHTSLAGE IM VERGLEICH

Auch das deutsche Mahnverfahren hat in der Praxis große Bedeutung: Es gibt dem Antragsteller die Möglichkeit, bei passivem Verhalten des Gegners zu einem Vollstreckungstitel (in Österreich: Exekutionstitel) zu gelangen, ohne die Beschwerlichkeit und oft längere Dauer eines streitigen Verfahrens hinnehmen zu müssen. Falls nicht der Gegner innerhalb von zwei Wochen Widerspruch gegen den Mahnbescheid einlegt, erteilt das Gericht einen Vollstreckungsbescheid. Dagegen kann der Gegner nochmals vorgehen: Binnen zwei Wochen ist dann Einspruch einzulegen. Sowohl durch Widerspruch als auch durch Einspruch wird in das streitige Verfahren übergeleitet. Ansonsten ist der durch Mahnbescheid geltend gemachte Anspruch binnen zwei Wochen nach Erhalt des Mahnbescheids zu begleichen.

Im Mahnverfahren gelten die üblichen Regeln der anwaltlichen Vertretung, sodass sich der Antragsteller bei Streitwerten von über EUR 5.000 durch einen Rechtsanwalt vertreten lassen muss. Das Mahnverfahren ist im Übrigen allgemein zulässig, außer bei hochverzinslichen Verbraucherkrediten und Ansprüchen, die noch von einer Gegenleistung oder der öffentlichen Zustellung abhängen.

▸▸▸ Bei Verfahren mit einem Streitwert von über EUR 5.000 besteht grundsätzlich Anwaltspflicht.

Dabei ist für Prozesse in Österreich dringend die Wahl eines österreichischen Rechtsanwaltes zu empfehlen. Zwar ist ein auch deutscher Anwalt grundsätzlich befugt, vor österreichischen Gerichten tätig zu werden, allerdings benötigt er hierfür einen in Österreich ansässigen und bei der jeweiligen Rechtsanwaltskammer eingetragenen Korrespondenzanwalt (den sog. Einvernehmensanwalt). Weiters unterliegen österreichische Klageschriften und Schriftsätze im Allgemeinen anderen Formvorschriften als in Deutschland. Bei Übermittlung deutscher Schriftsätze »riskiert« man daher unter Umständen nicht nur die Ungunst des österreichischen Richters, sondern auch das Versäumen fristgebundener Einwände, z.B. zu einigen Prozessvoraussetzungen.

Vor allem empfiehlt sich die Beiziehung eines österreichischen Rechtsanwalts auch aufgrund der großen Unterschiede zum deutschen Prozessrecht. In Österreich werden beispielsweise Fristenläufe strenger gehandhabt als in Deutschland; bei Fristversäumnis werden Wiedereinsetzungen in der Praxis in den seltensten Fällen vom Gericht genehmigt. ◂◂◂

EXKURS

Das EU-Bagatellverfahren
Seit 01.01.2009 gibt es die Möglichkeit, für grenzüberschreitende Rechtssachen in Zivil- und Handelssachen einen Exekutionstitel bei geringfügigen Forderungen, also Forderungen bis

EUR 2.000, kostengünstig, schnell und einfach zu erwirken. Im Idealfall kann das Verfahren innerhalb von rund 100 Tagen abgewickelt werden.

Der erste Schritt dieses Verfahrens ist, ein ausgefülltes Klageformblatt an das Bezirksgericht zu übermitteln. Innerhalb von 14 Tagen wird entweder dem Kläger ein Verbesserungsauftrag (wenn es etwa beim Ausfüllen zu einem Formfehler gekommen ist) oder dem Beklagten ein Antwortauftrag erteilt. Dies geschieht über die zuständige Behörde im jeweiligen EU-Staat. Erfolgt innerhalb von 30 Tagen keine Klagebeantwortung seitens des Beklagten, so wird vom Bezirksgericht innerhalb von 30 Tagen ein Urteil, ähnlich einem Versäumungsurteil, gefällt. Dieses ermöglicht im entsprechenden EU-Mitgliedsstaat die sofortige Durchsetzung des Anspruches gegen den Beklagten.

Falls der Beklagte jedoch eine ausreichende Klagebeantwortung innerhalb der Frist bei dem für seinen Wohnsitz zuständigen Gericht einbringt, so kann entweder ein Ergänzungsauftrag erteilt, eine Beweisaufnahme bzw. eine mündliche Verhandlung anberaumt oder das Urteil (»Bagatellurteil«) gefällt werden. Falls Unklarheiten auftreten sollten, besteht die Möglichkeit der Einvernahme des Beklagten entweder durch Vorladung oder mittels Videokonferenz.

Dieses reine Formularverfahren kann schriftlich bis zum Urteil führen, ist vor Rechtskraft desselben vollstreckbar und kann aber nur in bestimmten Fällen der sog. »Überprüfung« überprüft werden.

Die Kosten des Verfahrens betragen zwischen EUR 20 (Streitwert EUR 150) und EUR 92 (Streitwert EUR 2.000,-).

Praxis-Tipp

▸▸▸ Vor Ausfüllen des Formulars sollte möglichst ein Anwalt hinzugezogen werden, da es sich beim EU-Bagatellverfahren um eine neue Verfahrensart handelt, die sich in der Praxis erst bewähren muss. ◂◂◂

DEUTSCHE RECHTSLAGE IM VERGLEICH

Da das Bagatellverfahren durch eine EU-Verordnung geregelt wird, die in jedem Mitgliedstaat der EU unmittelbar gilt, bestehen keine Unterschiede zur österreichischen Darstellung. Ein nach der neuen Verordnung ergangenes Urteil wird in Deutschland bei Vorliegen der Voraussetzungen regelmäßig mit der Berufung anfechtbar sein. Auf Streitigkeiten im Arbeits-, Erb- oder Unterhaltsrecht sowie im ehelichen Güterrecht ist das europäische Bagatellverfahren nicht anwendbar.

Übersicht zum Bagatellverfahren

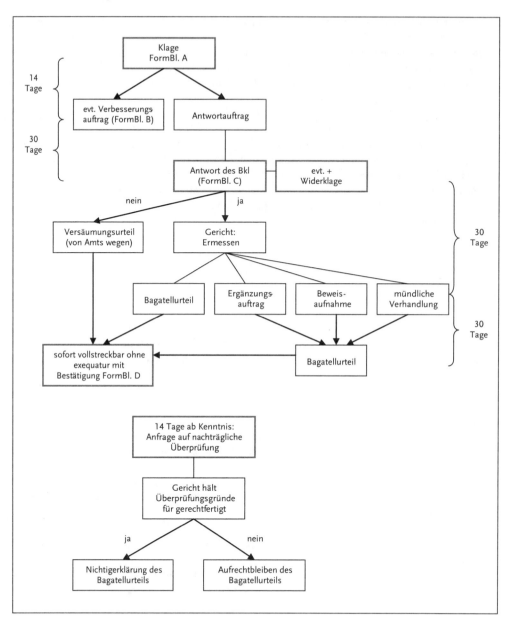

14.2.1 Beweisverfahren

Das Beweisverfahren wird in Österreich – im internationalen Rechtsvergleich – sehr zügig abgehalten. Der Richter führt in der ersten vorbereitenden Verhandlung zunächst mit den Parteien ein Rechtsgespräch, hat einen Vergleichsversuch zu unternehmen und beschließt das Prozessprogramm. Zu dieser ersten Verhandlung haben auch die Parteien oder informierte Vertreter zu kommen. Es wird darauf hingewiesen, dass vornehmlich Beweismittel anzubieten sind, die als rechtserheblich anerkannt und zugelassen werden können. Die Beweisaufnahme erfolgt grundsätzlich durch das erkennende Gericht (**sachlicher Unmittelbarkeitsgrundsatz**), welches nach dem **Grundsatz der freien Beweiswürdigung** zu beurteilen hat, ob der Beweis »gelungen« ist. Die ZPO enthält keine Beschränkung der Beweismittel, sieht aber exemplarisch fünf Beweismittel vor:

- Urkundenbeweis
- Zeugenbeweis
- Sachverständigenbeweis
- Augenscheinsbeweis
- Beweis durch Parteienvernehmung.

DEUTSCHE RECHTSLAGE IM VERGLEICH

Ähnlich wie in Österreich bedarf jede Beweisaufnahme einer Anordnung durch das Gericht, entweder durch förmlichen Beweisbeschluss oder als formlose Beweisanordnung. Im Übrigen sind deutsches und österreichisches Recht vergleichbar, insbesondere sieht die deutsche ZPO dieselben fünf Beweismittel vor. Im Folgenden wird deshalb nur auf Unterschiede zwischen beiden Rechtsordnungen hingewiesen.

Urkundenbeweis

Der Urkundenbeweis ist ein Beweismittel, das in jeder Verfahrensordnung vorgesehen ist. Der Urkundenbeweis wird dadurch geführt, dass eine Urkunde in die Verhandlung eingebracht und verlesen wird. Eine Urkunde in diesem Sinne ist jedes Schriftstück, das Gedanken schriftlich verkörpert.

Der Urkundenbeweis stellt in der Regel neben dem Zeugenbeweis das häufigste Beweismittel dar.

Zeugenbeweis

Beim Zeugenbeweis wird eine Person über wahrgenommene Tatsachen befragt und erteilt Auskunft. Grundlage der Beweiserhebung sind konkrete Wahrnehmungen des Zeugen. Eigene Beurteilungen, Erfahrungen, Schlussfolgerungen oder Wertungen zählen nicht zu den Aufgaben des Zeugen. Zeugnispflicht besteht grundsätzlich für jeden. Das Gericht kann Zeugen zwangsweise vorführen lassen oder sogar bei Nichterscheinen Ordnungsstrafen gegen sie verhängen. Zudem können dem unentschuldigt ausbleibenden Zeugen die durch seine Abwesenheit entstandenen Mehrkosten aufgetragen werden.

Neben dem Urkundenbeweis ist der Zeugenbeweis in der Praxis ein häufiges Beweismittel.

> **Praxis-Tipp**

▸▸▸ Auch ausländische Zeugen können vor österreichische Gerichte als Zeugen geladen werden. Voraussetzung für das Gericht ist eine ladungsfähige Anschrift/Zustelladresse. In der Praxis zeigt sich die Zustellung von Gerichtspost oftmals als sehr schwierig. Das Gericht muss die ladungsfähige Anschrift des genannten Zeugen nicht selbst ermitteln; die Anschrift des Zeugen ist von der benennenden Partei bzw. dessen Rechtsanwalt dem Gericht bekannt zu geben.

Sofern ein Zeuge in einem österreichischen Verfahren trotz mehrfacher Aufforderung einer Verhandlung fernbleibt, kann die gegnerische Partei einen Präklusionsantrag stellen. Bei Erfolg des Präklusionsantrages ist der Zeuge, der als Beweis der beantragenden Partei eingesetzt wurde, als Beweis präkludiert und steht im Verfahren nicht mehr als Beweis zur Verfügung. ◂◂◂

> **DEUTSCHE RECHTSLAGE IM VERGLEICH**
>
> In Deutschland kann einem ausbleibenden Zeugen Ordnungsgeld bis zu EUR 1.000 oder Ordnungshaft bis zu sechs Wochen auferlegt werden; einen Präklusionsantrag wie in Österreich gibt es im deutschen Recht jedoch nicht.

Sachverständigenbeweis

Beim Sachverständigenbeweis vermittelt ein Sachverständiger aufgrund seiner besonderen Sachkunde dem Gericht Erfahrungssätze, zieht daraus Schlussfolgerungen oder stellt für den Richter Tatsachen fest. Zwar sind im Beweisantritt die durch einen Sachverständigen zu begutachtenden Punkte durch die Partei zu bezeichnen; die Auswahl des Sachverständigen erfolgt jedoch durch das Gericht, gegebenenfalls auf Anregung der Parteien.

> **Praxis-Tipp**

▸▸▸ Sachverständige werden grundsätzlich aus einer dem Gericht vorliegenden Sachverständigenliste ausgewählt. Deutsche Sachverständige sind in dieser Liste nicht enthalten. Sofern ein deutscher Sachverständiger in einem Verfahren benötigt wird, muss die jeweilige Partei die Wahl dieses Sachverständigen vorschlagen und der Richter müsste, soweit auch die andere Partei dem Sachverständigen zustimmt, den deutschen Sachverständigen vereidigen. Das österreichische Gericht muss den deutschen Sachverständigen allerdings nicht zulassen!

Beachte: Werden Sachverständige privat von einer Partei beauftragt, handelt es sich bei deren Gutachten nicht um einen Sachverständigenbeweis, sondern um eine Urkunde, der regelmäßig weniger Beweiskraft zukommt. ◂◂◂

Augenscheinsbeweis

Beim Augenschein handelt es sich um eine direkte Sinneswahrnehmung des Gerichts über Eigenschaften und Zustände von Personen und Sachen.

Typische Augenscheinsgegenstände sind Fotos, Film- und Videoaufnahmen, Tonbandaufnahmen und Ortsbegehungen (sog. Lokalaugenschein).

> **Praxis-Tipp**

▸▸▸ Das Gericht kann zur Augenscheinnahme einen Sachverständigen hinzuziehen. ◂◂◂

Parteienvernehmung

Bei der Parteienvernehmung wird eine Prozesspartei – oder auch ihr gesetzlicher Vertreter – ähnlich einem Zeugen vernommen. Anders als in Deutschland, wo die Parteienvernehmung gemäß ZPO nach wie vor ein hilfsweises (subsidiäres) Beweismittel ist, hat der österreichische Gesetzgeber die Subsidiarität der Parteienvernehmung beseitigt und dieses Beweismittel den übrigen gleichgestellt. Damit ist sie nun in allen Verfahren als **primäres Beweismittel** mit voller Beweiskraft zulässig.

In der österreichischen Gerichtspraxis werden die Parteien regelmäßig zu Beginn des Beweisverfahrens vernommen, weil sich dadurch häufig ausschweifende Beweisaufnahmen vermeiden lassen. Die Parteienvernehmung ist sogar Programmpunkt der vorbereitenden Tagsatzung (Terminus für das österreichische Gerichtsverfahren).

DEUTSCHE RECHTSLAGE IM VERGLEICH

Wie bereits erwähnt, ist die Parteienvernehmung nach deutschem Recht grds. nur subsidiär möglich. Das heißt, sie ist nur zulässig, soweit alle anderen Möglichkeiten des Beweises ausgeschöpft wurden und der einer Partei obliegende Beweis dadurch nicht geführt werden konnte (sog. Subsidiarität der Parteivernehmung). Auch der Antrag auf Vernehmung der eigenen Partei ist als Beweisantritt grundsätzlich möglich; allerdings nur, wenn der Gegner zustimmt.

Beachte: Der Antrag auf Vernehmung des Gegners ist unzulässig, wenn er allein zum Zweck der Ausforschung des Gegners und zum Erlangen für den Prozess erheblicher Tatsachen gestellt wird. Daneben ist die Parteienvernehmung ausgeschlossen, wenn das Gegenteil bereits anderweitig erwiesen oder offenkundig bekannt ist.

14.2.2 Entscheidung

Das Gericht entscheidet über den geltend gemachten Anspruch inhaltlich mit einem **Urteil**. Kann gegen ein Urteil kein Rechtsmittel mehr erhoben werden, ist es in der Regel rechtskräftig und vollstreckbar. Über Verfahrensfragen und Zwischenstreitigkeiten entscheidet das Gericht hingegen in der Regel mit Beschluss.

Instanzenzug

Bei einem Streitwert von bis zu EUR 15.000 (ab 1.1.2015: EUR 20.000, ab 1.1.2016: EUR 25.000) sowie in bestimmten gesetzlichen Fällen (bspw. in spezifischen familienrechtlichen oder mietrechtlichen Angelegenheiten) ist das Bezirksgericht in erster Instanz zuständig. Das gegen das Urteil der ersten Instanz zulässige Rechtsmittel ist die Berufung. Dies geht an das übergeordnete Landesgericht. Dort entscheidet ein Berufungssenat. In besonders wichtigen Fällen - in denen Rechtsfragen von grundsätzlicher Bedeutung zu lösen sind - ist gegen die Entscheidung der 2. Instanz noch ein weiteres Rechtsmittel an den Obersten Gerichtshof möglich.

In Fällen, in denen der Streitwert EUR 15.000 (siehe oben) übersteigt und in einigen wenigen Rechtssachen (bspw. in Wettbewerbsstreitigkeiten oder Urheberrechtsstreitigkeiten) entscheidet das Landesgericht als Gerichtshof erster Instanz (entweder durch einen Einzelrichter oder einen Senat). Eine Berufung gegen das Urteil des Gerichtshofes kann dann an das Oberlandesgericht (OLG) in zweiter Instanz gerichtet werden. In besonders wichtigen

Fällen - in denen Rechtsfragen von grundsätzlicher Bedeutung zu lösen sind - ist noch ein Rechtszug an den Obersten Gerichtshof (OGH) möglich. Der Instanzenzug im Zivilverfahren kann daher bis zu drei Stufen umfassen.

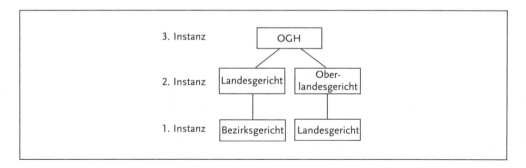

In Deutschland verläuft der Instanzenzug wie folgt: in Streitigkeiten über Ansprüche, deren Gegenstandswert EUR 5.000 nicht übersteigt, ist das Amtsgericht zuständig. Ferner sind vor dem Amtsgericht in erster Instanz unabhängig vom Streitwert u.a. Ansprüche aus Mietverhältnissen und bestimmte familienrechtliche Streitigkeiten zu verhandeln. Nach Einlegung eines Rechtsmittels (meist der Berufung) wechselt die Zuständigkeit in zweiter Instanz grundsätzlich an das übergeordnete Landgericht; eine Ausnahme besteht in den familienrechtlichen Streitigkeiten, wo das Oberlandesgericht als zweite Instanz fungiert.

Bei Gegenstandswerten über EUR 5.000 und in Sonderfällen, wie z.B. Ansprüchen aus Staatshaftung oder Schadensersatzansprüchen auf Grund falscher öffentlicher Kapitalmarktinformationen, ist das Landgericht als erste Instanz zuständig. In zweiter Instanz obliegt in diesen Fällen dem Oberlandesgericht die Entscheidung.

In dritter Instanz (Revisionsinstanz) ist der Bundesgerichtshof zur Verhandlung und Entscheidung zuständig, sofern entweder das Berufungsgericht die Revision zugelassen hat oder die Rechtssache grundsätzliche Bedeutung hat bzw. der Rechtsfortbildung dient.

Rechtsmittel

Entscheidungen von Gerichten können grundsätzlich mit Rechtsmitteln (z.B. Berufung, Rekurs, und Revision) angefochten werden.

Die **Berufung** ist ein zweiseitiges Rechtsmittel gegen Urteile der ersten Instanz. Berufungsgründe sind alle Fehler des Erstgerichtes, derentwegen sich eine Partei beschwert fühlen kann. Solche Fehler können in einer Nichtigkeit, sonstigen wesentlichen Verfahrensmängeln, einer unrichtige Sachverhaltsdarstellung oder einer unrichtigen rechtlichen Beurteilung liegen. Die Berufungsfrist beträgt vier Wochen ab Zustellung des Urteils.

Die **Revision** ist das Rechtsmittel gegen die Urteile der Berufungsgerichte. Sie verfolgt insbesondere den Zweck, die Entscheidung des Berufungsgerichtes hinsichtlich der Lösung der Rechtsfrage und der Einhaltung der Verfahrensvorschriften zu überprüfen sowie die Wahrung der Rechtseinheit, der Rechtssicherheit und Rechtsentwicklung voranzutreiben. Dies ist die Leitfunktion des Obersten Gerichtshofes. Die Revision unterliegt bestimmten im Gesetz genau definierten Beschränkungen. Auch hinsichtlich der Revision beträgt die Frist vier Wochen.

Der **Rekurs** ist das Rechtsmittel, mit dem Entscheidungen des Gerichtes, welche in Form eines Beschlusses ergangen sind angefochten werden können. Der Rekurs ist gegen alle Beschlüsse statthaft, es sei denn das Gesetz hat ihn für unzulässig erklärt. Der Revisionsrekurs ist das Rechtsmittel gegen abändernde oder bestätigende Beschlüsse der zweiten Instanz über einen Rekurs gegen einen Beschluss. Die Rekursfrist beträgt 14 Tage, in bestimmten Fällen vier Wochen.

Schließlich bestehen noch nach Ausschöpfung des Instanzenzuges und Rechtskraft der Entscheidung die nicht zu den Rechtsmitteln im eigentlichen Sinne zählenden Rechtsbehelfe der Nichtigkeits- und Wiederaufnahmeklagen.

DEUTSCHE RECHTSLAGE IM VERGLEICH

Die Rechtsmittel der Berufung und der Revision bestehen in der genannten Form auch in Deutschland. Die Berufungsinstanz ist klassicherweise eine weitere Tatsacheninstanz, in der die Parteien also noch weiteren Sachvortrag einbringen können. In der Revisionsinstanz findet dagegen (bis auf Ausnahmefälle in Patentstreitigkeiten) eine reine Rechtsüberprüfung statt.

Dem österreichischen Rekurs entspricht in Deutschland die Beschwerde, dem Revisionsrekurs die Rechtsbeschwerde.

Prozesskosten

Die Prozesskosten setzen sich zusammen aus Kosten
- des Gerichts
- der Parteienvertreter und
- der Parteien.

Zunächst hat jede Partei ihre Kosten selbst zu tragen. Die vollständig unterliegende Partei hat dem Gegner alle Prozesskosten zu ersetzen. Bei teilweisem Obsiegen und Unterliegen wird die Kostentragung zwischen den Parteien aufgeteilt. Bei Anwaltskosten gilt dabei die Formel Obsiegensquote – Unterliegensquote, Barauslagen richten sich nach der Obsiegensquote (z.B. A gewinnt zu 70% und erhält 70% der Barauslagen sowie 40% (= 70% - 30%) der Anwaltskosten ersetzt, muss aber dem Gegner 30% von dessen Auslagen ersetzen.

DEUTSCHE RECHTSLAGE IM VERGLEICH

Die österreichische Darstellung entspricht der deutschen Rechtslage.

14.3　Vollstreckung

Erbringt der Schuldner die Leistungen, zu denen er im Urteilsspruch verpflichtet wurde, nicht, kann der Gläubiger bei Gericht beantragen, dass das Urteil zwangsweise mit staatlichen Mitteln vollstreckt wird. Die Vollstreckung ist die zwangsweise Durchsetzung von Entscheidungen eines Gerichts oder einer Verwaltungsbehörde und erfasst nur einzelne Vermögensgegenstände.

Das vom Gläubiger initiierte gerichtliche Exekutionsverfahren (der österreichische Terminus »Exekutionsverfahren« entspricht dem deutschen Begriff »Vollstreckungsverfahren«) verläuft im Wesentlichen in drei Schritten:

- Exekutionsantrag des Gläubigers
- Bewilligung der Exekution und
- Vollstreckung.

Hat der Gläubiger beim zuständigen Gericht einen Antrag auf Durchführung eines Exekutionsverfahrens gestellt, prüft das Gericht, ob die Voraussetzungen für die Exekution vorliegen. Wenn alle gesetzlich normierten Voraussetzungen für eine Zwangsvollstreckung vorliegen, hat der Staat namens des Gläubigers gegen den säumigen Schuldner (verpflichtete Partei) mit bestimmten Maßnahmen der Zwangsgewalt vorzugehen. Zuständig als Exekutionsgerichte sind stets die Bezirksgerichte.

DEUTSCHE RECHTSLAGE IM VERGLEICH

Zur deutschen Zwangsvollstreckung müssen drei Voraussetzungen erfüllt sein: es muss ein **Titel** vorliegen (regelmäßig ein Endurteil, möglich ist auch eine notarielle Urkunde), es muss eine **Vollstreckungsklausel** erteilt sein (dies ist die amtliche Bescheinigung darüber, dass der Titel vollstreckbar ist) und der Titel muss **zugestellt** worden sein.

In Österreich werden **zwei Exekutionsarten** unterschieden:
- Exekution wegen Geldforderungen (Mobiliarexekution, Immobiliarexekution)
- Exekution zur Erwirkung von Handlungen und Unterlassungen

In diesem Zusammenhang soll auf die Exekution wegen Geldforderungen durch Mobiliarexekution besonderes Augenmerk gelegt werden.

Häufig wird in Österreich auf die Forderungsexekution zurückgegriffen. Es ist gängige Praxis, dass auf diese Weise auf das Gehalt der verpflichteten Partei zugegriffen wird (sog. **Gehaltsexekution**). Dem AG wird sodann untersagt, an den Verpflichteten das Gehalt auszuzahlen. Das Ausmaß des Zugriffes auf das Arbeitseinkommen des Schuldners ist streng geregelt, zumal hinter den gesetzlichen Regelungen die von sozialpolitischen Überlegungen bestimmte Interessenabwägung steht: Das Arbeitseinkommen bildet einerseits die Existenzgrundlage der verpflichteten Partei, andererseits stellt es einen dem Gläubiger zugänglichen Vermögenswert dar.

Bestimmte, gesetzlich festgelegte Beträge können nicht gepfändet werden (z.B. Familienbeihilfe und Pflegegeld für Behinderte, Existenzminimum, das sich bei bestehenden Unterhaltspflichten erhöht).

Praxis-Tipp

▶▶▶ Die häufigste und oft auch effektivste Form der Forderungspfändung ist die Gehaltspfändung.

In Österreich erhält man die für die Vollstreckung notwendigen Informationen des Schuldners am besten auf Anfrage beim Hauptverband der Sozialversicherungsträger! ◀◀◀

Gleichzeitig mit der Forderungsexekution kann die **Fahrnisexekution** beantragt werden. Bewegliche Sachen des Schuldners stehen der Vollstreckung grundsätzlich offen. Das für die Vollstreckung zuständige Vollstreckungsorgan ist der Gerichtsvollzieher (GVZ). Der GVZ wird nur auf Antrag des Gläubigers tätig. Der Gläubiger hat dabei beim zuständigen Bezirksgericht (in den meisten Fällen am Wohnsitz des Schuldners) einen Antrag auf Exekution zu stellen.

Wie auch in Österreich stellt in Deutschland die Lohnpfändung eine häufige Form der Zwangsvollstreckung dar. Dabei besteht ebenfalls ein bestimmter Pfändungsschutz für das Arbeitseinkommen. Die Vollstreckung in bewegliche Sache obliegt auch in Deutschland dem Gerichtsvollzieher. Ein weiteres Vollstreckungsorgan ist in Deutschland das Vollstreckungsgericht, das für die Vollstreckung wegen Geldforderungen in Forderungen und andere Vermögensrechte des Schuldners sowie bei der Zwangsvollstreckung in unbewegliches Vermögen zuständig ist.

Schließlich steht dem Gläubiger bei der Vollstreckung auch unbewegliches Vermögen (z.B. Grundstücke) zur Verfügung. In diesem Zusammenhang hat der Gläubiger drei Exekutionsmittel zur Wahl:

- Zwangsweise Pfandrechtsbegründung
- Zwangsverwaltung
- Zwangsversteigerung

Die zwangsweise Pfandrechtsbegründung ist das gelindeste Mittel, da sie dem Gläubiger keine Befriedigung verschafft, sondern lediglich zu einer Zwangshypothek auf der Liegenschaft des Verpflichteten führt. Hingegen kann der Gläubiger bei der Zwangsverwaltung bereits Befriedigung aus den Nutzungen der Liegenschaft erreichen. Als *ultima ratio* besteht die Möglichkeit der Durchführung einer Zwangsversteigerung. Die Liegenschaft wird versteigert, und der Gläubiger befriedigt sich aus dem Verkaufserlös.

Im Hinblick auf die Vollstreckung in unbewegliches Vermögen entsprechen sich deutsche und österreichische Rechtslage.

Praxis-Tipp

▸▸▸ Bei Vollstreckung wegen Geldforderungen, die nicht mehr als EUR 10.000 betragen, wenn nicht auf unbewegliches Vermögen gegriffen wird, und bei Vorliegen der sonstigen gesetzlichen Voraussetzunge, wird über den Exekutionsantrag im **vereinfachten Bewilligungsverfahren** entschieden. ◂◂◂

EXKURS

Grenzüberschreitende Vollstreckungen im EU-Inland
Auf europäischer Ebene gibt es bedeutsame Neuerungen. Bisher wurde unter dem Regime der EuGVVO (auch Brüssel I-VO; Verordnung (EG) Nr. 44/2001 des Rates vom 22.12.2000 über die gerichtliche Zuständigkeit und die Anerkennung und Vollstreckung von Entscheidungen in Zivil- und Handelssachen) die Entscheidung im Vollstreckungsmitgliedstaat als vollstreckbar erklärt. Unter der EuVTVO (Europäische Vollstreckungstitelverordnung VO (EG) 2004/805 des Europäischen Parlaments und des Rates vom 21.04.2004 zur Einführung eines Europäischen Vollstreckungstitels für unbestrittene Forderungen) wird nun allerdings die Entscheidung als Europäischer Vollstreckungstitel im Ursprungsland bestätigt. Ein Vorteil für den Gläubiger besteht darin, dass er nun zwischen dem Vollstreckbarerklärungsverfahren nach der EuGVVO und dem Bestätigungsverfahren nach der EuVTVO wählen kann. Auch die jüngst ergangenen

Verordnungen EuMahnVVO (Verordnung (EG) des Europäischen Parlaments und des Rates Nr. 1896/2006 vom 12.12.2006 zur Einführung des Europäischen Mahnverfahrens, in Kraft seit 12.12.2008) und EuBagVVO (Verordnung (EG) des Europäischen Parlaments und des Rates Nr. 861/2007 vom 11.07.2007 zur Einführung eines Europäischen Verfahrens für geringfügige Forderungen, in Kraft seit 01.01.2009) folgen dem Grundmuster der EuVTVO.

14.4 Einstweilige Verfügung

Da sich Gerichtsverfahren meist über einen längeren Zeitraum erstrecken, besteht die Gefahr, dass leistungsunwillige Schuldner die Befriedigung des Gläubigers vereiteln oder erheblich erschweren. Das Rechtsinstitut der einstweiligen Verfügung (EV) wirkt dem entgegen und **sichert Ansprüche des Gläubigers** in einem **Eilverfahren**. Aufgrund des Eilcharakters der EV ist das Verfahren grundsätzlich einseitig. Die gegnerische Partei wird nur nach Ermessen des Gerichts einvernommen (grundsätzlich aber nicht). Auf Antrag des Anspruchsinhabers auf EV wird sodann vom Gericht ein Verfügungsbeschluss erlassen. Dieser Verfügungsbeschluss ist gleichzeitig Exekutionsbewilligung und Exekutionstitel (d.h. Vollstreckungsbewilligung und -titel).

EV können zur Sicherung folgender Ansprüche/Rechte erlassen werden:
- zur Sicherung eines Anspruches auf Geldleistung
- zur Sicherung eines Anspruches auf Individualleistung
- zur Sicherung eines Rechts oder Rechtsverhältnisses

Praxis-Tipp

▸▸▸ In der Praxis kommt es bei einer auf Zahlung gerichteten Klage selten zur Anwendung einer EV.

Typische Beispiele, in denen EV zur Anwendung kommen, sind solche, in denen Gläubiger ernsthaft zu befürchten haben, dass Schuldner das inländische Vermögen aufgeben, ins Ausland abwandern und somit das Vermögen vollständig ins Ausland verlagern wird.

Ein weiterer typischer Fall für den Erlass einer EV ist die Sicherung einer vorläufigen Vollstreckung ohne Titel im Bereich des gewerblichen Rechtsschutzes und des Immaterialgüterrechts. ◂◂◂

Binnen 14 Tagen kann der Gegner der gefährdeten Partei, falls er vor der Erlassung der EV nicht gehört wurde, **Widerspruch** erheben.

Gegen Beschlüsse in diesem Verfahren steht als Rechtsbehelf der **Rekurs** zur Verfügung, wobei die Rekursfrist 14 Tage beträgt. Der Rekurs ist grundsätzlich einseitig und nur in folgenden Fällen zweiseitig, d.h. es besteht die Möglichkeit einer schriftlichen Rekursbeantwortung:
- gegen einen Beschluss über einen Antrag auf Erlass einer EV
- über den Widerspruch und
- über einen Antrag auf Einschränkung und Aufhebung einer EV.

Praxis-Tipp

▸▸▸ Zunächst sind die Kosten vom Antragsteller zu tragen. Der Kostenersatzanspruch gegen den Unterlegenen entsteht beim Obsiegen im Hauptprozess. ◂◂◂

Der vorläufige Rechtsschutz ist in Deutschland aufgespalten zwischen dem Arrest, der die Zwangsvollstreckung wegen einer Geldforderung sichert, und der einstweiligen Verfügung, die die Sicherung eines sonstigen Individualanspruchs sowie die vorläufige Regelung eines Rechtsverhältnisses beinhaltet. Das Verfahren verläuft jeweils in zwei Schritten, nämlich der Anordnung und der Vollziehung. Die Anordnung erfolgt nach mündlicher Verhandlung durch Urteil, ansonsten durch Beschluss. Grundsätzlich werden Arrestbefehle durch Beschluss und einstweilige Verfügungen durch Urteil angeordnet. Der Gegner kann sich gegen Urteilsanordnungen mit dem Rechtmittel der Berufung wehren und gegen Beschlussanordnungen mit einem Widerspruch vorgehen. Der Widerspruch ist nicht fristgebunden und führt zur notwendigen mündlichen Verhandlung.

14.5 Schiedsgerichte

Auch in Österreich stellt die Schiedsgerichtsbarkeit eine alternative Form zur staatlichen Gerichtsbarkeit dar. Die österreichische Zivilprozessordnung (öZPO) legt diesbezüglich nur gewisse, fundamentale Regeln fest. Darüber hinaus unterliegt die Durchführung des Verfahrens der Parteiendisposition.

Die Schiedsgerichtsbarkeit als Streitbeilegungsmechanismus kann etwadurch Abschluss einer gesonderten Schiedsvereinbarung oder durch Aufnahme einer Schiedsklausel in einem Vertrag vereinbart werden. Beide Varianten werden als gültige Parteienvereinbarung anerkannt und schließen die Zuständigkeit der ordentlichen Gerichte grundsätzlich aus.

Als Vorteile der Schiedsgerichtsbarkeit gelten:

Wahlmöglichkeit hinsichtlich des anwendbaren Verfahrensrechts

Insbesondere im internationalen Geschäftsleben, aber auch bei Geschäftspartnern in verschiedenen Bundesländern (bspw. innerhalb Österreichs), ist es immer von Vorteil, einen Gerichtsstand am Sitz des eigenen Unternehmens zu haben. Dies hat den Vorteil, dass man hinsichtlich des anwendbaren Verfahrensrechts bzw. der geltenden Gerichtspraxis keinen Überraschungen ausgesetzt ist. Je nach Geschäftssituation kann es jedoch auch sinnvoll sein, in bestimmten Verträgen explizit die Zuständigkeit deutscher Gerichte bzw. eines Schiedsgerichts mit Sitz in Deutschland sowie deutsches materielles Recht zu vereinbaren. Je nach Vertragskonstellation oder Art der Geschäftsbeziehung sollten sich die Parteien idealerweise bereits bei Vertragsabschluss bewusst machen, welches Recht für den spezifischen Fall am günstigsten wäre, beziehungsweise welches Recht zur Anwendung kommen soll. Dabei empfiehlt es sich, den Rat eines Rechtsexperten einzuholen. Vermieden werden sollte jedenfalls die Vereinbarung der Anwendbarkeit ausländischen Rechts, sofern man mit diesem nicht vertraut ist, und die Anrufung eines ausländischen Gerichts, dessen Verfahrensrecht- und –praxis man nicht kennt.

Praxis-Tipp

▶▶▶ Bereits bei Abschluss einer Schiedsvereinbarung oder Vereinbarung einer Schiedsklausel in einem Vertrag sollten sich die Parteien auf eine bestimmte Schiedsinstitution und deren Verfahrensordnung einigen. Weiters sollte ein gewisser Verfahrensablauf sowie sonstige

Gestaltungselemente festgelegt werden, sodass es bei Anrufung des Schiedsgerichts keine Auslegungs- oder Verständnisschwierigkeiten gibt. Hier gilt es zu bedenken, dass im Zeitpunkt der Anrufung des Schiedsgerichts in der Regel bereits Streitigkeiten zwischen den Parteien herrschen.

Bestimmte Handelsbräuche werden weiterhin in verschiedenen EU-Staaten unterschiedlich ausgelegt. So kann beispielsweise die Frage, ob das Schweigen auf ein unternehmerisches bzw. kaufmännisches Bestätigungsschreiben als Zustimmung zu werten ist, von den Gerichten in unterschiedlichen Vertragsstaaten unterschiedlich beantwortet werden. ◀◀

Kurze Verfahrensdauer

Während in staatlichen Gerichtsverfahren bis zu drei Instanzenzüge durchlaufen werden können (Gerichtshof erster Instanz, Landesgericht bzw. Oberlandesgericht, Oberster Gerichtshof), gibt es im schiedsgerichtlichen Verfahren grundsätzlich nur eine Instanz. Staatliche Gerichte sind wegen personeller Unterbesetzung regelmäßig überlastet. Mit der Vereinbarung der Zuständigkeit eins Schiedgerichts haben die Parteien die Möglichkeit, die Kompetenz zur Entscheidung über ihre Streitigkeit an Personen zu übertragen, die diese Verpflichtung mit der gebotenen Eile erfüllen können.

Entscheidung durch Experten

Üblich ist die Besetzung des Schiedsgerichts mit einem Drei-Richter-Senat. Nach der öZPO gilt für den Fall, dass die Parteien keine anderweitige Vereinbarung getroffen haben (etwa Entscheidung durch einen Einzelschiedsrichter), dass ein Schiedsrichterkollegium entscheidet. Dieses hat stets in ungerader Zahl besetzt zu sein. In Schiedsverfahren mit drei Schiedsrichtern bestellt jede Partei einen Schiedsrichter. Diese beiden Schiedsrichter bestellen den dritten Schiedsrichter, der als Vorsitzender des Schiedsgerichts tätig wird.

Praxis-Tipp

▶▶ Soll die Streitigkeit durch einen Einzelschiedsrichter entschieden werden, empfiehlt es sich, die Person des Schiedsrichters bereits in der Schiedsvereinbarung namentlich festzulegen. ◀◀

Die von den Parteien zu bestellenden beisitzenden Schiedsrichter werden oft auch nach Fach- und Branchenkenntnis ausgewählt (bspw. Experten im Bereich des Ingenieurswesens in Bauprozessen oder Experten im Bereich des Rechnungswesens bei Bilanzstreitigkeiten). Idealerweise ist das Schiedsrichterkollegium somit in der Lage, sich ein eigenes Bild vom streitgegenständlichen Sachverhalt zu machen.

Vergleichsmöglichkeit

Die Praxis zeigt, dass Schiedsverfahren häufig durch einen Vergleich beendet werden. Außerhalb eines Gerichtssaales lassen sich einvernehmliche Lösungen doch oft besser herbeiführen.

Vertraulichkeit

Die Schiedsgerichtsbarkeit bietet den Parteien überdies die Möglichkeit, die Öffentlichkeit auszuschließen. Damit ist gewährleistet, dass Geschäftsgeheimnisse und sonstige geschäftsbezogene Informationen nicht an die Öffentlichkeit dringen. Die Vertraulichkeit des Schiedsverfahrens ist ein ganz wesentliches Argument für die Schiedsgerichtsbarkeit.

Schiedsspruch und Vollstreckbarkeit

Entscheidungen von Schiedsgerichten werden als **Schiedssprüche bezeichnet.** Schiedssprüche, die in Österreich erlassen werden, sind nicht nur in Österreich vollstreckbar. Sie sind aufgrund des **New Yorker Übereinkommens** über die Anerkennung und Vollstreckung ausländischer Schiedssprüche vom 10. Juni 1958 in sämtlichen Vertragsstaaten durchsetzbar. Das bedeutet im Wirtschaftsleben eine wesentliche Erleichterung, da Urteile staatlicher Gerichte außerhalb der Europäischen Union nur sehr eingeschränkt vollstreckt werden können. Der Vorsitzende des Schiedsgerichts hat auf Verlangen einer Partei den Eintritt der Rechtskraft und Vollstreckbarkeit des Schiedsspruchs auf einer Ausfertigung schriftlich zu bestätigen.

Aufhebung von Schiedssprüchen

Nach der öZPO ist die Aufhebung von Schiedssprüchen bei Vorliegen grober (Verfahrens-) Mängel grundsätzlich möglich. Die Aufhebungsgründe sind in der öZPO abschließend aufgezählt. Hervorzuheben sind insbesondere das Fehlen einer wirksamen Schiedsvereinbarung, die Verletzung des rechtlichen Gehörs, die mangelnde Schiedsfähigkeit des Streitgegenstandes und die Nichtvereinbarkeit des Schiedsspruches mit den Grundwerteder österreichischen Rechtsordnung (ordre public).

Nach dem Schiedsrechtsänderungsgesetz 2013, das mit 1. Jänner 2014 in Kraft trat, fällt die Entscheidung über die Aufhebung von Schiedssprüchen nunmehr in die ausschließliche Zuständigkeit des österreichischen Obersten Gerichtshofes. Im Gegensatz zu Deutschland, wo für Verfahren betreffend die Aufhebung von Schiedssprüchen zwei Instanzenzüge vorgesehen sind, hat Österreich nunmehr ein eininstanzliches Verfahren eingeführt. Damit wurde eine entscheidende Maßnahme gesetzt, um den Schiedsstandort Österreich für internationale Streitparteien attraktiver zu machen.

Praxis-Tipp

▶▶ Streitigkeiten betreffend grenzüberschreitende Sachverhalte werden bevorzugt in Schiedsverfahren nach den Verfahrensregeln des Internationalen Schiedsgerichts der Wirtschaftskammer Österreich (Vienna International Arbitral Centre, VIAC) geführt.

Die Verfahrensregeln des VIAC (»Wiener Regeln«), welche im Jahr 2013 einer grundlegenden Überarbeitung unterzogen wurden, sind gemeinsam mit einer seitens der Institution empfohlenen Musterschiedsklausel auf der VIAC-Website abrufbar: http://www.viac.eu/en/arbitration/arbitration-rules-vienna. ◀◀

3. Teil
Steuern

15 Das Steuersystem in Österreich

15.1 Umsatzsteuer

15.1.1 Allgemeines

Der Umsatzsteuer (USt.) unterliegen Umsätze aus Lieferungen und sonstigen Leistungen, die ein Unternehmer im Inland gegen Entgelt im Rahmen seines Unternehmens ausführt. Die USt. erfasst die in einem Unternehmen geschaffene *Wertschöpfung* (daher wird sie auch als Mehrwertsteuer bezeichnet): Der Unternehmer stellt gegenüber seinen Kunden USt. in Rechnung und führt diese – abzüglich der seinerseits an seine Lieferanten gezahlten USt. (*Vorsteuer*) – an das Finanzamt ab.

Unternehmer ist, wer eine gewerbliche oder berufliche Tätigkeit selbständig und mit Einnahmenerzielungsabsicht ausübt. Erforderlich ist nachhaltige Tätigkeit zur Erzielung von Einnahmen. Die Unternehmereigenschaft beginnt dabei bereits mit der Aufnahme der Tätigkeit (z.B. in der Form von Vorbereitungshandlungen) und nicht erst ab dem Zeitpunkt, in dem Einnahmen erzielt werden. Es reicht aus, wenn Einnahmen erzielt werden, Gewinnerzielungsabsicht ist grundsätzlich nicht erforderlich. Bei Verlusten kann daher ein Vorsteuerüberhang gegenüber dem Finanzamt als Forderung geltend gemacht werden. Lässt die Tätigkeit jedoch auf Dauer gesehen keinen Gewinn erwarten (z.B. Freizeittätigkeiten, bei denen zwar geringfügige Einnahmen erzielt werden, die jedoch insgesamt nachhaltig zu einem Verlust führen), liegt keine gewerbliche oder berufliche Tätigkeit i.S.d. UStG vor, und es kann kein Vorsteuerabzug geltend gemacht werden (*Liebhaberei*).

Praxis-Tipp

▶▶▶ Umsatzsteuerpflichtig ist in Österreich auch die Veräußerung eines Unternehmens (*Geschäftsveräußerung*). Von der auf europäischer Ebene vorgesehenen Möglichkeit zur Befreiung solcher Transaktionen von der USt., hat der österreichische Gesetzgeber keinen Gebrauch gemacht. Dabei ist die Veräußerung jedes einzelnen Wirtschaftsgutes im Rahmen eines Asset Deal gesondert zu beurteilen (insbesondere hinsichtlich des Steuersatzes und Befreiungen) und das Entgelt auf die einzelnen Wirtschaftsgüter aufzuteilen. Jedem Vermögensgegenstand ist der Anteil am Entgelt zuzuordnen, der seinem Verkehrswert entspricht. Der verbleibende Teil des Gesamtkaufpreises unterliegt als Firmenwert 20% USt. Um beim Käufer das Finanzierungserfordernis zu reduzieren, besteht die Möglichkeit, die Überrechnung des Guthabens aus dem Vorsteuerabzug des Käufers auf das Abgabenkonto des Verkäufers zur Tilgung der USt. zu vereinbaren. Der Verkäufer sollte sich jedoch für die Überrechnung vom Erwerber Sicherheiten einräumen lassen. ◀◀◀

DEUTSCHE RECHTSLAGE IM VERGLEICH

In Deutschland unterfällt die Geschäftsveräußerung im Ganzen dagegen nicht der Umsatzsteuer.

Bestimmte Leistungen sind unecht steuerbefreit, d.h. es ist gegenüber dem Abnehmer keine USt. in Rechnung zu stellen, umgekehrt steht auch kein Vorsteuerabzug zu. Beispiele hierfür sind die Veräußerung von Grundstücken, Geschäftsraum- und Büromiete, Bank- und Versicherungsgeschäfte sowie die Tätigkeit von Ärzten, Dentisten und Psychotherapeuten. Zum Teil besteht jedoch ein Optionsrecht in die Steuerpflicht. Die Ausübung der Option kann sinnvoll sein, wenn hohe Vorsteuerbeträge anfallen.

Praxis-Tipp

▶▶▶ Unecht steuerbefreit sind weiters die Umsätze von Kleinunternehmern bis höchstens EUR 30.000 im Veranlagungszeitraum. Der Kleinunternehmer hat keinen Vorsteuerabzug, es besteht jedoch die Möglichkeit, auf die Steuerbefreiung zu verzichten. Ein Verzicht ist auf fünf Jahre bindend. ◀◀◀

Praxis-Tipp

▶▶▶ Der Verkauf von Anteilen an Kapitalgesellschaften (*Share Deal*) aus dem Betriebsvermögen unterliegt nicht der USt. Dem Käufer steht umgekehrt kein Vorsteuerabzug zu (unechte Steuerbefreiung). ◀◀◀

DEUTSCHE RECHTSLAGE IM VERGLEICH

Umsätze, die beim Verkauf von Anteilen an Kapitalgesellschaften entstehen, sind in Deutschland ebenfalls von der Umsatzsteuer befreit.

15.1.2 Steuersatz

Der Normalsteuersatz beträgt 20%. Für bestimmte Lieferungen und sonstige Leistungen gilt ein ermäßigter Steuersatz von 10% (z.B. Vermietung von Grundstücken zu Wohnzwecken, Beherbergung, Lebensmittel, Bücher, Arzneimittel, Pflanzen, bestimmte Kunstgegenstände).

DEUTSCHE RECHTSLAGE IM VERGLEICH

In Deutschland beträgt die USt derzeit 19%. Für bestimmte Leistungen, insbesondere Lebensmittel, Bücher und bestimmte Kunstgegenstände gilt ein ermäßigter Steuersatz von 7%.

15.1.3 Grenzüberschreitende Lieferungen und Leistungen innerhalb der EU

Innerhalb der Europäischen Union ist die Umsatzsteuer auf Grundlage der Mehrwertsteuersystemrichtlinie weitgehend harmonisiert.

Für Lieferungen und sonstige Leistungen zwischen Unternehmern innerhalb der Europäischen Union gilt das *Bestimmungslandprinzip* (Besteuerung im Land des Erwerbers): Die Ausfuhr ist beim Verkäufer im Ursprungsland von der USt. befreit. Der Erwerber entrichtet im Bestimmungsland die sog. Erwerbsteuer (innergemeinschaftlicher Erwerb; zum Revers Charge System siehe sogleich). Dadurch können innerhalb des Binnenmarktes keine Wettbewerbsverzerrungen aufgrund unterschiedlicher Steuersätze in den einzelnen Ländern entstehen.

Lieferungen und sonstige Leistungen an Konsumenten (z.B. Touristen) innerhalb der Europäischen Union unterliegen grundsätzlich dem *Ursprungslandprinzip*, d.h. die Besteuerung erfolgt endgültig im Land des Unternehmers.

Es bestehen zahlreiche Sonderbestimmungen.

Praxis-Tipp

▶▶▶ Das Bestimmungslandprinzip zwischen Unternehmern führt dazu, dass ein deutscher Unternehmer für Lieferungen nach Österreich in Österreich USt. entrichten müsste, obwohl er in Österreich steuerlich nicht erfasst ist. Zur administrativen Vereinfachung wird daher die USt. auf den Empfänger überwälzt: Es kommt zum Übergang der Steuerschuld vom leistenden (deutschen) Unternehmer auf den österreichischen Leistungsempfänger (*Reverse Charge System*). ◀◀◀

15.2 Einkommensteuer

15.2.1 Persönliche Steuerpflicht

Personen, die in Österreich einen Wohnsitz oder ihren gewöhnlichen Aufenthalt haben, sind in Österreich mit ihrem gesamten weltweiten Einkommen *unbeschränkt steuerpflichtig*. Doppelbesteuerungsabkommen können diese Steuerpflicht einschränken.

Umgekehrt sind Personen, die in Österreich weder einen Wohnsitz noch ihren gewöhnlichen Aufenthalt haben, nur mit bestimmten Einkünften aus Österreich steuerpflichtig (*beschränkte Steuerpflicht*, Territorialitätsprinzip).

Grundsätzlich begründet jede Wohnung, die eine Person innehat und die ihr jederzeit zur Verfügung steht, einen *Wohnsitz*. Dies gilt unabhängig davon, ob die Wohnung tatsächlich benutzt wird. Auch eine Ferienwohnung, ein Untermietzimmer oder ein dauergemietetes Hotelzimmer können zu einem Wohnsitz in Österreich führen, sofern sie jederzeit zur Verfügung stehen.

Der *gewöhnliche Aufenthalt* einer Person liegt dort, wo die Umstände erkennen lassen, dass sie dort nicht nur vorübergehend verweilt. Ein Aufenthalt von mehr als sechs Monaten in Österreich führt jedenfalls zur unbeschränkten Steuerpflicht.

Hat eine Person in mehreren Ländern jeweils einen Wohnsitz oder in einem Staat einen Wohnsitz und in einem anderen ihren gewöhnlichen Aufenthalt, so kann sie in jedem dieser Staaten mit ihrem gesamten Welteinkommen unbeschränkt steuerpflichtig werden. Es kommt dann zur Doppel- bzw. Mehrfachbesteuerung. Der Vermeidung der Doppelbesteuerung dienen insbesondere bilaterale Abkommen, die das Besteuerungsrecht im Verhältnis zwischen beiden Staaten aufteilen (*Doppelbesteuerungsabkommen*, siehe dazu Kapitel 19).

Praxis-Tipp

▶▶▶ Auch die Begründung eines Zweitwohnsitzes in Österreich kann zur unbeschränkten Steuerpflicht in Österreich führen. Nach der *Zweitwohnsitzverordnung* besteht allerdings trotz Wohnsitz in Österreich keine unbeschränkte Steuerpflicht, wenn die Wohnung höchstens 70 Tage im Jahr genutzt wird und der Mittelpunkt der Lebensinteressen im Ausland liegt. Voraussetzung ist, dass der Mittelpunkt der Lebensinteressen mindestens für fünf Jahre im Ausland beibehalten wird. Durch diese Vorschrift werden Zweitwohnsitze in Österreich begünstigt. ◀◀◀

15.2.2 Einkunftsarten

Steuergegenstand ist das Einkommen. Dieses besteht im Wesentlichen aus dem Gesamtbetrag der sieben Einkunftsarten nach Ausgleich mit den Verlusten (aus den Einkunftsarten), nach Abzug der Sonderausgaben und nach Abzug der außergewöhnlichen Belastungen.

Die sieben Einkunftsarten bestehen aus *drei betrieblichen Einkunftsarten*
- Einkünfte aus Land- und Forstwirtschaft,
- Einkünfte aus selbständiger Arbeit und
- Einkünfte aus Gewerbebetrieb

sowie *vier außerbetrieblichen Einkunftsarten*
- Einkünfte aus nichtselbständiger Arbeit,
- Einkünfte aus Kapitalvermögen,
- Einkünfte aus Vermietung und Verpachtung und
- sonstige (bestimmte) Einkünfte.

Einkünfte aus Kapitalvermögen, Vermietung/Verpachtung sowie die sonstigen Einkünfte sind sog. *Nebeneinkunftsarten*, sie zählen nur dann als eigene Kategorie, wenn sie nicht im Rahmen eines Gewerbebetriebs, selbständiger Tätigkeit oder eines land- und forstwirtschaftlichen Betriebs erzielt werden (*Subsidiarität*). Zu den sonstigen Einkünften zählen z.B. Einkünfte aus privaten Grundstücksveräußerungen und aus Spekulationsgeschäften.

15.2.3 Höhe der Einkommensteuer

Einkommen in EUR	Einkommensteuer in EUR	Durchschnittssteuersatz	Grenzsteuersatz
bis 11.000	0	0%	0%
11.000 bis 25.000	((Einkommen – 11.000) x 5.110) dividiert durch 14.000	–	36,5%
25.000	5.110	20,44%	
25.000 bis 60.000	5.110 + ((Einkommen – 25.000) x 15.125 dividiert durch 35.000)	–	43,2143%
60.000	20.235	33,725%	
ab 60.000	(Einkommen – 60.000) x 0,5 + 20.235	–	50%

DEUTSCHE RECHTSLAGE IM VERGLEICH

In Deutschland reicht der Einkommensteuertarif von einem Eingangssteuersatz von 14% bis zu einem Spitzensteuersatz von 42%. Ledige unterliegen mit einem Einkommen ab EUR 250.731 bzw. Verheiratete mit einem Einkommen ab EUR 501.461 der »Reichensteuer« mit einem Steuersatz von 45%. Der Grundfreibetrag beträgt seit dem 1. Januar 2014 einheitlich EUR 8.354. In Deutschland erfolgt – im Gegensatz zu Österreich – eine Familienbesteuerung, das heißt, dass es neben dem Grundfreibetrag jedes Ehegatten noch einen Kinderfreibetrag für jedes Kind gibt (längstens bis zum 27. Lebensjahr, soweit das Kind bis dahin noch in der Ausbildung ist).

15.3 Lohnsteuer

15.3.1 Allgemeines

Die Lohnsteuer ist eine Erhebungsform der Einkommensteuer, sie besteuert das Einkommen aus nicht selbstständiger Arbeit bzw. aus früheren Dienstverhältnissen (Löhne, Gehälter, Pensionen, Krankengeld). Der Arbeitgeber behält sie vom Lohn des Arbeitnehmers ein und führt sie an das Finanzamt ab. Es handelt sich dabei also um eine Quellensteuer, die den Unternehmer nicht direkt belastet. Die österreichische Lohnsteuer ist ähnlich der deutschen ausgestaltet.

15.3.2 Höhe der Lohnsteuer

Die Lohnsteuer errechnet sich nach den gleichen Tarifen wie die Einkommensteuer (siehe Tabelle unter 15.2.2).

15.4 Kapitalertragsteuer

Die Kapitalertragsteuer (KESt) ist eine *Erhebungsform der Einkommensteuer* für bestimmte Kapitalerträge. Die KESt wird durch Abzug eingehoben: Der Schuldner der Kapitalerträge hat die KESt in Höhe von 25% einzubehalten und direkt abzuführen. Dies betrifft beispielsweise *Dividenden* aus Aktien oder GmbH-Anteilen, *Zinserträge* aus Geldeinlagen bei Kreditinstituten, Kapitalerträge aus Forderungswertpapieren und Derivaten, Zuwendungen aus Privatstiftungen sowie seit dem Abgabenänderungsgesetz 2011 auch *Einkünfte auf realisierte Wertsteigerungen von Kapitalvermögen (Veräußerungsgewinne)*.

Praxis-Tipp

▸▸▸ Auch ausländische Kapitalerträge können der KESt unterliegen und zwar dann, wenn sie von einer inländischen Stelle ausbezahlt werden. Sonstige ausländische Kapitalerträge unterliegen nicht dem Steuerabzug sondern einem besonderen Steuertarif von 25%. Dies führt zur Gleichbehandlung von inländischen und ausländischen Kapitalerträgen. ◂◂◂

Bestimmte Kapitalerträge sind mit Abzug der KESt überdies *endbesteuert*. Dies bedeutet, dass die Einkommensteuer durch die Einbehaltung der 25% KESt abgegolten ist, die Kapitalerträge müssen nicht in die Einkommensteuererklärung aufgenommen werden. Dies führt zu einem – gegenüber dem Normaltarif von bis zu 50% – begünstigten Steuersatz. Allerdings ist die KESt vom Bruttobetrag der Kapitaleinkünfte zu berechnen, Aufwendungen dürfen nicht abgezogen werden. Endbesteuert sind z.B. Zinserträge aus Geldeinlagen bei Kreditinstituten, Kapitalerträge aus Forderungswertpapieren, Dividenden aus Aktien und GmbH-Anteilen und Zuwendungen aus Privatstiftungen.

Praxis-Tipp

▶▶▶ Die Endbesteuerung gilt grundsätzlich unabhängig davon, ob die Kapitalanlagen im Privat- oder Betriebsvermögen gehalten werden. Eine Ausnahme besteht allerdings für betriebliche Einkünfte aus realisierten Wertsteigerungen von Kapitalvermögen (Veräußerungsgewinne) und betriebliche Einkünfte aus Derivaten. Diese unterliegen zwar dem KESt-Abzug, sind jedoch nicht endbesteuert. Sie unterliegen einem besonderen Steuersatz von 25%. Bei im Betriebsvermögen gehaltenen Kapitalanlagen können Teilwertabschreibungen und Veräußerungsverluste in eingeschränktem Umfang mit anderen betrieblichen Einkünften ausgeglichen werden. ◀◀◀

DEUTSCHE RECHTSLAGE IM VERGLEICH

In Deutschland gibt es für bestimmt Einkünfte aus Kapitalvermögen ebenfalls einen reduzierten Steuersatz in Höhe von 25% (Abgeltungsteuer). Dieser gilt auch für Dividenden und Veräußerungsgewinne, die Anteile an GmbHs oder Aktiengesellschaften betreffen, wenn diese Anteile vom Steuerpflichtigen im Privatvermögen gehalten werden. Werden die Anteile im Betriebsvermögen eines Einkommensteuerpflichtigen gehalten, so unterliegen derartige Erträge dem sogenannten Teileinkünfteverfahren (nur ein Teil von 60% der Einkünfte wird – dann allerdings nach dem regulären Einkommensteuertarif - besteuert; korrespondierend sind auch nur 60% der Betriebsausgaben im Zusammenhang mit den Kapitaleinkünften zum Abzug zugelassen).

Durch das Abgabenänderungsgesetz 2014 werden ab 1.1.2015 die in Österreich steuerpflichtigen Einkünfte aus Kapitalvermögen von beschränkt steuerpflichtigen Personen (die in Österreich weder einen Wohnsitz noch ihren gewöhnlichen Aufenthalt haben) auf sämtliche aus inländischen Quellen stammende Zinszahlungen erweitert: Steuerpflichtig sind künftig sämtliche Zinsen im Sinne des EU-Quellensteuergesetzes und somit beispielsweise auch Erträge aus Bareinlagen und Barsicherheiten, Unternehmens- und Staatsanleihen, Schuldverschreibungen, Einkünfte aus der Beteiligungen an einem Unternehmen als (echter) stiller Gesellschafter sowie aus partiarischen Darlehen. Die Anknüpfung an den Zinsbegriff des EU-Quellensteuergesetzes führt zu einer Erweiterung der beschränkten Steuerpflicht bei Einkünften aus Kapitalvermögen gegenüber der bisherigen Rechtslage.

15.5 Immobilienertragsteuer

Mit dem Abgabenänderungsgesetz 2012 wurde die sog. Immobilienertragsteuer eingeführt: Einkünfte aus der Veräußerung von Grundstücken unterliegen nun einem besonderen Steuersatz von 25%, und zwar grundsätzlich unabhängig davon, ob das Grundstück im Privat- oder Betriebsvermögen gehalten wird. Die Steuer ist bis zum 15. des auf den Zufluss des Veräußerungserlöses zweitfolgenden Kalendermonats an das Finanzamt abzuführen. Damit ist die Einkommensteuer grundsätzlich abgegolten. Bis zum 31.03.2012 war die Veräußerung privater Grundstücke nach Ablauf der zehnjährigen Spekulationsfrist steuerfrei.

Als Einkünfte ist der Unterschiedsbetrag zwischen Veräußerungserlös und Anschaffungskosten anzusetzen. Wurde das Grundstück zur Erzielung von Einkünften verwendet (z.B. vermietet) und Absetzung für Abnutzung steuermindernd geltend gemacht, kürzt diese die Anschaffungskosten. Kosten der Veräußerung (Maklergebühren etc.) dürfen nicht vom Veräußerungserlös abgezogen werden.

Ausnahmen von der Besteuerung bestehen insbesondere für Eigenheime und Eigentumswohnungen, die als Hauptwohnsitz gedient haben (ab der Anschaffung bis zur Veräußerung mindestens zwei Jahre oder innerhalb der letzten zehn Jahre vor der Veräußerung durchgehend fünf Jahre). Weiters ausgenommen sind selbsthergestellte Gebäude, soweit sie innerhalb der letzten zehn Jahre nicht zur Erzielung von Einkünften gedient haben (z.B. selbsthergestellter Zweitwohnsitz).

DEUTSCHE RECHTSLAGE IM VERGLEICH

In Deutschland sind Einkünfte aus der Veräußerung von Grundstücken als private Veräußerungsgeschäfte einkommensteuerpflichtig, wenn zwischen An- und Veräußerung mindestens eine Haltedauer von zehn Jahren eingehalten wird. Ferner kann der An- und Verkauf von Grundstücken sich als sogenannter gewerblicher Grundstückshandel darstellen (Indiz: An- und Verkauf von mehr als drei Objekten innerhalb von 5 Jahren). Dann unterliegen die Veräußerungsgewinne als Einkünfte aus Gewerbebetrieb ebenfalls der Einkommensteuer (und sogar der Gewerbesteuer). Einen besonderen (reduzierten) Steuersatz für Einkünfte aus Immobilien (in Deutschland: Einkünfte aus Vermietung und Verpachtung) kennt das deutsche Steuerrecht nicht.

15.6 Körperschaftsteuer

Für ihre steuerpflichtigen Einkünfte haben juristische Personen wie Kapitalgesellschaften, Vereine oder Genossenschaften keine Einkommensteuer zu entrichten sondern unterliegen der Körperschaftsteuer. Unbeschränkt steuerpflichtig in Österreich sind Körperschaften mit Geschäftsleitung oder Sitz im Inland. Die Körperschaftsteuer wird vom Einkommen berechnet, das nach den einkommensteuerrechtlichen Bestimmungen ermittelt wird. Im Gegensatz zur Einkommensteuer unterliegt die Körperschaftsteuer keinem progressiv gestaffelten Tarif sondern einem einheitlichen Steuersatz i.H.v. 25% (unter Bedachtnahme von möglichen steuerlichen Abzugsposten liegt die effektive Körperschaftsteuerbelastung bei 21%).

Im Vergleich zu einer natürlichen Person hat eine Kapitalgesellschaft ex lege ausschließlich Einkünfte aus Gewerbebetrieb (zu den Einkunftsarten siehe oben Punkt 15.2.2).

Für den Fall, dass eine Kapitalgesellschaft keinen Gewinn erwirtschaftet, wird eine Mindest-Körperschaftsteuer (»Mindest-KöSt«) i.H.v. EUR 1.750 bei der GmbH und EUR 3.500 bei der AG pro Jahr erhoben. Diese in Verlustjahren anfallende Besteuerung kann jedoch in darauffolgenden Gewinnjahren auf die Körperschaftseuer angerechnet werden. Für neu gegründete GmbHs besteht eine Gründungsprivilegierung: Die Mindeststeuer für die ersten fünf Jahre ist auf EUR 500 pro Jahr reduziert und in den nachfolgenden fünf Jahren auf EUR 1.000. Die reguläre Mindeststeuer ist somit erst ab dem elften Jahr nach der Neugründung zu zahlen (Abgabenänderungsgesetz 2014).

Dividenden von österreichischen Kapitalgesellschaften sind bei der empfangenden Kapitalgesellschaft unabhängig von Höhe und Dauer der Beteiligung von der Körperschaftsteuer befreit.

Gewinnanteile und Veräußerungsgewinne aus Beteiligungen an ausländischen Kapitalgesellschaften sind bei Zutreffen mehrerer Bedingungen (Mindestbeteiligung in Höhe von 10%, Behaltedauer von über einem Jahr, kein Missbrauch) ebenfalls steuerfrei. Zudem können unter bestimmten Voraussetzungen auch Portfoliodividenden (d.h. Dividenden aus einer Beteiligung von weniger als 10%) von EU-Gesellschaften steuerfrei sein.

In Deutschland werden Gewinne der GmbH mit einem einheitlichen Körperschaftsteuersatz von derzeit 15% besteuert, unabhängig davon, ob die Gewinne im Unternehmen verbleiben oder ausgeschüttet werden.

Auf Ebene der Anteilseigner ist die steuerliche Einordnung von ausgeschütteten Dividenden davon abhängig, ob es sich um eine natürliche Person oder um eine Kapitalgesellschaft handelt:

- Natürliche Personen: Erfolgt die Gewinnausschüttung im Rahmen des Betriebsvermögens ist das so genannte Teileinkünfteverfahren (siehe oben) anzuwenden. Wird die Beteiligung im Privatvermögen gehalten, ist der Regelfall die Anwendung der Abgeltungsteuer (siehe oben).
- Kapitalgesellschaft: Gewinne sind vollumfänglich steuerfrei. Es besteht aber ein pauschales Betriebsausgabenabzugsverbot in Höhe von 5%. De facto führt dies zu einer Körperschaftsteuerbelastung von 0,75%.

15.7 Kommunalsteuer (AT) – Gewerbesteuer (DE)

Österreich hat die Gewerbesteuer 1994 abgeschafft, dafür wird eine Kommunalsteuer durch die Gemeinden eingehoben. Die Höhe der Kommunalsteuer beträgt 3% der Bemessungsgrundlage. Die Bemessungsgrundlage ist

- die an Arbeitnehmer und Arbeitnehmerinnen gewährte monatliche Bruttolohnsumme einer im Inland gelegenen Betriebsstätte,
- die monatlichen Bezüge bzw. Vergünstigungen an wesentliche beteiligte Gesellschafter – Geschäftsführer von Kapitalgesellschaften

Praxis-Tipp

▶▶▶ Sonderregelungen bestehen für Arbeitskräfte, die aus dem Ausland überlassen werden. ◀◀◀

Mit der Gewerbesteuer wird der Gewinn von Gewerbebetrieben besteuert. Die Gewerbesteuer ist eine Ertragsteuer und fließt den Gemeinden zu. Im Zuge der Unternehmenssteuerreform 2008 wurde eine einheitliche Gewerbesteuermesszahl von 3,5% festgelegt; der Hebesatz differiert von Gemeinde zu Gemeinde zwischen 200 und 500% (Gewerbesteuer = Gewinn aus Gewerbebetrieb (abzgl. Freibetrag für Personenunternehmen) x Gewerbesteuermesszahl x Hebesatz). Die Gewerbesteuer ist eine deutsche Ausnahmeerscheinung und existiert in dieser Form in Österreich nicht. Personenunternehmen dürfen die Gewerbesteuer (pauschal in Höhe des 3,5-fachen Gewerbesteuermessbetrages (= Gewinn aus Gewerbebetrieb x Gewerbesteuermesszahl) von der Einkommensteuer abziehen.

16 Gruppenbesteuerung

Bei der Gruppenbesteuerung handelt es sich um eine Ausnahme des in Österreich herrschenden Grundsatzes der Individualbesteuerung (Trennungsprinzip bei Körperschaften), ähnlich der deutschen Organschaft mit deutlich weiteren Anwendungsmöglichkeiten. Die wesentlichen Voraussetzungen für die Anwendbarkeit der Gruppenbesteuerung sind die ausreichende finanzielle Verbindung (liegt bei einer Kapitalbeteiligung von mehr als 50% vor), die Stimmrechtsmehrheit und ein Verbleiben in der Gruppe für zumindest drei Jahre. Eine Gruppe besteht in der Regel aus einem Gruppenträger und den Gruppenmitgliedern, an denen der Gruppenträger direkt oder indirekt über andere Gruppenmitglieder beteiligt ist. Die finanzielle Verbindung des Gruppenträgers zum Gruppenmitglied muss für das gesamte Wirtschaftsjahr der jeweiligen Körperschaft bestehen.

Gruppenträger können insbesondere unbeschränkt steuerpflichtige Kapitalgesellschaften sein sowie vergleichbare ausländische Körperschaften in EU- oder EWR-Mitgliedstaaten, wenn diese in Österreich eine eingetragene Zweigniederlassung haben und die Beteiligung an den Gruppenmitgliedern der Zweigniederlassung zuzurechnen ist. Gruppenmitglieder können insbesondere unbeschränkt steuerpflichtige Kapitalgesellschaften sein sowie vergleichbare ausländische Körperschaften, die in einem Mitgliedstaat der Europäischen Union oder in einem Staat, mit dem eine umfassende Amtshilfe besteht, ansässig sind.

Die Gruppenbesteuerung ermöglicht einen sofortigen Ausgleich von Gewinnen und Verlusten innerhalb einer Unternehmensgruppe und führt somit zu einer Gesamtsteuerstundung im Konzern. Das steuerpflichtige Einkommen sämtlicher Gruppenmitglieder wird kaskadenartig dem jeweiligen übergeordneten Gruppenmitglied zugerechnet. Erst der Gruppenträger hat das Gesamtergebnis der Gruppenmitglieder mit seinem eigenen Gewinn oder Verlust zu vereinigen und dieses Ergebnis der KöSt zu unterstellen. Sollte sich am Ende der Zurechnung ein Gesamtverlust ergeben, ist dieser vortragsfähig und kann in den nächsten Jahren beim Gruppenträger verrechnet werden. Zur Zurechnung im Detail siehe sogleich unten.

Darüber hinaus ist auch die Bildung von sog. »Mehrmüttergruppen« (Beteiligungsgemeinschaft) möglich, wenn ein Kerngesellschafter 40% hält und die restlichen Mitglieder der Beteiligungsgemeinschaft mit mindestens 15% beteiligt sind. Eine derartige Konstellation ermöglicht beispielsweise Mitgliedern von Joint Ventures eine selbstständige und unabhängige Steuerplanung.

DEUTSCHE RECHTSLAGE IM VERGLEICH

Wie in Österreich muss der deutsche Organträger an der Organgesellschaft von Beginn des Wirtschaftsjahres an ununterbrochen in einem solchen Maße beteiligt sein, dass ihm die Mehrheit der Stimmrechte aus den Anteilen an der Organgesellschaft zusteht (= finanzielle Eingliederung). Mittelbare Beteiligungen sind zu berücksichtigen, wenn die Beteiligung an jeder vermittelnden Gesellschaft die Mehrheit der Stimmrechte gewährt. Im Gegensatz zum österreichischen Recht muss der Gewinnabführungsvertrag auf mindestens fünf Jahre abgeschlossen sein. Ferner ist ein Verlustvor- oder –rücktrag nicht zulässig. Ein weiterer Unterschied ist, dass in Deutschland ab dem Veranlagungszeitraum 2003 eine Mehrmütterorganschaft nicht mehr anerkannt wird. Auch kennt das deutsche Steuerrecht bislang keine grenzüberschreitende Verlustverrechnung.

16.1 Zurechnung bei österreichischen Gruppenmitgliedern

Die Ergebnisse von Gruppenmitgliedern, die in Österreich ihren Sitz haben, werden dem Gruppenträger unabhängig vom Ausmaß der Beteiligung zu 100% zugerechnet.

16.2 Zurechnung bei ausländischen Gruppenmitgliedern

Der Gruppenträger kann sich Ergebnisse von ausländischen Gruppenmitgliedern nur zurechnen lassen, wenn die Anteile daran unmittelbar von österreichischen Gruppenmitgliedern gehalten werden (Töchter von ausländischen Gruppenmitgliedern können also nicht mehr in die Gruppe eingebunden werden). Verluste können auch nur im Ausmaß der Beteiligung verwertet werden. Nach dem Abgabenänderungsgesetz 2014 ist die Verrechnung ausländischer Verluste zudem mit 75% der inländischen Einkommen (d.h. sämtlicher unbeschränkt steuerpflichtiger Gruppenmitglieder sowie des Gruppenträgers) beschränkt. 25% der positiven inländischen Einkommen werden somit jedenfalls besteuert. Insoweit dadurch Verluste nicht verrechnet werden können, sind sie beim Gruppenträger vortragfähig und können in Folgejahren (unter Beachtung der 75%-Grenze) mit Gewinnen verrechnet werden.

Gewinne sind grundsätzlich nicht zu beachten, da Österreich für diese kein Besteuerungsrecht hat.

Wurden ausländische Verluste beim Gruppenträger verwertet, müssen diese im Zeitpunkt der Verlustverwertung im Ausland in Österreich nachversteuert werden (keine Doppelverwertung von Verlusten).

16.3 Steuerliche Behandlung von Beteiligungen in der Gruppe

- Bei der Begründung einer Gruppe kann die finanzielle Eingliederung, die eigentlich während des gesamten Wirtschaftsjahres bestehen sollte, durch Umgründungen rückwirkend hergestellt werden.
- Bei der Übertragung von Beteiligungen innerhalb der Gruppe hat der Rechtsnachfolger den steuerlich maßgebenden Buchwert unter Beachtung der allgemeinen steuerlichen Regelungen der Beteiligung fortzuführen.
- Kommt es zu Vermögensübertragungen innerhalb der Gruppe, gelten diese nicht als Änderungen der Voraussetzungen für die Gruppenzugehörigkeit, solange die finanzielle Eingliederung in die Gruppe bestehen bleibt.
- Gewinne, die durch eine Veräußerung von Beteiligungen an inländischen Gruppenmitgliedern erzielt wurden, sind grundsätzlich steuerpflichtig. Verluste aus solchen Geschäften können über einen Zeitraum von sieben Jahren steuerwirksam geltend gemacht werden.
- Verfügte ein Gruppenmitglied oder der Gruppenträger bereits vor Gründung der Gruppe über steuerliche Verlustvorträge, kann es diese in die Gruppe mitnehmen. Dabei kann es sich um sog. *Vorgruppenverluste* handeln, die aus Zeiträumen vor Wirksamwerden der Unternehmensgruppe stammen, oder um sog. *Außergruppenverluste*, die durch Umgründungen von einem gruppenfremden Rechtsträger durch Einbringungsvertrag auf ein Gruppenmitglied übertragen werden. Die Vor- bzw. Außergruppenverluste des Gruppenträgers können mit dem gesamten Gruppenergebnis verrechnet werden, während solche Verlus-

te von Gruppenmitgliedern nur bis zur Höhe des eigenen Gewinns des jeweiligen Gruppenmitglieds verrechnet werden können. Diese Regelung ermöglicht somit die Einbringung verlustiger Gesellschaften in die Gruppe und schnelle Verlustverwertung aufgrund des gruppeninternen Ausgleichs mit profitableren Gruppenmitgliedern.

16.4 Firmenwertabschreibung

Innerhalb der Gruppe ist bei Beteiligungen, die vor dem 1.3.2014 angeschafft wurden, eine Firmenwertabschreibung auch für Share Deals möglich. Eine Firmenwertabschreibung ist allerdings nur zulässig, wenn eine unmittelbare Beteiligung an einer betriebsführenden inländischen Körperschaft erworben und diese sodann in die Gruppe aufgenommen wird.

Als Firmenwert angesetzt werden kann der Unterschiedsbetrag zwischen dem handelsrechtlichen Eigenkapital zuzüglich stiller Reserven im nicht abnutzbaren Anlagevermögen und den steuerlichen Anschaffungskosten, maximal jedoch 50% der Anschaffungskosten. Der so ermittelte Firmenwert ist gleichmäßig über 15 Jahre abzuschreiben.

Für ab dem 1.3.2014 angeschaffte Beteiligungen ist keine Firmenwertabschreibung mehr möglich (Abgabenänderungsgesetz 2014). Noch nicht abgesetzte Fünfzehntel aus bestehenden Beteiligungen können weiterhin abgesetzt werden, sofern sich der potentielle Steuervorteil aus der Firmenwertabschreibung auf die Kaufpreisfindung auswirken konnte.

Praxis-Tipp

▸▸▸ Im Unterschied zum Asset-Deal ist beim Beteiligungserwerb (Share –Deal) ohne Gruppenbildung eine Firmenwert- oder Kaufpreisabschreibung nicht möglich. Lediglich bei Werteverlust kann bzw. muss eine Teilwertabschreibung erfolgen. Diese ist steuerrechtlich nur verteilt über sieben Jahre wirksam. Durch die Einführung der Gruppenbesteuerung (2005) wurde der Share-Deal dem Asset-Deal diesbezüglich angenähert. Diese Annäherung wurde durch das Abgabenänderungsgesetz 2014 jedoch wieder beseitigt. ◂◂◂

16.5 Finanzierung des Beteiligungserwerbs

Seit 2005 sind Zinsen in Zusammenhang mit der Fremdfinanzierung des Erwerbs von Kapitalanteilen an einer österreichischen GmbH oder AG steuerlich abzugsfähig. Abzugsfähig sind jedoch nur Zinsen im engeren Sinn (*enger Zinsbegriff*), nicht jedoch sonstige Finanzierungskosten.

Praxis-Tipp

▸▸▸ Die Abzugsfähigkeit von Fremdkapitalzinsen gilt nicht bei Erwerb innerhalb des Konzerns. Ebenso wenig bei Konzernfinanzierungen (z.B. über Gesellschafterdarlehen), wenn die Zinseinkünfte bei der empfangenden Gesellschaft entweder steuerbefreit sind oder einem Steuersatz bzw. einer tatsächlichen Steuerbelastung von weniger als 10% unterliegen (Abgabenänderungsgesetz 2014). In diesen Fällen sind die Fremdkapitalzinsen nicht abzugsfähig. Mit dieser Neuregelung des Abzugsverbots für Zinsen (und Lizenzzahlungen) hat Österreich einer Empfehlung der OECD entsprochen, um der Verschiebung von Steuerbemessungsgrundlagen in internationalen Konzernen entgegenzuwirken. Für die Steuerpflichtigen kommt es dadurch zu erhöhten Nachweispflichten. ◂◂◂

Wenn die Käufergesellschaft eine reine Holding ist, die in erster Linie steuerbefreite Beteiligungserträge erzielt, können die Fremdkapitalzinsen steuerlich nicht verwertet werden. Eine Übertragung der Kaufpreisverbindlichkeit auf die operative Tochtergesellschaft (z.B. im Wege einer Verschmelzung; sog. *Debt Push-Down*) scheitert an den sehr strengen österreichischen Kapitalerhaltungsvorschriften, die nicht nur das Nominalkapital sondern das gesamte Gesellschaftsvermögen schützen.

Durch die Schaffung einer steuerlichen Unternehmensgruppe kann der Effekt eines Debt Push-Down erzielt werden, indem das Ergebnis der operativen Gesellschaft der Akquisitionsgesellschaft zugerechnet und dort mit den Fremdkapitalzinsen steuerwirksam verrechnet werden kann. Infolge der Einführung der Gruppenbesteuerung kam es diesbezüglich zu einer Annäherung der Steuerwirkungen des Share Deal an den Asset Deal, bei dem Finanzierungskosten steuerlich voll absetzbar sind.

DEUTSCHE RECHTSLAGE IM VERGLEICH

Zinsen und andere Finanzierungsaufwendungen im Zusammenhang mit dem Beteiligungserwerb sind grundsätzlich abzugsfähig. Beschränkungen ergeben sich nur aus der sogenannten Zinsschranke, die nur einen (Netto)Zinsaufwand von weniger als EUR 3 Mio. je Veranlagungsjahr unbeschränkt zum Abzug zulässt. Darüber hinaus ist die Abzugsfähigkeit nur unter bestimmten Voraussetzungen gegeben.

17 Österreichische Tochtergesellschaft und Betriebsstätte aus steuerlicher Sicht

17.1 Die Österreichische Tochtergesellschaft

17.1.1 Allgemeines

Eine österreichische Tochtergesellschaft in Form einer GmbH oder AG ist, sofern sie Sitz oder Ort der Geschäftsleitung in Österreich hat, in Österreich unbeschränkt steuerpflichtig. Ihre Gewinne unterliegen der 25%igen Körperschaftsteuer (KöSt.). Zur KöSt. siehe bereits Kapitel 15.2.

Beim Erwerb einer Beteiligung an einer österreichischen Kapitalgesellschaft im Betriebsvermögen (sog. *Share Deal*), ist diese mit ihren Anschaffungskosten (und Anschaffungsnebenkosten wie z.B. Transaktionskosten und Grunderwerbsteuer) in die Bilanz aufzunehmen. In weiterer Folge ist bei einer Beteiligung mangels Abnutzbarkeit *keine laufende Abschreibung* möglich. Stille Reserven sowie Firmenwert können daher während der Behaltedauer grundsätzlich nicht steuermindernd verwertet werden. Nur bei einer Wertminderung der Beteiligung ist eine steuerwirksame Abschreibung (verteilt über sieben Jahre) möglich. Um den Share Deal gegenüber dem Asset Deal (siehe dazu sogleich unten) nicht übermäßig zu benachteiligen, wurde 2005 die Möglichkeit der Bildung einer Steuergruppe geschaffen, innerhalb der eine Firmenwertabschreibung sowie Effekte eines *Debt Push-Down* erzielt werden können. Allerdings wurde durch das Abgabenänderungsgesetz 2014 die Möglichkeit der Firmenwertabschreibung für ab dem 01.03.2014 erworbene Beteiligungen wieder beseitigt (siehe dazu näher in Kapitel 16).

Veräußert eine in Deutschland ansässige Kapitalgesellschaft ihre Beteiligung an der österreichischen Tochtergesellschaft, so ist das Besteuerungsrecht der Republik Österreich am Veräußerungsgewinn aufgrund des Doppelbesteuerungsabkommens (DBA) Österreich-Deutschland grundsätzlich ausgeschlossen. Veräußerungsgewinne können daher (aufgrund des DBA) ausschließlich in Deutschland besteuert werden. Eine Ausnahme besteht für Immobiliengesellschaften.

DEUTSCHE RECHTSLAGE IM VERGLEICH

Gewinne aus der Veräußerung österreichischer Beteiligungen unterliegen grundsätzlich – unbeschränkte Steuerpflicht des Verkäufers in Deutschland vorausgesetzt – der deutschen Besteuerung. Ist der Verkäufer eine in Deutschland steueransässige Kapitalgesellschaft, so gelten die allgemeinen Regeln der deutschen Besteuerung von Kapitalgesellschaften (weitgehende Steuerfreiheit von Gewinnen aus der Veräußerung von Kapitalgesellschaftsanteilen (siehe Kapitel 15) und Besteuerung von Gewinnen aus der Veräußerung von Personenunternehmen oder Beteiligungen hieran mit 15% Körperschaftsteuer zzgl. Solidaritätszuschlag (in Höhe von 5,5% der Körperschaftsteuer) sowie mit Gewerbesteuer (7–14% je nach anwendbarem Hebesatz). Ist der Verkäufer ein Einkommensteuersubjekt so gelten die allgemeinen Besteuerungsregeln (Abgeltungsteuer bei Kapitalgesellschaftsanteilen im Privatvermögen; Teileinkünfteverfahren, wenn diese im Privatvermögen gehalten werden). Die Abschreibung auf Kapitalgesellschaftsbeteiligungen ist in Deutschland nur in Ausnahmefällen möglich und zwar als sogenannte Teilwertabschreibung. Diese kommt nur in Betracht, wenn die Beteiligung sich als Fehlinvestition herausgestellt hat oder die Beteiligung nachhaltig (für einen Zeitraum von mindestens 3 bis 5 Jahren Verluste generiert). Die Abschreibung eines Geschäfts- oder Firmenwertes kennt das deutsche Steuerrecht nur im Zusammenhang mit dem Erwerb von Assets oder auch (Anteilen an) Personenunternehmen. Die Abschreibungsdauer für einen Firmenwert beträgt 15 Jahre.

Der Anteilskauf ist (unecht) umsatzsteuerbefreit. Auch Rechtsgeschäftsgebühren fallen für den Share Deal nicht an.

Praxis-Tipp

▸▸▸ Hält die Zielgesellschaft Grundstücke in ihrem Vermögen und kommt es durch den Anteilserwerb zu einer Vereinigung sämtlicher Anteile in der Hand des Erwerbers, fällt Grunderwerbsteuer (GrESt) an. Die GrESt beträgt 3,5% vom dreifachen Einheitswert der im Vermögen der Zielgesellschaft befindlichen Grundstücke. ◂◂◂

17.1.2 Laufende Gewinnausschüttung

Grundsätzlich hat eine österreichische Kapitalgesellschaft von den *Gewinnausschüttungen an ihre Gesellschafter* Kapitalertragsteuer einzubehalten und abzuführen. Dies gilt auch bei im Ausland ansässigen Gesellschaftern, die in Österreich der beschränkten Steuerpflicht unterliegen (sog. *Quellensteuer, withholding tax*).

Ausnahmen von diesem Grundsatz bestehen, wenn bilaterale Doppelbesteuerungsabkommen (DBA) das Besteuerungsrecht des Quellenstaats (in diesem Fall Österreich) beschränken: Dies kann durch eine vollständige Befreiung von der Quellensteuer oder Reduktion des Steuertarifs erfolgen. Das DBA zwischen Österreich und Deutschland sieht für Dividenden einen maximalen Quellensteuertarif von 5% bei Beteiligungen von mindestens 10% vor; bei sonstigen Beteiligungen (unter 10%) darf die Quellensteuer 15% des Bruttobetrags der Dividenden nicht übersteigen.

Praxis-Tipp

Steuerbefreiung für Konzerndividenden
▸▸▸ Aufgrund unionsrechtlicher Bestimmungen (Mutter-Tochter-Richtlinie 2011/96/EU) muss jedoch Österreich auf das (nach dem DBA grundsätzlich bestehende) Besteuerungsrecht hinsichtlich der Quellensteuer auf Konzerndividenden gänzlich verzichten, wenn die Beteiligung mindestens in Höhe von 10% besteht und über mindestens ein Jahr gehalten wird. Dies bedeutet, dass Dividenden, die von der österreichischen Tochtergesellschaft an eine deutsche Muttergesellschaft ausgeschüttet werden, in Österreich gänzlich steuerfrei sind, sofern Mindestbeteiligungshöhe (10%) und Mindestbehaltedauer (1 Jahr) erfüllt sind. ◂◂◂

17.1.3 Beteiligungen der Tochtergesellschaft

Hält die österreichische Tochtergesellschaft ihrerseits Beteiligungen an inländischen oder ausländischen Körperschaften, gilt Folgendes:

Gewinnausschüttungen (Dividenden) aus Beteiligungen *an inländischen* Körperschaften sind generell steuerbefreit (*Beteiligungsertragsbefreiung*), und zwar unabhängig von der Beteiligungshöhe.

Erträge aus Beteiligungen *an ausländischen* Körperschaften in EU- oder EWR-Staaten sind ebenfalls – unabhängig von der Beteiligungshöhe – steuerbefreit. Dasselbe gilt für Staaten, mit denen umfassende Amtshilfe besteht. Sonstige ausländische Beteiligungserträge sind nur dann befreit, wenn die Körperschaft, an der die Beteiligung besteht, mit einer inländischen Körperschaft vergleichbar ist, die Beteiligung zumindest im Ausmaß von 10% und ununterbrochen über mindestens ein Jahr besteht (*internationale Schachtelbeteiligung*).

Gewinne aus der Veräußerung von inländischen Beteiligungen sind steuerpflichtig. Demgegenüber sind Veräußerungsgewinne aus internationalen Schachtelbeteiligungen steuerfrei. Diese Begünstigung soll Österreich international als Holdingstandort besonders attraktiv gestalten.

◼ Praxis-Tipp

Internationale Schachtelbeteiligung
▸▸▸ Unterbleibt auch im Ausland (Ansässigkeitsstaat der Gesellschaft, an der die internationale Schachtelbeteiligung besteht) die Besteuerung des Veräußerungsgewinns, wie es in den meisten bilateralen DBA vorgesehen ist, ist der Veräußerungsgewinn der internationalen Schachtelbeteiligung gänzlich steuerfrei (doppelte Nichtbesteuerung). ◂◂◂

Aufgrund der Steuerbefreiung für Veräußerungsgewinne ist bei internationalen Schachtelbeteiligungen im Fall eines Wertverlusts keine steuerlich wirksame Teilwertabschreibung möglich (*Steuerneutralität*). Es besteht allerdings die Möglichkeit, zum Zeitpunkt der Anschaffung in die *Steuerwirksamkeit zu optieren*: Dann sind Veräußerungsgewinne steuerpflichtig. Bei Wertverlust ist eine Teilwertabschreibung zulässig, und ein Veräußerungsverlust ist ebenfalls steuerwirksam. Gewinnausschüttungen (Dividenden) bleiben jedoch auch bei Ausübung der Option steuerfrei.

Soweit Teilwertabschreibungen oder Veräußerungsverluste steuerwirksam sind, sind diese über sieben Jahre zu verteilen.

17.2 Die Österreichische Betriebsstätte

17.2.1 Allgemeines

Eine Betriebsstätte ist kein Rechtsträger und daher auch kein selbstständiges Steuersubjekt. Eigentümer des zur Betriebsstätte gehörigen Betriebsvermögens sowie Vertragspartner sämtlicher Verträge, die im Betrieb der Betriebsstätte geschlossen werden, ist somit stets der die Betriebsstätte betreibende Rechtsträger, z.B. eine deutsche Kapitalgesellschaft.

Wird ein Betrieb erworben, der steuerlich eine Betriebsstätte des Käufers begründet, so ist der Erwerb als sog. *Asset Deal* zu qualifizieren. Dies bedeutet, dass jedem einzelnen Wirtschaftsgut des übertragenen Betriebes der auf ihn entfallende Teil des Kaufpreises zuzuordnen ist. Mit diesem Wert wird das betreffende Wirtschaftsgut in die Bilanz des Erwerbers aufgenommen (Anschaffungskosten), und von ihm berechnet sich bei abnutzbarem Betriebsvermögen die zukünftige Abschreibung. Es kommt daher aus Sicht des Käufers zu einer Aufdeckung der im übertragenen Vermögen enthaltenen stillen Reserven und – gegenüber der ursprünglichen Bilanz des Veräußerers – durch Erhöhung der Bemessungsgrundlage zur Schaffung von Abschreibungspotenzial (sog. *Step-up*).

Praxis-Tipp

▸▸▸ Der Step-up stellt einen zentralen Vorteil des Asset Deal gegenüber dem Anteilskauf (Share Deal) dar. Beim Anteilskauf wird aus stillen Reserven im Betriebsvermögen der Zielgesellschaft kein Abschreibungspotenzial geschaffen, da die Beteiligung nur bei Wertminderung abgeschrieben werden kann (und selbst dann nur verteilt über sieben Jahre). ◂◂◂

Der Anteil des Kaufpreises, der nicht den einzelnen Wirtschaftsgütern zugeordnet werden kann, ist als Firmenwert zu aktivieren und über 15 Jahre abzuschreiben. Dadurch wird in den Folgejahren nach dem Erwerb ebenfalls die Steuerbemessungsgrundlage reduziert.

Praxis-Tipp

▸▸▸ In der Firmenwertabschreibung liegt ein zentraler Vorteil des Asset Deal. Beim Anteilskauf war bisher eine Firmenwertabschreibung durch Bildung einer Steuergruppe möglich. Durch das Abgabenänderungsgesetz 2014 wurde jedoch diese Möglichkeit für Beteiligungen, die ab dem 1.3.2014 erworben werden, beseitigt. Für Beteiligungen, die vor diesem Zeitpunkt angeschafft wurden, bleibt die Firmenwertabschreibung weiterhin zulässig unter der Voraussetzung, dass sich der mögliche steuerliche Vorteil aus der Firmenwertabschreibung auf die Bemessung des Kaufpreises auswirken konnte (siehe Kapitel 16). ◂◂◂

DEUTSCHE RECHTSLAGE IM VERGLEICH

Die deutsche Situation beim Asset Deal entspricht derjenigen in Österreich (step up). Hinzuschreibungen sind primär bei den erworbenen Wirtschaftsgütern zu machen, soweit dort stille Reserven bestehen. Besteht darüber hinaus noch ein nicht zugeordneter Kaufpreisteil, so kann dieser als Geschäfts- oder Firmenwert ausgewiesen werden. Die Abschreibungsdauer für diesen beträgt 15 Jahre.

Bei Veräußerung des Betriebs einer Betriebsstätte ist der Veräußerungsgewinn (ebenso wie bei Veräußerung einzelner zur Betriebsstätte gehöriger Wirtschaftsgüter) steuerpflichtig. Ist der verkaufende Rechtsträger in Deutschland ansässig, steht gemäß DBA Österreich-Deutschland das Besteuerungsrecht am Veräußerungsgewinn Österreich zu. Deutschland hat die Einkünfte von der Besteuerung auszunehmen (sog. Befreiungsmethode zur Vermeidung der Doppelbesteuerung).

Praxis-Tipp

▸▸▸ Vorhandene Verlustvorträge hat der Veräußerer mit dem Veräußerungsgewinn zu verrechnen, sie gehen nicht auf den Erwerber über. ◂◂◂

Der Verkauf des Betriebs einer Betriebsstätte unterliegt in Österreich als Geschäftsveräußerung der *Umsatzsteuer*. Bemessungsgrundlage ist der auf die übertragenen Gegenstände jeweils entfallende Kaufpreisanteil. Je nach Gegenstand kann ein unterschiedlicher Tarif oder auch eine Steuerbefreiung (z.B. für Liegenschaften oder Beteiligungen) zur Anwendung kommen. Jener Kaufpreisanteil, der den einzelnen Wirtschaftsgütern nicht zugeordnet werden kann, unterliegt als Firmenwert 20% USt. Zur Möglichkeit der Überrechnung siehe bereits Kapitel 15.1.1.

Zu beachten ist darüber hinaus, dass je nach übertragenem Wirtschaftsgut auch *Rechtsgeschäftsgebühren* ausgelöst werden können. Insbesondere fällt bei Übertragung von Forderungen und Rechten Zessionsgebühr in Höhe von 0,8% des auf diese Forderungen bzw. Rechte entfallenden Kaufpreisanteils an. Auch bei der Übernahme von Verträgen besteht ein Gebührenrisiko. Gebührenschuldner sind sowohl Verkäufer als auch Erwerber. Im Einzelfall ist jedenfalls eine konkrete gebührenrechtliche Beurteilung zu empfehlen, um Haftungsrisiken zu vermeiden.

DEUTSCHE RECHTSLAGE IM VERGLEICH

Die Geschäftsveräußerung im Ganzen unterliegt in Deutschland nicht der Umsatzsteuer.

17.2.2 Laufende Gewinne und Verluste der Betriebsstätte

Eine Kapitalgesellschaft, die in Österreich weder Sitz noch Ort der Geschäftsleitung hat, unterliegt in Österreich der *beschränkten Steuerpflicht*. Diese erstreckt sich auf die im Inland erzielten Einkünfte (Inlandsanknüpfung).

Unterhält eine deutsche Kapitalgesellschaft in Österreich eine Betriebsstätte, so sind sämtliche Einkünfte, die der Betriebsstätte zuzurechnen sind, als Einkünfte aus Gewerbebetrieb anzusehen. Der *Betriebsstättengewinn* ist *in Österreich steuerpflichtig*. Die Betriebsstätte selbst ist mangels Rechtspersönlichkeit kein Steuersubjekt. Steuerschuldner ist daher stets der ausländische in Österreich nur beschränkt steuerpflichtige Rechtsträger (hier die deutsche Kapitalgesellschaft). In Deutschland ist der Gewinn der Betriebsstätte nach dem DBA Österreich-Deutschland steuerfrei (sog. Befreiungsmethode zur Vermeidung der Doppelbesteuerung).

Praxis-Tipp

▶▶▶ Unternehmensgewinne, die eine deutsche GmbH in Österreich außerhalb einer Betriebsstätte erzielt, sind aufgrund des DBA Österreich-Deutschland grundsätzlich ausschließlich in Deutschland steuerpflichtig. Beispielsweise sind Einkünfte, die von einer deutschen GmbH aus kaufmännischer oder technischer Beratung in Österreich erzielt werden, in Österreich aufgrund des DBA steuerfrei und nur in Deutschland zu versteuern. ◀◀◀

Gehören zum Betriebsstättenvermögen *Beteiligungen* an österreichischen Kapitalgesellschaften, sind die Beteiligungserträge steuerfrei. Beteiligungsveräußerungen sind steuerpflichtig. Bei Beteiligungen an ausländischen EU-Kapitalgesellschaften sind Dividenden aufgrund unionsrechtlicher Vorgaben ebenfalls steuerbefreit. Veräußerungsgewinne sind nur dann steuerfrei, wenn die Voraussetzungen für internationale Schachtelbeteiligungen vorliegen (siehe dazu bereits oben Punkt 17.1.2).

Praxis-Tipp

▶▶▶ Einkünfte aus der österreichischen Betriebsstätte sind in Österreich zu veranlagen: Die deutsche Kapitalgesellschaft hat in Österreich eine Steuererklärung für beschränkt Steuerpflichtige zu erstellen. Betriebsausgaben sind abzugsfähig, soweit sie mit den Einnahmen der Betriebsstätte wirtschaftlich zusammenhängen. ◀◀◀

Erwirtschaftet die österreichische Betriebsstätte einen Verlust, so kann ein ausländischer Rechtsträger diesen Verlust als Verlustvortrag grundsätzlich nur soweit berücksichtigen, als der Verlust die ausländischen (positiven) Einkünfte überstiegen hat. Der Verlust ist somit primär im Ausland (d.h. im Ansässigkeitsstaat des Rechtsträgers) zu verwerten und nur subsidiär in Österreich (als Quellenstaat).

Praxis-Tipp

▶▶ Aufgrund des im DBA Österreich-Deutschland verankerten Diskriminierungsverbots für Betriebsstätten, darf die Verwertung der Betriebsstättenverluste in Österreich nicht eingeschränkt werden. Eine Beschränkung ist daher nur dann zulässig, wenn es andernfalls zu einer doppelten Verlustverwertung (in Österreich und in Deutschland) kommen würde. Soweit die Verluste nur in Österreich verwertet werden, sind sie somit in voller Höhe vortragsfähig. ◀◀

18 Exkurs: Wohnsitzverlegung, Privatstiftung

18.1 Wohnsitzverlegung

Allgemeines

Bei einem Wegzug von Deutschland nach Österreich werden aufgrund der Anwendbarkeit von Doppelbesteuerungsabkommen (DBA) weitgehend die beim Wegzug in ein Nicht-DBA-Land eintretenden negativen steuerlichen Folgen vermieden. Auch ermöglicht der Wegzug nach Österreich die Beibehaltung eines deutschen Nebenwohnsitzes, da trotz weiterhin bestehender unbeschränkter Steuerpflicht in Deutschland aufgrund des DBA die Besteuerungsrechte der meisten Einkünfte Deutschland entzogen werden.

Wegfall Erbschaftsteuer-DBA

Als Reaktion auf das Auslaufen der österreichischen Erbschaftsteuer im Juli 2008 kündigte Deutschland das DBA zwischen Deutschland und Österreich bezüglich der Erbschaftsteuer zum Jahresende 2007. Die Kündigung hat zur Folge, dass, will man sich der deutschen Erbschaftsbesteuerung entziehen, man nicht einmal mehr seinen gewöhnlichen Aufenthalt in Deutschland haben darf. Will man daher ab dem 31.07.2008 in Österreich steuerfrei erben oder schenken, darf man weder Wohnsitz noch gewöhnlichen Aufenthalt in Deutschland haben und muss sich als deutscher Staatsbürger schon mehr als fünf Jahre im Ausland aufgehalten haben, ohne einen Wohnsitz in Deutschland gehabt zu haben.

Vor dem Hintergrund des Wegfalls des DBA-Erbschaftsteuer zwischen Österreich und Deutschland ist aus erbschaftsteuerlicher Sicht ein Wohnsitzwechsel nur mehr dann sinnvoll, wenn auch die Erben ihren Wohnsitz nach Österreich verlegen (§2 Abs. 1 Nr. 1 dErbStG) und fünf Jahre seit Beendigung der unbeschränkten Einkommensteuerpflicht in Deutschland verstrichen sind und darüber hinaus der Tatbestand der erweitert beschränkten Erbschaftsteuer nicht verwirklicht ist. Abschließend sei darauf hingewiesen, dass durch die Kündigung des Erbschaftsteuer-DBAs durch Deutschland nur jene nach Österreich zugezogenen deutschen Staatsbürger betroffen sind, die in den letzten fünf Jahren vor ihrem Ableben nach Österreich gezogen sind.

Praxis-Tipp

▸▸▸ Sollten die potenziellen Erben in Deutschland ansässig bleiben, kann die österreichische Privatstiftung zur Optimierung der erbschaftsteuerlichen Situation in Deutschland genutzt werden. ◂◂◂

Einführung Abgeltungsteuer

Seit dem 01.01.2009 hat der Steuerabzug bei Kapitalerträgen in Deutschland für Privatpersonen abgeltende Wirkung, d.h. es besteht grundsätzlich keine Pflicht mehr, diese Erträge in der Steuererklärung anzugeben. Rechtstechnisch heißt diese Art der Steuererhebung Kapitalertragsteuer, aber wegen der abgeltenden Wirkung spricht man im Allgemeinen von der Abgeltungsteuer. Die Abgeltungsteuer wird in Zukunft direkt von den Banken, bei denen die Kapitalanlagen gehalten werden, einbehalten und an das Finanzamt abgeführt. Für die

Kapitalerträge gilt also ähnlich wie bei der Lohnsteuer ein Quellenabzugsverfahren. Für die Abgeltungsteuer gilt das so genannte Veranlagungswahlrecht: Ein Steuerpflichtiger, dessen individueller Steuersatz über 25% liegt, wird sich für die neue Besteuerung entscheiden. Liegt der Steuersatz des Steuerpflichtigen allerdings unter 25%, so kann er das alte Besteuerungsverfahren wählen, das sich am individuellen Steuersatz orientiert und sich das »zu viel« gezahlte Geld über seine Steuererklärung im Folgejahr zurückholen. Die ehemals in Österreich so attraktive Endbesteuerung von Kapitalerträgen ist daher kein entscheidendes Kriterium mehr für eine Wohnsitzverlegung.

Änderung im deutschen Außensteuergesetz

Mit Wirkung vom 25.12.2008 ist § 15 AStG geändert worden. Hier galt bisher für ausländische Familienstiftungen, dass die Erträge einer Stiftung den im Inland ansässigen Stiftern oder Begünstigten zuzurechnen sind, d.h. sie erhöhen die Einkünfte der Stifter oder der Begünstigten.

Diese Vorschrift enthält nunmehr einen Absatz 6, nach dem § 15 Abs. 1 AStG (der die Steuerpflicht des Stifters und der Bezugs- oder Anfallsberechtigten regelt) dann nicht anzuwenden ist, wenn

■ nachgewiesen wird, dass das Stiftungsvermögen der Verfügungsmacht des Stifters, seinen Angehörigen und deren Abkömmlingen rechtlich und tatsächlich entzogen ist und

■ zwischen der Bundesrepublik Deutschland und dem Staat, in dem die Familienstiftung Geschäftsleitung oder Sitz hat, auf Grund der Richtlinie 77/799/EWG oder einer vergleichbaren zwei- oder mehrseitigen Vereinbarung, Auskünfte erteilt werden, die erforderlich sind, um die Besteuerung durchzuführen.

Die Änderung des § 15 AStG des Jahressteuergesetzes 2009 sieht also den Wegfall der Zurechnung vor, wenn die Stiftung den Sitz oder die Geschäftsleitung in einem Staat der Europäischen Union hat und es nachweislich keine Scheinstiftung ist. Die Gesetzesänderung ist aufgrund der Rechtsprechung des Europäischen Gerichtshofs (EuGH) notwendig geworden, allerdings bleibt die Besteuerung der Zuwendungen der Stiftung unberührt.

Im Zuge der Änderung des § 15 AStG bleibt aber die Errichtung einer österreichischen Privatstiftung weiterhin eine attraktive Möglichkeit, deutsche Steuern zu sparen.

18.2 Privatstiftung

18.2.1 Allgemeines

In Österreich wurde das Rechtsinstitut der Privatstiftung im Jahr 1993 durch Inkrafttreten des Privatstiftungsgesetzes (»PSG«) geschaffen. Danach ist eine Privatstiftung eine eigentümerlose juristische Person. Ein deutsches Pendant zur österreichischen Privatstiftung existiert nicht.

Die Privatstiftung wird von einem oder mehreren *Stiftern*, die natürliche oder juristische Personen sein können, errichtet. Dabei werden die grundlegenden Bestimmungen der jeweiligen Privatstiftung in der *Stiftungsurkunde* und – fakultativ – in der nicht öffentlichen *Stiftungszusatzurkunde* festgehalten. Der / die Stifter sind bei der Ausgestaltung der *Stiftungserklärung* (darunter versteht man die Stiftungsurkunde und die Stiftungszusatzurkunde) nahezu gänzlich frei, insbesondere können Stiftungszweck, innere Ordnung der Privatstiftung und (Auswahl der) *Begünstigte(n)* im Wesentlichen nach eigenen Vorstellungen festgesetzt werden.

Einige Bestimmungen sind jedoch zwingend:

Die Privatstiftung muss jedenfalls ihren *Sitz im Inland* (Österreich) haben und darf keine gewerbsmäßige Tätigkeit ausüben oder die Geschäftsführung einer Handelsgesellschaft übernehmen. Ebenso darf die Privatstiftung nicht unbeschränkt haftender Gesellschafter einer Personengesellschaft sein. Das *Mindestkapital* der Privatstiftung beträgt EUR 70.000. Dieser Betrag muss bei Errichtung der Privatstiftung zur freien Verfügung stehen, kann aber in jeder Art von Vermögen aufgebracht werden (z.B. Unternehmensbeteiligungen, Wertpapiere, Sparbücher, Immobilien, Sammlungen aller Art, Urheberrechte, etc.).

Sobald die Privatstiftung entstanden ist, wird sie vom (mindestens dreiköpfigen) *Stiftungsvorstand* geführt und ist vom Stifter grundsätzlich unabhängig. Oberstes Ziel bei der Leitung der Privatstiftung ist der *Stiftungszweck*, an welchen sich der Vorstand zu halten hat. Der Vorstand wird dabei vom *Stiftungsprüfer* überwacht, der einmal jährlich die Gebarung überprüft und Bericht erstattet. Bei Überschreitung gewisser Größenmerkmale ist außerdem zwingend ein *Aufsichtsrat* einzurichten. Darüber hinaus gibt es aber keine obligatorischen Organe, insbesondere sind Begünstigte oder Stifter nicht »automatisch« Privatstiftungsorgane. Es können aber in der Stiftungserklärung weitere Stellen vorgesehen werden, die beratende oder überwachende Funktionen haben. Inwieweit diese auch auf die Leitung der Privatstiftung Einfluss nehmen können, ist umstritten und nicht in allen Einzelheiten entschieden. Eine jüngere Entscheidung des Obersten Gerichtshofes hat anscheinend sogar das Recht solcher Stellen, Vorstandsmitglieder zu bestellen oder abzuberufen, abgelehnt (vgl. OGH 05.08.2009, 6 Ob 42/09h).

Praxis-Tipp

▶▶▶ Aufgrund der neuen Rechtsprechung des OGH, aber auch aufgrund der Besonderheiten der österreichischen Privatstiftung, sollte in jedem Fall eine intensive Beratungs- und Planungsphase mit einem Stiftungsexperten (Rechtsanwalt) angestrebt werden. So ist gewährleistet, dass sich der Stifter auch nach der Stiftungsgründung den gewünschten Einfluss auf die Privatstiftung erhalten kann. Gleichzeitig kann der Stifter die Einflussrechte auch künftigen Generationen sichern und in nahezu uneingeschränkter Form übertragen.

Richtig aufgesetzt und eingesetzt kann die Privatstiftung zu beträchtlichen Steuerersparnissen führen.

Zu beachten ist allerdings, dass sich eine Privatstiftung in der Regel erst ab einem Vermögen von ca. EUR 1 Mio. rechnet. ◀◀◀

In der Praxis ist die österreichische Privatstiftung äußerst erfolgreich:

Derzeit bestehen mehr als 3.200 Privatstiftungen in Österreich. Diese verwalten ein Vermögen von rund EUR 70 Mrd. Zudem haben ca. 80 der 100 größten Privatunternehmen in Österreich eine Privatstiftung als Konzernspitze. Die Privatstiftung wird aber auch von vielen, vor allem ausländischen Privatpersonen und Unternehmen zur steuerbegünstigten Vermögensveranlagung und Vermögenssicherung verwendet. Nach Änderung des § 15 (deutsches) Außensteuergesetz ist es nun auch für Deutsche interessant, in Österreich Privatstiftungen zu gründen.

18.2.2 Besteuerung der Privatstiftung

Die Besteuerung der Privatstiftung erfolgt grundsätzlich in drei Stufen:
- anlässlich der Zuwendung (Stiftungseingangssteuer),
- die laufende Besteuerung der Einkünfte und
- die Besteuerung der Zuwendungen an die Begünstigten der Privatstiftung.

Zuwendungen an die Stiftung unterliegen einer *Stiftungseingangssteuer von 2,5%* vom Wert der Zuwendung. Der Wert der Zuwendung bemisst sich grundsätzlich nach dem gemeinen Wert (z.B. bei GmbH-Anteilen), bei Wertpapieren nach dem Kurswert. Widmungen von Grundstücken unterliegen 3,5% Grunderwerbsteuer und einem sog. Stiftungseingangssteueräquivalent von 2,5%, jeweils vom dreifachen Einheitswert.

Im Gegensatz zu Kapitalgesellschaften, die ex lege ausschließlich Einkünfte aus Gewerbebetrieb haben, berechnet sich das Einkommen der Privatstiftung aus den sieben Einkunftsarten (siehe dazu Punkt 15.2.2): Privatstiftungen haben häufig Einkünfte aus Kapitalvermögen (z.B. Dividenden aus Beteiligungen sowie Einkünfte aus der Veräußerung von Kapitalvermögen), Einkünfte aus Vermietung und Verpachtung und Einkünfte aus der Veräußerung von Grundstücken.

Grundsätzlich werden Einkünfte der Privatstiftung mit *25%* besteuert (wie bei Kapitalgesellschaften). Bei den *Zuwendungen an den Begünstigten* muss danach unterschieden werden, ob diese aus den Erträgen der Privatstiftung stammen oder aus ursprünglichen Zuwendungen (d.h. aus der Vermögenssubstanz). Zuwendungen aus Erträgnissen unterliegen *25% Kapitalertragsteuer* (KESt). Zuwendungen aus der Vermögenssubstanz sind *steuerfrei*, sofern dieses Vermögen der Stiftung nach dem 01.08.2008 gewidmet wurde. Zuwendungen aus Vermögen, das der Stiftung vor diesem Stichtag gewidmet wurde, unterliegen 25% KESt.

18.2.3 Zwischenbesteuerung von Einkünften aus Kapitalvermögen und aus Grundstücksveräußerungen

Für Kapitaleinkünfte (z.B. Zinsen aus Bankeinlagen und Forderungswertpapieren, Gewinne aus der Veräußerung von Beteiligungen) und Grundstücksveräußerungen bestehen Sonderregelungen in Form der sog. *Zwischenbesteuerung*: Dabei werden die Einkünfte der Stiftung aus Kapitalvermögen (einschließlich aus dessen Veräußerung) sowie Einkünfte aus Grundstücksveräußerungen nur vorübergehend mit 25% besteuert. Diese Steuer wird rückerstattet, sobald Zuwendungen aus diesen Einkünften an die Begünstigten der Privatstiftung erfolgen, die ihrerseits 25% KESt unterliegen.

Dividenden (Beteiligungserträge) sind in der Privatstiftung steuerfrei (wie bei Kapitalgesellschaften). Bei der Veräußerung von Beteiligungen kann die Zwischensteuer auf den Veräußerungsgewinn vermieden werden, wenn der Gewinn in eine neue Beteiligung von mehr als 10% reinvestiert wird (*Übertragung stiller Reserven* auf die neue Beteiligung). Dadurch tritt ein Steuerstundungseffekt ein.

Praxis-Tipp

▸▸▸ Zum Zweck der Rückerstattung der Zwischensteuer müssen Evidenzkonten geführt werden. ◂◂◂

Ursprünglich betrug die Zwischensteuer lediglich 12,5% (diese wurde auf die 25% KESt auf Zuwendungen an Begünstigte angerechnet). Dadurch kam es bis zur Zuwendung an die Begünstigten zu einem Steuerstundungseffekt. Dieser Stundungsvorteil wurde durch das Budgetbegleitgesetz 2011 aufgehoben: Seitdem wird die Zwischensteuer in Höhe von 25% vorweg erhoben und bei Zuwendung an die Begünstigten, für die KESt in Höhe von ebenfalls 25% anfällt, rückerstattet. Die endgültige Steuerbelastung ist gleich geblieben, allerdings sind seit Wegfall der Steuerstundung Thesaurierungen nicht mehr begünstigt.

18.2.4 Vorteile der Privatstiftung gegenüber einer Kapitalgesellschaft

Gegenüber der Kapitalgesellschaft bietet die Privatstiftung den Vorteil, dass Zinsen aus Wertpapieren und Bankeinlagen nur der Zwischenbesteuerung unterliegen und nicht, wie z.B. bei einer GmbH, zunächst 25% KöSt und bei Ausschüttung an den Gesellschafter weiterer 25% KESt (Doppelbesteuerung).

Dasselbe gilt für Gewinne aus der Veräußerung von Beteiligungen, für die überdies die Möglichkeit der Übertragung stiller Reserven auf eine neu angeschaffte Beteiligung von zumindest 10% besteht.

Ebenso unterliegen Gewinne aus Grundstücksveräußerungen einer endgültigen Steuerbelastung von 25% und keiner Doppelbesteuerung, wie es bei Kapitalgesellschaften der Fall wäre.

19 Doppelbesteuerungsabkommen

19.1 Allgemeines

Ein Doppelbesteuerungsabkommen (DBA), d.h. ein Abkommen zur Vermeidung von Doppelbesteuerung, ist ein völkerrechtlicher Vertrag zwischen zwei Staaten. In einem DBA wird geregelt, in welchem Ausmaß den jeweiligen Vertragsstaaten das Besteuerungsrecht für die in ihrem Hoheitsgebiet erzielten Einkünfte zusteht. Zweck des DBA ist, eine Doppelbesteuerung zu vermeiden, also dass Einkünfte von natürlichen und juristischen Personen in beiden Staaten besteuert werden.

Zwischen Deutschland und Österreich besteht ein DBA betreffend die Vermeidung der doppelten Erhebung von insbesondere

Deutschland	Österreich
Einkommensteuer	Einkommensteuer
Körperschaftsteuer	Körperschaftsteuer
	Aufsichtsratsabgabe
Gewerbesteuer	Kommunalsteuer (Entlastung durch eine Sonderregelung)
Grundsteuer	Grundsteuer

19.2 Überblick über wichtige Bestimmungen des DBA Österreich-Deutschland auf dem Gebiet der Steuern vom Einkommen und vom Vermögen

19.2.1 Persönlicher Anwendungsbereich

Das Abkommen gilt für Personen, die in einem Vertragsstaat *ansässig* sind. Bei natürlichen Personen ist auf den Wohnsitz bzw. ständigen Aufenthalt abzustellen. Wäre danach eine Person in beiden Vertragsstaaten ansässig, weil sie z.B. in beiden Staaten einen Wohnsitz hat, so ist im Anwendungsbereich des DBA jener Staat als Ansässigkeitsstaat zu qualifizieren, in dem der Mittelpunkt der Lebensinteressen liegt. Bei juristischen Personen entscheidet der Ort der tatsächlichen Geschäftsleitung über die Ansässigkeit.

19.2.2 Verteilungsnormen

Der Einfachheit halber wird im Folgenden jeweils von Einkünften ausgegangen, die ein in Deutschland ansässiger Rechtsträger (z.B. eine GmbH oder eine natürliche Person) in Österreich erzielt. Nach diesem Sachverhalt wäre Deutschland als Ansässigkeitsstaat und Österreich als Quellenstaat anzusehen. Das DBA gilt jedoch ebenso für »umgekehrte« Sachverhalte, in denen in Österreich Ansässige Einkünfte aus Deutschland beziehen.

Einkünfte aus unbeweglichem Vermögen, das in Österreich liegt (einschließlich Einkünfte aus Land- und Forstwirtschaft), dürfen in Österreich besteuert werden. Dies gilt auch für Gewinne aus der Veräußerung von Liegenschaften.

An *Unternehmensgewinnen* steht grundsätzlich ausschließlich dem Ansässigkeitsstaat (im angenommenen Sachverhalt also Deutschland) das Besteuerungsrecht zu. Anderes gilt nur, wenn in Österreich eine *Betriebsstätte* vorliegt. Werden die Einkünfte aus einer österreichischen Betriebsstätte erzielt, steht Österreich das Besteuerungsrecht zu. Dies gilt für sämtliche Einkünfte, die der Betriebsstätte zugerechnet werden können. Aufwendungen, die für die Betriebsstätte entstanden sind, sind abzugsfähig. Betriebsstätte im Sinne des Abkommens ist jede feste Geschäftseinrichtung, durch die die Tätigkeit eines Unternehmens ganz oder teilweise ausgeübt wird, insbesondere eine Zweigniederlassung, Geschäftsstelle, Ort der Geschäftsleitung, Fabrikationsstätte oder Werkstätte. Eine Bauausführung ist dann als Betriebsstätte anzusehen, wenn ihre Dauer zwölf Monate übersteigt. Einrichtungen mit bloßer Hilfsfunktion sind keine Betriebsstätten (z.B. Lager, Schauräume, Einkaufstellen). Gewinne aus dem Verkauf von Wirtschaftsgütern, die der österreichischen Betriebsstätte zugeordnet sind, dürfen ebenfalls in Österreich besteuert werden, ebenso der Gewinn aus der Veräußerung der Betriebsstätte selbst.

Bei *Dividendeneinkünften* ist das Besteuerungsrecht nach dem DBA zwischen Österreich und Deutschland geteilt. Allerdings ist im Anwendungsbereich der Mutter-Tochter-Richtlinie (Richtlinie 90/435/EWG; Schachteldividenden) die Einhebung von Quellensteuer untersagt. Das Besteuerungsrecht an Dividenden, die von einer österreichischen Tochtergesellschaft an eine in Deutschland ansässige GmbH gezahlt werden, kommt somit aufgrund unionsrechtlicher Vorschriften Deutschland zu. Österreich darf keine Quellensteuer einheben.

Zinsen, die von Österreich an einen in Deutschland ansässigen Empfänger gezahlt werden, dürfen nur in Deutschland besteuert werden. Ein Recht Österreichs auf Quellensteuer besteht allerdings bei stillen Beteiligungen.

Lizenzgebühren dürfen nur im Ansässigkeitsstaat des Empfängers besteuert werden (im angenommenen Sachverhalt also in Deutschland).

Einkünfte aus nicht selbstständiger Arbeit sind grundsätzlich in jenem Staat zu besteuern, in dem die Tätigkeit ausgeübt wird. Ausgenommen von diesem Grundsatz sind jedoch Einkünfte aus Tätigkeiten, die nicht länger als 183 Tage während des Kalenderjahres dauern, vorausgesetzt, der Arbeitgeber hat im Tätigkeitsstaat weder einen Sitz noch eine Betriebsstätte. In diesem Fall steht das Besteuerungsrecht dem Ansässigkeitsstaat zu (und nicht dem Tätigkeitsstaat; sog. Monteurklausel). Arbeitnehmer, die täglich von ihrem Arbeitsort an ihren Wohnsitz im anderen Staat zurückkehren (sog. Grenzgänger), versteuern ihre Einkünfte im Ansässigkeitsstaat.

Das Besteuerungsrecht an *Bezügen von Geschäftsführern, Vorständen und Aufsichtsratsmitgliedern* steht dem Staat zu, in dem die Gesellschaft ansässig ist.

Gewinne aus *Vermögensveräußerungen* dürfen grundsätzlich im Ansässigkeitsstaat des Veräußerers besteuert werden. Anderes gilt z.B. bei Vermögen, das einer Betriebsstätte zuzurechnen ist (diesfalls hat der Betriebsstättenstaat das Besteuerungsrecht) oder bei Veräußerung von unbeweglichem Vermögen (das Besteuerungsrecht kommt dann dem Staat zu, in dem die Liegenschaft liegt).

19.2.3 Vermeidung der Doppelbesteuerung

Grundsätzlich kommt im Verhältnis zwischen Österreich und Deutschland die *Befreiungsmethode* zur Anwendung: Dies bedeutet, dass der Ansässigkeitsstaat (im angenommenen Sachverhalt Deutschland) jene Einkünfte, für die dem Quellenstaat (Österreich) ein Besteuerungsrecht zukommt, von der Besteuerung ausnehmen muss. Die österreichischen Einkünfte sind demnach in Deutschland steuerbefreit und von der Bemessungsgrundlage auszunehmen. Bei der Ermittlung des Steuertarifs, der in Deutschland auf die (reduzierte) Bemessungsgrundlage anzuwenden ist, sind jedoch auch die steuerbefreiten österreichischen Einkünfte zu berücksichtigen (*Progressionsvorbehalt*). Andernfalls wären Steuerpflichtige, die ihr Einkommen auf verschiedene Staaten verteilen, vom Tarif her begünstigt.

▶▶▶ Bei der Befreiungsmethode schlägt effektiv stets der Steuertarif des Quellenstaates durch (da ja die betreffenden Einkünfte im Ansässigkeitsstaat steuerbefreit sind). Die Befreiungsmethode ist daher für den Steuerpflichtigen günstig, wenn der Steuertarif im Quellenstaat niedriger ist als im Ansässigkeitsstaat. ◀◀◀

Auf bestimmte Einkünfte ist nach dem DBA die *Anrechnungsmethode* anzuwenden. Dabei wird die im Quellenstaat (Österreich) erhobene Steuer auf die Steuer im Ansässigkeitsstaat (Deutschland) angerechnet. Dies ist insbesondere bei Dividendeneinkünften (sofern diese als Schachteldividende nicht überhaupt quellensteuerbefreit sind) sowie bei Zinseinkünften aus stillen Beteiligungen der Fall.

▶▶▶ Es kann jedoch nie mehr Quellensteuer angerechnet werden als jener Steuerbetrag, der im Ansässigkeitsstaat auf die betreffenden Einkünfte entfallen wäre (*Anrechnungshöchstbetrag*). Die Anrechnungsmethode führt dazu, dass das jeweils höhere Steuerniveau durchschlägt: Bei relativ niedrigerer Quellensteuer wird die Steuerbelastung auf das Steuerniveau des Ansässigkeitsstaates »hochgeschleust«. Eine relativ höhere Quellensteuer kann im Ansässigkeitsstaat nicht voll angerechnet werden, sodass der Steuerpflichtige bezüglich der Differenz nicht entlastet wird. ◀◀◀

4. Teil
Beendigung

20 Liquidation

Die zielgerichtete Beendigung eines nicht insolventen Unternehmens wird Liquidation oder Abwicklung genannt. Ziel in dieser Phase ist es, die Vermögenswerte des Unternehmens zu verwerten, dessen Schulden zu bedienen und dessen Vertragsverhältnisse sowie überhaupt alle dessen Rechte und Pflichten zu beenden.

Die Liquidation wird bei Gesellschaften eingeleitet durch Gesellschafterbeschluss (Auflösungsbeschluss), mit dem zugleich eine oder mehrere natürliche Personen zu Liquidatoren bestellt werden. Es können auch der oder die bisherigen Geschäftsführer mit der Aufgabe des Liquidators betraut werden.

Die Liquidatoren haben zunächst die Aufgabe, die Auflösung der Gesellschaft zur Eintragung ins Firmenbuch anzumelden und nach Aufstellung einer Bilanz zum Auflösungsstichtag (Liquidationseröffnungsbilanz) in den Bekanntmachungsblättern (üblicherweise erfolgt dies im Amtsblatt zur Wiener Zeitung) alle Gesellschaftsgläubiger aufzufordern, sich bei ihnen zu melden (sog. Gläubigeraufruf).

In der darauf folgenden Phase, die von Gesetzes wegen nicht kürzer als drei Monate dauern darf, haben die Liquidatoren die Abwicklung der Gesellschaft durchzuführen und mit den verfügbaren Mitteln, insbesondere aus Erlösen aus der Verwertung des Gesellschaftsvermögens, die bekannten Gläubiger zu befriedigen. Sollte erst nach Auflösung der Gesellschaft deren Konkurs eintreten, sind die Liquidatoren trotz bereits erfolgter Auflösung verpflichtet, Konkurs anzumelden (zum Verfahren siehe oben unter Kapitel [–] »Insolvenzrecht«).

Nach Abschluss der Liquidation haben die Liquidatoren die Abwicklung dem Firmenbuch zu melden und die Löschung der Gesellschaft zu beantragen. Der Löschung ist unter anderem die Bestätigung der Finanzbehörden beizulegen, wonach die zu löschende Gesellschaft keinerlei Steuerverbindlichkeiten in Österreich hat (Unbedenklichkeitsbescheinigung). Erst mit der Löschung verliert die Gesellschaft ihre rechtliche Existenz.

Praxis-Tipp

▸▸▸ Während des Liquidationsverfahrens haben die Liquidatoren neben der Liquidationseröffnungs- und Schlussbilanz trotz Auflösung der Gesellschaft weiterhin Jahresabschlüsse zu erstellen und einzureichen und Steuererklärungen abzugeben. Zumeist ist es daher auch in der Abwicklungsphase zielführend, mit den bisherigen Steuerberatern bis zur Löschung aus dem Firmenbuch zusammenzuarbeiten, um eine effiziente Abwicklung zu gewährleisten. ◂◂◂

DEUTSCHE RECHTSLAGE IM VERGLEICH

Löst sich die GmbH z.B. durch Gesellschafterbeschluss oder Zeitablauf auf, muss die Auflösung durch die Liquidatoren zur Eintragung ins Handelsregister angemeldet werden. Die Anmeldung ist in notarieller Form einzureichen. Stellt sich während der Liquidation eine Zahlungsunfähigkeit oder Überschuldung heraus, hat der Liquidator die Eröffnung des Insolvenzverfahrens zu beantragen. Bei Eröffnung des Insolvenzverfahrens muss die Auflösung nicht angemeldet werden. Die Auflösung der Gesellschaft ist in den durch Gesellschaftsvertrag festgelegten Bekanntmachungsblättern dreimal zu veröffentlichen. Zudem müssen darin Gläubiger aufgefordert werden, eventuelle Ansprüche geltend zu machen. Ohne diese Veröffentlichung kann die Gesellschaft im Handelsregister nicht gelöscht werden.

Daneben sind die ersten Liquidatoren sowie ihre Vertretungsbefugnis zur Eintragung in das Handelsregister anzumelden.

Zum Handelsregister sind also anzumelden:

- Auflösung der Gesellschaft
- Liquidatoren samt Vertretungsbefugnis

Der Anmeldung sind beizulegen:

- Urkunden über die Bestellung der Liquidatoren
- Belegexemplare über die dreimalige Bekanntmachung in den Gesellschaftsblättern

Ist die Liquidation beendet und die Schlussrechnung gelegt, so haben die Liquidatoren den Schluss der Liquidation zur Eintragung ins Handelsregister anzumelden. Nach Prüfung der Unterlagen durch das Registergericht wird die Gesellschaft im Handelsregister gelöscht und ist als Rechtsperson nicht mehr existent.

21 Nachhaftung des Geschäftsführers

Ein Geschäftsführer haftet der Gesellschaft gegenüber bis zu fünf Jahren nach. Erst nach diesem Zeitraum sind sämtliche Ersatzansprüche gegenüber dem Geschäftsführer verjährt.

DEUTSCHE RECHTSLAGE IM VERGLEICH

In Deutschland haftet lediglich der Geschäftsführer einer Ein-Personen-GmbH für die Dauer von fünf Jahren nach Beendigung der Gesellschaft. Im Übrigen besteht eine Nachhaftung nur bei Personengesellschaften (GbR, OHG, KG).

An dieser Stelle sei noch eine Haftung des Geschäftsführers nach dem Unternehmensreorganisationsgesetz erwähnt, die praxisrelevant ist:

Unter Umständen können Geschäftsführer solidarisch für die durch die Konkursmasse nicht gedeckten Verbindlichkeiten haften, wenn sie innerhalb der letzten zwei Jahre vor Konkursantrag oder Ausgleichsantrag

- nach dem Erhalt eines Berichts eines Wirtschaftsprüfers, wonach die Eigenmittelquote weniger als 8% und die fiktive Schuldentilgungsdauer mehr als 15 Jahre beträgt (Alarmkennzahlen für einen Reorganisationsbedarf des Unternehmens) nicht unverzüglich ein Reorganisationsverfahren beantragt haben oder
- einen Jahresabschluss nicht oder nicht rechtzeitig aufgestellt haben bzw. einen Abschlussprüfer mit dessen Prüfung beauftragt haben, wenn der Reorganisationsbedarf des Unternehmens durch die obigen »Alarmkennzahlen« erkennbar gewesen wäre.

Jeder Geschäftsführer kann demnach solidarisch der Gesellschaft gegenüber bis zu einem Höchstbetrag von EUR 100.000 haften. Bei Vorliegen eines Reorganisationsbedarfs ist daher unbedingt Vorsicht und genaues Vorgehen seitens der Geschäftsführer geboten.

Förderungsmöglichkeiten

Bundesstellen	
Export • Österreichische Kontrollbank AG • Österreichischer Exportfonds GmbH	www.oekb.at www.exportfonds.at
Forschung Österreichische Forschungsförderungs- gesellschaft mbH (FFG)	www.ffg.at
Investitionen Austria Wirtschaftsservice GmbH	www.awsg.at
Tourismus Österreichische Hotel- und Tourismusbank Ges.m.b.H. (ÖHT)	www.oeht.at
Umwelt Kommunalkredit Austria AG	www.kommunalkredit.at
Förderungsrelevante Ministerien	
Bundesministerium für Arbeit, Soziales und Konsumentenschutz	www.sozialministerium.at
Bundesministerium für Finanzen	www.bmf.gv.at
Bundesministerium für Land- und Forstwirtschaft, Umwelt und Wasserwirtschaft	www.bmlfuw.gv.at
Bundesministerium für Bildung und Frauen	www.bmbf.gv.at
Bundesministerium für Wissenschaft, Forschung und Wirtschaft	www.bmwfw.gv.at
Landesstellen	
Burgenland Wirtschaftsservice Burgenland Aktiengesellschaft (WiBAG)	www.wibag.at
Kärnten • Kärntner Wirtschaftsförderungsfonds (KWF) • Entwicklungsagentur Kärnten GmbH • Kärntner Betriebsansiedlungs- und Beteilgungs- Ges.m.b.H.	www.kwf.at www.madeinkaernten.at

Niederösterreich • NÖ Wirtschaftsförderungs- und Strukturverbesserungsfonds • Ecoplus • Amt der Niederösterreichischen Landesregierung	www.noe.gv.at www.ecoplus.at www.noe.gv.at
Oberösterreich • Amt der Oberösterreichischen Landesregierung • Oberösterreichische Kreditgarantiegesellschaft m.b.H.; Oberösterreichische Unternehmensbeteiligungsgesellschaft m.b.H	www.land-oberoesterreich.gv.at www.kgg-ubg.at/
Salzburg Amt der Salzburger Landesregierung Wirtschafts- und Technologieförderung	www.salzburg.gv.at
Steiermark • Steirische Wirtschaftsförderung Ges.m.b.H. (SFG) • Amt der Steiermärkischen Landesregierung • Förderungsservice	www.sfg.at www.verwaltung.steiermark.at www.foerderungsservice.at
Tirol • Amt der Tiroler Landesregierung Abteilung Wirtschaftsförderung • Tiroler Zukunftsstiftung	www.tirol.gv.at www.zukunftsstiftung.at
Vorarlberg Vorarlberger Landesregierung	www.vorarlberg.at
Wien Wirtschaftsagentur Wien	www.wirtschaftsagentur.at
Interessenvertretungen	
Arbeiterkammer Österreich	www.arbeiterkammer.at
Industriellenvereinigung	www.iv-net.at
Österreichischer Gewerkschaftsbund (ÖGB)	www.oegb.at
Österreichisches Parlament	www.parlament.gv.at
Links für Unternehmensgründer	
Behörden und öffentliche Stellen	www.help.gv.at
Unternehmensfinanzierung	www.unternehmensfinanzierung.at
Wifi Österreich – Ausbildung und Beratung für Unternehmensgründer/innen	www.wifi.at
Wirtschaftszentrum Niederösterreich	www.wirtschaftszentrum.at
Die Gründerplattform	www.diegruender.at
Unternehmensserviceportal	www.usp.gv.at

Förderungsfinder	
Förderkompass BMVIT	www.foerderkompass.at
Fördermittelsuche	www.proconsultants.com
Sonstige relevante Links	
Innovationsberatung, Technologietransfer • Österreichisches Patentamt • Europäisches Patentamt • Joanneum Research • Büro für internationale Forschung und Technologie-Kooperation (BIT) Fonds zur Förderung der wissenschaftlichen Forschung (FWF)	at.espacenet.com www.epo.org www.joanneum.at www.bit.at www.fwf.ac.at
Regionalforschung • Österreichische Raumordnungskonferenz (ÖROK) • Österreichisches Institut für Raumplanung (ÖIR)	www.oerok.gv.at www.oir.at
Wirtschaftsforschung • Industriewissenschaftliches Institut (IWI) • Österreichisches Institut für Wirtschaftsforschung (WIFO)	www.iwi.ac.at www.wifo.ac.at
Verband der Technologiezentren Österreichs (VTÖ)	www.vto.at
Aus- und Weiterbildung Arbeitsmarktservice Austria (AMS)	www.ams.at
Betriebsansiedlung Austrian Business Agency (ABA)	www.aba.gv.at
Marshallplan-Jubiläumsstiftung	www.marshallplan.at
Immobilienobjekte Salzburg Agentur	www.salzburgagentur.at
Vergabe-Portal Auftragnehmerkataster Österreich	www.ankoe.at

Stichwortverzeichnis